제 3 판

원가관리회계

유 관 희

Cost Management Accounting

弘 文 社

제3판

머 • 리 • 말

원가관리회계의 제3판을 내놓으면서 가장 중점을 두었던 사항들은 다음과 같다.

첫째, 원가관리회계의 입문서로서 그 수준에 맞지 않는 너무 세부적인 내용은 가급적 포함시키지 않았다. 원가관리회계의 기본적인 내용에 보다 충실하도록 내용을 재정리하였다.

둘째, 원가계산 부분인 개별원가계산과 종합원가계산에 관련된 장들을 앞으로 배치하였다. 원가계산에 관한 전반적인 환경에 대한 이해가 앞서야 거기에 따르는 부분적인 이해가 더 잘 되지 않겠느냐는 생각에서이다.

셋째, 개념에 대한 설명을 알기 쉬운 문체로 바꾸었다. 대부분의 독자가 원가관리회계 분야를 처음 접하는 관계로 읽고 이해하기 쉽게 문체를 다듬었다.

본서는 크게 두 부분으로 나뉘어져 있다. 제1편은 원가관리회계 편으로 할당되었다. 제2장에서는 기본적인 원가의 개념을 소개하고 그 행태와 추정방법에 대해 논의하고 있다. 제3장에서는 원가의 흐름과 배분에 대해 설명한다. 제4장은 보조부문의 원가배분을 설명하며, 제5장과 제6장에서는 각각 개별원가계산과 종합원가계산을 논의한다. 제7장에서는 결합원가계산에 대해 살펴보고, 제8장에서는 활동기준원가계산(ABC)을 다루면서 전통적인 원가계산시스템에서의 원가왜곡을 규명하고 있다. ABC에서의 핵심개념인 원가동인에 대해서도 알아본다. 제9장에서는 관리회계의 가장 중요한 개념인 공헌이익과 변동원가계산에 대해 설명한다. 제10장에서는 손익분기점 분석을 통한 단기 가격결정 및 변동비·고정비의 배합 등에 대해 설명하며, 제11장에서는 경영자가 자주 마주치는 여러 상황에서의 의사결정에 원가정보를 어떻게 사용하는가에 대해서 공부한다.

제2편은 요즘 기업에서 중요한 주제로 부각되고 있는 경영관리 측면을 다루고 있다. 제12장에서는 기업 내 자원의 공급과 소비에 대한 예측활동을 다루는 예산측면을 종합예산과 변동예산으로 나누어 설명한다. 제13장에서는 정상원가계산과 표준원가계산에 대한 설명을 다루고 있고, 제14장에서는 조직 내 분권화된 운영단위인 부서, 부문들에 대한 성과측정 및 평가에 대해 논의하고, 제15장에서는 분권화된 조직에서의 가장 심각한 문제인 대체가격에 대해 자세히 알아보고 있다. 미국의 500대 기업 경영자들에게 설문조사를 실시해 본 결과 그들이 가장 골칫거리로 생각하는 것이 대체가격이란 점으로 미루어 볼 때 독자들의 주목이 요구되는 분야이다. 제16장에서는 목표원가와 수명주기원가계산 및 품질원가에 대해 다루고 있다.

제3판이 현재의 모습을 갖추는 데에는 그동안 필자의 교재를 사용해 주었던 독자들과 동료 교수님들의 공이 컸음을 부인할 수 없다. 앞으로도 계속적인 개선을 약속드리며 이 자리를 빌려 감사의 뜻을 전한다. 또한 개정작업에 큰 노력을 아끼지 않으신 홍문사의 임권규 사장님과 임직원들께도 많은 빚을 졌음을 밝힌다. 아무쪼록 이 책을 통해 독자들의 원가관리회계 분야에 대한 이해가 한층 높아질 수 있기를 기대하며….

2013년 8월

안암동 연구실에서

유 관 희

Contents

PART I 원가관리회계

PART II 경영관리

PART I

원가관리회계

Chapter 01

개 요

관리회계(managerial accounting)는 관리자들—즉, 조직의 내부에 존재하면서 조직의 운영을 지휘, 통제하는 책임을 맡은 사람들—에게 정보를 제공한다는 측면에 초점을 맞춘 학문 분야이다. 이런 점에서 관리회계는 주주, 채권자, 투자자 등과 같이 조직의 외부에 존재하는 이해관계자들에게 정보를 제공하는 데 초점을 맞추고 있는 재무회계(financial accounting)와 비교된다.

관리회계가 관리자 중심적이기 때문에 이를 공부하기 위해서는 경영관리 절차와 관리자가 일하고 있는 조직에 대한 이해가 선행되어야 한다. 따라서 본 장에서는 관리자의 임무에 대해 간단히 살펴보고, 관리자가 활동하고 있는 조직의 특성, 구조, 그리고 운영에 대해 알아보고자 한다. 본 장의 끝부분에서는 재무회계와 관리회계의 주요한 차이점들과 공통점들을 다루어 보려 한다.

제 1 절 조직과 목표

조직(organization)이란 공동 목표를 위해 여러 사람들이 모인 집단이라고

정의할 수 있다. 은행은 금융서비스를 제공하는 하나의 조직이며, 교육이라는 서비스를 제공하는 대학이나, 가전제품 및 여러 상품을 고객에게 제공하는 제조회사도 마찬가지이다. 조직은 사람으로 구성되어 있는 것이지, 물리적인 자산에 의해 구성되어 있는 것이 아니다. 즉, 은행건물이 아니라, 은행 안에서 일하며 고객들에게 금융서비스를 제공한다는 공통의 목표 아래 뭉쳐진 사람들로 이루어진 것이 조직인 것이다.

모든 조직이 동일한 목표를 가지고 있는 것은 아니다. 어느 조직은 제품을 생산하여 이익을 얻는 것을 목표로 하고 있다. 또 다른 조직들은 자선 사업을 목표로 삼고 있기도 하고(적십자), 좋은 음악을 제공하는 것을 목표로 삼기도 하며(교향악단), 정부차원의 서비스를 제공하기도 한다(보건복지부).

설명의 편의를 위해 햇님 가구회사라는 하나의 조직에 초점을 맞춰, 이 조직의 목표, 구조, 그리고 관리에 대해 자세히 살펴보고 이들 요소들이 어떻게 이 조직이 필요로 하는 관리회계 자료에 영향을 미치는지를 알아보기로 한다.

1 목표의 설정

햇님 가구회사는 주식회사이며, 이 회사의 소유주들은 자기들이 투자한 금액으로부터 수익을 얻을 수 있으리라는 기대를 가지고 이 조직에 돈을 투입하였다. 그러므로 이 회사의 첫 번째 목표는 투여된 자본을 운용하여 이익을 남기는 것이다. 그러나 이 이익목표가 이 회사가 추구하는 목표의 전부가 되는 것은 아니다. 제품의 품질이나 내구성에 대한 명성도 얻으려고 노력한다. 또한 기업활동을 영위하고 있는 환경 속에서 사회적인 면에서나 존재가치 면에 있어서도 호의적인 반응을 얻을 수 있는 조직으로 존재하고 싶어한다.

햇님 가구회사의 소유주들은 회사의 일상적인 운영에는 개입하려 하지 않는다. 그 대신에 조직의 광범위한 목표들을 설정해 놓고 이들의 수행을 감독할 수 있는 사장을 선출했다. 사장의 주요 임무는 무엇보다도 소유주들의 투자에 대해 이익을 창출시키는 일이지만, 조직이 추구하고자 하는 다른 목표들과의 조화도 고려하면서 이를 달성해 나가야 한다.

2 전략적 계획

조직의 장기적인 목표를 설정하는 것을 전략적 계획(strategic planning)이라 한다. 어느 조직에서나, 전략적 계획은 두 단계에 걸쳐 이루어진다.

① 생산할 제품이나 제공할 서비스를 결정하는 것.
② 제품이나 서비스를 의도한 고객들에게 도달시켜 줄 수 있는 판매 및 제조 전략을 결정하는 것이다.

전략적 계획과정에서 산출되는 전략들을 종종 조직의 정책이라고도 말하며, 전략적 계획을 종종 정책 설정(policy setting)이라고 말한다.

(1) 1단계: 제품전략

어떤 제품을 생산할 것인가를 결정함에 있어 햇님 가구의 사장이 취할 수 있는 전략에는 여러 가지가 있다. 사무용 가구를 전문적으로 취급할 수도 있고, 가정용 가구만을 취급할 수도 있으며, 싸고도 다양한 종류의 가구를 파는 가구백화점의 형태를 택할 수도 있는 등 제품에 관한 여러 전략들 중에서 하나를 선택할 수 있다.

여러 가지 가능한 전략들을 면밀히 검토한 후에 사장은 가정용 가구와 이에 수반되는 전기용품만을 취급하기로 결정했다. 이런저런 이유로 다른 가능한 전략들이 기각되었다. 예를 들면, 사장은 부대 전기용품들에 대해서는 사후 서비스를 안 하기로 결정했다. 그는 또 사무용 가구나 기관에 납품할 수 있는 가구는 팔지 않기로 결정했다.

(2) 2단계: 판매전략

가정용 가구만을 취급하기로 결정한 햇님 가구의 사장은 두 번째 전략의사결정을 하기에 이르렀다. 어떤 가구점들은 최고급 수준의 가정용 가구만을 취급함으로써 호화 가구점이라는 이미지를 부각시키고 있다. 이런 가구점들의 이익률은 매우 크며, 판매량은 아주 적고, 판매 촉진활동도 상대적으로 한정된 부류의 고객을 대상으로 이루어진다. 한편, 대량판매 형태를 취하고 있는 가구점들도 있다. 이들은 판매량을 대폭 늘림으로써 축적할 수 있는 이익이 더 클 수 있다는 생각으로 이익의 폭을 낮게 유지하려고 노력한다. 이 외에도 여러 가지 다른 판매 전략을 가진 가구점들도 있다. 어떤 전략을 택하느냐는 전적으로 경영자의 판단에 달려 있다. 어느 회사가 하나의 전략을 택하여 이익을 낼 때, 다른 회사는 또 다른 전략을 택하여 같은 수준의 이익을 내는 것을 볼 수 있다. 햇님가구는 대량판매 형태를 취하기로 결정했으며, "값이 싸다"는 이미지를 유지하기로 결정했다.

어느 조직이나 위와 비슷한 전략적 의사결정을 내린다. 여기서 나온 결론들이 공식적인 문서로 남지는 않는다 할지라도 조직의 활동을 이끌어 가는 힘으로서 존재하며 또한 조직에서 필요로 하는 회계정보를 생성케 하는 근거가 된다.

3 관리자의 역할

관리자의 역할은 관리할 대상—즉, 조직 그 자체—에 의해 구분될 수 있다. 근본적으로 관리자는 조직에서 네 가지의 광범위한 기능을 수행한다.

① 계획(planning)
② 조직 및 지휘(organizing and directing)
③ 통제(controlling)
④ 의사결정(decision making)

이 기능들은 어떤 특별한 순서에 의해 수행되기보다는 거의 동시적으로 행해지며 상당한 수준의 스트레스와 긴급을 요하는 상황에서 수행된다. 어느 한 순간에, 관리자가 어떤 기능을 담당하고 있는가를 알아보기 위해 하던 일을 멈추었다고 가정하더라도, 그가 위의 네 기능들 중 어느 한 기능을 맡고 있다고 말하기가 어려울 것이다. 이는 관리자의 행위가 네 기능들 모두를 포함하고 있을 때가 대부분이기 때문이다.

(1) 계 획

계획과정에서 관리자는 조직의 목표를 달성하기 위해 앞으로 취할 단계들을 설정한다. 여기서 세우는 계획들은 장기적인 것뿐만 아니라 단기적인 것도 포함된다. 햇님 가구의 예에서 사장이 일련의 전략을 택하는 것으로 운영에서의 계획기능을 보았다. 사장이 취할 다음 단계는 점포위치, 할부판매방법, 개점시간, 할인정책 등과 같은 구체적이고 세부적인 계획을 세우는 것이다. 이런 계획들이 서는 대로 이들은 조직 전체에 전달된다. 일단 실행에 들어가면, 계획들은 조직의 여러 부서들이 조직의 목표를 달성하기 위해 기울이는 노력을 조정해주고 화합이 이루어지도록 도와준다.

(2) 조직 및 지휘

조직화 과정에서 관리자는 조직의 인적, 물적 자원을 어떻게 배치하여야 설정된 계획을 가장 효과적으로 달성할 수 있는가를 검토하여 결정한다. 햇님 가구를 예로 들어보면, 고객이 가구점에 들어섰다가 나갈 때까지 최상의 도움과 서비스를 받을 수 있도록 조직이 설계되어야 한다. 어느 점원은 고객과 직접 대면하는 반면, 다른 점원은 고객은 대하지 않으나 그 외의 기능을 수행해야 하고, 또 점원들의 활동을 감독, 지휘하는 사람도 있어야 한다. 점포의 물리적 자산들도 일정한 방식대로 정돈되어야 하고, 판매가 이루어졌을 때에 따라야 하는 절차도 설정되어 있어야 한다. 보이든 안 보이든 간에 모든 기능이 조직의 이익목표를 위해 유기적으로 연결되어 수행될 수 있도록 설계되어야 한다.

지휘는 매일매일의 운영을 감독하고, 조직의 원활한 기능을 유지시키는 관리자의 역할을 말한다. 임무를 부여받은 종업원들 사이에서나 부서 간에 마찰이 생길 수가 있는데 이를 조정해 주고, 질문에 답하며, 작업장에서 그때그때 일어나는 문제들을 해결해 주고, 고객을 대할 때나 일의 처리 과정에서 필요로 하는 일상적이며 사소한 의사결정을 내리는 등의 활동이 여기에 포함된다. 결국, 지휘란 대체적으로 반복적으로 일어나는 일에 대한 관리자의 임무를 뜻한다.

(3) 통 제

통제기능을 수행함에 있어 관리자는 조직의 각 부문이 계획 단계에서 설정된 계획들을 제대로 따르고 있는가를 확인하기 위해 필요한 절차를 밟는다. 이를 위해 관리자들은 그들에게 제출되는 회계자료 및 다른 보고서들을 검토하고 이 보고자료들을 애초에 설정되었던 계획들과 비교한다. 이 비교과정에서 어떤 작업이 효과적으로 이루어지지 않고 있는지 또는 누가 맡은 책임을 수행하는 데 도움이 필요한지를 알 수 있게 된다. 관리자들에게 제공되는 회계 또는 다른 여러 가지 보고서들을 "피드백(feedback)"이라 부른다. 이 피드백이 관리자들에게 계획의 재조정, 새로운 전략의 설정, 또는 조직구조의 재편성 등과 같은 점들의 필요성을 제시해 준다. 피드백은 조직의 효율적인 관리를 위한 핵심 요소이다. 또한 관리자를 위한 피드백의 산출이 기업내부 회계시스템의 주요 목표 중의 하나이기도 하다.

(4) 의사결정

의사결정과정에서 관리자들은 여러 가능한 대안들 중에서 합리적인 선택을 하고자 한다. 의사결정은 다른 기능들과 분리되어 존재하는 관리기능이라기보다는 이들과 떨어져서는 존재할 수 없는 기능이다. 계획, 조직 및 지휘, 통제기능들 모두가 의사결정을 필요로 한다. 예를 들면, 조직의 전략을 처음 설정할 때, 햇님 가구는 선택 가능한 전략들 중 어느 것을 택할 것인가를 결정했었다. 이러한 결정을 이것이 조직에 미치는 장기적인 영향 때문에 종종 전략적 의사결정(strategic decision)이라 부른다. 일상적인 운영을 지휘하고 통제하는데도 관리자는 좀 더 낮은 차원의 의사결정을 해야 하는데 이들도 조직의 전체적인 발전을 위해 중요한 것이다.

모든 의사결정은 정보(information)를 바탕으로 이루어진다. 대체로, 경영의사결정의 질은 관리자들이 받는 회계 및 여러 종류의 정보의 질에 영향을 받는다. 부정확한 정보는 부정확한 의사결정을 낳을 수밖에 없다. 여기에 관리자들의 의사결정 임무를 수행함에 있어 필요로 하는 정보요구를 다루는 관리회계의 중요성이 있는 것이다.

4 계획과 통제의 순환과정

관리자의 역할은 〈그림 1-1〉과 같이 요약될 수 있다. 계획과 통제의 순환

과정이라고 부를 수 있는 이 모형은 계획에서 시작하여 조직, 지휘, 통제를 거쳐 다시 계획으로 돌아가는 흐름을 보여주고 있다. 이 모든 역할들이 의사결정을 필요로 하고 있는 것을 알 수 있다.

그림 1-1 계획과 통제의 순환과정

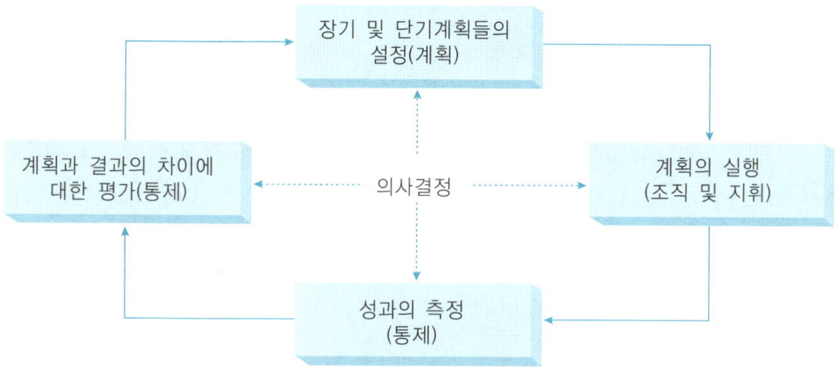

제 2 절 조직구조

조직이 사람들로 구성되는 것과 마찬가지로, 경영의 목표들도 사람들을 통해 달성된다. 햇님 가구의 사장 혼자서는 도저히 회사의 전략들을 실행에 옮길 수가 없다. 많은 부분의 관리영역을 다른 사람들의 힘에 의존하여 수행할 수밖에 없다. 이는 관리 책임의 분권화(decentralization)가 용이한 조직구조를 도입함으로써 가능해진다.

1 분 권 화

분권화란 의사결정 권한을 조직 전반에 걸쳐 위임하는 것을 뜻하며, 이는 여러 계층의 관리자들에게 각각의 책임분야에 대한 주요 결정들을 스스로 내릴 수 있도록 허용함으로써 이루어진다. 결국 분권화는 의사결정의 수준을 각 의사결정이 내려져야 하는 최하위의 관리수준까지 내려놓는다.

모든 조직이 경제적인 필요성에 의해 어느 정도씩은 다 분권화되어 있다. 최고 경영층이 매일 발생되고 있는 수많은 문제에 대한 의사결정을 하나하나 내릴 만큼 시간을 할애한다거나 정보를 가지고 있기란 거의 불가능하다. 그러므로 거의 모든 조직의 최고 경영자는 의사결정 권한을 하위 관리자들에게 어느 정도 위임하여야 한다. 권한위임 정도가 크면 클수록 분권화 정도가 큰 것이다. 어떤 회사들은 최고 경영자로부터의 의사결정권이 하위 관리자들에게 거의 모두 위임되었는데, 이런 회사들은 극단적인 분권화가 이루어진 경우이다. 또 다른 회사들을 보면 최고 경영자가 하찮고 반복적인 것 외에는 하위 관리자들에게 위임하지 않고 있는데, 이런 회사들은 극단적인 중앙집권화가 이루어진 것으로 간주된다. 대부분의 회사들은 이 두 양극단의 중간에 위치하게 된다.

문제가 발생하는 현장에 가장 가까이 위치한 관리자가 그 문제를 가장 잘 해결할 수 있을 것이라는 가정하에 햇님 가구의 사장은 의사결정 권한을 여러 계층의 관리자들에게 광범위하게 위임했다. 이들 계층들을 보면, 회사에는 세 개의 매장이 있고 각각의 매장에는 가구부와 전기용품부가 있다. 각 매장은 한 사람의 매장 관리자가 있고, 각 부에도 각각의 관리자가 있다. 이와는 별도로 회사는 구매부서와 회계부서가 있다. 이 회사의 조직구조를 그려보면 〈그림 1-2〉와 같다.

〈그림 1-2〉와 같은 그림을 조직도표(organization chart)라 부른다. 각 네모들은 관리책임 영역을 나타내며, 네모들을 잇는 줄들은 관리자들 사이의 권한 관계를 보여준다. 이 도표의 예를 보면, 매장의 관리자들은 판매담당 부사장의 책임하에 있다. 마찬가지로 판매담당 부사장은 사장의 책임하에 있으며 사장은 또다시 이사회에 책임을 지게 되어 있다. 조직도표의 목적은 관리자들 간에 책임이 어떻게 나뉘어져 있으며, 보고 및 전달의 공식적인 절차가 어떤가를 보여주는 데 있다. 제3매장 관리자에게 문제가 생기면, 그는 사장

에게 직접 보고하기보다는 그의 직속상관인 판매담당 부사장과 이를 의논해야 한다.

그림 1-2 햇님 가구의 조직도표

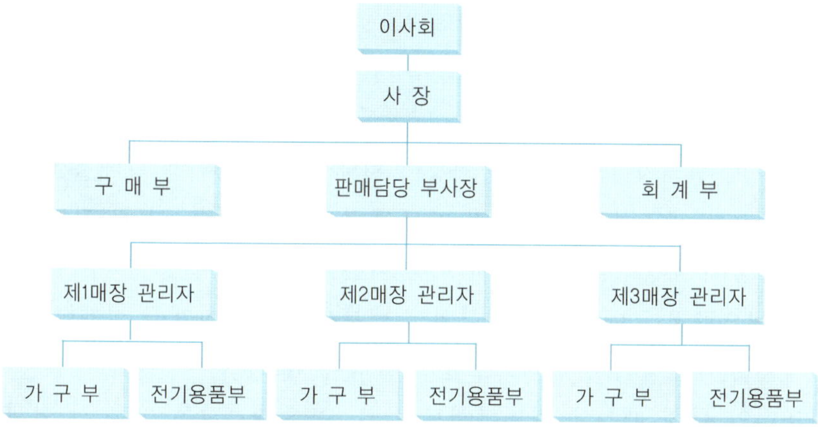

아주 큰 조직에서는 비공식적 의사소통의 관계나 방법들이 개발되기도 한다. 이 비공식적 전달방법들은 자생적으로 나타나며 관리자들 간의 인간적인 접촉을 통해서 이루어진다. 조직에 존재할 수 있는 이와 같은 비공식적 구조들은 조직도표에 나타낼 수는 없으나, 이의 존재가 조직의 활동을 순조롭게 영위하는 데 큰 도움을 준다. 일반적으로, 비공식적 관계들은 자주 변하며 그 특성도 일정하지 않은 것이 특색이다.

경영관리 측면의 분권화에 대한 세부적인 사항은 제14장에서 보다 자세히 논의된다.

2 라인과 스탭 관계

조직도표는 조직 내의 라인과 스탭의 위치도 나타낸다. "라인(line)"은 조직의 기본목표들을 달성하는 데 직접 관련이 있는 기능을 말한다. 한편 "스탭(staff)"은 이들 기본목표들을 달성하는 데 단지 간접적으로 관련되어 있는 기능이다. 스탭 기능은 조직에 속한 라인 기능이나 다른 부서에 용역이나 협조를 제공한다는 점에서 보조적인 특성을 갖고 있다. 〈그림 1-2〉의 조직도표를 다시 보자. 햇님 가구의 기본목표가 대중에게 가구와 전기용품을 파는 것이기 때문에 책임영역이 판매에 직접적으로 관련되어 있는 관리자들은 라인의 위치에 처해 있다. 각 매장 내의 부서 관리자들, 매장 관리자들, 그리고 판매담당 부사장이 여기에 속한다.

한편, 구매 관리자는 구매부의 기능이 판매부서들을 위해 구매를 행함으로써 판매부서를 보조하는 것뿐이기 때문에 스탭의 위치에 있다. 전체 조직에 하나의 중앙 구매창구를 둠으로써 보다 나은 조건의 구매를 할 수 있다는 것을 알게 됨으로써 구매부서를 회사의 스탭부서로 존재하게끔 설계한 것이다. 이 부서는 판매활동과 간접적으로만 연결되어 있고, 또 이 부서가 맡은 역할의 보조적인 특성 때문에 라인부서로는 볼 수 없다. 같은 이유로, 회계부서도 다른 부서들에게 전문성을 띤 회계서비스를 제공하고 있기 때문에 스탭부서이다.

햇님 가구의 조직도표는 단지 두 개의 스탭부서만 보여주고 있다. 보다 큰 조직에는 재무, 기술, 인사, 광고, 연구개발, 구내식당 등의 부서들과 같은 많은 스탭부서들이 존재할 수 있다.

스탭진들의 역할이 본질적으로 조언을 하는 것이라는 점과, 그렇기 때문에 라인에 속한 부서에 권한을 행사하지 못한다는 점 등을 놓고 볼 때, 라인과 스탭의 구분은 매우 중요한 일이다. 그들의 역할이 조언적이기 때문에 대부분의 조직에서 스탭의 위치에 있는 사람들은 정책을 도출하지 않는다. 그들보다는 라인에 속한 관리자들이 스탭진들의 조언과 연구결과 등을 참고하여 정책을 세우거나 운영에 관한 중요한 결정들을 내린다.

회계도 스탭기능 중의 하나인데 그렇다면 회계나 재무보고들에 대한 정책을 세우는 데 필요한 권한은 어디에서 오는 것인가? 이에 대한 대답은 간단하다. 최고 경영자가 회계부서에게 통일된 회계절차를 제정하는 권한과, 라인에 속한 부서들에게 보고서와 다른 정보들을 요구할 수 있는 권한을 위임해 준 것이다. 이러한 임무들을 수행함에 있어 회계부서는 다른 부서들에게 라인 관계상의 권한을 행사하는 것이 아니라 최고 경영자가 위임한 바대로 그를 대신하여 행동하는 것이다.

3 회계담당 이사

회계부서를 총괄하여 책임지고 있는 관리자를 "회계담당 이사(controller)"라 한다. 회계담당 이사는 최고 경영팀의 한 구성원으로서 계획, 통제, 의사결정 과정에 적극적으로 참여한다. 회계담당 이사가 라인에서 볼 수 있는 권한의 형태로 "통제"를 행하지는 않지만, 최고 정보책임자로서 매우 특별한 방법으로 통제를 행사하고 있다. 이 특별한 방법이란 의사결정에 필요한 자료들을 보고하고 해석하는 것으로 이루어진다. 의사결정에 관련되는 자료를 적시에

그림 1-3 회계담당 이사와 그 조직

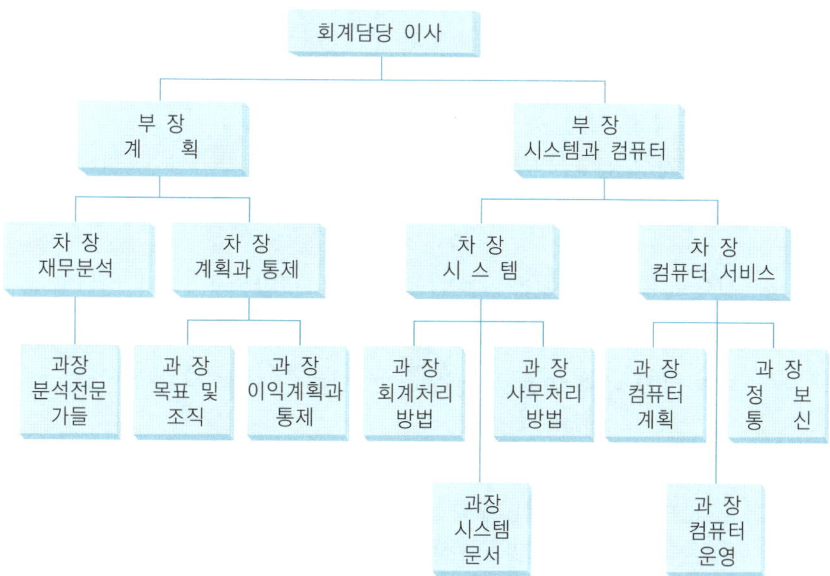

제공하고 해석함으로써 회계담당 이사는 의사결정에 상당한 영향을 미치며, 이를 통해 조직이 세워진 목표를 향해 나아가도록 지휘하는 데 중요한 역할을 하게 되는 것이다.

회계담당 이사의 위치가 최고 경영팀 중의 일원이기 때문에 기술적이나 세부적인 사항에는 관여하지 않는 것이 보통이다. 주로 부하들의 작업을 감독하고 특별보고서나 검토사항들에 대한 준비를 지휘하며, 특수한 문제에 봉착했을 때 최고 경영자에게 조언을 제공한다. 〈그림 1-3〉은 현대기업의 회계담당 이사가 지휘하는 조직의 예를 보여준다.

이 책의 초점이 관리회계이기 때문에, 회계담당 이사와 그가 맡은 부서의 임무가 더욱 우리의 관심을 끈다. 앞으로 배우게 되겠지만, 회계부서에서 생성되는 정보가 조직 전체에서 여러 가지 다른 방식으로 사용되고 있다.

4 조직들 간의 공통점들

조직들을 세 개의 집단으로 분류할 수 있다.

① 주식회사, 개인회사와 같이 이윤을 추구하는 사기업들
② 공적 또는 사적인 통제형태를 가지는 적십자, 구세군, YMCA 등과 같은 비영리적인 성격을 띠는 봉사위주의 기관이나 협회
③ 국립대학, 기상청, 국민연금관리공단과 같이 국가기관에 의해 창설되고 통제되는 기관들

이들 각 집단에는 다시 수천 개의 조직들이 포함되어 있다. 각 조직은 각기 추구하는 바에 따라 독특한 면을 가지고 있으나, 거의 모든 조직들이 다음과 같은 기본적인 공통점들을 내포하고 있다.

① 각기 추구하는 목표 또는 목적들을 가지고 있다.
② 이 목표를 달성하기 위한 전략들을 가지고 있다.
③ 조직의 활동을 계획, 조직, 지휘, 통제하며, 수많은 장단기의 의사결정을 내리는 하나의 관리자 또는 관리자들을 가지고 있다.

④ 관리자들 간의 책임 관계와 라인과 스탭 관계를 보여주는 조직구조를 가지고 있다.
⑤ 전략을 수행하는 데 도움이 될 정보에 대한 끊임없는 욕구를 가지고 있다.

이와 같은 공통점들 때문에 이 책에서 다룰 관리회계의 내용들과 이의 적용이 거의 모든 조직에 통용될 수 있을 것이다. 특수한 조직에 대해 다루게 될 때는 필요에 따라 내용이 독특할 수 있겠으나 이 책의 기본 방향은 모든 조직에 공통적으로 사용될 수 있는 관리회계 정보에 큰 비중을 두려고 한다.

제 3 절 관리자의 정보욕구

정보는 관리자를 앞으로 나아가게 하는 힘이다. 꾸준한 정보의 흐름이 없다면, 관리자는 무력해져서 아무 일도 못하게 될 것이다. 다행히도 관리자의 정보에 대한 대부분의 욕구가 조직 내부에서 만족되고 있다. 〈그림 1-2〉의 조직도표에서 볼 수 있듯이 조직망을 통하여 여러 계층의 관리자들이 서로 대화할 수 있는 경로들이 조직 전체에 존재한다. 이런 경로들을 통해 정책과 지시가 부하들에게 전달되며, 문제점들이 토론되고, 공식적 뿐만 아니라 비공식적 접촉이 이루어지고, 보고서나 간략한 내용들이 오고가게 된다. 이 같은 대화의 경로들이 없이는 관리자가 효과적인 기능을 수행하기가 거의 불가능하다.

조직의 관리자는 그의 정보욕구를 채우기 위해 전문가들에게 의존하기도 한다. 경제 전문가, 마케팅 전문가, 조직행위 전문가, 회계사 등이 관리자에게 정보를 제공해주며 조직활동의 여러 면에 걸쳐 조언도 한다. 예를 들어, 경제 전문가는 경제상황의 변화에 대한 전망을 제공할 수 있으며, 마케팅 전문가는 효과적인 판매촉진과 재화나 용역의 전달에 필수적인 정보를 제공할 수 있고, 조직행위 전문가는 조직을 구성하거나 운영하는 데 대한 도움을 제공할 수 있다.

1 회계정보

회계기능에 의해 제공되는 정보는 본질적으로 화폐적 정보이며, 관리자로 하여금 세 가지 일을 수행하는 데 도움을 준다.

① 계획을 효과적으로 세우며 이로부터의 이탈에 주의를 기울이는 일
② 매일매일의 운영을 지휘하는 일
③ 조직이 당면하는 운영상의 문제점들에 대해 최적의 해결방안을 찾는 일

(1) 효과적인 계획

관리자가 세우는 계획은 공식적으로 예산(budget)이라고 불리며, 예산편성(budgeting)이라는 말은 관리자가 예산을 세우는 과정을 나타낸다. 예산은 주로 연단위로 세워지며, 관리자의 목표와 기대를 구체적이며 양적으로 표현한 것이다. 예를 들어, 햇님 가구는 월별 판매계획을 일년씩 앞당겨 세운다. 이들 계획은 부서별로 짜여지고 조직 전체에 전달된다.

그러나 계획만으로는 충분치 않다. 일단 예산이 채택되면, 햇님 가구의 사장과 관리자들은 계획들이 얼마나 잘 실행되는지에 대한 정보를 필요로 할 것이다. 이때에 회계기능은 관리자들에게 이들이 모르고 지나쳐 버렸을 문제점들이나 새로운 기회들에 관한 성과보고서들(performance reports)을 제공함으로써, 그들의 정보욕구를 해결해 준다. "성과보고서"란 일정기간에 대한 예산과 실적을 자세히 비교하여 관리자에게 제공되는 보고서다. 특정부서에 대한 성과보고서가 문제점의 존재를 시사해주면, 관리자는 문제점의 원인을 파악하여 수정을 가하게 된다. 성과보고서가 모든 것이 잘 진행됨을 나타내주면, 관리자는 그 부서에 대해서는 큰 걱정을 하지 않고 다른 일에 관심을 쏟을 수 있다. 결국 성과보고서는 관리자의 소중한 시간이 조직에서 그를 가장 필요로 하는 부분에 효과적으로 사용될 수 있게끔 관리자의 주의를 환기시켜주는 하나의 피드백 장치인 것이다.

(2) 운영의 지휘

관리자들은 매일의 일상적인 운영을 위해 회계정보에 대한 꾸준한 욕구를

가지고 있다. 예를 들어, 햇님 가구의 부서 관리자들이 매장에 전시될 새 상품에 대한 가격을 매길 때, 원가와 가격과의 관계가 회사가 견지하고 있는 마케팅 전략과 조화를 이룰 수 있도록 하기 위해서 회계부서에서 제공하는 정보에 의존한다. 이 회사의 매장 관리자들은 광고 계획을 세울 때 판매량이나 재고수준 등과 같은 회계정보에 의존한다. 구매부서 관리자는 재고를 취급하거나 보관하는 데 드는 비용을 추정하기 위해 또 다른 종류의 회계정보를 사용한다. 이렇게 볼 때, 회계담당자와 관리자의 임무는 일상의 운영을 위하여 상호 밀접하게 연결되어 있다.

(3) 문제의 해결

회계정보는 종종 문제를 해결할 수 있는 여러 대안들을 분석하는 데 핵심 역할을 담당한다. 그 이유는 여러 대안들마다, 어느 대안이 최적인지를 결정하는 데 입력으로 사용되는, 측정가능한 비용과 효익을 가지고 있기 때문이다. 회계는 비용과 효익에 대한 자료를 모으고 이것들을 유용한 형태로 해당 관리자에게 전달하는 책임을 담당한다. 예를 들어, 햇님 가구는 경쟁회사들이 같은 업종에 동참하려 한다는 것을 알게 되었다. 시장점유율을 유지하기 위해 가격인하, 광고의 증가, 또는 두 방법 다 사용하는 것 등의 대안들 중 하나를 결정함에 있어, 햇님 가구는 회계부서에서 제공되는 비용-효익자료에 크게 의존할 것이다. 여기서 한 가지 주의해야 할 사실은, 필요한 정보가 항상 쉽게 사용될 수 있는 형태로 존재하지는 않는다는 점이다. 오히려 회계부서로부터 다방면의 분석과 전망이 가미되어야 쓰일 수 있는 자료가 더 많은 경우도 있다.

2 정보의 요약

관리회계 정보가 갖추어야 할 중요한 사항은 요약된 정보이어야 한다는 점이다. 재무회계를 배우면서 우리는 회계시스템이 그날그날 일어나는 거래들의 결과를 기록하는 데 엄청난 양의 세분된 정보를 취급하는 것을 보았다.

이렇게 세분된 정보의 이용가능성은 조직의 효과적인 관리에 필수적인 것이다. 그러나 관리자가 주로 필요로 하는 것은 자세한 정보보다는 이런 자세한 회계정보를 근거로 작성된 요약들이다. 요약된 보고를 통하여 관리자들은 어디에 문제점들이 존재하며 조직의 효과를 높이기 위해 어디에 관심을 집중시켜야 하는지를 알아낼 수 있다.

제 4 절 재무회계와 관리회계의 비교

관리회계를 얘기하면서 이것이 재무회계와는 여러 면에서 서로 다르다는 것을 알게 되었다. 독자들로 하여금 관점을 재무회계로부터 관리회계로 바꾸는 데 도움을 주기 위하여 두 분야의 공통점들뿐만 아니라 차이점들을 정리해 보는 것이 바람직하리라 생각된다.

1 재무회계와 관리회계의 차이점들

재무회계와 관리회계의 차이점들을 대개 여덟 가지로 구분해 볼 수 있을 것이다.

① 관리회계의 초점은 관리자의 내부적 사용을 위한 자료 제공이다.
② 관리회계는 보다 미래지향적이다.
③ 관리회계는 기업회계기준의 지배를 받지 않는다.
④ 관리회계는 자료의 관련성과 융통성을 강조한다.
⑤ 관리회계는 자료의 정확성을 덜 강조하며, 비화폐적 자료에도 상대적으로 보다 큰 관심을 기울인다.
⑥ 관리회계는 조직을 전체로 보기보다는 부문별로 보는 것을 더 강조한다.
⑦ 관리회계는 관련학문들로부터 많은 이론들을 가져다 응용한다.
⑧ 관리회계는 강제적이 아니다.

(1) 관리자의 내부적 사용

내부적 사용을 위해 관리자들은 주주나 외부 이해관계자들이 필요로 하는 정보와 같은 종류의 정보를 필요로 하지 않는다. 관리자는 나날의 운영을 지휘하고 미래를 계획하고, 문제들을 해결하며, 또 수많은 반복적 또는 특수한 의사결정들을 내려야 하는데 이들은 각기 독특한 정보들을 필요로 하고 있다. 이런 목적들을 위해 관리자들에게 필요한 정보들은 그것이 만들어지고 사용되는 방법이 특이하기 때문에 주주나 외부 이해관계자들에게는 이해하기 어렵거나 무가치하게 느껴질 수도 있다.

(2) 미래지향적

관리자의 임무 중 큰 부분이 계획과 관련되어 있기 때문에 관리자의 정보 욕구는 상당히 미래지향적이다. 과거 비용의 종합이나 역사적 자료들은 계획을 위해 유용하긴 하나 그 유용성은 극히 한정적이다. 과거 자료가 갖고 있는 문제점은 미래가 과거에 일어났던 일들의 재판이 되리라고 가정할 수 없다는 데 있다. 경제여건, 고객의 욕구, 경쟁 상황 등이 수시로 변하고 있다. 이런 변화들이 관리자의 계획 수립을 과거 경험을 바탕으로 한 미래에 관한 추정자료에 크게 의존하게끔 만들고 있다.

이와는 대조적으로 재무회계는 조직의 재무적 역사를 기록한다. 재무회계는 미래에 대한 추정이나 예측과는 거의 관련이 없다. 거래에 대한 회계기록은 항상 사후적이다.

(3) 회계기준

재무제표는 기업회계기준에 의거하여 작성되어야 한다. 그 이유는 조직 외부의 많은 이해 당사자들이 재무제표를 이용하기 때문이다. 이들 외부이용자들은 그들이 받아 보는 정보들이 어떤 기준에 근거하여 작성되었다는 확신을 갖고자 한다. 그렇지 않으면 부정과 조작의 가능성이 커지게 되고 재무제표에 대한 신뢰도 낮아지게 된다. 한편, 관리자들이 조직 내부의 의사결정을 위해 제공받는 정보는 회계기준의 지배를 받지 않는다. 이들 정보의 형태나 내용에 대해서는 관리자가 스스로 원칙들을 세울 수 있다. 이 원칙들이 회계기준과 일치되느냐 안 되느냐는 중요한 문제가 아니다. 예를 들어, 관리자는 내부적 필요에 의해 현금기준 재무제표를 작성해 볼 수도 있고, 기계나 건물의 감가상각을 공정가치 기준으로 인식할 수도 있으며, 제품의 원가계산에서 고정비를 무시할 수도 있는데, 이들은 다 회계기준에 위반되는 사항들이다. 한마디로 말해서 정보의 내부적 용도를 위해 관리자는 정보가 가장 효율적으로 사용될 수 있도록 필요에 따라 자유롭게 재구성할 수 있는 것이다.

(4) 자료의 관련성과 융통성

재무회계 자료는 객관적으로 평가되어야 하며 검증가능성을 지니고 있어야 한다. 내부적 용도를 위해 관리자는 정보가 완벽하게 객관적이거나 검증가능하기보다는 목적적합하고 융통성 있는 정보이기를 바란다. 관련성이 있다는 말은 현재 당면한 문제와 밀접한 관계가 있다는 뜻이다. 해당 정보가 꼭 해결해야 할 문제점과 관련이 있는 한, 이의 객관성이나 검증가능성은 관리자에게 있어 뒤에 생각할 일이다. 관리자는 또 여러 가지 의사결정 상황에서 쓰일 수 있는 융통성을 띤 정보를 가지고 있어야 한다. 예를 들어, 원가에 대한 정보가 자매부서 간 재화 이전시 사용되어야 할 대체가격(transfer price) 결정과 고객에 대한 판매가격 결정이라는 서로 다른 두 상황에 큰 수정없이 사용될 수 있도록 유지시키는 것이 좋다.

(5) 정확성의 후퇴

정보가 필요하게 되면 정확성보다는 적시성(timeliness)이 더 중요하다. 정보가 빨리 관리자에게 제공될수록 문제의 해결이 더욱 빨라진다. 이 때문에 관리자는 종종 당장 쓸 수 있는 정보에 대해서는 어느 정도의 정확성을 기꺼이 희생하려 한다. 결정이 곧 내려져야 할 경우에, 좀 더 정확한 정보를 얻기 위해 한 주일을 기다린다는 것은 이미 확보된 정보를 사용하여 즉시 행동에 옮기는 것보다 바람직하지 못하다. 이는 관리자가 필요로 하는 정보는 끝자리의 몇 원까지 정확한 것보다는 오히려 웬만큼 가까운 추정이나 예측임을 말해준다. 이 점을 인식하여 관리회계는 재무회계에서보다 정확성을 덜 강조한다. 더 나아가서 관리회계는 비화폐적 자료에 상당한 비중을 둔다. 기계고장으로 인한 작업시간의 손실, 신제품에 대한 판매책임자의 느낌, 날씨나 기후에 관한 정보, 떠도는 풍문 등 계량화하거나 금액으로 표시하기 어려운 정보들이 관리자에게는 큰 도움이 될 수 있는 정보의 좋은 예들이다.

(6) 조직의 부문들

재무회계는 기본적으로 회사 전체의 경영활동에 대한 보고를 목적으로 하고 있다. 이에 비해 관리회계는 전체보다는 회사의 부분 또는 부문(segment)에 더욱 초점을 맞춘다. 부문이라고 말할 때 이것은 제품별, 판매지역별, 공장별, 부서별 등 회사를 분류할 수 있는 어떤 단위도 부문이 될 수 있다. 재무회계에서도 수익과 비용이 부문별로 분리되는 것을 볼 수 있으나 이는 보조수단으로서의 중요성을 갖는 반면에, 관리회계에서의 부문별 자료는 가장 강조되는 자료인 것이다.

(7) 다른 학문분야로부터의 도입

관리회계는 전통적 회계시스템의 범위를 훨씬 넘어서, 경제학, 재무관리, 통계학, OR, 조직행위론 등과 같은 분야에서도 많은 이론이나 기법들을 도입하여 적용하고 있다. 이런 외부 원천들이 관리회계를 더욱 실용적일 뿐만 아니라 여러 학문분야와 상호관련된 학문으로서의 맛을 지니게 해주고 있다.

(8) 비강제적

재무회계는 강제성을 띠고 있다. 재무기록은 외부 여러 집단의 요구에 대처할 수 있도록 충분한 정보를 유지해야 한다. 재무기록은 규제기관에서 제시하는 기준에 따라 작성되어야 한다. 뿐만 아니라 상장기업인 경우에는 독립된 외부 감사인으로부터 재무제표에 대한 검토를 받아야 한다. 모든 회사는 세무기관의 요구에 부응할 수 있도록 자료를 잘 보존하여야 한다. 이에 비해 관리회계는 강제적이지 않다. 기업이 원하는 바에 따라 얼마든지 많이 또는 적게 활용할 수 있다. 무엇이 실시되어야 한다든지 또는 어떤 기록이 유지되어야 한다든지에 대해 지시하는 감독기관이나 외부기관이 존재하지 않는다. 이렇게 관리회계는 완전히 자유재량에 맡겨지기 때문에 항상 관심이 되는 질문은 "요구되는 정보인가?"보다는 "유용한 정보인가?"이다.

2 재무회계와 관리회계의 공통점들

재무회계와 관리회계 사이에는 많은 차이점들이 있지만 최소한 두 가지 면에서 공통점을 가지고 있다. 첫째, 둘 다 회계정보시스템에 의존하고 있다. 만약 재무회계와 관리회계를 위해 서로 완전히 독립된 자료수집 절차를 두게 된다면 이는 비용의 헛된 낭비일 것이다. 이런 이유로 비록 이에 덧붙이거나 확대하기는 하지만 관리회계는 재무회계에서 산출되는 자료를 광범위하게 사용한다. 둘째, 재무회계와 관리회계 모두 책임회계 또는 자산의 보호라는 개념에 크게 기초하고 있다. 재무회계는 회사 전체에 관한 자산의 보호 측면을 강조하고 있고, 관리회계는 부서에 대한 자산의 보호를 강조하는데 이는 조직 내에 원가에 대한 책임이 조금이라도 있는 한 하나의 부서로 간주하여 책임을 묻는다. 결국, 책임회계의 측면에서 볼 때, 재무회계가 피라미드의 꼭대기라면, 관리회계는 그 밑을 채우는 요소들로 볼 수 있는 것이다.

3 관리회계와 원가회계

전통적으로 원가회계(cost accounting)는 제품원가계산만을 의미하였다. 즉 원가계산을 통한 기간손익계산과 외부공표용 재무제표 작성 등 외부이용자에게 정보제공을 위해 사용되었다. 그러나 현대에 와서는 원가정보가 기업내부이용자인 경영자의 의사결정에 크게 도움을 주게 되었다. 따라서 원가회계는 재무회계뿐만 아니라 관리회계에도 적합한 정보를 제공하여 주는 기능을 갖는다. 그러나 요즈음 회계학의 교과과정 체계에서는 원가회계를 관리회계의 범주에 넣어 크게 재무회계와 원가 & 관리회계로 분류한다. 원가 & 관리회계는 원가회계 또는 관리회계라고도 불리는데 그 이유는 두 부분 간에는 내용의 중복이 많고 구분도 명확하지 않기 때문이다. 그러나 협의의 원가회계는 관리회계와 구분하여 제품원가계산을 의미하는 경우도 있다.

제 5 절 관리회계 역할의 확산

관리회계는 발전의 초기단계에 있다. 역사적으로 관리회계는 재무회계의 뒷전에 머물렀었고, 아직도 많은 조직들이 관리회계를 재무회계의 부산물 정도로밖에 여기지 않고 있다. 그러나 최근에 들어서는 관리회계의 발전이 눈에 띄게 빨라졌고, 재무회계의 그늘에서 벗어나 하나의 전문 영역으로서 널리 인식되고 있다.

1 정보에 대한 필요성의 증가

기업 간의 경쟁이 전세계적으로 변화된 점, 원가-가격면에서의 압박, 정보의 수집 및 보고면에서 더욱 자동화되고 빨라지는 정보기술의 급속한 발전, 산업상 규제의 완화 등이 관리회계를 발전시키는 데 박차를 가한 것들 중의 몇 가지라고 볼 수 있다. 이 같은 변화들이 관리자의 정보욕구를 더욱 강화시켰고, 특히 전통적인 손익계산서나 재무상태표 등에서는 얻을 수 없는 내부 운영을 위한 정보에 대한 욕구를 가중시켰다. 다음 상황들을 생각해보자.

- 최근 이삼십 년간 제품들이 놀라운 속도로 노후화되었다. 여러 과학적 발전이 트랜지스터나 전자 "칩" 같은 새로운 부품들을 만들어냈고 이들은 문자 그대로 많은 산업과 제품들을 혁신시켰다. 그러나 이것은 과학적 도약의 시작에 불과하다.
- 과거 삼십 년간 생산방식의 놀라운 변화가 있었다. 1950년대 초만 하더라도 "자동화"라는 말은 아주 생소했었다. 오늘날에는 많은 제품이 인간의 손을 거의 거치지 않고 생산된다. 정유공정이 컴퓨터에 의해 통제되며, 기

계 장치가 자동으로 움직이고, 전제조공장이 작업자의 계기판 조작에 의해 움직이는 것도 볼 수 있다. 많은 공장에서 로봇이 일하는 것을 발견할 수 있다. 이들 로봇들은 조그만 것들까지 보고 느낄 수 있으며, 또한 어떤 환경에서도 일할 수 있게 프로그램되어 있다.

- 선형계획법, 확률분석, 의사결정 지원시스템, 인공지능, 전문가 시스템 등의 새롭고 강력한 계량기법들의 개발로 말미암아 경영의사결정의 형태와 방법이 많은 영향을 받았다. 이 새로운 기법들이 이제는 매일매일의 의사결정에 없어서는 안 될 정도로 자리를 잡고 있다.
- 많은 산업들에서 원가의 규모가 급속히 커지고 그 형태도 변하고 있다. 예를 들면, 공장자동화와 여러 가지의 작업을 감시하는 데 컴퓨터를 도입하고 있는 추세는 노무비에 대한 의식의 변화를 가져왔는데, 제조업에서나 서비스 산업에서 노무비가 총원가에서 차지하는 비중이 점차 작아지는 결과를 가져왔다. 과거에 노무비가 차지하던 부분을 감가상각비와 같은 고정비들이 채우고 있는 형편이다.
- 서비스 산업에 대한 규제가 빠른 속도로 풀리고 있다. 수송, 금융, 전기통신 산업들에 대한 규제가 완화되어 감에 따라 관리자들은 전에는 없었던 원가 및 가격결정 문제에 부딪치게 되었다.

이런 저런 요인들이 주는 충격은 막대한 것이었다. 관리자들 간의 극심한 경쟁, 원가의 압박, 기술 개발 등의 영향에 대한 인식이 높아짐에 따라 관리회계의 역할이 과거의 그것보다 몇 배나 확장되었다. 그뿐 아니라 미래에도 더욱 확장될 전망이다. 이렇게 급변하는 환경에서 조직이 살아남을 수 있는 능력은 얼마나 빨리 또 얼마나 적절히 새로운 도전에 대응할 수 있느냐에 달려 있다 하겠다. 이런 상황에서 관리회계의 역할은 막중할 수밖에 없는 것이다.

2 가치사슬(Value Chain)과 관리회계

기업의 가치사슬은 원재료의 구입으로부터 최종제품이나 서비스의 궁극적인 고객에게의 전달까지 모든 범위를 포함한다. 여기에는 해당기업의 활동만이 영향을 미치는 것이 아니라 기업의 관련 납품업체, 최종제품을 유통시키는 업체들의 행위도 영향을 미친다. 현대자동차의 예를 들어 본다면, 자동차의 부품을 납품하는 부품업체들의 품질수준이 어떠냐에 따라 현대자동차가 조립하는 자동차의 품질이 좌우되며, 전 세계에 퍼져 있는 현대자동차의 판매 대리점들의 행위도 그들이 고객들에게 어떻게 대하느냐에 따라 현대자동차의 고객만족수준이 결정된다.

가치사슬을 전반적으로 분석함으로써 전·후방을 망라하는 관련 회사들 간의 거래에서 나타날 수 있는 비부가가치 활동들을 찾아내어 제거할 수 있다. 예를 들어, 현대자동차에 부품을 납품하는 회사들의 생산시설을 현대자동차의 조립공장과 가까운 곳에 짓도록 하여 불필요한 물류비용을 획기적으로 절감할 수 있다. 뿐만 아니라 기업 내부의 생산과정에서도 부가가치 창출과 관련이 없는 행위들을 최소화하는 데 총력을 기울일 수 있다. 이런 노력에 귀중한 자료와 정보를 제공하는 데 관리회계 정보가 핵심적인 역할을 담당하고 있다.

3 관리회계의 최근 추세

본 절에서는 요즈음 많이 거론되고 있는 관리회계 분야의 새로운 추세에 대해 간단히 언급하고자 한다. 앞으로 나올 장(章)들에서 보다 자세히 설명될 것이므로 여기에서는 간단히 그 주요 내용만 정리해 보았다.

(1) 목표원가(Target Cost)

전통적인 제품의 가격설정 방식은 제품의 원가를 먼저 계산한 후, 여기에 이윤(margin)을 더하여 설정하는 것이다. 예를 들어, 원가가 100원이 드는 제품이라면 여기에 이윤 50원을 더하여, 파는 가격을 150으로 정하는 것이다.

이와는 대조적으로 목표원가는, 우선 고객이 지불하고자 하는 수준의 가격(목표가격)을 먼저 설정하고 거기에서 기업이 가져야 할 최소한의 이윤을 차감한 후 도달하게 되는 수준을 의미한다. 이를 목표원가라고 부르는 이유는, 이렇게 계산된 원가 이내에서 제품을 생산해야 제품이 팔려나갈 수 있고, 제품원가가 목표원가를 상회하는 경우에는 원가절감 노력을 기울여 원가를 목표원가 이하로 낮추어야 하기 때문이다. 원가를 목표원가에 맞추려면 생산공정 속의 비효율을 없애고 혁신을 이루어야 한다. 목표원가 개념은 고객이 지불하는 금액에서 출발한다는 점에서 고객지향적이다.

(2) JIT(Just-in-time)

경영학자 Schonberger에 의하면 JIT란 "적시판매를 위해 완제품을 생산 및 운반하고, 적시에 최종 조립품들이 완제품으로 조립되며, 적시에 중간 조립품들이 최종 조립품으로 조립되며, 적시에 구매원자재들이 중간 조립품으로 전환되는 것"이라고 정의했다. 그러므로 JIT 생산방식(또는 구매방식)이란 필요한 품목을 적시에 적량 구매하여 적량 생산하는 방식이다. 결국 JIT생산방식에 있어 재고란 낭비이며, 이러한 낭비에는 생산을 위하여 절대적으로 필수적인 최소한의 설비, 자재, 부품 및 인력을 초과하는 모든 것이 포함된다.

(3) TQM(Total Quality Management) or TQC(Total Quality Control)

TQC는 미국의 SQC(Statistical Quality Control: 통계적 품질관리)를 QC Circle에 기초를 두어 전사적으로 재조직한 것으로 CWQC(Company Wide Quality Control)이라고도 표현된다. 여기서 Company Wide란 단어의 의미는 첫째, 상품의 디자인으로부터 이를 소비하는 고객의 만족도까지의 전 부문을 의미하며, 둘째, 회사 내의 모든 직무를 의미하고, 셋째, 모든 종업원들의 업무와 그들이 속해 있는 조직단위의 종합적인 책임을 의미하는 것이다. 즉, 전사적으로 확대된 품질관련 관리라고 볼 수 있는 TQM을 말한다. TQM이 제대로 시행되면 기업의 가치사슬(Value Chain)상에서 발생할 수 있는 모든 문제점들을 미연에 방지하고 제거하는 결과를 낳게 된다.

(4) 카이젠 원가(Kaizen Costing)

카이젠이라는 말은 한자어 개선(改善)의 일본식 발음으로서, 카이젠 원가란 제품의 생산단계에서 원가를 절감하자는 데 초점이 맞춰져 있는 개념이다. 앞서 설명한 목표원가는 제품의 수명주기 전반에 걸쳐서 원가절감이 가능한 곳은 다 포락하는 개념인 데 반해 카이젠 원가는 제품이 생산공정에 들어 있는 상황에서 원가를 절감해 보자는 것으로 국한되어 있다. 따라서 카이젠 원가의 궁극적인 목표는 실제 생산원가가 기준원가보다 작아지도록 노력해 보자는 데 있다.

(5) DB Marketing

DB(Database) Marketing이란, 기업이 여러 경로를 통해 얻은 자료들로 구축된 데이터베이스를 활용하여 보다 강력하고 수익성 있는 마케팅 활동을 벌이는 것을 말한다. 예를 들어, 기존 고객들의 여러 특성에 따라 제품의 구매가 어떻게 다른가를 분석하여 고객차별화를 꾀할 수 있다. 소득수준에 따라 또는 성별에 따라 제품의 선호도나 구입의 장소가 다르다면 이에 따른 차별적인 마케팅 활동을 펼칠 수 있는 것이다. 요즈음 많이 거론되고 있는 CRM(Customer Relationship Marketing)이 그 한 방법이다. 고객 한 사람 한 사람에게 맞춰 그들이 원하는 서비스를 제공함으로써 고객만족과 지속적인 고객유지를 꾀할 수 있다. 또는 어떤 특정집단의 선호도를 잘 파악해 보다 적극적인 마케팅 활동을 벌임으로써 더욱 큰 이익을 창출해 내기도 한다.

(6) 고객수익성분석(20/80 법칙)

우수고객으로 부류되는 Top 20%의 고객이 기업이 창출해 내는 이익의 80%에 공헌하고, 그 외 나머지 80%의 고객이 기업이익에 기여하는 바는 20%에 지나지 않는다는 내용을 뜻한다. 그만큼 우수고객이 기업수익성에 기여하는 비중이 크다는 것을 나타내는 말이다. 그런데 이 비중은 거의 모든 산업에 잘 들어맞기 때문에 법칙이라는 수준으로까지 여겨지고 있다.

고객차원도 그렇지만 제품차원에서도 이 법칙이 적용되기도 한다. 여러 가지 제품을 생산하는 기업의 경우 수익성이 높은 제품 상위 20% 제품들이 해당기업의 이익 80%에 기여하고, 나머지 80%의 제품들은 이익창출의 20%밖에 기여하지 못한다는 실증결과들도 많이 있다.

(7) ABM(Activity Based Management)

활동기준관리라고 불리는 ABM은 기업의 많은 활동들을 부가가치가 창출되는 활동(Value added activity)과 그렇지 못한 비부가가치 활동(Non-value-added activity)으로 나눈다. 부가가치가 창출되는 활동이란 고객이 가치있게 여기는 활동들이며, 비부가가치 활동이란 고객이 가치를 못 느끼는 활동들이다. 이런 비부가가치 활동들은 제품의 가치에도 영향을 못 미치고 고객들도 아무런 만족을 느끼지 못하는 활동들임에도 불구하고 원가를 발생시키므로, 기업은 이런 활동들을 찾아내어 제거함으로써 원가를 절감하는 노력을 기울여야 한다. 이런 대표적인 예로는, 불량을 발생시킨 후 이를 고치기 위해 재작업하는 행위, 재고보관행위, 검사행위, 부품을 창고에서 생산공정으로 운반하는 행위 등을 들 수 있다.

(8) BPR(Business Process Reengineering)

BPR은 용어 그대로 기업에서 행해지고 있는 모든 절차들을 한꺼번에 개혁해서 탁월한 업무성과를 올려보자는 이론이다. 예를 들어, 기업에서 어떤 일이 기안되어 실제로 처리되기까지에는 많은 결재단계도 거쳐야 하고 관련 여러 부서와 의사소통을 거쳐야 한다. 이런 과정을 거치다 보면 신속한 의사결정이 이루어지지 않아 일의 진행도 늦어지고 불필요한 비용도 많이 발생하게 된다.

BPR은 발달된 정보통신기술을 바탕으로 기업의 전 분야를 전산통일화하여 업무효율을 극대화시키자는 취지로 개발된 이론이다. 비행기를 제작하는 보잉사의 사례를 보면, 과거에는 비행기를 하나 새로 설계하는 데 2~3년이 소요되었다. 세계 여러 곳에 흩어져 있는 전문가를 모으고, 조정하고, 결론을 내리자면 이 정도의 기간이 들 수밖에 없었던 것이다. 이것을 인터넷이나 인트라넷으로 연결시켜 모든 전문가들이 서로 실시간으로 연결되게끔 했다. 그 결과 컴퓨터 네트워크를 통해서 서로서로가 맡은 일들이 얼만큼 진행되었는지를 알 수 있게 되었고 새로운 비행기의 개발기간이 수개월 내로 줄어들게 되었다.

01 연습문제

1-1. 재무회계와 관리회계의 차이점들을 열거해 보시오.

1-2. 경영자의 3가지 주요활동에 대해 설명하시오.

1-3. 계획과 통제의 순환과정에 대해 설명하시오.

1-4. 조직에서 라인과 스탭의 차이는 무엇인가?

1-5. 적시생산시스템(JIT)이란 무엇인가를 설명하시오.

1-6. 관리회계의 새로운 추세에 대해 설명하시오.

Chapter 02

원가의 분류와 추정

제1장에서 설명한대로 관리자의 임무는 (1) 목표설정 및 목표달성을 위한 계획수립과, (2) 목표실현 여부를 확인하기 위한 절차와 수단들을 포함하는 통제에 주로 관련되어 있다. 이러한 계획과 통제에 대한 책임을 수행하기 위하여 관리자는 조직에 대한 정보를 필요로 한다. 회계의 관점에서 볼 때, 관리자가 가장 자주 필요로 하는 정보는 원가에 관련된 정보이다.

재무회계에서의 원가란 재화나 용역을 획득하기 위해 치른 희생을 말한다. 이 희생은 지불된 현금, 이전된 재산, 제공된 용역 등으로 측정되며, 이런 방법들이 재무회계에서는 널리 받아들여지고 있다.

관리회계에서의 원가라는 용어는 여러 가지 뜻으로 사용된다. 그 이유는 여러 형태의 원가들이 존재하기 때문이며, 또 이 원가들이 관리자의 그때그때 요구에 따라 다르게 분류될 수 있기 때문이다. 따라서 관리회계 책임자는 누군가 원가에 대한 자료를 요구할 때 보다 구체적인 배경설명과 함께 자료요청을 하도록 유도해야 한다. 즉, 관리자가 어떤 용도에 쓰려고 원가자료를 요구하는지 먼저 확인하고 거기에 맞는 원가자료를 제공하도록 노력하여야 한다. 목적이 무엇이냐에 따라 상이한 원가가 얼마든지 도출될 수 있기 때문이다.

한편 원가를 분류하는 한 방법으로 원가행태에 따른 방법을 들 수 있다.

원가행태란 조업도가 변함에 따라 원가가 어떻게 반응하는가를 말한다. 원가가 어떻게 움직이는가를 이해함으로써 여러 상황에서의 비용을 예측할 수 있다는 점에서 관리자가 원가행태를 이해하는 것이 의사결정에 중요하다. 조업도가 변함에 따라 원가가 어떻게 변할 것인가에 대한 충분한 이해없이 의사결정을 내리다가 큰 낭패를 당하는 경우를 종종 보게 된다. 생산량을 두 배로 증가시켰는데, 이에 따른 증분비용이 증분수익보다 훨씬 큰 결과를 초래하는 경우도 있다. 이런 문제들을 피하기 위해 관리자는 여러 조업도 수준에서의 비용을 정확히 예상할 수 있어야 한다.

따라서 이 장에서는 여러 다른 형태의 원가들을 다양한 기준에 따라 분류하고, 특히 원가행태의 이해를 통한 효과적인 원가추정 및 학습곡선에 대해 논의하고자 한다.

제 1 절 원가의 분류

원가는 영리, 비영리, 서비스, 소매, 제조 등 모든 형태의 조직들에 연관되어 있다. 일반적으로 발생된 원가의 종류와 원가를 분류하는 방법은 조직의 형태가 어떠냐에 따라 결정된다. 하나의 조직에 적용될 수 있는 원가회계는 다른 조직에도 적용될 수 있다. 여기서는 여러 형태의 조직들—제조, 상품매매, 서비스—에 있어서 원가의 종류와 분류방법에 대해서 살펴본다.

1 제조활동과의 관련성에 따른 분류: 제조원가와 비제조원가

(1) 제조원가

제조업체는 다른 여타 조직들보다 좀 더 복잡하다. 그 이유는 제조업체의 활동이 생산뿐만 아니라 마케팅과 관리업무 등도 포함하는 보다 광범위한 것이기 때문이다. 그러므로 제조업체의 원가구조를 이해하면 다른 형태의 조직에서 나타나는 원가구조를 보다 쉽게 이해할 수 있을 것이다.

"제조행위"(manufacturing)란 노동자의 노력과 생산시설의 사용을 통하여 원재료를 완제품으로 전환시키는 것을 말한다. 이와는 대조적으로 "상품매매행위"(merchandising)는 제조업체나 외부구입처로부터 사들여 온 완제품을 판매하는 것이다. 제조된 제품의 원가는 직접재료비, 직접노무비, 제조간접비라고 하는 세 가지의 기본요소들로 구성된다.

1) 직접재료비

제품을 제조하는 데는 여러 종류의 재료들이 투입된다. 이들을 통상 "원재료"(raw materials)라 한다. 원재료란 말이 기본적이고 천연적인 자원을 말하는 듯하여 약간의 오해의 소지가 있을 수 있다. 천연재료도 제품에 드는 재료에 포함되고, 한 업체의 완제품도 다른 업체에게는 원재료가 될 수 있다. 예를 들어, 목재회사의 완제품이 건설회사에게는 원재료가 된다.

"직접재료"(direct materials)란 회사의 완성된 제품의 중요한 부분이 되며, 쉽게 추적될 수 있는 재료를 말한다. 철제서류함의 철판이나 가구에 사용된 나무가 이에 해당된다. 어떤 재료들은 완제품을 생산하는 데 아주 중요한 부분이면서도 제품만 보고서는 추적하기 어려운 경우가 있다. 철제서류함을 만들 때 사용된 용접물이나 가구를 생산할 때 들어간 접착제 등이 그런 것들이다. 이런 용접물질이나 접착제를 "간접재료"(indirect materials)라 하며, 제조간접비에 포함시킨다.

2) 직접노무비

직접노무비란 제품의 생산과정 중 직접 제품에 손을 대면서 제공된 노동비를 말하며, 그렇게 때문에 쉽게 추적할 수 있다. 제품 조립라인의 근로자, 목수, 기계운전자들의 노동에 드는 비용이 직접노무비의 예들이다.

제품에 물리적으로 추적될 수 없다거나, 추적이 가능하더라도 쉽지 않은 노무비들은 "간접노무비"(indirect labor costs)라 하며, 간접재료와 같이 제조간접비에 포함된다. 예를 들어, 공장청소원, 감독자, 재료취급자, 기술자 또는 야간수위들에게 지급되는 노무비는 간접노무비이다. 이들의 노력이 제품을 생산하는 데는 꼭 필요하지만, 이들에게 지급되는 노무비를 제품의 각 단위에 정확히 관련시킨다는 것은 거의 불가능할 뿐만 아니라 비실용적이다. 따라서 이런 노무비들은 간접노무비로 취급된다.

3) 제조간접비

"제조간접비"(manufacturing overhead)는 직접재료비와 직접노무비를 제외한 모든 제조비용을 포함하는 것으로 간단히 정의할 수 있다. 이에 해당되는 것들로서 간접재료비, 간접노무비, 공장시설과 관련된 광열비, 재산세, 보험비용, 감가상각비, 수선유지비, 그 밖의 제조부문을 운영하는 데 드는 모든 비용들을 들 수 있다. 기업에는 판매 및 관리에 관련된 광열비, 재산세, 보험비용, 감가상각비 등도 발생하는데, 이들은 제조간접비에 포함되지 않는다. 공장을 운영하는 데 관련된 비용들만이 제조간접비의 범위에 들어간다. 같은 감가상각비라도 기계의 감가상각비는 제조간접비이고, 본사 건물의 감가상각비는 일반관리비에 해당된다.

직접노무비와 제조간접비를 묶어서 전환원가(conversion cost)라 한다. 이 용어는 직접노무비와 제조간접비가 원재료를 완제품으로 전환시키는 데 들어간다는 점을 뜻한다. 직접재료비와 직접노무비를 묶어서 기본원가(prime cost)라고 부르기도 한다.

(2) 비제조원가

전통적으로 관리회계의 초점은 제조원가와 제조행위에 모아졌었다. 그 이유는 아마도 제조과정의 복잡성과 가격 및 이에 관련된 의사결정을 위해서 신중하게 설계된 원가통제에 대한 필요성 때문으로 볼 수 있을 것이다. 그러나 기업들이 원가에 대한 통제를 강화하고 관리자에게 더욱 유용한 원가자료를 제공하려는 움직임에 따라 요즈음에는 여러 비제조원가에 대한 관심이 높아지고 있다.

일반적으로 비제조원가는 판매비와 관리비로 나누어진다.

1) 판매비(marketing or selling costs)

고객으로부터 주문을 받아 완성된 제품이나 용역을 고객에게 인도하기까지에 필요한 모든 비용을 포함한다. 이러한 비용에는 광고비, 운송비, 판매수수료, 판매원수당, 완제품에 드는 창고비 등이 있다. 제조업체냐, 유통업체냐, 또는 서비스를 제공하는 업체냐에 상관없이 모든 조직에 판매비가 발생한다.

2) 관리비(administrative costs)

생산이나 판매에는 해당되지 않으나 조직을 운영하고 스탭을 유지하며 사무적인 일을 위해 들어가는 모든 비용이 포함된다. 여기에는 경영자와 회계담당자에 대한 급료, 비서직이나 홍보실요원에 대한 급료, 조직 전체를 관리하는 데 드는 모든 비용들이 이에 속한다. 판매비와 마찬가지로 모든 조직이 관리비에 대한 지출을 하고 있다.

앞에서도 언급했듯이 과거에는 주로 제조업에 관심이 집중되긴 했었지만, 관리회계상의 여러 개념들과 기법들이 제조행위뿐만 아니라 비제조행위에도 별 차이없이 적용되고 있다. 서비스 조직들을 보더라도 서비스에 대한 원가분석에 비용개념을 많이 도입하고 있다. 예를 들어, 보험회사들은 고객들에 대한 서비스의 원가를 결정함에 있어 지역적 위치, 나이, 결혼여부, 직업 등을 고려하고 있다. 이런 형태의 비용분할은 제조비용의 분할이 제조기능들을 통제하기 위한 자료를 제공해 주는 것과 마찬가지로 판매 및 관리에 대한 통제를 하기 위해 필요한 자료를 제공해 준다.

제조원가와 비제조원가의 분류는 제조원가의 정확한 계산과 손익계산서의 작성에 큰 영향을 미침에도 불구하고 관리회계를 배우고 난 학생들뿐만 아니라 실무에서도 종종 혼동하는 것을 보게 된다. 이 혼동의 문제는 다음의 그림을 머리 속에 입력해 놓음으로써 쉽게 해결할 수 있다.

어느 회사가 〈그림 2-1〉에서 볼 수 있는 바와 같이 사무실과 공장을 각각 가지고 있다고 하자.

그림에서 공장이라고 표시된 부분에서 발생한 원가는 제조원가이며 사무실이라고 표시된 부분에서 발생한 원가는 비제조원가라고 생각하면 된다. 예를 들어, 공장출입구를 지키고 있는 경비원의 급료는 제조원가에 포함되어야 하며, 사무실 출입구를 지키는 경비원의 급료는 비제조원가로서 일반관리비의 일부가 된다. 마찬가지로 같은 전기료라 하더라도 공장 건물 내에서 사용되는 전기료는 제조원가이며, 사무실에서 사용되는 전기료는 비제조원가이다.

그림 2-1 제조원가와 비제조원가

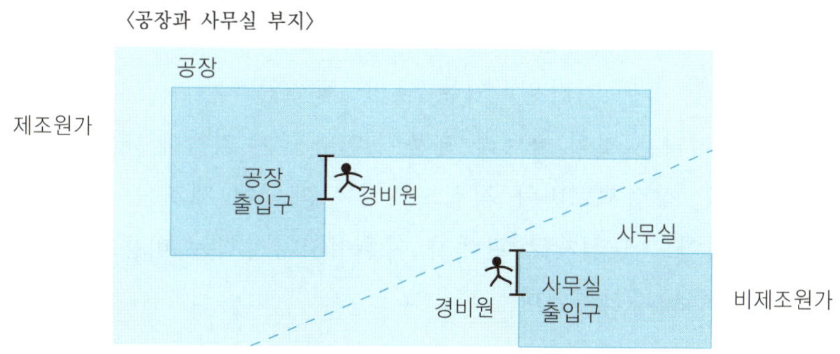

2 자산화 가능성에 따른 분류: 기간원가와 제품원가

(1) 기간원가

기간원가(period costs)란 구매해 온 또는 제조한 제품의 원가에 포함되지 않는 것으로서 일정기간을 기준으로 수익에 대응시킬 수 있는 비용들을 말한다. 판매수수료, 사무실 임대료 등이 좋은 예이다. 판매수수료나 사무실 임대료 모두 제품원가의 일부가 아니다. 단지 발생한 기간에 수익으로부터 차감되는 비용들이다. 그렇기 때문에 기간원가라 불린다.

이렇게 볼 때, 판매비 및 관리비에 속하는 모든 비용이 기간원가이다. 따라서 판매비, 경영자급료, 판매수수료, 홍보비용, 그리고 그 외의 비제조원가들이 기간원가이며, 이들이 발생한 기간의 손익계산서상에 비용으로 나타난다.

(2) 제품원가

어떤 원가들은 기간기준보다 제품을 기준으로 더 잘 대응된다. 이런 형태의 원가를 제품원가(product costs)라 부르는데, 제품의 구매나 제조에 관계되는 원가들로 구성된다. 제조되는 제품의 경우 제품원가는 직접재료비, 직접노무비, 제조간접비들로 구성된다. 제품원가는 제품이 구매 또는 제조됨에 따라 그 제품의 단위들에 "부착된다"고 여겨지며, 판매가 이루어질 때까지 부착된 상태를 유지한다고 본다. 판매시점에서 이들 원가가 재고자산에서 비용(즉 "매출원가")으로 처리되며 판매수익에 대응된다.

한 가지 주의할 점은 기간원가와는 달리, 제품원가는 이것이 발생할 기간에 비용으로 처리되는 것이 아니라 제품이 판매되는 기간에 비용으로 처리된다는 것이다. 즉, 직접재료비나 직접노무비는 제품이 제조됨에 따라 발생하지만, 다음 회계연도에 실제로 판매가 이루어지기까지는 비용으로 처리되지 않고 재고자산으로 자산화된다.

3 추적가능성에 따른 분류: 직접원가와 간접원가

원가는 종종 직접원가와 간접원가로도 구분된다. 그러나 이들 용어는 어떤 원가를 이 원가가 관련된 조직상의 특정부문에 귀속시킬 수 있느냐는 점 외에 다른 큰 의미는 없다. 여기서 말하는 조직상 부문이란 제품라인, 판매지역, 부서 또는 다른 하위부문들이다. 직접원가(direct cost)는 확연히 그리고 물리적으로 특정부문에 관련된 것으로 추적될 수 있는 원가이다. 제품라인의 예를 들어보면, 이 제품을 제조하는 데 들어간 재료들과 노동에 든 비용은 직접원가이다.

간접원가(indirect cost)란 어느 특정부문에 속한다고 쉽게 추적할 수 없어 그 원가를 귀속시키려면 배분할 수밖에 없는 원가를 말한다. 소모품비, 전력비, 기계수선비 등과 같은 제조간접비는 제품라인의 간접원가이다. 제조간접비를 특정 제품라인에 귀속시킬 수 없는 이유는 이들 비용이 전반적인 운영활동의 결과로서 발생하기 때문이다. 간접원가를 공통원가(common costs)라고도 한다.

4 통제가능성에 따른 분류: 통제가능원가와 통제불능원가

어느 수준 이상의 관리자에게는 모든 원가들이 통제가능한 원가이다. 또 어느 수준 이하의 관리자에게는 특정 원가가 통제불능원가로 간주된다. 다시 말해서 특정 경영자가 특정 원가의 발생에 통제 내지 영향을 미칠 수 있는가 없는가로 통제가능원가와 통제불능원가를 구별지을 수 있다.

특정 수준의 관리자가 비용을 승인(authorize)할 수 있을 때 그 비용은 통제가능원가(controllable cost)로 간주된다. 예를 들어 판매사원이 담당고객을 대접할 비용을 자기권한 안에서 쓸 수 있을 때 그 접대비는 판매사원의 입장에서 통제가능한 비용이다. 한편 창고설비의 감가상각비는 창고건설에 대한 승인능력이 없기 때문에 판매사원에게는 통제불능한 비용이다.

어떤 상황에서는 원가의 통제가능성을 판별하기 위해 시간적인 차원도 고려된다. 왜냐하면 단기간에는 통제불능일지라도 장기간에는 통제가능할 수도 있기 때문이다. 광고비가 이의 좋은 예다. 광고에 대한 계약이 일단 체결되면 관리자는 지출금액을 변경할 수 없다. 그러나 계약이 만료되면 광고비에 대한 재협상이 가능하므로 장기적인 관점에서 보면 관리자가 광고비를 통제할 수 있다.

5 회피가능원가와 회피불능원가

경영의사결정과 관련하여 회피가능원가(avoidable cost)와 회피불능원가(unavoidable cost)로 원가가 분류되기도 한다. 회피가능원가란 현재 운영 중인 어떤 사업부서를 더 이상 유지하지 않고 중단시키려 할 때 그 발생이 중단되는 원가를 말한다. 다시 말하면 어떤 제품을 더 이상 생산하지 않기로 했다든가, 어떤 부서를 구조조정의 일환으로 없앤다고 했을 때, 이런 결정의 결과로 더 이상 발생하지 않고 기업의 입장에서 회피할 수 있는 원가를 뜻한다. 반면에 이런 결정을 내렸음에도 불구하고 사라지지 않고 계속 발생되는 원가를 회피불능원가라 한다.

한 부서를 폐지한다고 가정했을 때, 회피가능원가로는 부서 인건비, 부서의 사무용품비, 통신비 등을 들 수 있다. 회피불능원가로는 여러 가지 공통비(common costs)들이 포함되는데 여러 부서들이 공동으로 사용하던 시설이나 서비스에 관련된 비용들이 여기에 해당된다. 즉, 건물감가상각비, 냉난방비, 수선유지비, 관리비 등이 대표적인 예이다.

6 원가행태에 따른 분류: 변동비와 고정비

계획 및 통제의 관점에서 볼 때 원가를 분류하는 가장 유용한 방법은 원가행태에 의한 방법일 것이다. "원가행태"(cost behavior)란 조업도의 변화에 따라 원가가 어떻게 반응하는가를 말한다. 조업도의 증감에 따라 어떤 원가는 증가·감소하며, 어떤 원가는 이에 관계없이 일정하다. 계획을 위해서 관리자는 위의 두 상황 중 어떤 형태가 나타날 것인지를 예측할 수 있어야 하며, 원가가 변할 것으로 기대되면 얼마나 변할 것인지도 알 수 있어야 한다. 이에 관한 정보를 제공하기 위해 원가들을 변동비와 고정비의 두 부류로 분류할 수 있다.

(1) 변동비(variable costs)

조업도의 변화에 따라 직접 비례하여 증감하는 원가를 말한다. 변동비의 좋은 예가 직접재료비이다. 한 기간 동안에 들어간 총직접재료비는 그 기간에 생산된 제품의 수에 정비례하여 변한다. 좀 더 구체적으로 설명하기 위해 자동차를 생산하는 회사의 예를 들어보자.

자동차 한 대당 하나의 배터리가 소요된다고 할 때, 자동차의 생산 대수가 증감함에 따라 배터리 사용량도 똑같이 증감할 것이다. 자동차 생산이 10% 증가하면 배터리 사용량도 10% 증가할 것이다. 그러나 변동비를 단위당 나타내면 조업도에 관계없이 일정하다.

변동비의 예는 여러 곳에서 찾아볼 수 있다. 제조회사의 경우 직접재료비, 직접노무비, 그리고 제조간접비 중 몇 개의 항목들(광열비, 부속품, 윤활유 등)이 이에 속한다. 상품매매업의 경우에는 매출원가, 판매원에게 지급되는 판매수수료, 청구비용들이 있다. 〈그림 2-2〉는 변동비의 행태를 나타내준다.

그림 2-2 변동비의 행태

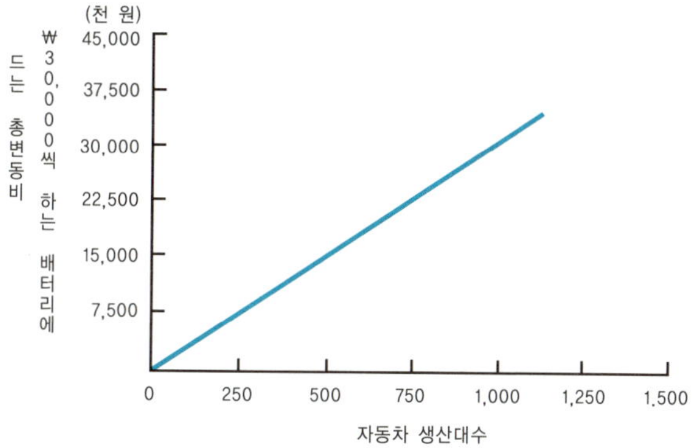

1) 조 업 도

어떤 원가가 변동비가 되기 위해서는 무엇인가에 따라 변해야 한다. 여기서 '그 무엇인가'를 나타내는 것이 "조업도"(activity base)이다. 결국 조업도란 변동비가 발생하게끔 하는 원동력으로서 작용하는 작업량이라 볼 수 있다. 이 외에도 판매원의 운전거리, 작업자의 직접 노동시간, 호텔의 객실이용률, 병원의 사용병상수 등이 이용된다.

변동비에 대한 계획과 통제를 위해서 관리자는 기업 내의 여러 가지 조업도에 대해 잘 알고 있어야 한다. 우리는 자칫 어떤 비용이 생산이나 판매에 따라 변하지 않으면 이는 변동비가 아니라고 생각하기 쉽다. 이것은 물론 잘못된 생각이다. 위에서도 여러 예를 들었듯이 비용은 조직 내의 여러 다른 활동수준에 영향을 받아 발생하고 있다. 어느 비용이 변동비인가 아닌가는 이의 발생이 특정 조업도와 함수관계가 있느냐로 판단할 수 있다. 예를 들어, 보증기간 내에 발생하는 무료 고장서비스에 드는 비용을 분석하는 관리자의 입장에서는 무료서비스 횟수가 합당한 조업도가 된다. 총 서비스 횟수에 따라 변하는 비용이 변동비가 될 것이다.

2) 변동비의 비중

조직에 존재하는 변동비의 수나 형태는 조직의 구조나 목적에 따라 다르다. 전기나 통신사업같이 자본이 많이 투여되는 조직에는 변동비가 거의 존재하지 않는다. 비용의 대부분이 공장이나 시설에 연관되어 있어서 고객에게 제공되는 서비스의 양적 변화에 매우 둔감하다. 이와는 대조적으로 제조회사는 많은 수의 변동비들을 가지고 있으며, 제품의 제조뿐만 아니라 고객들에게 제품을 인도하는 데에도 많은 변동비들이 관련되어 있다. 서비스를 제공하는 회사나 상품매매회사는 이들 양극단의 중간쯤에 위치한다고 보겠다.

기업의 형태에 따라 자주 발견되는 변동비의 종류들이 〈표 2-1〉에 나타나 있다.

〈표 2-1〉 **변동비의 예**

조직의 형태	변동비
상품매매회사	상품매출원가
제조회사	제조원가:
	기본원가:
	직접재료비
	직접노무비
	제조간접비 중 변동요소:
	간접재료비
	윤활유
	소모품
	광열비
	간접노무비
상품매매 및 제조회사	판매비 및 일반관리비:
	판매원판매수수료
	청구서 발송비
	배달비용
서비스제공회사	소모품, 여비, 사무비

3) 순수변동비와 계단식 변동비

변동비라고 해서 모두 같은 행태를 갖는 것은 아니다. 어떤 변동비는 순수변동(ture variable) 또는 비례적 변동(proportionately variable)형태를 갖는가 하면, 다른 변동비는 계단식 변동(step-variable)형태를 취하기도 한다.

① 순수변동비

직접재료비는 조업도가 변함에 따라 정비례하여 변하므로 순수 또는 비례적 변동비라 할 수 있을 것이다. 더구나 구입은 했으나 사용하지 않은 재료는 재고로서 다음 기로 이전되어 사용될 수 있다.

② 계단식 변동비

간접노무비도 변동비로 간주되나, 이의 변화형태가 직접재료비의 행태와 꼭 같지는 않다. 간접노무비로 포함되는 수선공의 노무비를 예로 들어보자.

> 직접재료비와는 달리, 수선공의 작업시간은 조업도에 따라 정확한 양을 조달하는 것이 아니라 일정량을 단위로 해서만 조달할 수 있다. 또, 사용되지 않은 수선공의 작업시간은 재고로 쌓여 있다가 다음 기로 이전되지도 못한다. 시간이 지나감에 따라 효율적으로 사용되거나, 아니면 사용되지 않은 시간은 그대로 사라지고 만다. 더구나, 간접노무시간의 이용은 직접재료의 사용같이 자로 잰 듯 정확한 것이 아니라 꽤 유동적이다. 수선할 일이 별로 생기지 않을 때는 수선반원들이 한가롭게 일할 수 있으나, 그 반대의 경우에는 아주 바쁠 수도 있다. 이런 이유로 생산수준에 있어 약간의 변화는 수선작업에 필요한 인원을 변화시키지 않고도 작업을 적절히 수행할 수 있다.

단지 일정량을 단위로 해서 획득할 수 있는 비용(수선공의 노무비 같은)이면서도 조업도 수준이 일정범위 이상으로 증가하거나 감소해야 변화를 일으키는 비용을 "계단식 변동비"(step-variable cost)라고 한다. 순수변동비와 비교한 계단식 변동비의 행태가 〈그림 2-3〉에 나타나 있다.

수선인력의 변화는 상당히 큰 폭의 수량변화가 선행되어야 나타나고, 이 수선인력의 증감은 분할할 수 없는 일정량으로 발생함을 주목하자. 계단식 변동비를 관리하는 전략은 각 단계마다 이용가능한 비용을 최대한도로 활용하는 것이다. 이 형태의 비용에 대해 주의해야 할 점은 조직 내에 필요 이상의 비용이 자리잡지 못하도록 해야 한다는 것이다. 더 필요할 때 모자라는 양을 구하기는 쉽지만, 필요 이상의 여력을 제거하기는 그리 쉽지 않다는 것을 염두에 두어야 할 것이다.

그림 2-3 순수변동비와 계단식 변동비

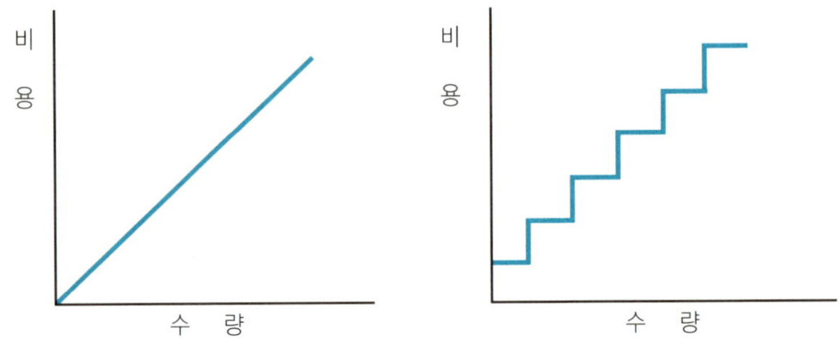

(a) 순수변동비(직접재료비) (b) 계단식 변동비(수선노무비)

4) 선형성 가정과 관련범위

변동비를 얘기함에 있어서 계단식 변동비의 경우을 제외하고서는 수량과 비용 간에는 완벽한 선형관계가 존재한다고 가정한다. 경제학자들은 회계담당자들이 변동비로 분류하는 많은 비용들이 실제로는 곡선의 형태를 갖는다고 지적하고 있다. 〈그림 2-4〉는 곡선형 원가(curvilinear cost)의 형태를 보여준다. 조업도가 아주 낮거나 높은 범위에서는 수량과 비용 간에 선형관계가

그림 2-4 곡선형 원가와 관련범위

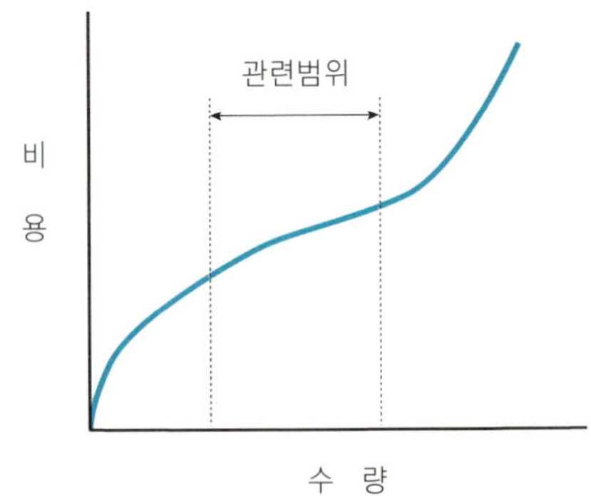

완전하지 않음에 유의하자.

회계담당자들도 많은 원가들이 어떤 범위에서는 수량과 선형의 관계를 갖지 못한다는 것을 인식하지만, "관련범위"(relevant range)라 불리는 한정된 범위의 조업도를 대상으로 원가행태를 분석한다. 관련범위란 해당 조직의 최대조업도와 최소조업도 사이의 구간을 나타내는 범위로서, 원가행태에 대한 가정이 상대적으로 들어맞는 조업도의 범위를 가리킨다. 보통 이 범위 내에서는 변동비와 조업도 간의 관계가 상당히 안정적이기 때문에 선형성 가정이 별 무리없이 적용될 수 있다. 관련범위의 개념이 〈그림 2-4〉에 나타나 있다.

(2) 고정비(fixed cost)

조업도 수준의 변화에 관계없이 항상 일정하게 발생하는 원가를 말한다. 변동비와는 달리 고정비는 기간에 따라 조업도가 변하더라도 이의 영향을 받지 않는다. 결국 가격변화와 같은 외부여건의 변화가 없는 한 조업도가 증감하더라도 고정비의 총액은 항상 일정하다. 임대료 같은 것이 고정비의 좋은 예다. 기계장치에 대한 한 달 임대료가 ₩5,000,000이라면 이는 한 달 동안 이 기계가 몇 개의 제품을 생산했느냐에 관계없이 동일하다.

조직에 존재하는 고정비는 이를 단위당으로 나타내야 할 필요가 있을 때 어려움을 주기도 한다. 그 이유는 고정비를 단위당으로 나타내게 되면 이는 조업도의 변화와 역으로 반응하기 때문이다. 제조회사의 예를 들어보면, 생산이 증가할수록 고정비가 더 많은 단위에 분산되므로 평균비용은 감소한다. 이와는 반대로 생산이 감소하면 고정비가 적은 수의 제품에 분산되므로 평균비용이 증가한다. 이 점을 좀 더 구체적으로 알아보기 위해 한 달에 1,000단위를 생산할 수 있는 기계를 매달 ₩5,000,000의 임대료를 지급하기로 하고 빌려왔다고 하자.

기업이 매달 10개씩만 생산하면 단위당 임대료는 ₩500,000이 된다. 그러나 1,000개씩 생산하면 단위당 임대료는 ₩5,000으로 내려간다. 단위당 비용의 변화가 회계담당자나 관리자에게 주는 문제점들에 대해서는 후에 더 자세히 언급하기로 한다.

고정비의 예로는 감가상각비, 보험료, 재산세, 임대료, 감독자급료, 광고비 등을 들 수 있다.

월 임대료	생산단위	단위당 비용
₩5,000,000·································	10	₩500,000
5,000,000·································	100	50,000
5,000,000·································	1,000	5,000

그림 2-5 고정비의 행태

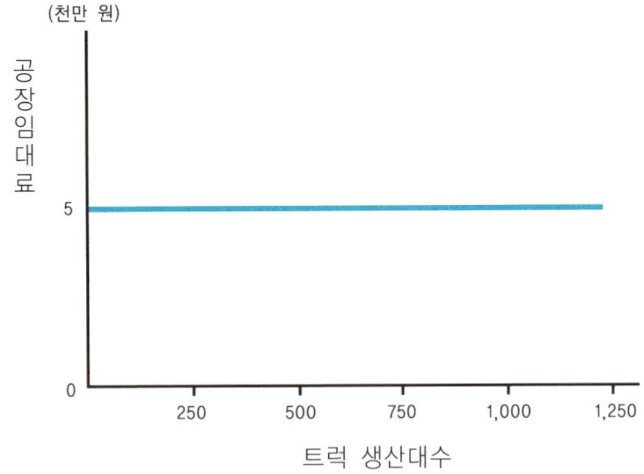

〈그림 2-5〉는 고정비의 행태를 나타내준다.

1) 고정비의 증가추세

최근에 들어서는 많은 기업들이 변동비에 비해 고정비가 차지하는 비중이 늘어가는 추세를 보이고 있다. 이는 두 가지 중요한 요인들이 작용하기 때문이다. 첫째로, 모든 형태의 조직에 자동화의 중요성이 점점 더 크게 인식되고 있다. 과거 거의 일세기에 걸쳐 모든 공장을 운영함에 있어 자동화의 역할이 매우 강조되어 왔는데, 아직도 자동화의 역할이 증대되고 있는 실정이다. 더구나, 전통적인 서비스 산업들에도 자동화의 중요성이 급속히 인식되고 있다. 증가된 자동화란 기계설비나 공장시설에 대한 투자의 증대를 의미한다. 결국 이에 따른 감가상각비나 임대료 등이 증가하여 고정비가 증가된다.

둘째, 노동자들이 목소리가 높아지고 노동운동이 확산됨에 따라 고용의 안정에 대한 관심이 고조되고 있다. 노동자들이 추구하는 것들 중 가장 중요시 여기는 것이 안정된 임금과 보장된 고용이다. 사회적인 면에서 볼 때는 고용의 안정이라는 것이 바람직한 것이기는 하지만 임금이 안정되고 고용이 보장될수록 생산량의 증감에 따른 직접노무비의 변동성은 점차 둔화된다.

고정비가 차지하는 비중이 어떤 기업에서는 크게 증가하여 "고정비조직"이라고 불릴 정도까지 된 경우도 있다. 섬유산업을 예로 들어보면 대부분의 기업들이 생산량에 별 영향을 받지 않는 고정비들로 생산량에 따라 반응하는 변동비들을 대거 대체함으로써 급속한 자동화로의 변화를 꾀하고 있다. 이러한 변화는 관리회계적인 측면에서 볼 때 많은 고정비를 부담하고 미래를 계획해야 한다는 점에서 상당히 어려운 문제를 제기해 주고 있다. 고정비의 비중이 크다는 것은 관리자가 그만큼 의사결정에 있어서 융통성을 갖지 못한다는 것이고, 그날그날의 의사결정에서 선택의 폭이 좁아짐을 의미하기 때문이다.

2) 고정비의 형태

고정비는 생산운영을 위한 기본 생산능력을 갖추기 위해 필요한 공장설비, 기계설치 등을 구입하는 데 든 비용이기 때문에 종종 설비원가(capacity costs)라고도 불린다. 계획의 목적에 따라 고정비는 기본고정비와 임의고정비로 나눌 수 있다.

① 기본고정비(committed fixed costs)

기본고정비는 기업이 기본적인 조직구조를 갖추기 위해 드는 공장, 기계, 부대설비 등을 위해 투여된 금액과 연관된 원가이다. 예를 들면, 공장설비의 감가상각비(건물과 기계장치), 부동산에 대한 세금, 보험료, 최고경영자 및 관리자들에 대한 급료 등이 있다.

기본고정비의 두 가지 주요 특성을 보면 (1) 장기적이고, (2) 잠깐 동안만이라도 완전히 없앨 수가 없다. 운영이 중단되거나, 축소되어도 기본고정비는 변함없이 그대로 존재한다. 아무리 경기가 나쁘더라도 기업은 주요 관리자들이나 공장의 일부를 제거할 수가 없다. 기본설비나 조직구조는 항상 그대로 유지되어야 한다. 장기적으로 볼 때 기본고정비를 단기적으로나마 줄이기 위해 어떤 방도를 취하게 되면 그것이 오히려 아무런 조치를 취하지 않았을 때보다 비용이 더 들게 됨을 알게 된다.

기본고정비는 기업의 장기목표를 위해 기본적으로 들어가는 비용이므로 이를 위한 계획기간은 대개 여러 해가 된다. 이런 비용에 대한 지출여부는 장기판매예측의 세밀한 분석과 이에 따른 생산설비의 필요성을 검토한 이후에나 결정되는 것이다. 계획단계에서 기업의 장기적인 요구가 적절히 평가되었는지를 관리자들은 면밀히 살펴보아야 한다. 일단 어느 정도 크기의 공장을 세우기로 결정이 내려지면 기업은 장기간에 걸쳐 이 결정에 묶이게 되는 것이다.

기업의 기본시설과 조직에 고정비를 투여하고 난 후, 이에 대한 해마다의 통제는 어떻게 행하여지는가? 기본고정비에 대한 통제는 사용도(utilization)를 가지고 행한다. 기본고정비에 대해 관리자가 가져야 할 전략은 조직이 추구하는 목표를 가장 효과적으로 달성할 수 있도록 공장과 기계설비를 사용하는 것이다.

② 임의고정비(discretionary fixed costs)

임의고정비는 특정 고정비를 쓸 것인가 아닌가를 연도별로 관리자의 결정에 따라 발생되는 비용이다. 광고비, 연구비, 관리자 훈련비 등이 그 예들이다.

임의고정비는 기본고정비와 비교해 볼 때 두 가지가 크게 다르다. 첫째, 계획기간이 대개 1년으로서 상당히 짧다. 둘째, 여건이 좋지 않을 경우 임의고정비는 단기간 축소시켜도 조직의 장기적인 목표를 크게 손상시키지 않는다. 예를 들어, 매년 5천만 원의 관리자 훈련비를 지출해 오던 기업이 경제여건이 악화될 경우 그 해의 관리자 훈련비 지출을 큰 무리 없이 축소시킬 수 있는 것이다. 이렇게 축소할 경우 바람직하지 못한 결과가 나타날 경우도 있겠지만 그 여파가 공장의 일부를 처분하는 것과 같이 크지는 않을 것이다.

임의고정비에서 중요한 점은 이 비용의 지출결정 때문에 관리자가 영향을 받는 기간이 한 예산기간에 지나지 않는다는 점이다. 매 회기마다 여러 종류의 임의고정비들에 대한 재검토가 얼마든지 이루어질 수 있다. 이때 어떤 특정 고정비를 계속 지출할 것인가, 증가시킬 것인가, 감소시킬 것인가, 또는 아예 폐지할 것인가를 결정하게 된다.

위에서 고정비를 논하면서 기본고정비와 임의고정비를 구분하여 다루었다. 이 두 종류의 고정비에 대한 구분이 매우 엄격한 것 같지만 사실은 상당히 융통성이 있을 수 있는 구분이다. 왜냐하면 어느 고정비가 기본적인 것이냐 임의적인 것이냐를 결정하는 데는 최고경영층의 의도가 크게 작용하기 때문이다.

어떤 경영자들은 여러 비용들에 대해 가능한 한 자주 재량권을 발휘하고 싶어 한다. 그들은 상황과 필요에 따라 원가에 대해 자주 검토하고 조정하기를 선호한다. 이런 부류의 경영자들은 고정비를 대체적으로 임의고정비로 여기는 성향이 있다. 다른 경영자들은 상황과 필요가 바뀌더라도 원가에 대한 조정을(특히 하향조정을) 쉽게 하지 않는다. 이들은 상황이나 필요가 변하여 원가에 대한 조정이 바람직함에도 불구하고 기왕에 존재하는 프로젝트나 이에 따른 인력을 그대로 두어 현상을 유지하려 한다. 여기에 속하는 경영자들은 거의 모든 고정비를 기본고정비로 보는 경향이 있다.

예를 들면, 건축경기가 매우 나쁠 때 많은 건설회사들이 얼마동안은 건설인력을 해고시키고 거의 작업을 하지 않는다. 그러나 다른 건설회사들은 건설인력이 할 일이 거의 없는데도 불구하고 그들을 고용하고 있는 것을 볼 수 있다. 첫 번째의 경우가 고정비를 임의적인 차원에서 보는 측면이고, 두 번째의 경우가 고정비를 주로 기본적인 것으로 보는 측면이다. 대부분의 경영자들은 위의 두 극단의 사이에 위치하는 태도를 가지고 있다.

3) 고정비와 관련범위

변동비를 논하면서 소개되었던 관련범위의 개념이 고정비, 특히 임의고정비에도 적용된다. 회계기간 초에 계획이 설정되고 예산이 작성될 때 임의고정비 수준은 계획된 프로그램이 얼마나 중요시 되느냐에 달려 있고, 프로그램의 중요도는 다시 조직 전체가 나아가고자 하는 조업도에 달려 있다. 아주 높은 조업도에서는 낮은 조업도하에서 포함되지 못할 프로그램들도 채택되며 그 규모도 커지게 된다. 더구나 프로그램에 대한 지지도도 조업도가 높을 때 더욱 크다. 예를 들어, 광고비 지출에 대한 필요성을 놓고 볼 때, 판매액을 25%만큼 증가시키려는 회사가 판매액 증가에 대한 계획이 전혀 없는 회사보다 더 절실하게 그 필요성을 느낄 것이다. 이렇게 보면, 고정비도 조업도가 증감함에 따라 종종 단계적으로 움직이는 것을 알 수 있다. 고정비의 이런 현상이 관련범위와 함께 〈그림 2-6〉에 나타나 있다.

주로 임의고정비가 상황변화에 따라 쉽게 조정되기는 하지만, 〈그림 2-6〉에서 볼 수 있는 단계적 증가형태가 기본고정비에도 적용된다. 기업의 생산능력이 확대될수록 기존의 공장시설로는 확대된 생산능력을 감당하지 못하게 되고, 또 경영인력의 수요도 증대될 것이다. 결국 더 큰 공장을 건설하고 관리자를 위한 새로운 자리를 마련함으로써 증가된 기본고정비를 갖게 될 것이다.

〈그림 2-6〉에 나타난 계단식 형태를 보면 임의고정비, 기본고정비 모두 계단식 변동비가 아닌가 하는 생각을 가질 수 있다. 장기적으로 볼 때 모든 원가가 변하므로 이 생각도 아주 틀린 말은 아니다. 그러나 〈그림 2-3〉에 묘사된 계단식 변동비와 〈그림 2-6〉에 나타난 고정비 사이에는 두 가지의 큰 차이점들이 있다.

첫 번째 차이점은 계단식 변동비는 상황의 변화에 따라 신속히 조정될 수 있는 반면에, 고정비는 한번 책정되면 그것이 임의적인 것이라 할지라도 쉽게 바꾸기가 어렵다. 수선인력 같은 계단식 변동비는 수선공들을 채용하거나 해고함으로써 신속히 조정할 수 있다. 그러나 기업이 일단 어떤 특정 프로그

그림 2-6 고정비와 관련범위

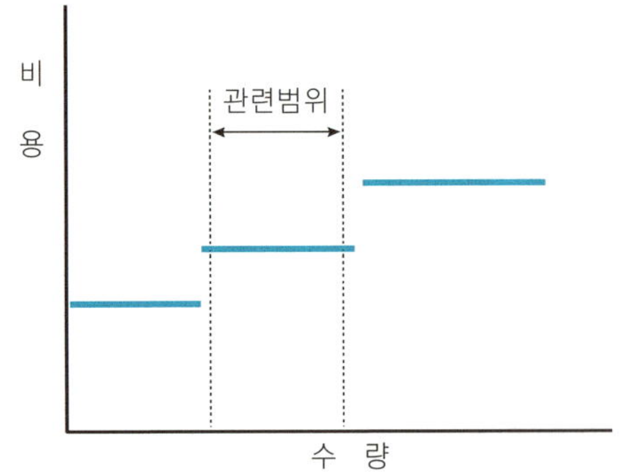

램을 택하기로 결정하면 여기에 연관된 고정비는 최소한 한 회계연도 동안은 변동이 불가능하다. 예를 들어, 광고계약이 체결되면 기업은 이에 관련된 비용에 대해 계약기간 동안에는 묶여 있게 된다.

두 번째 차이점은 각 단계가 차지하는 범위를 놓고 볼 때 계단식 변동비가 〈그림 2-6〉에 있는 고정비보다 훨씬 좁다는 점이다. 범위의 넓고 좁음은 조업도 수준이나 수량에 달려 있다. 수선노동비를 놓고 볼 때 계단식 변동비가 나타내는 한 단계의 넓이는 주당노동시간인 40시간이 된다. 그러나 고정비의 경우는 한 단계가 수천 또는 수만의 시간을 나타낼 수 있다. 실제로 계단식 변동비의 한 단계 넓이는 대체로 아주 좁기 때문에 순수변동비처럼 취급될 때가 많으며, 반면에 고정비의 한 계단 넓이는 꽤 넓어서 관련범위 내에 있는 순수고정비로 취급된다.

(3) 혼합비용

"혼합비용"(mixed cost)이란 변동비와 고정비의 요소를 둘다 포함하고 있는 원가를 말한다. 혼합비용은 "준변동비"(semivariable costs)라고도 불린다. 혼합비용은 조업도의 변화와 관계없이 발생하는 일정액의 고정비와 조업도의 변화에 따라 단위당 일정비율로 증가하는 변동비의 두 부분으로 구성되어 있다.

그림 2-7 혼합비용

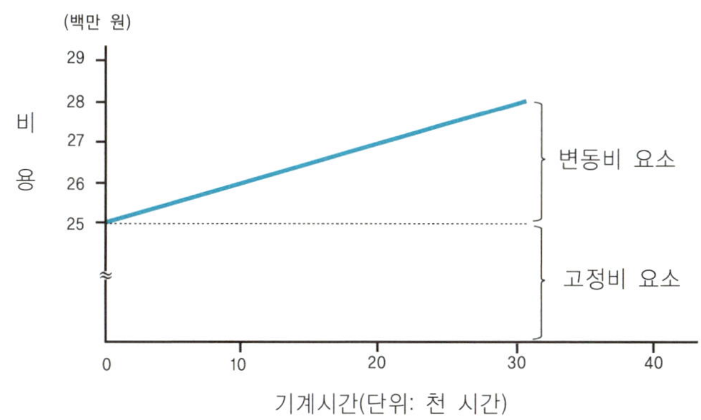

어느 회사가 기계장치를 리스해서 쓰고 있다고 가정하자. 이때 리스계약이 연간 2천5백만 원의 기본료와 사용시간당 100원을 지불하기로 체결되었다. 이 경우 한 해 동안 기계를 사용한 시간이 총 30,000시간이었다면, 기계의 리스료는 3백만 원의 변동비와 2천5백만 원의 고정비를 합한 2천8백만 원이 될 것이다. 〈그림 2-7〉은 혼합비용을 보여주고 있다.

지금까지 원가행태에 따른 분류로 변동비와 고정비에 대해서 살펴보았다. 이에 대해 간략히 요약하면 〈표 2-2〉와 같다.

〈표 2-2〉 **변동비와 고정비의 행태에 관한 요약**

원가	원 가 행 태	
	총 액	단 위 당
변동비	조업도가 변함에 따라 정비례하여 증가한다.	단위당 변동비는 항상 일정하다.
고정비	총 고정비는 조업도의 변화에 영향을 받지 않는다(즉, 총고정비는 조업도에 관계없이 항상 일정하다).	조업도가 높아질수록 작아지고, 조업도가 낮아질수록 커진다.

7 의사결정과의 관련성에 따른 분류

(1) 차액원가(differential costs)

의사결정을 함에 있어 관리자는 그 앞에 놓인 여러 대안들을 서로 비교한다. 각 대안마다 비용이 다르고, 이 비용은 다른 가능한 대안들의 비용과 비교되어야 한다. 특정 대안에는 존재하나, 다른 대안에는 존재하지 않거나 존재하더라도 금액이 다른 비용을 차액원가(differential costs)라 한다. 차액원가를 증분원가(incremental costs)라고도 하는데, 그러나 엄격히 얘기하면 증분원가는 대안들 간에 존재하는 비용의 증가를 의미하며, 대안들 간의 비용의 감소는 감소원가(decremental costs)라 한다. 차액원가는 비용의 증가(증분원가)나 감소(감소원가)를 다 포함하는 포괄적인 개념이다.

회계학의 차액원가 개념은 경제학에서 얘기하는 한계비용(marginal cost)의 개념과 일맥상통한다. 비용이나 수익의 변화를 말할 때 경제학자들은 한계비용과 한계수익이란 용어를 사용한다. 제품 한 단위를 더 팔아서 얻을 수 있는 수익을 한계수익이라 부르며, 제품 한 단위를 더 생산하는 데 필요한 비용을 한계비용이라 부른다. 이런 점에서 경제학의 한계개념은 회계학의 차액개념과 근본적으로 같다.

차액원가는 변동비에만 해당되리라고 생각하기 쉬우나, 변동비뿐만 아니라 고정비에도 해당된다. 좀 더 구체적으로, 소매점을 통한 판매에서 직판방식으로 판매방식을 바꿀 것을 고려 중인 고은 화장품 회사의 예를 들어보자. 현재의 수익 및 비용과 예상수익 및 비용을 아래의 표에서 비교했다.

	소매점판매 (현재)	직 판 (시안)	차액원가와 수 익
수 익(V)…………	₩700,000	₩800,000	₩100,000
매 출 원 가(V)…………	350,000	400,000	50,000
광 고 비(F)…………	80,000	45,000	(35,000)
판 매 수 수 료(V)…………	0	40,000	40,000
창고감가상각비(F)…………	50,000	80,000	30,000
기 타 비 용(F)…………	60,000	60,000	0
비 용 합 계	540,000	625,000	85,000
순 이 익	₩160,000	₩175,000	₩15,000

차액수익 ₩100,000, 차액비용 ₩85,000으로 새로 제안된 방식이 ₩15,000의 유리한 순이익 차액을 가져다 주는 것을 볼 수 있다. 앞서도 얘기했듯이 비용이 증가된 항목은 증분원가라고 말할 수 있으며 줄어든 항목은 감소원가라고 볼 수 있다. 이런 용어들은 실무에서 많이 사용되므로 독자들은 잘 익혀두기 바란다.

(2) 기회원가(opportunity cost)

기회원가(opportunity cost)란 현재 취한 행위 때문에 희생된 대안 중 최선의 행위를 취했었더라면 얻을 수 있었던 효익을 의미한다. 구체적으로 다음의 예들을 살펴보자.

경우 1: 고학이라는 학생은 일주일에 ₩50,000을 버는 시간제 아르바이트를 하고 있다. 가을 추석연휴를 맞아 일주일간의 방학이 생겨 친구들과 함께 설악산에 다녀오고 싶었으나 아르바이트 때문에 갈 수가 없었다. 만일 고학군이 여행을 떠났었더라면 그 주간에 벌지 못한 ₩50,000원은 기회원가로 여겨졌을 것이다.

경우 2: 장래 공장의 확장을 위해 땅투기 회사는 많은 돈을 들여 부지를 사들이려고 고려하고 있다. 이 돈은 땅 대신에 우량주식에 투자될 수도 있다. 결국 부지를 매입했다면, 주식에 투자함으로써 얻을 수 있었던 투자수익이 기회원가인 것이다.

경우 3: 면학 씨는 연간 2천만 원의 봉급을 받고 일하고 있다. 그런데 요즘 대학원에 진학하기 위해서 회사를 그만둘 것인가를 신중히 고려하고 있다. 더 높은 수준의 교육을 위해 회사를 그만두고 학교로 진학할 경우 그는 연간 2천만 원의 봉급을 포기해야 하므로 대학원 진학에 대한 기회원가는 2천만 원이 된다.

기회원가는 회계장부에 기록되지는 않으나 관리자의 의사결정시 반드시 고려해야 하는 사항이다. 거의 모든 대안이 그와 관련된 기회원가를 가지고 있다. 위의 경우 3을 놓고 볼 때, 면학 씨가 직장을 그만두지 않기로 했을 때의 기회원가는 그가 더 교육을 받음으로써 미래에 실현할 수 있는 더 높은 수준의 봉급이 될 것이다.

간단히 말하면 관리자가 직면하는 각각의 대안은 장점과 단점을 다 갖고 있기 마련이다. 어떤 대안을 기각한다는 것은 그 대안이 갖고 있는 장점을 단점과 함께 포기한다는 것을 말한다. 기각된 대안의 장점에서 단점을 감한 순효익이 채택된 대안의 기회원가가 되는 것이다.

(3) 매몰원가(sunk cost)

매몰원가(sunk cost)란 이미 발생한 비용으로서 현재 혹은 미래에 내려질 의사결정으로는 변화시킬 수 없는 비용을 말한다. 즉, 현재 혹은 미래의 의사결정에 의해 변화될 수 없기 때문에 매몰원가는 차액원가가 아니며, 따라서 미래의 행위를 결정하는 데 고려할 필요가 없는 원가이다. 매몰원가의 예를 보기 위해 특수기계를 3천만 원에 사들여 온 회사를 생각해 보자. 기계에 투자

한 3천만 원은 이미 지급되었기 때문에 매몰원가이다. 차후에 이 기계의 구입이 현명한 결정이 아니었다고 판명되더라도, 후회한들 어쩔 수 없으며, 미래의 의사결정이 3천만 원을 회피할 수 있게 해주지도 못한다. 결국 3천만 원은 의사결정 면에서 "떠나버린 기차"이며, 앞으로 어떤 결정을 하더라도 따라다니는 결과이다.

제 2 절 혼합비용의 분석

여러 기업에 혼합비용이 존재하므로 이런 형태의 원가를 잘 이해하는 것이 중요하다. 수도광열비, 수선비, 전화료 등이 혼합비용의 예들이다.

혼합비용의 고정요소는 재화나 용역을 사용가능하게끔 준비시키는 데 소요되는 기본적이며 최소한의 비용을 나타낸다. 변동요소는 재화나 용역을 실제로 사용함으로써 들어가는 비용을 나타낸다. 즉, 변동요소는 혼합비용 중에서도 조업도의 변동에 영향을 받는 부분이다.

그러면 혼합비용에 대한 계획이나 통제는 어떻게 이루어지는가? 이상적인 방법은 매일 발생하는 원가자료를 변동비 부분과 고정비 부분으로 분류하는 것이겠으나, 이에 따르는 비용을 생각해 볼 때 어렵기도 하거니와 비현실적이다. 따라서 혼합비용에 대한 분석은 과거의 여러 조업도에서 발생했던 원가들을 위주로 총액을 가지고 이루어진다. 주의를 기울여 분석을 행하면 총액을 통한 고정비 부분과 변동비 부분에 대한 분류도 최소의 비용으로 근사치를 구할 수 있다.

이 절에서는 혼합비용을 변동비 부분과 고정비 부분으로 분류하는 데 사용되는 세 가지 방법들—고저점법, 산포도법, 최소자승법—에 대해 검토해 보고자 한다.

1 고저점법(high-low method)

혼합비용을 분석할 때 사용되는 고저점법(high-low method)에서는 분석대상이 되는 원가를 관련범위 내에서의 가장 높은 조업도에서와 가장 낮은 조업도에서 관찰한다. 이렇게 두 극단에서 나타난 원가의 차이를 두 점 간의 조업도 차이로 나누어 줌으로써 변동비 부분을 파악한다.

예로서, 고장회사의 수선비가 직접노동시간 5,000시간에서 8,000시간 사이로 나타낼 수 있는 관련범위 내에서 아래와 같이 발생했다고 가정하자.

월	직접노동시간	수선비 발생액(천 원)
1	5,500	₩745
2	7,000	850
3	5,000	700
4	6,500	820
5	7,500	960
6	8,000	1,000
7	6,000	825

총수선비가 조업도가 커짐에 따라 증가되는 것을 볼 때, 변동비 요소가 포함되어 있음을 알 수 있다. 변동비 요소를 고정비 요소로부터 분리시키려면, 최고 및 최저 직접노동시간과 이에 따른 비용의 변화를 연결시켜야 한다.

	직접노동시간	수선비 발생액(천 원)
고점	8,000	1,000
저점	5,000	700
차이	3,000	300

$$\text{변동률} = \frac{\text{비용의 변화}}{\text{조업도의 변화}} = \frac{300{,}000}{3{,}000} = ₩100/\text{직접노동시간}$$

변동률이 직접노동시간당 ₩100이라는 것을 알았으므로 이젠 고정비 부분을 알아낼 수 있다. 이것은 고점이나 저점의 비용 중 하나를 택하여 여기서 변동비 부분을 제거함으로써 이루어진다. 고점을 택하였다고 가정하고 계산하여 보자.

고정비 부분 = 총원가 − 변동비 부분
= ₩ 1,000,000 − (₩100 × 8,000시간)
= ₩ 200,000

이제 변동비 부분과 고정비 부분이 모두 분리되었다. 따라서 관련범위 내에서의 수선비는 ₩200,000의 고정비에 직접노동시간당 ₩100만큼씩을 더한 합으로 나타낼 수 있다. 이 관계를 종종 "원가함수"(cost function)라 한다.

직접노동시간 5,000~8,000시간의 범위에서 수선비에 대한 원가함수 = ₩200,000 + ₩100 × 직접노동시간

위의 예에서 사용된 자료는 〈그림 2-8〉과 같이 그래프로 나타낼 수 있다. 이 그림에서 알아두어야 할 세 가지 점들은 다음과 같다.

① 원가는 Y축에 자리잡게 되고, 조업도가 변함에 따라 그 금액이 결정되므로 "종속변수"(dependent variable)라 한다.

② 조업도(이 경우는 직접노동시간)는 X축에 나타내고, 이것이 발생될 원가의 금액을 통제하므로 "독립변수"(independent variable)라 한다.

③ 그림에 관련범위가 표시되어 있다. 원가함수를 사용함에 있어 관리자가 주의하여야 할 점은 함수관계가 이 함수도출을 위해 사용된 관련범위 밖에서는 유효하지 않다는 사실이다.

그림 2-8 고저점법 비용분석(고장회사-수선비)

	직접노동시간	발생된 비용(천 원)
고(Hign)	8,000	₩1,000
저(Low)	5,000	700

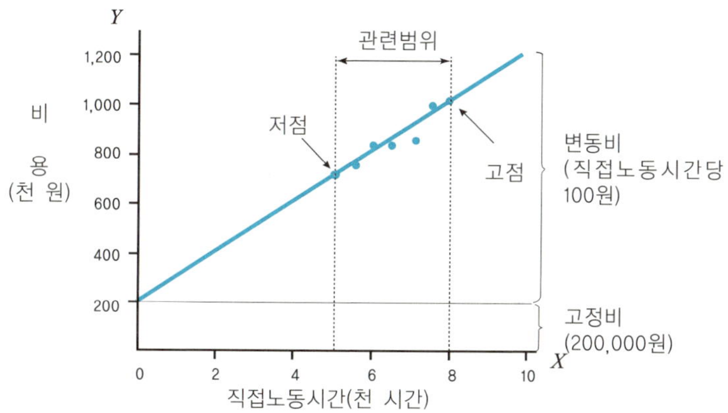

고저점법은 적용하기는 아주 간편하나, 원가함수를 결정하는 데 두 점만을 이용한다는 점에 큰 결점이 있다. 일반적으로 두 점이 원가와 조업도 사이를 나타내는 모든 점들을 정확히 대표한다는 우연적인 상황을 제외하고는, 두 점만 가지고서 원가함수를 정확히 도출하기는 쉽지 않다. 이런 이유 때문에, 원가함수를 결정하는 데 있어 보다 많은 점들을 사용하는 다른 방법들이 고저점법보다 좀 더 정확하다. 고저점법을 사용할 때 관리자는 이 방법의 한계를 잘 이해하며 사용해야 할 것이다.

2 산포도법(scattergraph method)

혼합비용을 분석할 때 관리자는 혼합비용의 평균변화율을 찾고자 노력한다. 고저점법보다 좀 더 정확히 혼합비용을 분석하는 방법이 산포도법(scattergraph method)인데, 이 방법은 그래프상에 나타나는 모든 점들을 분석하는 데에 사용한다. 〈그림 2-8〉에서 사용했던 것과 같이 Y축에 비용이, X축에는 조업도가 위치하는 그래프가 구성된다. 이 그래프 위에 여러 조업도에서 발생된 비용들을 점으로 나타내고, 이 점들을 대표하는 선을 그린다. 고저점법에서와 같이 두 점만을 연결하는 것이 아니라, 추출된 모든 점들이 원가함수를 나타내는 선을 도출하는 데 사용된다. 선의 도출방법은 목측(visual fit)에 의하는데 이때 분석자가 주의해야 할 것은 단순히 고저점들만 고려하는 것이 아니라 모든 점들을 대표할 수 있는 선을 그려야 한다는 점이다. 보통 선 위에 위치하는 점들과 선 아래 위치하는 점들의 숫자가 대등하게끔 그리게 된다.

이렇게 조업도와 비용의 관계를 나타내는 여러 점들을 그래프에 그린 것을 "산포도"(scattergraph)라 하고, 이 점들을 대표하게끔 도출한 선을 "회귀선"(regression line)이라 한다. 결국 회귀선의 기울기는 조업도의 변화에 따른 비용의 평균변화율을 나타내며, 회귀선이 Y축과 만나는 점은 평균고정비를 뜻한다.

산포도법의 예를 물보라 회사의 지난 8개월 동안 물의 소비량과 그 비용을 가지고 들어보자.

물소비량(ton)	총 비 용
12	₩ 26,000
15	27,000
10	23,000
9	22,000
11	25,000
13	24,000
8	22,000
14	26,000

각 조업도 수준에서 나타난 비용들이 〈그림 2-9〉에 점들로 표시되었고 목측에 의해 이 점들에 대한 회귀선이 그려졌다. 회귀선이 상하에 위치하는 점들의 수가 거의 일치하게끔 그려진 것에 주의하자.

회귀선이 비용축의 ₩15,000을 나타내는 점에 접하므로 이것이 고정비 부분을 말해준다. 변동비 부분은 다음과 같은 계산을 통해 ton당 ₩800임을 알 수 있다.

물을 10ton 사용했을 때의 비용	
(〈그림 2-9〉의 회귀선 상에 있는 점)	₩23,000
고정비 부분을 차감	15,000
변동비 부분	₩8,000

₩8,000÷10ton=₩800/ton

그림 2-9 산포도를 통한 비용분석(물보라회사-수도료)

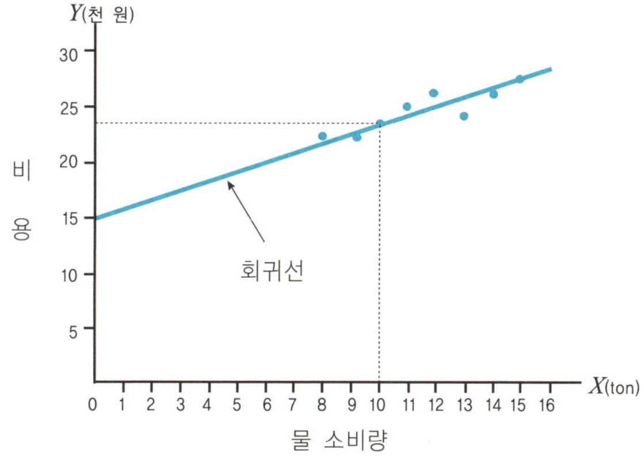

그러므로 물의 사용에 따른 원가함수는 월 ₩15,000의 고정비에다 물의 사용 ton당 ₩800을 곱하여 더한 것이 된다.

산포도법은 경험이 많은 원가분석가에게는 아주 유용한 도구로 사용될 수 있다. 파업, 기계고장, 악천후 등으로 인한 원가행태의 예상치 않은 경우들은 노련한 분석가라면 회귀선을 도출하는 데 적절히 조정할 수 있을 것이다. 많은 분석가들이 산포도법을, 그래프상의 자료들을 바탕으로 목측을 통해 원가행태를 쉽게 파악할 수 있다는 점에서, 원가분석의 시발점으로 간주하고 있다.

3 최소자승법(least squares method)

최소자승법은 산포도법보다 훨씬 정밀한 방법이다. 최소자승법은 산포도법에서와 같이 목측을 통해 자료들을 대표하는 회귀선을 도출하기보다는 통계적 분석을 통해 가장 알맞은 회귀선을 이끌어낸다.

최소자승법은 그래프에 나타난 여러 점들이 갖고 있는 관계를 아래와 같이 직선의 식으로 나타낸다는 기본목표를 가지고 출발한다.

$$Y = a + bX$$

여기서, Y: 종속변수
a: 고정비 부분
b: 직선의 기울기, 즉 변동률
X: 독립변수이다.

최소자승이란 회귀선을 선정함에 있어 각 점에서 선까지의 수직편차(거리)의 자승의 합이 다른 어느 직선에서의 거리보다 작게 되도록 선정한다는 것을 의미한다. 〈그림 2-10〉이 최소자승의 개념을 보여주고 있다.

그림에서 볼 수 있듯이 편차는 회귀선에서 수직으로 측정된다는 것에 특히 주의해야 한다. 최소자승법은 $\sum(Y - Y_i)^2$이 가장 작을 때 달성된다. 이 값이 가장 작을 때 가장 높은 적합도(goodness of fit)를 갖는 회귀선이 도출되는 것이다.

그림 2-10 최소자승의 개념

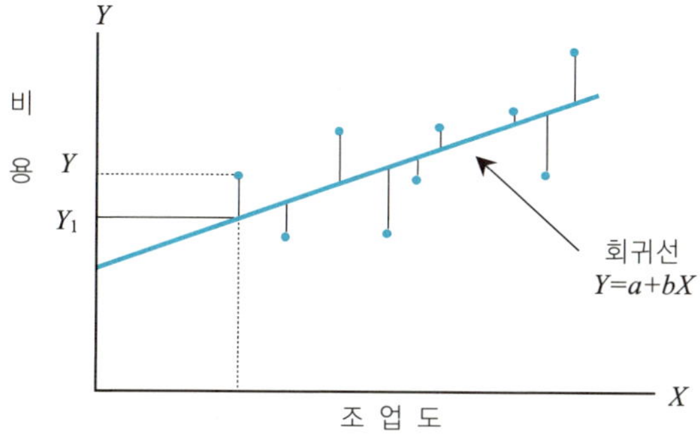

한편 원가함수가 정확성을 띠고 있는 것으로 보이기는 하나, 위에서 다룬 세 가지 방법들로 혼합비용을 고정비 부분과 변동비 부분으로 구별하는 데에는 상당부분 추정치가 개입한다는 것을 인식해야 한다. 이런 구별이 변동비 부분과 고정비 부분에 대한 근사치를 제공해 주기는 하지만, 정확한 값으로 간주되어서는 안 된다. 관리자들은 원가를 분석함에 있어 혼합비용을 제대로 이해하기 위해서 필히 고려되어야 할 요소가 있다고 판단되면 계산상으로 도출된 원가함수에 이런 요소들을 가미할 자세를 갖추고 있어야 한다. 이렇게 계산적인 결과와 관리자의 경험에서 우러나오는 판단이 잘 결합되어 이루어진 원가분석이라야 이를 통한 의사결정이 의미 있고 유용한 의사결정이 될 것이다.

제 3 절 학습곡선(Learning Curve)

1 학습현상과 표준시간

같은 작업을 반복해서 자꾸 계속하면 처음보다도 훨씬 일을 잘 할 수 있게 된다. 보다 빠른 시간에 보다 실수가 적게 같은 일을 해낼 수 있게 된다. 이것은 개인에게도 적용되고 집단(조직)에게도 적용이 된다. 이러한 현상은 어디든 보편적으로 일어나기 때문에 우리 자신도 이미 이와 같은 사실을 알고 있다. 이것을 학습현상이라 한다. 인간은 기계와 달라서 똑같은 작업을 반복하면 처음보다는 좀 더 잘할 수 있다. 또 계속 반복하면 작업의 수행을 능률적으로 더 발전시킬 수 있다.

특히 공업적 생산에 관여하고 있는 많은 사람들은 효과적인 생산작업이 진행될 때, 시간이 흐르고 제조가 계속 진행 · 반복됨에 따라 작업수행에 어떤 진보가 온다는 사실을 오래전부터 이해하고 관찰해 왔었다. 그리고 많은 실증적 연구에 의해서 그 향상의 형태가 매우 규칙적이고 일정한 법칙성을 갖고 있으며 따라서 충분히 예견될 수도 있다는 사실이 밝혀졌다.

경영을 하는 사람에게 이러한 발견은 매우 중요한 의의를 갖고 있다. 왜냐하면 기업이 판매가격이나 제품 인도가격을 책정하기 위해, 소요노동시간과 제품단위당원가를 예측하려는 노력을 하고는 있었지만 미래에 발생할 상황에 대한 예측이라고 하는 것이 매우 어렵고 시간이 많이 소모되는 일이었던 것이다. 그런데 소요노동시간의 예측을 훨씬 빠르게 또 정확하게 할 수 있는 학습형태에 대한 법칙성의 발견으로 기업은 이러한 어려운 일을 훨씬 쉽게 할 수 있게 되었다.

학습현상을 위주로 하여 생각하여 본다면 앞으로 설명할 표준시간(standard time)은 문제가 많은 개념이다. 표준시간은 한번 설정되면 그야말로 '표준'으로서의 기능을 하여야 하는데 일정한 반복횟수까지는 그것이 표준이 될 수 있겠지만 그 이상이 되면 정당한 표준이 아닐 경우가 많다는 것이다.

예를 들어서 옷을 만드는 공장에서 옷 한 벌을 짓는데 1시간이 표준시간이라고 하자. 그러나 수년 이상 경력을 가진 숙련공들은 쉬어가면서 일을 하더라도 45분이면 한 벌을 충분히 만들 수 있다고 한다면 그때는 이미 표준시간이 표준으로서의 기능을 상실한 것이다. 이러한 이유 때문에 표준시간 개념을 정태적이라고 생각하고, 경험이나 숙련도에 따라서 표준의 평가가 달라야 한다는 의미로 동적평가(dynamic evaluation)라는 용어를 쓰기도 한다.

이와 같은 학습현상은 작업측정뿐만 아니라 생산계획의 수립에도 당연히 고려되어야 할 것이다.

2 학습곡선

위에서 설명한 바와 같이 인간이 관계되는 작업에서는 작업이 반복됨에 따라 숙련과 관행이 생기게 되어 소요작업시간이 단축되게 되는데, 이를 종축에 제품 1개당 생산시간, 횡측에 생산수량을 단위로 하여 그림을 그려보면 지수곡선의 형태로 나타난다(〈그림 2-11〉 참조). 이러한 사실의 발견은 작업의 향상 현상이 과거에서부터 늘 존재해 왔었다고 하는, 그 당시까지 미처 정량화되지 못했던 평범한 관찰을 실용적인 개념으로 만들게 되는 계기가 되었다.

이 곡선의 이론은 항공기 산업에서 가장 먼저 쓰여졌다. 비행기 1대당 소요되는 직접노동시간이 생산된 비행기의 누적대수에 따라 주목할 만한 규칙성을 가지고 감소한다는 사실이 관리자들에 의해서 감지되었던 것이다. 비행기는 대당 원가가 매우 비싼 제품이므로 다른 산업에서보다는 항공기 산업에서 자연적으로 이런 현상이 두드러지게 나타나게 되었다.

특히 그 당시는 2차 대전 중으로 전시에서의 향상현상은 제품의 단위원가가 점차로 줄어든다는 것뿐만 아니라, 같은 노동력과 같은 설비를 가지고서도 훨씬 더 많은 비행기를 생산해 낼 수 있게 된다는 절실한 의미를 가지고 있었다.

가장 중요한 점은 학습의 정도, 혹은 익숙해지는 형태(learning pattern)가 주목할 만한 규칙성을 가지고 있다는 점이다. 일정한 규칙이 있다면 그 규칙에 따라 예측이 가능해지기 때문이다.

비록 이러한 연구가 항공기 산업에서 처음으로 출발되긴 했지만 다른 어떤 산업에서도 적용이 가능하다. 인간의 반복작업이 개입되는 어떤 부문의 관리에서도 학습현상은 항상 분석에 응용될 수 있고 또 실제에 있어서도 오늘날엔 생산, 조달, 원가문제 등의 분석에 다양하게 응용되고 있다.

그림 2-11 학습곡선의 예

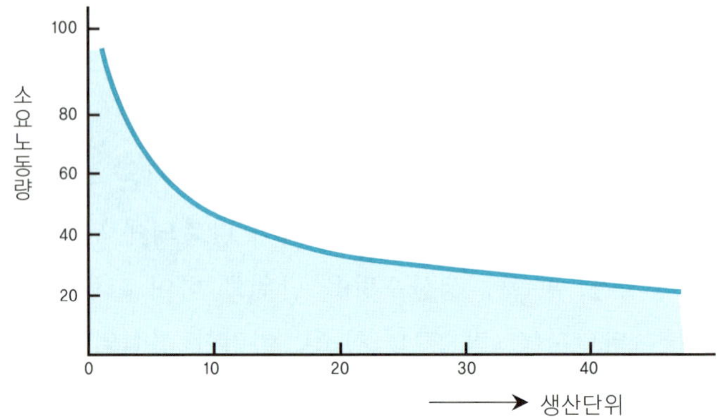

3 학습효과의 일반모형

(1) 누적평균시간의 학습모형

누적평균시간 학습모형이란 총누적생산량이 두 배가 될 때마다 단위당 누적평균시간, 즉 총누적시간÷총누적생산량이 일정한 비율로 감소하는 모형을 말한다. 예를 들어 울산조선이 유람선 한 대를 생산하는 데 10,000 노동시간이 소요된다고 하자. 만일 유람선 두 대를 생산할 때 단위당 누적평균시간이 9,000 노동시간(총누적시간은 2대×9,000시간=18,000시간이 된다)이 되고, 4대를 생산한다면 단위당 누적평균시간이 8,100 노동시간(총누적시간은 4대×8,100시간=32,400시간)이 된다면, 노동시간과 관련된 원가는 90%의 누적평균시간 학습모형을 따른다고 할 수 있다.

이와 같이 생산량이 증가함에 따라 감소하는 소요노동시간과의 관계를 모형으로 나타내면 다음과 같이 표현된다.

$$Y_i = a \cdot i^{-b} \quad \cdots\cdots (1)$$

i : 생산수량($i \geq 1$)

Y_i : i번째 단위의 소요노동시간

a : 첫 번째 단위의 소요노동시간

b : 학습지수

양변에 log를 취하면,

$$\log(Y_i) = \log(a) - b\log(i) \quad \cdots\cdots (2)$$

와 같이 표현되는데 log 표시를 무시한다면(다시 말해서 log좌표에 표시한다면), 이는 기울기가($-b$)인 직선의 방정식이다.

【예제 1】

여객기를 만드는 공장에서 처음 만드는 신형 여객기의 조립에 1,200 manhour가 필요했다고 한다. 이 공장에서 16대의 같은 비행기를 제작한다고 하면 마지막 비행기에 소모되는 인력은 얼마나 필요한가?

비행기 조립의 학습률은 80%라고 한다.

| 풀이 | $Y_i = a \cdot i^{-b}$

$a=1,200$, $2^{-b}=0.8$에서 $b=0.3222$, $i=16$이므로

$$\log Y_i = \log 1,200 - 0.322 \log 16$$
$$= 3.0792 - 0.3877$$
$$= 2.6915$$
$$Y_{i=16} = 491.5\text{(manhour)}.$$

아래와 같은 편법을 쓰면 공식에 의하지 않고도 계산이 가능하다.

2대째 $1200 \times 0.8 = 960$

4대째 $(1200 \times 0.8) \times 0.8 = 768$

8대째 $(1200 \times 0.8 \times 0.8) \times 0.8 = 614.4$

16대째 $(1200 \times 0.8 \times 0.8 \times 0.8) \times 0.8 = 491.5$

그러나 위의 방법은 2의 배수가 아닐 때는 사용할 수 없다.

한편, 학습률은 생산량이 두 배가 되었을 때의 단위당 누적평균시간을 생산량이 한 단위였을 때의 단위당 누적평균시간으로 나눈 값이 되므로, 이를 수

식으로 표현하면 다음과 같다.

$$학습률=\frac{Y_{2i}}{Y_i}=\frac{a\cdot(2i)^{-b}}{a\cdot i^{-b}}=2^{-b}$$

4 학습요인

학습요인이란 학습현상이 일어나게 하는 요인, 즉 작업능률을 향상시켜 주는 요인을 말한다. 학습곡선은 첫 번째 생산단위에 소요되는 작업시간과 학습률의 두 가지에 의해서 결정된다.

효율적인 생산을 한다는 것은 단위당 소요생산시간을 줄이는 것과 밀접한 관련이 있는 것으로 학습곡선에서는 작업향상요인을 면밀히 분석하여 학습률의 조작을 기도하는 것이 효과적이다. 학습률은 뚜렷한 몇 가지의 요인에 의해 결정이 되는데, 작업이 시작되기 전에 모든 요인을 파악해서 작업의 향상을 증대시킬 수 있는 방향으로 가변의 요인을 잘 조작한다면 보다 더 효율적인 생산을 이룰 수 있다.

학습률이란 누적생산량의 어떤 일정단위에서 그 단위의 생산에 소요된 작업시간에 대해 누적생산량이 2배로 증가했을 때의 생산단위에 소요된 작업시간을 백분율로 나타낸 것이다. 따라서 학습률은 백분율이 감소하여 작은 값을 나타낼수록 향상이 많이 일어나는 상태를 나타나게 된다. 그러므로 향상을 크게 만들 수 있는 방향은 백분율을 감소시키는 방향을 말한다.

학습률을 결정하는 주요한 요인들은

① 작업의 난이도: 일반적으로 쉬운 작업일수록 학습률이 커져서 기대되는 향상의 폭은 작아진다. 반면 작업이 힘들수록 향상이나 진보의 기회가 많아지게 되므로 학습률은 낮은 백분율을 보인다.

② 작업량에서 노동이 차지하는 비율: 이것은 용역의 범위에 관계되는 문제이다. 작업의 내용은 사람이 하는 작업과 기계가 하는 작업으로 구성된다. 기계의 성능은 항상 일정하므로 동일한 작업을 반복하더라도 기계 자체의 작업향상은 기대할 수 없다. 따라서 작업에서 기계가 하는 일에 비해 사람

의 노동량이 많아질수록 학습률은 낮아져서 더 많은 향상을 기대할 수 있게 된다. 일반적인 예로 학습률 80%인 항공기 산업은 작업구성이 기계작업 1/4, 인간의 노동(조립작업) 3/4의 비율로 양적 분포가 되어 있는 반면, 거꾸로 기계작업 3/4, 인간노동 1/4의 비율로 구성된 작업을 하는 기업에서는 학습률이 90% 정도까지 상승하고 있다. 작업량의 구성에서 인간노동과 기계작업의 비율이 유사한 기업들은 학습률까지 유사하게 되는 경향이 있다.

③ 작업의 흐름이나 원료의 이용도를 증가시키기 위한 조직과 절차의 개량
④ 생산품의 설계나 공학적 기술수준의 발전적 변화
⑤ 생산에 사용되는 기계공구의 개선
⑥ 작업자 자신과 경영관리의 양면에 의한 작업능률향상에의 기대

이상과 같은 여러 요인들이 작업의 학습률을 결정하고 있다.

5 학습곡선의 특성과 활용

지금까지 설명한 학습곡선의 특성을 두 가지만 설명하려고 한다.

첫째, 매우 직관적인 이론을 가지고 있다는 점이다. 작업의 향상은 생산량의 증가에 따라 계속되지만, 향상의 폭은 점차 줄어든다. 그러므로 생산량이 누적되어 감에 따라 크게 단위당 소요시간을 줄일 수 있는 기회도 점차로 줄어들게 된다.

둘째, 학습곡선은 실증적으로 매우 잘 들어맞는다. 얻어진 자료를 가지고 실제로 적용해서 분석해 보면 자료가 얼마나 정확하게 학습이론에 적용되는지를 쉽게 알 수 있다. 학습곡선이란 실제상황 속에서 발견된 것이지 누가 발명해낸 것이 아니다. 그러므로 실제에 활용될 수 있는 힘이 크다는 것이 장점이자 특징이 된다.

학습곡선은 항공기 산업에서 출발하였지만 다른 많은 산업에도 적용이 가능하여 널리 이용되고 있다. 특히 효용이 인정된 곳은 전기, 전자산업, 주택건설, 조선공업, 기계공업, 석유산업 등이다. 기능별로 용도를 살펴본다면 군대의 군수품계약, 생산원가의 예상추정, 인력계획, 사업타당성의 재무분석,

임금체계 수립 등을 비롯하여 여러 분야에서 활발하게 이용되고 있다. 특히 생산계획과 통제에서 중요하게 이용될 수 있겠는데 앞에서도 설명한 표준시간의 설정이나 이에 따른 세부 생산계획에서, 또 생산통제를 위한 기준으로서도 명확한 기능을 나타낼 수 있을 것이다.

02 연습문제

2-1. 다음은 2장에서 소개된 용어들이다.

변동비	제품원가(product cost)
고정비	매몰원가(sunk cost)
기본원가	전환원가(conversion cost)
기회원가	기간비용(period cost)

다음 상황에 가장 알맞은 원가/비용을 선택하시오. 각 원가/비용은 1번 이상 사용될 수 있다.

1. 반달 회사는 대학생들에게 아주 인기 있는 휴대용 가방을 생산하고 있다. 생산과정에 들어가는 원단은 직접재료비로 불리며 (   )로 분류된다.
   원가형태 측면에서 원단은 또한 (   )로 표현될 수도 있다.
2. 직접노무비는 휴대용 가방을 생산하기 위해 필요한 관련된 제조간접비와 합하여 (   )라 한다.
3. 회사는 자본을 제품생산에 투여하는 대신 이자 수익이 발생하는 유가증권에 투자할 수 있다. 유가증권에서 발생할 수 있는 이자를 (   )라고 부른다.
4. 휴대용 가방 생산을 위한 직접재료비와 직접노무비는 (   )라고 부른다.
5. 회사는 인기가 그리 좋지 않은 보다 작은 휴대용 가방을 생산했었는데 창고에 약 3,000개가 있다. 이 가방에 투자된 금액은 (   )라고 부른다.
6. 휴대용 가방은 가방당 수수료를 받는 중개인을 통해 판매된다. 이 수수료는 (   )로서 분류될 수 있고, 원가형태 측면에서는 (   )로서 분류될 수 있다.
7. 휴대용 가방을 생산하는 공장의 감가상각비는 (   )로 분류될 수 있다. 그러나 회사는 판매 및 일반관리에 사용되는 설비의 감가상각

비는 (　　)로 분류한다. 원가형태 측면에서 감가상각비는 (　　)로 분류된다.

8. (　　)는 재고가능원가이다. 왜냐하면 그러한 원가는 재공품계정과 제품계정을 거쳐 손익계산서상 매출원가로 나타나기 때문이다.
9. 반달사의 사장급여는 발생기간의 손익계산서상에 비용으로 처리되기 때문에 (　　)로 분류된다.
10. 원가는 여러 가지 방법에 의해 구분될 수 있다. 예를 들면 반달사는 제조공장에 대해 매월 ₩5,000씩 임차료를 낸다. 이 임차료는 제조간접원가로 분류될 것이다. 원가형태면에서 이는 (　　)로 분류될 것이다. 임차료는 또한 (　　)의 일부인 (　　)로 분류될 수 있다.

2-2. 아래 표는 제조 또는 서비스업에 발생할 수 있는 원가이다. 각 원가가 변동비 또는 고정비 중 어디에 속하는지 적절한 곳에 ○표를 하시오.

원　　가	원가형태	
	변동	고정
1. 자동차생산에 사용되는 핸들		
2. 건물의 감가상각비		
3. 제품광고비		
4. 기계에 사용된 전기료		
5. 최고 경영자 급여		
6. 병원(X-ray)필름 비용		
7. 판매원 커미션		
8. 공장건물에 대한 재산세		
9. 공장 직접 노무비		
10. 의사 사무실 임차료		

2-3. 제조(제품)원가는 재고가능원가라고도 한다. 제조회사의 다음 원가들을 제조원가(재고가능원가) 또는 기간비용(재고불능원가)으로 분류하시오.

1. 판매원 자동차의 감가상각비
2. 공장기계에 대한 임차료
3. 기계유지에 필요한 윤활유
4. 제품 창고 담당자 급여
5. 작업 교대시 사용되는 비누와 종이수건
6. 공장 감독자의 급여
7. 공장에 사용된 난방, 수도, 전력비

8. 국외 선적용 제품 포장재료(일반적으로 포장되지 않음)
9. 광고비
10. 작업별 보상 보험료
11. 공장식당의 의자 및 테이블 감가상각비
12. 교환원 급여
13. 회사 경영자에 의해 사용되는 경비행기에 대한 감가상각비
14. 연간 판매회의를 위한 제주도 휴양지의 방 임차료
15. 아침식사 포장에 사용되는 디자인된 박스

2-4. 아래는 공장운영과 관련된 여러 가지 원가이다.

1. 기계가동 전기료
2. 공장건물 임차료
3. 커튼 생산에 사용된 천
4. 공장 감독자 급여
5. 제품제조 노동자 임금
6. 가구 생산에 사용된 아교
7. 소제 관리인 급여
8. 과일통조림에 들어간 복숭아
9. 기계에 사용된 윤활유
10. 음료수 생산에 사용된 설탕
11. 공장재산세
12. 제품 도색 작업자 원가
13. 간이 음식점 설비의 감가상각비
14. TV생산에 사용된 납
15. TV생산에 사용된 캐비닛

요구사항

아래 표와 같이 조업도와 관련하여 각 원가를 변동비 또는 고정비로 구분하시오. 또한 제품단위와 관련하여 직접원가 또는 간접원가로 구분하시오.

원가항목	원가형태		제품단위에 대하여	
	변동비	고정비	직접원가	간접원가
예: 공장보험료		×		×

만약 변동 및 고정비의 구분이 불분명할 경우 상당히 광범위한 조업도를 가정하여 결정하시오.

2-5. 다복 회사는 10년 전에 공장건물을 구입하였다. 몇 년 동안 회사는 공장에 부수된 조그마한 건물들을 임대해 주고 있다. 다복 회사는 이 임대에 대해 매년 ₩3,000의 임대료를 받아 왔다. 이 임대계약은 곧 끝나게 되며, 재임대 계약 대신 회사는 이 건물을 새로운 제품생산을 위해 자신이 직접 사용하기로 하였다. 새로운 제품의 단위당 직접재료비는 ₩80이다. 완성제품을 보관하기 위해서 회사는 근처에 작은 창고를 임차할 것이다. 임차료는 매월 ₩500이다. 또한 새로운 제품 생산을 위해 매월 임차료가 ₩4,000인 기계를 임차해야 한다. 작업자에게는 직접노무시간당 ₩60의 임금을 지불해야 한다.

부수건물은 전과 같이 정액법으로 상각되며 상각비는 연간 ₩8,000이다. 새로운 제품의 연간 광고비는 ₩50,000이 될 것이다.

생산 전체에 공장 관리자 한 사람이 채용될 것이며, 급여는 매월 ₩1,500이다. 기계가동에 대한 전기료는 단위당 ₩1.20이며 제품운반비는 단위당 ₩9이다. 원재료구입, 급여지급, 기타에 필요한 자금을 마련하기 위해 주식에 투자한 자산을 처분할 계획이다. 이 투자자산은 현재 연간 ₩3,000의 수익을 가져다주고 있다.

요구사항

아래와 같은 형태의 표를 작성하시오.

원가항목	변동비	고정비	제조원가 직접재료비	제조원가 직접노무비	제조원가 제조간접비	기간비용 (판관비)	기회비용	매몰원가

제일 왼쪽 옆에 새로운 제품과 관련된 원가항목을 기술하고 해당란에 그 원가항목의 형태를 ×로 표시하시오. ×표시는 한 원가항목에 대하여 여러 번 나타날 수 있다.

2-6. 아래에 제조원가를 나타내는 여러 가지 형태의 그래프가 있다. 그래프의 수직축은 비용총액을 나타내며, 수평축은 생산량(조업도)을 나타낸다.

요구사항

1. 다음의 상황에 맞는 그래프를 고르시오. 각 그래프를 한 번 이상 사용할 수도 있다.
   (a) 원재료비…단위당 ₩250으로 일정하다가, 100단위 이상 구입한 이후에는 단위당 ₩5씩 가격이 인하된다.

(b) 전기요금 청구서액…일정한 킬로와트 시간까지는 균등하고, 그것을 초과하는 시간에 비례하는 변동비를 더하게 된다.

(c) 수도요금 청구액…이것은 다음과 같이 계산된다.

처음의 1,000,000*l* 이하 1,000으로 일정

그 다음의 10,000*l* 사용된 *l*당 ₩3

그 다음의 10,000*l* 사용된 *l*당 ₩6

그 다음의 10,000*l* 사용된 *l*당 ₩9

(d) 시설물의 감가상각비…정액법으로 계산된다.

(e) 시에서 기증한 공장건물에 대한 임차료…계약에 의하면, 기계시간이 200,000시간 이하이면 고정요금을 지불하여야 하고, 그 시간 이상 가동되면 임차료를 지불할 필요가 없다.

(f) 수선공에 대한 임금…매 1,000기계시간마다 1명의 수선공이 필요하다(즉, 0시간에서 1,000시간 사이에는 1명의 수선공을 필요로 하고, 1,001시간에서 2,000시간 사이에는 2명의 수선공을 필요로 한다).

(g) 사용된 원재료비

(h) 국가에서 기증받은 공장건물에 대한 임차료…계약에 의하면, 임차료는 ₩100,000에서 200,000시간을 초과하여 작업한 직접노동시간마다 ₩1을 차감한 금액이다. 그러나 최소한 ₩20,000의 임차료는 지불해야만 한다.

(i) 리스계약하에서 사용하는 기계의 임차료…최소한 ₩1,000을 지불하여야 하며, 400시간 이상 가동시에는 시간당 ₩2씩 추가 납부하여야 한다. 그러나 최고 임차료는 ₩2,000으로 고정되어 있다.

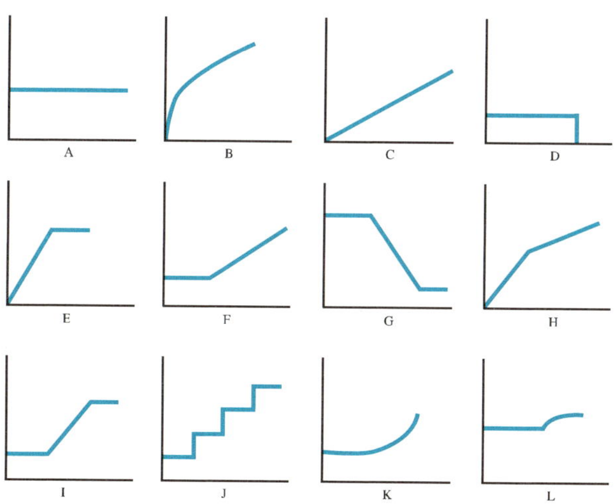

2-7. 해변 호텔의 지난 7개월간의 고객입실일수와 소모품비는 다음과 같다.

月	고객입실일수	소모품비
3	4,000	₩7,500
4	6,500	8,250
5	8,000	10,500
6	10,500	12,000
7	12,000	13,500
8	9,000	10,750
9	7,500	9,750

요구사항

1. 고저점법을 사용하여 소모품비의 원가식을 결정하시오.
2. 고객입실일수가 11,000일 일때, 소모품비는 얼마로 추정할 수 있는가?

2-8. 허준 병원은 450개의 침대를 보유하고 있다. 평균 병상가동률은 매달 80%이다. 이 병원의 운영 비용은 한 달을 30일로 가정할 때, 단위일수·단위병상 침대에 대하여 ₩32이다. 이 ₩32에는 고정비와 변동비가 포함되어 있다. 6월 한 달 동안 병상가동률은 60%였다. 총운영비는 ₩326,700이었다.

요구사항

1. 고저점법을 사용하여 다음을 계산하시오.
   (a) 단위일수·단위병상당 변동비
   (b) 월 총고정운영비
2. 병상가동률이 70%일 때, 총운영비는 얼마인가?

2-9. 허풍 회사는 press공정을 통하여 제품을 생산한다. 지난 6분기의 press비용은 다음과 같다.

분 기	단 위	총 비 용
1	4	₩18
2	3	17
3	8	25
4	6	20
5	7	24
6	2	16
	30	₩120

예산을 위하여 허풍 회사의 경영자는 고정비와 단위당 변동비를 알고자 한다.

요구사항

1. 최소자승법을 사용하여 변동비와 고정비를 구하시오.
2. $Y=a+bX$식으로 비용식을 나타내시오.
3. 5단위를 생산하면 총비용이 얼마인가?

2-10. 다운컴퓨터는 노트북을 전문적으로 제조 판매하는 회사이다. 이 회사가 최초로 노트북 10대를 생산하는 데 소요되는 직접노동시간은 90시간이다.

요구사항

1. 노트북 제조시 90%의 누적평균시간 학습곡선을 따른다고 가정하자. 누적생산량이 다음과 같을 때 단위당 누적평균시간과 총누적시간을 구하시오.

누적생산량	단위당 누적평균시간	총누적시간
10	90	90
20		
40		
80		

2. 노트북 제조시 90%의 증분단위시간 학습곡선을 따른다고 가정하자. 누적생산량이 다음과 같을 때 증분단위시간과 총누적시간을 구하시오.

누적생산량	증분단위시간	총누적시간
10	90	90
20		
30		
40		

Chapter 03

원가의 흐름과 배분

제 1 절 유통기업과 제조기업

외부로부터 상품을 매입하여 그대로 외부로 판매함으로써 이익을 얻는 기업을 유통기업이라고 한다. 반면에 원재료를 구입해 이를 제조과정에서 가공함으로써 새로운 형태의 완제품을 만들어 내는 기업을 제조기업이라 한다. 원가회계에서 우리가 공부하려 하는 것은 유통기업보다는 주로 제조기업이다. 제조기업은 상품을 매입해서 그대로 외부에 판매하는 것이 아니라, 원재료를 구입하고 이에 가공설비 및 노동력 등을 투입하여 제품을 생산하고 이를 외부에 판매하는 기업형태를 말한다.

따라서 유통기업의 경영활동은 외부로부터 상품을 구입하는 구매활동과 매입한 상품을 판매하는 판매활동으로 구성된다. 그러나 제조기업은 원재료를 구매하는 구매활동, 이를 가공하는 제조활동 및 완성된 제품을 판매하는 판매활동으로 나뉘어진다. 즉, 제조기업은 유통기업에 비해 제조활동이라는 행위가 추가되는 바 우리가 원가회계에서 관심 있게 보아야 할 부분이 바로 이 제조활동이다.

제조기업의 세 가지 활동을 간단히 요약해 보자.

그림 3-1 제조기업의 경영활동

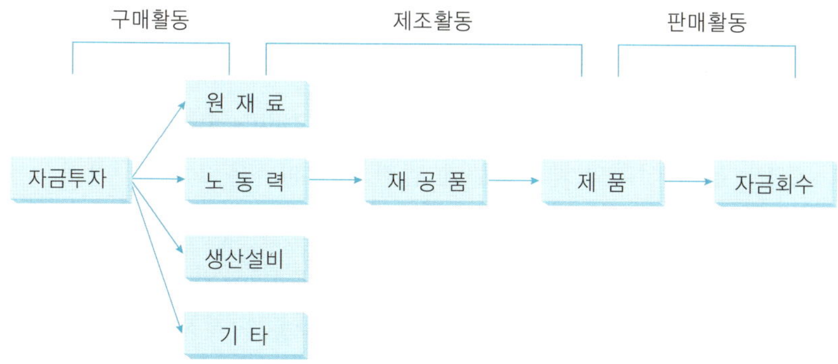

① **구매활동**: 기업 외부로부터 제품 제조에 필요한 각종 요소를 구입하는 활동을 의미한다.

② **제조활동**: 구입한 원재료를 생산설비와 노동력 등을 투입하여 제품을 제조하는 활동을 의미한다.

③ **판매활동**: 기업에서 생산한 제품을 외부에 판매하는 활동이다.

제 2 절 제조원가의 흐름

1 제조원가의 개념

제조기업의 주요활동이 제조활동인 바 이러한 제조활동에서 발생하는 원가를 제조원가라고 한다. **제조원가**(manufacturing cost)란 이와 같이 제품을 생산하는 과정에서 소요되는 모든 원가를 의미하는데, 이는 직접재료비, 직접노무비, 제조간접비로 분류된다.

직접재료비(direct material)는 제품을 생산하기 위하여 투입된 재료비로서 특정 제품에 직접적으로 추적할 수 있는 원가를 말한다. 예를 들자면, 자동차 공장의 철판, 유리, 타이어 등, 정유공장의 원유, 축산업자의 가축, 건축업자의 철골 등을 들 수 있다. **직접노무비**(direct labor)란 생산직 종업원에게 노동의 대가로 지급되는 금액으로서 특정제품에 직접적으로 추적할 수 있는 원가를 말한다. 예를 들면 조립 작업에 투입된 노동자나 목수 등 특정 제품의 제조에 투입된 노동자에게 지급되는 임금은 직접노무비가 된다. **제조간접비**(factory overhead)는 직접재료비와 직접노무비 이외의 제조활동과 관련되는 원가를 말한다. 기계장치나 공장건물의 감가상각비, 보험료, 수선유지비와 생산직 관리자의 급료, 공장사무실 운영비, 공장소모품비 등을 예로 들 수 있다. 뒤에서도 언급하겠지만 영업사원의 급료나 사무실 건물의 감가상각비 등은 제조활동과 직접적으로 관련이 없으므로 제조원가를 구성하지 않고 판매비나 관리비로 분류된다.

제조원가 중 직접재료비와 직접노무비는 특정 제품과 직접적인 관련성이 있기 때문에 직접비 또는 기본원가(prime costs)라고 한다. 그리고 직접노무비와 제조간접비를 합하여 가공비 또는 전환원가(conversion costs)라고 하는데, 이는 원재료를 완제품으로 전환하는 데 소요되는 원가를 의미하기 때문이다.

그림 3-2 제조원가

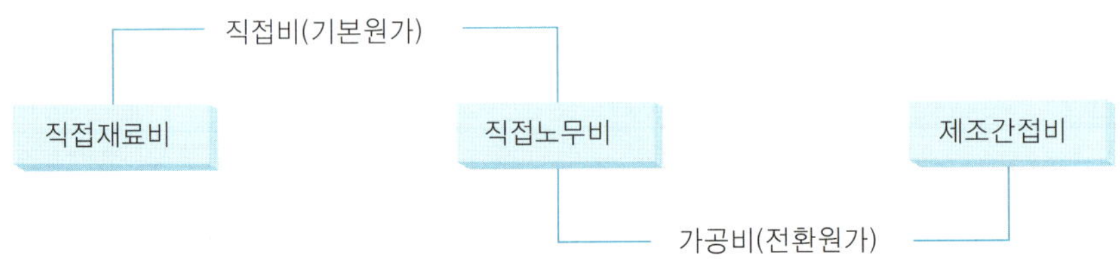

2 제조원가의 흐름

제조기업의 경우 제품의 원가계산을 위해 유통기업이 사용하는 계정에 몇 가지 추가적인 계정이 필요한데 이에는 원재료, 재공품, 제품계정이 있다. 하나의 제품을 생산하기 위해서는 원재료가 투입되고 여기에 원재료를 가공하기 위한 생산설비와 노동력 등을 필요로 하게 된다. 〈그림 3-3〉은 이러한 제조과정을 보여주고 있다.

〈그림 3-3〉에서 보듯이 원재료(직접재료비)에 가공비(직접노무비와 제조간접비)를 투입하여 제품을 완성하는데, 제품을 생산하는 과정에서 발생된 원가 중 아직 제조과정(공정) 중에 있는 미완성 제품의 원가는 재공품계정에 기록된다. 즉, 모든 제조원가(직접재료비, 직접노무비, 제조간접비)는 재공품계정에 집계되며, 당기에 제품으로 완성된 재공품 원가는 제품으로 대체되게 되는 것이다. 이러한 제조원가의 흐름은 〈그림 3-4〉와 같다.

그림 3-3 제조과정

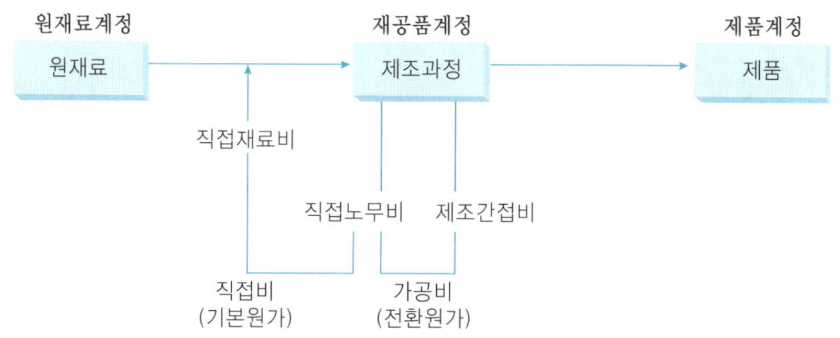

그림 3-4 제조원가의 흐름

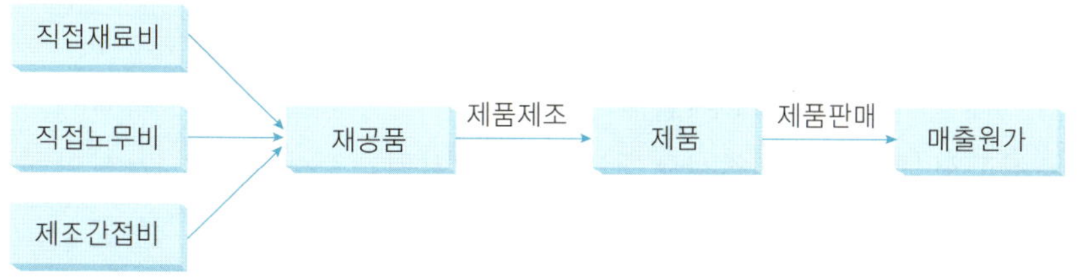

당기에 완성된 제품은 재공품계정에서 제품계정으로 대체되고, 당기에 판매된 제품은 제품계정에서 매출원가계정으로 대체된다(제조원가의 계정상 흐름은 〈그림 3-6〉 참조).

3 원가계산의 절차

이상의 내용을 토대로 제품원가계산에 대한 절차를 살펴보도록 하자. 제품원가의 계산은 당기총제조원가의 집계와 당기제품제조원가의 결정 및 매출원가 산정의 순서로 행해진다.

위의 순서에 따라 각각의 원가계산 과정을 검토해 보도록 하자.

그림 3-5 원가계산 절차

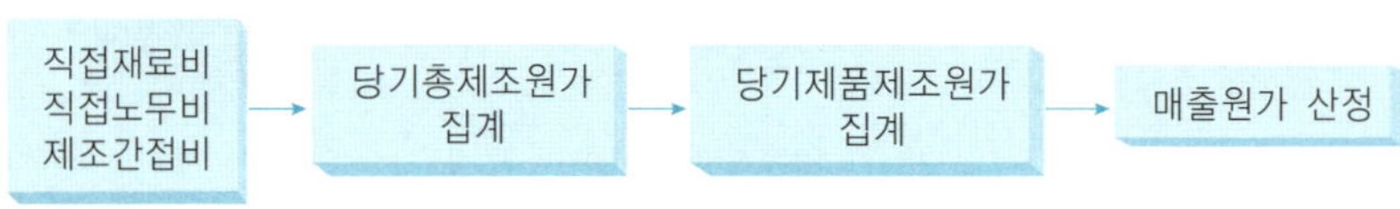

(1) 당기총제조원가

당기총제조원가는 당기에 제조과정에 투입된 모든 제조원가를 의미하는 것으로서 이는 직접재료비, 직접노무비 및 제조간접비의 합계이다.

당기총제조원가 = 직접재료비 + 직접노무비 + 제조간접비

먼저 직접재료비는 특정제품을 생산하기 위해 당기에 제조과정에 투입된 원재료비로서 이는 기초원재료재고액에 당기원재료매입액을 가산한 금액에서 기말원재료재고액을 차감하여 계산한다.

직접재료비 = 기초원재료재고액 + 당기원재료매입액 − 기말원재료재고액

직접노무비는 특정제품을 생산하기 위해 당기에 제조과정에 투입된 생산근로자의 임금을 의미하는데 이는 실제로 지급된 기지급금액뿐만 아니라 당기에 미지급한 미지급임금도 포함한다.

제조간접비는 직접재료비와 직접노무비를 제외한 당기에 제조와 관련한 기타 원가를 의미한다. 제조간접비의 예로는 기계장치나 공장건물의 감가상각비, 보험료, 수선유지비와 생산직 관리자의 급료, 공장사무실 운영비, 공장 소모품비 등을 들 수 있다.

(2) 당기제품제조원가

당기제품제조원가는 당기에 완성한 제품의 제조원가를 의미하는 것으로 이는 기초재공품재고액에 위 (1)의 당기총제조원가를 가산한 금액에서 기말재공품원가를 차감하여 계산된다.

당기제품제조원가 = 기초재공품재고액 + 당기총제조원가 − 기말재공품재고액

당기총제조원가와 당기제품제조원가는 그 명칭이 유사하므로 혼돈하는 일이 없도록 해야겠다.

【예제 1】 당기제품제조원가

(주)서울은 20×2년 초에 영업을 시작하였다. 다음은 20×2년과 20×3년에 발생한 원가계산의 자료이다.

	20×2년	20×3년
기초재공품	−	?
직접재료비	₩300,000	₩400,000
직접노무비	200,000	300,000
제조간접비	250,000	300,000
기말재공품	150,000	250,000

요구사항 : 20×2년과 20×3년의 당기제품제조원가를 구하시오.

≪풀이≫ 1. 20×2년

당기제품제조원가=기초재공품재고액(0)+ 당기총제조원가

(300,000+ 200,000+ 250,000)

−기말재공품재고액(150,000)

=₩600,000

2. 20×3년

당기제품제조원가=150,000*+(400,000+300,000+300,000)−250,000

=₩900,000

* 20×2년의 기말재공품금액임.

(3) 매출원가

매출원가는 당기에 판매한 제품의 원가를 의미하는 것으로서, 이는 기초제품재고액과 당기제품제조원가를 합한 금액에서 기말제품재고액을 차감하여 구한다.

매출원가 = 기초제품재고액 + 당기제품제조원가−기말제품재고액

제조기업에 있어서 당기제품제조원가는 유통기업의 당기상품매입액과 동일한 의미를 가진다.

【예제 2】 매출원가의 계산

다음은 (주)경북의 20×3년의 원가계산에 관한 자료이다.

직접재료비	₩400,000	기초재공품	₩150,000	기초제품	₩100,000
직접노무비	300,000	기말재공품	250,000	기말제품	200,000
제조간접비	300,000				

요구사항 20×3년의 매출원가는 얼마인가?

≪풀이≫ 1. 당기총제조원가

₩400,000 + 300,000 + 300,000 = ₩1,000,000
(직접재료비)(직접노무비)(제조간접비)

2. 당기제품제조원가

₩150,000 + 1,000,000 − 250,000 = ₩900,000
(기초재공품)(당기총제조원가)(기말재공품)

3. 매출원가

₩100,000 + 900,000 − 200,000 = ₩800,000
(기초제품) (당기제품제조원가) (기말제품)

제 3 절 제조원가의 회계처리

이번 절에서는 앞에서 설명한 제조원가, 즉 직접재료비, 직접노무비 및 제조간접비의 회계처리에 관해 살펴보도록 하겠다.

1 직접재료비

직접재료비는 특정 제품을 생산하기 위하여 투입된 재료비를 의미하는데, 직접재료비를 산출하기 위하여 사용하는 계정은 원재료계정이다. 당기에 원재료를 구입한 경우에는 원재료 계정의 차변에 기입하고 이 원재료를 제조에 사용한 경우에는 재공품계정의 차변과 원재료 계정의 대변에 기입한다.

원재료의 구입

(차) 원 재 료 *** (대) 현금 또는 매입채무 ***

원재료의 사용

(차) 재 공 품 *** (대) 원 재 료 ***

재공품으로 대체되는 원재료금액은 앞에서 설명한 바와 같이 기초원재료재고액에 당기원재료매입액을 합한 금액에서 기말원재료재고액을 차감하면 된다.

【예제 3】 직접재료비의 회계처리

원재료와 관련한 자료는 다음과 같다.

기초원재료재고액	₩30,000
당기원재료매입액	1,900,000(전액 외상매입액임)
기말원재료재고액	60,000

요구사항 원재료와 관련한 회계처리를 하시오.

≪풀이≫ 1. 원재료 구입시

(차) 원 재 료 1,900,000 (대) 매 입 채 무 1,900,000

2. 기말수정분개

(차) 재 공 품 1,870,000* (대) 원 재 료 1,870,000

* 30,000+1,900,000－60,000=1,870,000(직접재료비)

위를 원재료 T계정으로 살펴보면 다음과 같다.

원 재 료

기초원재료	30,000	직접재료비	1,870,000
당기매입액	1,900,000		
기말원재료잔액	60,000		

2 직접노무비

직접노무비는 특정 제품을 생산하기 위해 당기에 제조과정에 투입한 생산직근로자의 임금을 말한다. 직접노무비를 산출하기 위하여 사용하는 계정은 노무비계정이다. 당기에 노무비를 지급한 경우에는 노무비계정의 차변에 기재하고, 당기에 발생하였으나 기말 현재 미지급한 임금은 노무비계정의 차변과 미지급임금계정의 대변에 기입한다. 이렇게 당기의 제조활동에 사용된 노동력의 원가가 확정되면 제품원가계산을 위하여 이를 재공품계정에 대체시키게 된다.

직접노무비의 발생

(차) 노 무 비	***	(대) 현금 또는 미지급임금	***

직접노무비의 재공품계정으로의 대체

(차) 재 공 품	***	(대) 노 무 비	***

【예제 4】 직접노무비의 회계처리

당기에 직접노무비로 ₩1,500,000을 지급하였는데 기말에 직접노무비 미지급액 ₩100,000이 있음을 발견하였다.

요구사항 직접노무비와 관련한 회계처리를 예시하시오.

≪풀이≫ 1. 직접노무비 지급시

(차) 노 무 비	1,500,000	(대) 현 금	1,500,000

2. 기말수정분개

(차) 노 무 비	100,000	(대) 미지급임금	100,000
(차) 재 공 품	1,600,000	(대) 노 무 비	1,600,000

3 제조간접비

제조간접비란 직접재료비와 직접노무비를 제외한 제조와 관련된 모든 제조원가를 의미한다. 제조간접비와 판매비와 관리비를 정확히 구분해야 함에 주의하기 바라며 이를 구분해 보면 아래의 표와 같다.

제조간접비	판매비와 관리비
기계장치나 공장건물의 감가상각비	사무실(본사)건물에 대한 감가상각비
생산직관리자의 급료	판매원의 급료
공장사무실의 운영비	판매부서의 운영비
공장소모품비	사무용 소모품비
공장의 전력비, 동력비 등	사무실 건물의 전력비, 동력비 등

제조간접비를 집계하기 위한 계정으로 제조간접비계정을 사용하는데 이의 활용예를 살펴보면 다음과 같다.

A. 제조간접비의 발생

(차)	공장 감가상각비	***	(대) 현 금 등	***
	기계장치 감가상각비	***		
	공력 동력비	***		
	공장 보험료	***		
	수선유지비 등	***		

B. 제조간접비의 집계

(차)	제조간접비	***	(대)	공장 감가상각비	***
				기계장치 감가상각비	***
				공력 동력비	***
				공장 보험료	***
				수선유지비 등	***

C. 제조간접비의 재공품계정으로의 대체

(차)	재 공 품	***	(대) 제조간접비	***

【예제 5】 제조간접비의 회계처리

다음은 (주)홍익의 약식 잔액시산표의 일부와 기말 정리사항이다.

잔액시산표

기계장치	4,000,000	기계장치 감가상각누계액	1,000,000
건　　물	3,000,000	건　　물 감가상각누계액	500,000
동 력 비	800,000	⋮	
보 험 료	100,000		
⋮			

〈기말수정사항〉

1. 당기감가상각비 내역은 다음과 같다.

기계장치 ₩500,000
건　　물 400,000(이 중 ₩300,000은 공장분이며 나머지는 본사건물분이다)

2. 당기분 보험료는 ₩80,000이며 이 중 ₩50,000은 공장분이고 ₩30,000은 본사건물분이다.

요구사항 제조간접비에 관한 일련의 회계처리를 예시하시오.

≪풀이≫ 1. 기말수정분개

(차) 감가상각비	900,000	(대)	기계장치 감가상각누계액	500,000
			건　　물 감가상각누계액	400,000
(차) 선급보험료	20,000	(대)	보 험 료	20,000

2. 원가계산분개

(차) 제조간접비	1,650,000	(대)	동 력 비	800,000
			감가상각비	800,000*
			보 험 료	50,000

* 건물 감가상각비 중 본사건물분 ₩100,000은 제조간접비가 아니라 판매비와 관리비에 속함을 주의하기 바란다.

(차) 재 공 품	1,650,000	(대) 제조간접비	1,650,000

4 재공품계정

당기에 발생된 모든 제조원가(직접재료비, 직접노무비, 제조간접비)는 재공품계정에 집계되며 당기에 완성된 제품은 재공품계정에서 다시 제품계정으로 대체된다.

제조원가의 집계

(차) 재 공 품	***	(대)	원 재 료	***
			노 무 비	***
			제조간접비	***

제품의 완성

(차) 제　　품#	***	(대) 재 공 품	***

\# 당기제품제조원가 = 기초재공품재고액 + 당기총제조원가 − 기말재공품재고액

【예제 6】 재공품계정

다음은 (주)서강의 약식 잔액시산표의 일부와 기말수정사항이다.

잔액시산표

⋮		⋮
재 공 품	40,000	
⋮		

〈기말수정사항〉

1. 당기총제조원가는 다음과 같다.

직접재료비	₩1,870,000
직접노무비	1,600,000
제조간접비	1,650,000

2. 기말재공품원가는 ₩70,000이다.

요구사항 당기제품제조원가를 산출하기 위한 일련의 회계처리를 예시하시오.

≪풀이≫ 1. 제조원가의 집계

(차)		(대)	
재 공 품	5,120,000	원 재 료	1,870,000
		노 무 비	1,600,000
		제조간접비	1,650,000

2. 제품의 완성

(차)		(대)	
제 품	5,090,000#	재 공 품	5,090,000

\# 40,000 + 5,120,000 − 70,000 = 5,090,000(당기제품제조원가)

위의 예제에서 재공품계정의 변동을 나타내 보면 다음과 같다.

재 공 품

	기초재공품	40,000	당기제품제조원가	5,090,000
당기총제조원가	직접재료비	1,870,000	기말재공품	70,000
	직접노무비	1,600,000		
	제조간접비	1,650,000		
		5,160,000		5,160,000

기업회계기준에서는 제조기업의 경우 〈표 3-1〉과 같은 양식의 제조원가명세서를 필수적 부속명세서로 규정하고 있다.

〈표 3-1〉 제조원가명세서

제조원가명세서		
Ⅰ. 직접재료비		
1. 기초원재료재고액	***	
2. 당기원재료매입액	***	
계	***	
3. 기말원재료재고액(−)	***	***
Ⅱ. 직접노무비		
1. 기본급	***	
2. 제 수당 등	***	
⋮		
		***
Ⅲ. 제조간접비		
1. 감가상각비	***	
2. 동력비	***	
3. 보험료	***	
4. 수선유지비	***	
⋮		
		***
Ⅳ. 당기총제조원가		***
Ⅴ. 기초재공품재고액		***
합 계		***
Ⅵ. 기말재공품재고액(−)		***
Ⅶ. 당기제품제조원가		***

상기의 제조원가명세서는 앞에서 설명한 원가의 흐름에 대한 요약표라고 할 수 있으므로 앞의 원가흐름을 정확히 이해하였다면 작성에는 큰 어려움이 없을 것이다.

5 제품계정

당기제품제조원가가 확정되면 이를 재공품계정에서 제품계정으로 대체시키며, 당기에 판매된 제품은 제품계정에서 매출원가계정으로 대체시킴으로써 제품원가계산에 대한 회계처리는 완료된다.

제품의 완성

(차) 제 품	***	(대) 재 공 품	***

제품의 판매

(차) 매 출 원 가#	***	(대) 제 품	***

매출원가＝기초제품재고액＋당기제품제조원가－기말제품재고액

【예제 7】 제품계정

다음은 (주)한성의 약식 잔액시산표의 일부와 기말수정사항이다.

잔액시산표

⋮		⋮
제 품	50,000	
⋮		

〈기말수정사항〉

1. 당기제품제조원가는 ₩5,090,000이다.
2. 기말제품은 ₩80,000이다.

요구사항 매출원가를 산출하기 위한 일련의 회계처리를 예시하시오.

≪풀이≫ 1. 제품의 완성

(차) 제 품	5,090,000	(대) 재 공 품	5,090,000

2. 제품의 판매

(차) 매출원가	5,060,000#	(대) 제 품	5,060,000

50,000＋5,090,000－80,000＝5,060,000

위의 예제에서 제품계정의 변동을 나타내보면 다음과 같다.

제 품

기초제품	50,000	매출원가	5,060,000
당기제품제조원가	5,090,000	기말제품	80,000
	5,140,000		5,140,000

제조기업에 있어서도 매출원가의 산정은 원가계산시에 일괄하여 행해진다. 따라서 제품의 당기 입고와 출고기록을 위한 보조장부로서 제품재고장을 사용하게 되는데, 제품재고장의 구조와 기장방법은 유통기업의 상품재고장과 동일하다.

지금까지 살펴본 원가계산의 흐름을 요약해 보면 〈그림 3-6〉과 같다.

그림 3-6 원가계산의 흐름

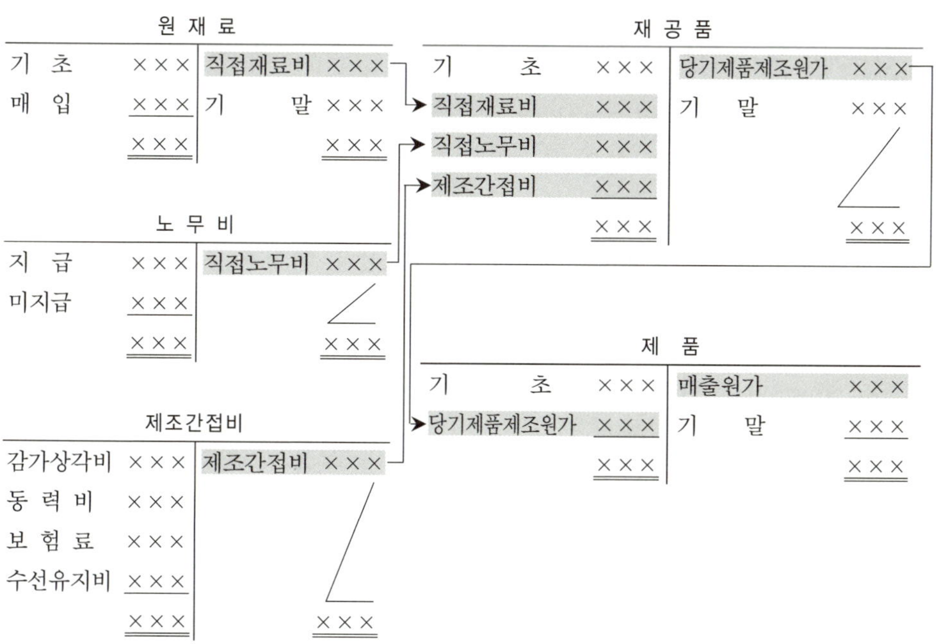

제 4 절 제품원가계산의 개요

앞에서는 제품원가계산의 가장 기본적인 흐름을 살펴보았다. 이후의 장에서는 이러한 기본적인 원가흐름의 바탕에서 구체적인 제품원가계산 방법을 하나씩 검토하도록 하겠다. 개략적으로 이후의 원가계산방법들에 대한 요약을 하면 다음과 같다. 제품원가계산의 방법은 생산활동의 성격에 따라 개별원가계산과 종합원가계산으로 나뉘어지고, 원가요소의 실제성 여부에 따라 실제원가계산, 정상원가계산 및 표준원가계산으로 나뉘어진다. 또 제품원가 구성 항목에 따라 전부원가계산과 변동원가계산으로 나뉘어진다. 위의 각각의 원가계산방법을 이후의 장에서 살펴보게 되는데 여기에서는 각 원가계산방법의 기본적인 사항들만을 살펴보자.

1 생산활동의 성격에 따른 원가계산방법

(1) 개별원가계산

개별원가계산(job-order costing)은 제품의 종류나 규격이 다양한 개별적인 생산형태의 제조기업에게 적용되는 원가계산방법이다. 이 방법은 조선업, 건설업, 기계제조업 등 특별주문이나 수요에 따라 특정제품을 개별적으로 생산하는 기업의 원가계산에 적합하다. 개별원가계산은 특정제품 하나를 기본단위로 하여 단위별로 각각 원가를 집계하여 제품의 원가를 계산하는 방법이다.

(2) 종합원가계산

종합원가계산(process costing)은 단일 종류의 제품을 연속적으로 대량생산하는 업종에 적용되는 원가계산제도로 화학공업, 식품가공업, 제지업, 금속제조업 등과 같은 산업에 적용된다. 종합원가계산은 제품단위별 원가계산의 비용이 그 효익을 초과하는 경우에 적용되는 원가계산방법이라 할 수 있다.

2 원가요소의 실제성 여부에 따른 원가계산방법

(1) 실제원가계산

실제원가계산(actual costing system)은 직접재료비, 직접노무비, 제조간접비의 실제발생액을 기준으로 제품원가계산을 하는 방법이다.

(2) 정상원가계산

정상원가계산(normal costing system)은 직접재료비, 직접노무비는 실제 발생액을 이용하고 제조간접비는 회계연도가 시작되기 전에 결정된 제조간접비 예정배부율을 이용하는 원가계산방법이다. 이 방법은 실제원가계산보다 제품의 원가를 빨리 집계하여 제품의 원가를 확정시키는 장점이 있다.

(3) 표준원가계산

표준원가계산(standard costing system)은 직접재료비, 직접노무비 및 제조간접비 모두를 사전에 합리적으로 예측한 표준치를 사용하여 원가계산을 하는 방법이다. 이 방법은 위의 실제원가계산과 정상원가계산에 비해 원가계산이 신속하게 이루어질 수 있으며, 원가계산도 간단하게 할 수 있는 방법이다.

3 제품원가 구성항목에 따른 원가계산방법

(1) 전부원가계산

전부원가계산(absorption costing)은 직접재료비, 직접노무비 및 제조간접비를 제품원가에 포함시키는 방법이다. 즉, 제품의 제조와 관련된 모든 원가를 제품원가로 보는 방법이라 할 수 있다. 현재 우리나라에서는 재무제표의 매출원가를 계산하는 방법으로 전부원가계산방법만이 인정되고 있다.

(2) 변동원가계산

변동원가계산(variable costing)은 제조원가를 변동비와 고정비로 분류하여 변동비만을 제품원가에 포함시키고, 고정비는 조업도와 관련없이 무조건 발생하는 것으로 보아 기간비용처리하는 원가계산방법이다. 변동원가계산은 경영자의 의사결정을 위해 주로 사용된다.

이상의 원가계산방법들에 대해서는 이후의 장에서 하나씩 살펴보도록 하겠다.

03 연습문제

3-1. 당기제품제조원가

(주)명지는 제품을 제조하여 판매하는 회사이다. 20×3년 3월의 원가자료 및 기타자료는 다음과 같다.

20×3년 3월 1일 재공품재고액:	₩100,000		
20×3년 3월 31일 재공품재고액:	205,000		
직접재료 소비액	₩1,000,000	생산직 근로자의 임금	₩750,000
공장기계의 수선유지비	100,000	공장감독자 급료	345,000
공장기계의 감가상각비	45,000	영업부의 사무비	75,000
공장건물의 감가상각비	100,000	공장의 기타 제조간접비	65,000
영업사원의 급료	450,000	판매수수료	120,000

요구사항

1. 3월 동안에 발생한 총제조간접비는 얼마인가?
2. 3월 동안의 제품제조원가는 얼마인가?

3-2. 제조원가명세서, 손익계산서 작성

다음은 (주)경기의 20×3년 회계자료이다.

	재고자산	
	기초잔액	기말잔액
원 재 료	₩30,000	₩60,000
재 공 품	10,000	20,000
제 품	40,000	30,000

〈추가자료〉

원재료 매입액	₩100,000	매 출 액	₩400,000
직접노무비	70,000	본사건물 감가상각누계액	20,000

공장건물 감가상각액	50,000	사무용 소모품비	10,000
공장 감독 임금	10,000	본사 전력수도비	20,000
공장 소모품비	20,000	판매원 급료	30,000
공장 전력 및 수도비	40,000		

요구사항

1. 20×3년의 제조원가명세서를 작성하시오.
2. 20×3년의 손익계산서를 작성하시오.

3-3. 재고자산의 추정

(주)숙명은 20×3년 9월 1일 큰 화재가 발생하여 공장이 전소되었다. 불행 중 다행으로 회계자료 중 일부는 다른 건물에 보관되어 있었다.

20×3년 1월 1일부터 9월 1일까지의 회계자료는 다음과 같다.

	재고자산	
	20×3. 1. 1	20×3. 9. 1
원 재 료	₩16,000	?
재 공 품	34,000	?
제 품	30,000	?

〈추가자료〉

원재료 매입액	₩160,000	매 출 액	₩500,000
직접노무비	180,000	매출총이익률	20%
기 본 원 가	294,000	총판매가능제품	450,000
제조간접비	가공비의 40%		

요구사항

20×3년 9월 1일에 소실된 재고자산의 원가를 추정하시오.

3-4. 원가의 흐름과 회계처리

(주)이화는 20×3년 1월 1일 영업을 개시하였다. 1월 중 다음과 같은 거래가 발생하였다.

① ₩50,000의 원재료를 외상으로 구입하였다.
② ₩40,000의 원재료를 생산에 투입하였다.
③ 직접노무비 총발생액은 ₩130,000인데, 이 중 ₩120,000은 현금으로 지급하였고 ₩10,000은 1월 말 현재 미지급상태로 남아있다.

④ 1월 중 제조간접비 발생액은 다음과 같다.

감가상각비	₩50,000
수선유지비	25,000
수도광열비	15,000
합　　계	₩90,000

수선유지비는 전액 현금으로 지급하였으며, 수도광열비는 1월 말 현재 미지급상태로 남아있다.

⑤ 기말재공품의 원가는 ₩32,000이다.

⑥ 기말제품은 ₩76,000이고, 1월 중 매출액은 ₩200,000으로 전액 외상으로 판매하였다.

요구사항

1. 1월 중의 모든 거래를 분개하시오.
2. 원재료, 재공품, 제품의 T계정을 작성하시오.
3. 제조원가명세서를 작성하시오.
4. 손익계산서를 작성하시오.

Chapter 04

보조부문의 원가배분

제1장에서 언급했듯이 대부분의 조직체는 전체조직을 위하여 중요한 보조서비스를 제공하는 한 개 이상의 보조부문을 가지고 있다. 이 장에서는 보조부문을 좀 더 상세히 살펴보고 계획, 원가산정 및 기타 목적을 위하여 보조부문의 원가를 다른 부문에 어떻게 배분할 것인지를 살펴보고자 한다.

제 1 절 원가배분의 필요성

한 조직체 내의 부문들은 (1) 생산·영업부문들과 (2) 보조부문들로 나누어질 수 있다. "생산·영업부문"(Operating departments)은 조직의 주요 목적들을 수행하는 부문이나 단위들을 포함한다. 그러한 부문이나 단위들의 예로는 병원의 외과, 대학의 학부와 대학원 과정, 항공사의 여러 비행노선들, 제조기업의 압연, 조립, 도장과 같은 부문들을 들 수 있다.

이와는 대조적으로 "보조부문"(Service departments)은 생산·영업활동에 직접 개입하지 않는다. 대신에 그 부문들은 주요부문의 활동을 용이하게 해주는 서비스나 지원을 제공한다. 그러한 서비스의 예로는 카페테리아, 내부감사, 인사총무업무, 수선부서, 원가회계, 그리고 구매활동 등을 들 수 있다. 비록 보조부문이 조직의 생산·영업활동에는 직접 관여하지 않는다 해도 그 부문들에서 발생하는 원가는 일반적으로 제조기업의 재료비, 노무비, 제조간접비나 병원의 의약품비와 똑같이 최종제품이나 용역 원가의 중요 부분으로 간주되고 있다.

제 2 절 원가배분을 위한 지침

보조부문 원가를 배분하는 데 있어 알아야 할 몇 가지 지침사항이 있다. 이 지침사항들에는 (1) 적정한 배분 기준의 산정, (2) 부문 간 서비스 원가의 배분방법, 그리고 (3) 예산원가와 실제원가 중 어느 것을 배분할 것인지 결정하는 것 등이 있다. 이러한 주제들은 아래에서 순서대로 다루어진다.

제 3 절 배분기준의 선정

보조부문의 원가는 몇 가지 배분기준에 의하여 다른 부문들에 배분된다. “배분기준”(allocation base)이란 활동의 측정치를 말한다. 이 활동은 노동시간, 종업원 수, 작업장의 면적, 또는 기타 많은 방법으로 나타낼 수 있을 것이다. 경영자들은 기업 내의 여러 수혜부문들이 제공받는 서비스 효익을 가능한 한 정확히 반영하는 배분기준을 선정하려고 한다. 그러한 많은 기준들은 서비스의 특성에 따라 선정될 수 있을 것이다. 빈번하게 이용되는 배분기준의 예를 〈표 4-1〉에 제시하였다.

일단 배분기준이 선정되면, 오랜 기간 동안 변경되지 않는 경향이 있다.

배분기준의 선정은, 중대한 불공평성이 있는 것처럼 보일 때에나 변경이 검토되는, 중요정책결정의 대표적인 예이다.

이전에 지적했듯이 보조부문의 원가를 기타 부문들에 배분하는 방법은 그들 수혜부분의 성과나 그 부문들이 제공하는 제품이나 용역의 원가에 중대한 영향을 미칠 수 있기 때문에, 배분기준의 선정은 매우 중요한 결정사항이다. 배분기준 선정의 기준이 될 수 있는 것으로는 다음의 것들이 있다. (1) 관련 서비스로부터 얻은 직접적이고 추적가능한 효익의 측정치로, 예를 들면 처리된 서비스 신청서의 수; (2) 한 부문이 이용가능한 공간이나 장치의 범위에 대한 측정치로, 예를 들면 한 건물이 점유하고 있는 면적이 있다. 이러한 기준들 외에도 경영자는 배분이 분명하고 간단하게 이루어져야만 한다는 것을 명심해야 하는데, 이는 복잡한 배분계산은 부정적인 결과를 낳을 수 있는 위험이 있기 때문이다. 즉, 배분계산이 너무나도 복잡하다면 계산하는 데 드는 비용이 그것으로 인해 발생되는 효익을 초과할 수도 있다는 것이다. 배분공식은 간단해야 하고 더욱이 관련자들 모두, 특히 원가를 배분받는 부문의

〈표 4-1〉 보조부문 원가배분 기준

보조부문	배분기준
세탁실	세탁량: 처리항목의 수
비행장 지상서비스	이륙횟수
카페테리아	종업원 수
의료시설	처리사례의 정기분석: 종업원 수: 의료시간
용구 이용	서비스 시간: 이용량
시설관리 서비스(건물 및 부속토지)	점유면적의 측정치
엔지니어링	제공된 서비스의 정기분석: 직접노동시간
생산 계획 및 통제	제공된 서비스의 정기분석: 직접노동시간
원가회계	노동시간, 수혜고객
전　력	측정사용량: 기계의 전력용량
인사 및 고용	종업원 수: 노동회전율: 투여시간의 정기분석
인수, 선적 및 보관	처리단위: 발행청구서의 수: 점유면적
공장관리	총노동시간
유　지	기계시간: (우선순위로 표시된) 총노동시간

경영자가 쉽게 이해할 수 있어야 한다.

제 4 절 부문 간 서비스

많은 보조부문들은 주요부문들을 위해서는 물론이고 서로에게도 서비스를 제공한다. 예를 들자면, 카페테리아는 다른 보조부문에 속해 있는 종업원들을 포함해서 모든 종업원들에게 음식을 제공한다. 카페테리아는 또한 시설관리 서비스부문이나 인사부문과 같은 다른 보조부문들로부터 서비스를 제공받을 수도 있다. 보조부문 간 제공되는 서비스는 “부문 간 혹은 상호간 서비스”(interdepartmental or reciprocal services)로 알려져 있다.

부문 간 서비스원가를 처리하는 데는 세 가지 접근방법이 있다. 단계법, 직접법, 상호배분법이 그것인데, 단계법은 보조부문원가의 배분순서를 정하여 그 순서에 따라 다른 보조부문과 주요부문에 배분하는 방법이고, 직접법은 보조부문 상호간에 제공되는 서비스의 수수를 무시하고 보조부문의 원가를 주요부문에만 배분하는 방법이다. 마지막으로 상호배분법은 보조부문 간의 서비스 제공 관계를 고려하여 각 보조부문의 원가를 그 보조부문이 제공하는 서비스를 소비하는 모든 부문에 배분하는 방법이다.

다음에서 우리는 단계법과 직접법, 상호배분법에 의해 부문 간 서비스 원가를 배분하는 예를 살펴보도록 하겠다.

1 단계법(Step method)

단계법에 의해 원가를 배분할 때에는 몇 가지 배분순서를 선택해야 한다. 일반적으로 그 순서는 가장 많은 금액의 서비스를 다른 부문에 제공하는 부문부터 시작된다. 그 부문의 원가가 배분되고 나면 단계적으로 그러한 과정이 계속되고 가장 적은 금액의 서비스를 다른 부문에 제공하는 부문을 마지막으로 배분한다. 이러한 단계적 절차는 〈그림 4-1〉에 예시되어 있다.

그림 4-1 단계법

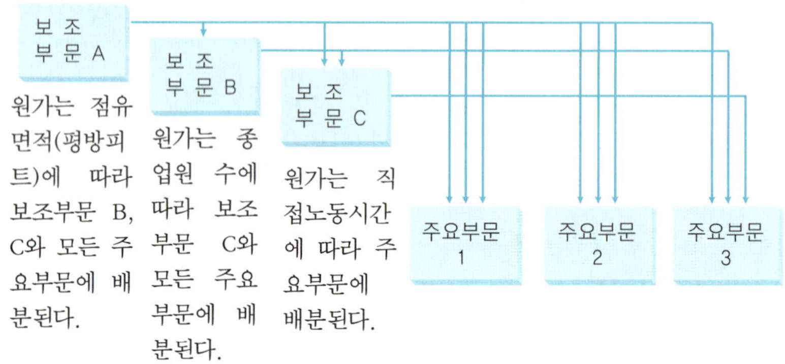

단계법의 계산 예를 보기 위해 안암 병원이 아래와 같이 두 개의 보조부문과 두 개의 주요부문을 가지고 있다고 가정하자.

(단위: 1,000원)

	보조부문		주요부문		총 계
	병원관리	시설관리 서비스	연구소	일상환자 간호	
배분전 부문원가	360,000	90,000	261,000	689,000	1,400,000
노동시간	–	6,000	18,000	30,000	54,000
비 율	–	1/9	3/9	5/9	9/9
점유면적(평방피트)	10,000	–	5,000	45,000	60,000
비 율	2/12	–	1/12	9/12	12/12

우선적으로 병원 관리원가가 다른 부문들의 노동시간에 따라 배분된다. 시설관리 서비스원가가 다음으로 점유면적에 따라 배분된다. 단계법에 의해 이러한 보조부문 원가의 배분은 〈표 4-2〉에 나타나 있다.

이 예시 자료로부터 몇 가지 사항을 주목해야 한다. 첫째로, 병원 관리원가가 주요부문은 물론 다른 보조부문(시설관리 보조부문)에 배분된다는 점이다. 또한 시설관리 보조부문에 배분된 병원 관리원가가 시설관리원가에 포함되어 그 총액(90,000천 원+40,000천 원=130,000천 원)이 다음 부문들에만 배분된다는 점에 주목하라. 즉 비록 시설관리 보조부문이 그 기간 동안 병원 관리부문에 서비스를 제공했을지라도 시설관리 서비스원가는 병원 관리부문에 전혀 재분배되지 않는다. 이 점이 단계법과 관련된 중요한 개념이다. 즉, 한 보조부문 원가의 배분이 완료된 후에는 다른 보조부문 원가는 그 부문에 다시 재분배되지 않는다는 사실이다.

〈표 4-2〉 **단계법에 의한 배분**

(단위: 1,000원)

	보조부문		주요부문		총 계
	병원관리	시설관리 서비스	연구소	일상환자 간호	
배분전 부문원가배분:	360,000	90,000	261,000	689,000	1,400,000
병원관리원가 (1/9, 3/9, 5/9)	(360,000)	40,000	120,000	200,000	
시설관리서비스원가 (1/10, 9/10)*		(130,000)	13,000	117,000	
배분후 총원가	0	0	394,000	1,006,000	1,400,000

* 이 배분은 두 주요부문의 점유면적인 5,000평방피트+45,000평방피트=50,000평방피트에 따라 이루어진 것이다.

마지막으로 〈표 4-2〉에서 배분이 이루어진 다음에는 모든 보조부문 원가가 두 주요부문에 포함된다는 점에 주목하라. 이들 원가는 병원이 주요부문에 대한 전반적인 수익성의 결정뿐만 아니라 제조간접비 배분율 산정의 기준이 될 것이다.

2 직접법(Direct method)

직접법은 부문 간 서비스가 무시되고 모든 배분이 주요부문들에 대해 직접 이루어진다는 점에서 단계법보다 훨씬 간단하다. 〈표 4-3〉에서는 이전에 제시된 자료를 이용하여 직접법을 예시하고 있다.

〈표 4-3〉 **직접법에 의한 배분**

(단위: 1,000원)

	보조부문		주요부문		총 계
	병원관리	시설관리 서비스	연구소	일상환자 간호	
배분전 부문원가배분:	360,000	90,000	261,000	689,000	1,400,000
병원관리원가(3/8, 5/8)*	(360,000)		135,000	225,000	
시설관리서비스원가 (1/10, 9/10)†		(90,000)	9,000	81,000	
배분후 총원가	0	0	405,000	995,000	1,400,000

* 이 배분은 두 주요부문의 노동시간(18,000+30,000=48,000)에만 근거하여 이루어진 것이다.
† 〈표 4-2〉에서처럼, 이 배분은 두 주요부문의 점유면적(평방피트)에 근거하여 이루어진 것이다.

비록 단계법보다는 간단하지만, 직접법은 부문 간 서비스를 무시하고 있기 때문에 덜 정확하다. 만약 배분에 있어서 오류의 결과치가 중대하다면 제조간접비 배분에 영향을 미칠 수 있다는 점에서 이 점은 중요한 결점이 될 수 있다. 잘못된 제조간접비 배분율은 다시 왜곡된 제품 및 용역 원가와 잘못된 가격 산정을 야기시킬 수도 있을 것이다. 비록 그렇다 해도 많은 조직들은 적용이 용이하다는 점 때문에 직접법을 사용하고 있다.

3 상호배분법(Reciprocal method)

상호배분법은 보조부문 간에 서로 제공한 서비스를 쌍방향으로 모두 고려하여 원가를 배부하는 방법이다. 즉 병원관리부문이 시설관리서비스부문을 위해 제공한 서비스와, 시설관리서비스부문이 병원관리부문을 위해 제공한 서비스를 모두 고려하여 원가를 배부한다. 이를 위해 상호배분법에서는 우선 모든 보조부문에 대하여 아래와 같은 방정식을 세운 뒤, 각 보조부문에 배분될 총원가를 계산하고, 그 총원가를 서비스를 제공받는 다른 보조부문과 제조부문에 배분한다.

총원가 = 자기부문의 발생원가 + 타부문으로부터 배분된 원가

위 예시자료를 상호배분법으로 배분하면 〈표 4-4〉와 같다.

〈표 4-4〉 상호배분법에 의한 배분

(단위: 1,000원)

	보조부문		주요부문		총 계
	병원관리	시설관리 서비스	연구소	일상환자 간호	
배분전 부문원가:	360,000	90,000	261,000	689,000	1,400,000
병원관리원가(x) (1/9, 3/9, 5/9)	(382,075)*	42,453†	127,358	212,264	
시설관리서비스원가(y) (2/12, 1/12, 9/12)	22,075†	(132,453)*	11,038	99,340	
	0	0	399,396	1,000,604	1,400,000

* 병원관리부문의 상호배분 후 원가를 x라 하고, 시설관리서비스부문의 상호배분 후 원가를 y라 하면 다음의 두 식이 성립된다.

$$x = 360,000 + \frac{2}{12}y$$

$$y = 90,000 + \frac{1}{9}x$$

시설관리서비스부문 원가의 2/12가 병원관리부문에 제공되므로 첫 번째 식의 두 번째 항의 계수가 2/12이다. 마찬가지로, 병원관리부문의 원가 중 1/9이 시설관리서비스부문에 제공되므로 두 번째 식의 두 번째 항의 계수가 1/9이 되는 것이다.

위의 식을 풀면,

$$x = 382,075$$

$$y = 132,453$$

† 병원관리부문배분
- 시설관리서비스: $382,075 \times \frac{1}{9} = 42,453$
- 연구소: $382,075 \times \frac{3}{9} = 127,358$
- 일상환자간호: $382,075 \times \frac{5}{9} = 212,264$

시설관리서비스부문배분
- 병원관리: $132,453 \times \frac{2}{12} = 22,075$
- 연구소: $132,453 \times \frac{1}{12} = 11,038$
- 일상환자간호: $132,453 \times \frac{9}{12} = 99,340$

상호배분법은 이론적으로 가장 타당한 방법으로서, 앞의 단계법과 직접법의 적용에 대한 타당성을 검토하는 기준으로 사용될 수 있다.

위의 예에서 보면, 단계법에 의한 결과가 직접법에 의한 결과보다 상호배분법에 의한 결과에 훨씬 근접함을 확인할 수 있다.

04 연습문제

4-1. 자유 출판사는 세 개의 보조부문과 두 개의 주요부문을 가지고 있다. 다섯 부문들에 대한 최근의 한 기간 자료 중 일부는 다음과 같다.

	보조부문			주요부문		총계
	A	B	C	1	2	
제조간접비	140,000	105,000	48,000	275,000	430,000	998,000
종업원수	60	35	140	315	210	760
점유면적(평방피트)	15,000	10,000	20,000	40,000	100,000	185,000
인쇄시간	–	–	–	30,000	60,000	90,000

회사는 보조부문원가를 다음과 같은 순서에 따라 단계법을 이용하여 배분한다: A(종업원수), B(점유면적), C(인쇄시간)

회사는 변동보조부문 원가와 고정보조부문 원가를 구분하지 않고 있다.

요구사항

단계법을 이용하여 필요한 보조부문 원가배분을 하시오.

4-2. 연습문제 4-1의 자유 출판사의 자료를 참조하라. 회사는 단계법이 아닌 직접법에 의하여 보조부문원가를 배분한다고 가정하자.

요구사항

회사가 직접법을 이용한다고 가정할 때 각 주요부문에 부과될 제조간접비는 얼마인가? 계산과정을 보이시오.

4-3. 연습문제 4-1의 자유 출판사의 자료를 참조하시오. 회사는 상호배분법에 의하여 보조부문원가를 배분한다고 가정하자.

요구사항

회사가 상호배분법을 이용한다고 가정할 때 각 주요부문에 부과될 제조간접비는 얼마인가? 계산과정을 보이시오.

Chapter 05

개별원가계산

제품원가계산은 제조비용을 제품에 할당하는 과정이다. 원가가 제품에 매겨지는 방법은 재무상태표상의 유동자산부분(즉, 재고자산)뿐만 아니라 순이익에도 상당한 영향을 미칠 수 있기 때문에 이 과정에 대한 이해가 관리자에게는 필수적이라고 할 수 있다.

제품원가계산에 대해 공부하면서도 반드시 염두에 두어야 할 점은 모든 원가계산제도의 본질적인 목적은 관리적인 용도를 위해 원가를 집계한다는 것이다. 원가계산제도는 그 자체가 목적이 아니라, 오히려 조직의 업무를 지휘하는 데 필요한 원가자료를 관리자에게 제공하기 위해 존재하는 것이며, 따라서 관리를 위한 도구라 할 수 있다.

제 1 절 단위원가자료의 필요성

제품원가를 공부하는 데 있어, 먼저 일반적으로 관리자에게 매우 유용하다고 여겨지는 제품단위원가(unit cost of product)에 초점을 맞추고자 한다. 다양한 이유들 때문에 관리자는 단위원가자료가 필요하다. 첫째, 단위원가는 재무제표상에서 재고자산의 금액을 결정하는 데 필요하다. 당기말에 남아있는 제품단위들은 차기의 재무상태표로 이월될 단위들로서 이들에게 원가가 매겨져야 한다.

둘째, 한 기간의 순이익을 결정하는 데 단위원가가 필요하다. 당해 기간 동안에 팔린 단위들의 원가는 손익계산서상에 총매출수익으로부터 차감되는 금액으로 위치한다. 단위원가가 잘못 계산되면, 순이익 역시 그만큼 잘못될 것이다.

마지막으로, 관리자들은 광범위한 의사결정 상황에서 도움을 얻기 위해 단위원가자료를 필요로 한다. 단위당 원가자료가 없으면, 관리자들은 제품에 대한 판매가격을 설정하는 데 어려움이 있을 것이다. 단위원가에 대한 지식은 제품라인을 추가할 것인지 폐기할 것인지, 부품을 사들여 올 것인지 자가제조할 것인지, 운영을 확장할 것인지 축소할 것인지, 특별가격의 특별주문을 수락할 것인지 거절할 것인지 등과 같은 수많은 특수 의사결정 분야에도 필수적이다. 이러한 다양한 의사결정 상황과 관련된 단위원가들은 상황에 따라 각기 다르기 때문에 우리는 단위원가가 어떻게 도출되는가뿐만 아니라 특수한 상황과 관련이 있는 원가와 그렇지 않은 원가를 구분하는 방법도 배울 필요가 있다. 우선 광범위한 의미의 단위원가 개념을 익히도록 하자.

제 2 절 원가계산제도의 유형

단위원가를 계산함에 있어 관리자는 어려운 문제에 부딪치게 된다. 많은 비용들(집세 같은 것)은 매달 일정하게 발생하는 반면 어떤 달에는 증가했다가 어떤 달에는 감소하며 자주 변한다. 또한 한 기간 동안에 여러 다른 형태의 제품이 생산된다. 이런 상황하에서 어떻게 해야 정확한 단위원가를 결정할 수 있겠는가? 이에 대한 대답은 단위원가의 계산에는 어떤 형태의 평균화가 이루어져야 한다는 것이다. 이러한 평균화가 이행되는 방법은 제조과정의 형태가 어떤 것이냐에 크게 의존한다. 제조과정의 기본적 성격의 차이에 따라 두 개의 원가계산제도가 부각되었는데, 종합원가계산과 개별원가계산이 이들이다. 각각의 제도가 독특한 원가평균화 방법을 가지고 있고 이에 따라 관리자에게 단위원가자료를 제공한다.

1 종합원가계산

종합원가계산제도(process costing system)는 동종의 제품을 오랜 기간에 걸쳐 대량으로 반복 생산하는 경우에 채택된다. 종합원가계산이 사용되는 산업의 예를 보면, 시멘트산업, 제분업, 정유업 그리고 여러 공익사업(예를 들면, 천연가스, 전기) 등이 있다. 이들 산업의 특징을 보면 모두 동일한 제품이 생산과정에 계속적이며 일정하게 흐르는 것을 알 수 있다.

종합원가계산의 기본 접근방식은 특정 작업이나 부서에 해당하는 원가를 전기간(월, 분기, 연) 동안 축적하여 이를 그 기간 동안에 생산된 단위로 나누어 주는 것이다. 종합원가계산의 기본 공식은 다음과 같다.

$$\frac{\text{총제조비용}}{\text{총생산단위(리터, kg, 개)}} = \text{단위원가(리터, kg, 개당)}$$

한 단위의 제품(리터, kg, 개)이 다른 단위와 구별되지 않기 때문에, 각 단위는 그 기간 동안에 생산된 다른 단위들과 동일한 평균비용을 갖게 된다. 이 원가기법은 거의 끊임없이 조립 또는 생산라인에서 흘러나오는 수천 개의 똑같은 단위에 적용되는 광범위한 평균단위원가를 도출한다.

2 개별원가계산

개별원가계산제도(job-order costing system)는 서로 다른 종류의 제품을 생산하거나 혹은 동종의 제품이라도 비반복적 또는 묶음으로 생산하는 제조상황에서 사용되는 원가계산 방식으로, 제품원가를 개별작업별로 구분한다. 개별원가계산은 주로 조선업, 건설업, 가구제조업, 특별 주문인쇄, 기계 제작업 등과 같이 고객의 요청에 따라 개별적으로 주문생산하는 산업 등에서 보편적으로 사용된다.

개별원가계산은 생산하는 제품의 종류나 규격 등이 서로 이질적이기 때문에 제품원가는 개별작업(job)별로 집계된다. 여기서 작업은 선박 등과 같은 하나의 제품으로 구성될 수도 있고 묶음 생산방식에 의한 경우 동종의 여러 제품으로 구성될 수도 있다.

개별원가계산에서의 원가산정은 작업원가표(job-cost sheet)별로 이루어진다. 고객이 특정 제품을 주문하면 제조부문은 작업별로 제조지시서(production order)를 작성하여 생산을 시작하게 되는데, 제조지시서는 제품을 생산할 때에 어떤 제품을 어떤 생산현장에서 어떤 방식으로 언제까지 얼마만큼 제조하여야 하는지에 관해 기록한 서식으로 모든 제품생산은 이 제조지시서를 기초로 수행된다. 제조지시서에 의해 작업이 수행되면 각 작업별로 원가가 기록, 집계되어 작업원가표에 기재된다. 작업원가표에서는 각각의 작업별로 직접재료비와 직접노무비, 제조간접비로 원가를 구분하게 되는데 여기서 직접재료비와 직접노무비는 개별작업이나 제품에 직접적으로 부과되고 제조간접비는 각각의 작업이나 제품에 직접적으로 대응시키기가 곤란하므로 기말에 일괄 집계하여 합리적인 기준에 의해 배부된다. 따라서 개별원가계산에서는 종합원가계산제도에서 볼 수 없는 기록관리와 원가배분이라는 문제가 따른다.

제 3 절 개별원가계산의 개요

제품생산에 소요되는 원가는 크게 직접재료비, 직접노무비, 제조간접비의 3가지로 나눌 수 있으며 이를 제품원가의 3요소라고 한다. 제품원가를 산출하기 위해서는 각 개별작업별로 제품원가를 누적시켜 이를 집계하게 되는데 각각의 원가종류별로 특정양식의 원가집계표를 활용하게 된다. 특히 생산된 제품의 최종 원가는 작업원가표(job cost sheet)라고 하는 원가집계표에 모두 누적되게 되어 제품원가를 산정하게 된다. 따라서 작업원가표는 개별원가계산의 근간이 되는 중요한 핵심적 서류가 된다.

1 직접재료비의 측정

제품생산과정은 원재료를 창고로부터 생산라인에 투입시킴으로써 시작된다. 이 원재료들은 생산되는 특정 제품에 직접적으로 귀속시킬 수 있으므로 직접재료비라고 불린다. 반면 특정 작업이나 제품에 직접적으로 귀속시킬 수 없는 원재료가 있는데 이를 간접재료라 하며 제조간접비에 포함시킨다. 원재료는 "재료청구서"(materials requisition form)에 의해 창고에서 출하되어 생산에 투입되는데 재료청구서의 양식은 〈그림 5-1〉에 나와 있는 바와 같다.

〈그림 5-1〉에 나와 있는 바와 같이 재료청구서는 원재료창고에서 출하되는 원재료의 종류와 수량, 그리고 금액을 자세히 기입하며 이 출고된 재료들이 어떤 작업에 부과되는지를 밝혀주는 세부적인 증빙서류이다. 이 증빙서류에 근거해서 개별작업에 누적될 직접재료비가 측정되며 생산에 투여되는 재

그림 5-1 재료청구서

재료청구서번호 14873　　　　날짜 2013. 3. 2

작업번호 2B47

부서 압 연

품명	수량	단가	합계
M46	2	₩123	₩246
G7	8	52	416
			₩662

책임자 서명: 나 책 임

료의 흐름을 통제하는 일과 회계기록을 가능하게 하는 수단으로 사용된다. 재료청구서에서 측정된 직접재료비는 차후 작업원가표에 이기(移記)된다.

2 직접노무비의 측정

직접노무비도 직접재료비와 유사한 방법으로 측정, 집계된다. 직접노무비는 현재 진행 중인 특정 작업에 직접적으로 연계시켜 부과할 수 있는 노무비만 포함되며, 특정 작업에 직접 연계시킬 수 없거나 연계가 가능하더라도 연계비용이 과다하게 소요되는 노무비는 간접노무비로 분류하여 제조간접비에 귀속시킨다.

노무비는 일반적으로 각 근로자별로 매일 작성되는 작업일지를 근거로 측정된다. 이러한 작업일지는 종종 "작업시간표"(time ticket)라고 부르는데, 여기에는 근로자별로 하루 동안 완료한 작업들의 시간대별 요약을 제공한다. 즉 특정한 작업을 수행할 때 해당 근로자는 작업시간표에 작업번호를 기입하고 이 작업에 소요된 시간 수를 기록한다. 특정 작업에 배치되지 않고 주변 청소나 기계수선 등과 같이 간접노무작업이 맡겨졌을 때는 작업번호 대신 활동내용과 개별작업당 소요된 시간 수를 기록한다. 근로자 작업시간표의 양식은 〈그림 5-2〉와 같다.

그림 5-2 작업시간표

작업시간표번호	843	날짜	2013. 3. 3
작업자성명	김완벽	작업장소	제4공장

시 작	종 료	작업시간	임 률	금 액	작업번호
7 : 00	12 : 00	5.0	₩9	₩45	2B47
12 : 30	2 : 30	2.0	9	18	2B50
2 : 30	3 : 30	1.0	9	9	수 선
합 계		8.0	₩72		

감독자: 신 경 질

하루 일과가 끝나면 회계부서에서는 작업시간표들을 모아 특정 작업에 직접노무비로서 부과될 수 있는 시간들과 간접노무비로서 제조간접비에 부과할 시간들로 분류한다. 직접노무비로 분류된 시간들은 적절한 임률과 함께 개별작업별로 작업원가표에 집계된다. 즉 매일 기록되는 작업시간표들은 회계장부에 노무비를 기입하는 근거를 제공하는 증빙서류가 된다.

3 제조간접비의 배부

제품의 단위원가를 결정하는 데는 직접재료비, 직접노무비와 함께 제조간접비도 고려된다. 그러나 제조간접비는 직접재료비나 직접노무비와는 달리 특정 제품단위에 배부하는 것이 간단치 않다. 그 이유로는 첫째, 제조간접비는 특정 제품이나 작업에 직접 연결시키기 곤란한 간접비용들을 집계한 것이며, 둘째, 제조간접비는 단일항목이 아니라 간접재료비, 간접노무비, 감가상각비, 동력비, 감독자급료, 보험료 등 서로 상이하고 매우 다양한 항목들로 구성되어 있기 때문에 이들 상이한 항목들의 성격을 적절하게 반영한 합리적인 배부기준을 발견하는 것이 매우 어렵기 때문이다. 셋째, 제조간접비의 상당부분은 고정비이므로 직접재료비나 직접노무비와는 달리 생산량이 변동함에 따라 비례적으로 변동하지 않고 일정하게 유지되는 경향이 있으므로 직접적으로 제품생산과 관련짓기가 곤란한 이유에서이다.

이와 같은 이유로 제품단위별로 제조간접비를 부과하는 방법은 체계적인 배부과정을 통해서만 가능하다. 제조간접비의 배부대상은 생산과정에서 발생한 실제원가가 아니라 제조간접비 예정액을 대상으로 한다. 왜냐하면 수많은 항목들로 구성된 제조간접비의 실제원가를 모두 파악하려면 실제 생산활동이 모두 종료된 이후여야만 가능하므로 생산과정 중에서도 지속적으로 출하되는 개별제품들의 단위원가를 계산하기 위해서는 실제로 발생한 실제원가가 아니라 예정원가를 배부대상으로 하여야 하는 것이다. 한편 제조간접비의 배부를 위해서는 먼저 모든 제품이나 서비스에 공통적으로 적용될 수 있는 조업도 기준을 선택하여야 하는데 이들 조업도 기준을 배부기준이라 한다. 전통적으로 가장 널리 사용되는 조업도 기준들로는 직접노동시간, 직접노무비, 기계시간 등이 있으며, 어떤 기준을 사용하느냐에 따라 개별작업 및 제품에의 제조간접비 배부액은 차이가 나게 된다. 따라서 배부기준을 선정할 때는 각각의 조업도 기준과 제조간접비 발생과의 상호 연관성을 고려하여 합리적이고 타당한 배부기준을 선택하여야 한다.

일단 배부기준이 선택되면 각 공정을 통과하는 모든 개별작업에 제조간접비를 배부하기 위해서 "제조간접비 예정배부율"(predetermined overhead rate)을 구해야 하는데, 이는 당해 기간의 총제조간접비 추정액을 배부기준으로 나누어서 계산한다.

$$\text{제조간접비 예정배부율} = \frac{\text{추정제조간접비총액}}{\text{추정조업도(직접노무시간, 직접노무비, 기계시간 등)}}$$

제조간접비 예정배부율이 산정되면 이를 기준으로 제조간접비는 각각의 제품단위들에 배부된다. 배부과정을 예시하기 위해 어느 기업의 총제조간접비를 ₩320,000, 총직접노동시간을 40,000시간으로 추정하였다고 가정하자. 이 기업의 해당 연도 제조간접비 예정배부율은 다음의 계산과 같이 직접노동시간당 ₩8이 될 것이다.

$$\frac{\text{₩320,000}}{\text{40,000직접노동시간}} = \text{₩8/직접노동시간}$$

어떤 작업이 완성되는데 27시간의 직접노동시간이 소요되었다면 ₩216(27시간×₩8=₩216)의 제조간접비가 이 작업에 배부될 것이다. 이와 같이 산출되는 제조간접비 배부액은 작업원가표에 집계된다. 이로써 작업원가표에는 직접재료비, 직접노무비, 제조간접비 배부액의 제조원가 3요소가 모두 누적되는 것이다.

4 공장 전체 제조간접비 배부율과 부문별 제조간접비 배부율

원재료가 투입되어 하나의 제품으로 완성되기 위해서는 여러 가지 제조과정을 거치게 되며, 각 제조과정은 그 기능에 따라 몇 가지로 구분되는데 이를 제조부문(production department)이라 한다. 일반적으로 제조기업에서는 둘 이상의 제조부문이 존재하는데 이런 경우 제조부문의 제조간접비를 제품에 배부하는 방법에는 크게 두 가지 방법이 있다.

첫 번째 방법은 단일 제조간접비 통제계정에 모든 제조간접비를 집계하고 이를 기업 내의 모든 부문에 단일 제조간접비 배부율을 적용하여 제조간접비를 배부하는 방법이다. 이때의 단일 제조간접비 배부율을 공장 전체 제조간접비 배부율(plant-wide overhead rate)이라 한다.

$$\text{공장 전체 제조간접비 배부율} = \frac{\text{공장 전체 제조간접비}}{\text{공장 전체 배부기준(조업도)}}$$

전통적으로 실무에서는 이러한 한 가지 배부율이 주로 사용되어 왔으나 이 방법은 배부기준으로 한 가지 조업도만을 사용하기 때문에 정확도가 떨어지고 결국 단위원가를 왜곡시키는 결과를 초래하기 쉽다.

두 번째 방법은 각 제조부문별로 제조간접비를 집계하고 해당 제조부문마다 제조간접비 배부율을 구하여 제조간접비를 배부하는 방법인데, 이때의 제조간접비 배부율을 부문별 제조간접비 배부율(departmental overhead rate)이라고 한다.

$$\text{부문별 제조간접비 배부율} = \frac{\text{부문별 제조간접비}}{\text{부문별 배부기준(조업도)}}$$

예컨대, 기계집약적인 부문에서는 기계시간을, 노동집약적인 부문에서는 노동시간 또는 직접노무비를 조업도 기준으로 사용하여 부문별 제조간접비 배부율을 구한 뒤 부문별로 개별작업이나 제품에 제조간접비를 배부한다. 이때 부문별 제조간접비 배부율을 사용하는 경우 각 제조부문은 자신의 제조간접비 통제계정을 가지게 된다.

공장 전체 제조간접비 배부율이 부문별 제조간접비 배부율보다 구하기 쉽고 사용하기도 간편하지만 제조부문 사이에 제조간접비의 규모나 성격이 크게 다른 경우, 혹은 작업에 대해 각 제조부문에서 투입하는 노동시간이나 노무비가 상이한 경우에는 공장 전체 제조간접비 배부율을 사용하는 것보다 부문별 제조간접비 배부율을 사용하는 것이 더 바람직하다.

5 작업원가표

개별작업에서 발생한 모든 원가는 작업원가표(job cost sheet)에 집계된다. 작업원가표에는 개별작업별로 원가를 구분하여 기록되는데 각 작업에 부과될 직접재료비, 직접노무비, 제조간접비를 집계하고 단위원가를 계산하는 수단으로서 사용된다.

일반적으로 작업원가표는 다음의 과정을 통해 작성한다. 먼저 고객이 특정 제품의 제작을 주문하면서 판매부문은 고객이 요구한 제품의 수량, 가격, 선적일 등의 조건에 대한 판매지시서(sale order)를 작성하여 제조부문에 전달한다. 이를 전달받은 제조부문은 제조지시서를 작성하여 생산현장에 작업을 지시하는 한편 제조지시서 사본을 회계부문에 전달한다. 이 제조지시서를 전달받은 회계부문은 각 개별작업별로 원가를 집계하거나 통제하기 위해서 작업원가표를 작성하는 것이다. 작업원가표의 일반적인 양식은 〈그림 5-3〉과 같다.

〈그림 5-3〉의 작업원가표를 보면 개별작업별로 직접재료비, 직접노무비, 제조간접비를 집계하는 서류임을 쉽게 알 수 있다. 개별작업이 모두 완성되면 작업의 단위당 원가를 결정하기 위해 모든 제조원가를 원가집합계정(cost summary account)에 집계한다. 이때 작업원가표의 묶음은 하나의 보조원장을 구성하며 모든 작업원가표의 잔액을 합계한 것은 재공품 계정의 잔액과 일치

하므로, 작업원가표를 통제계정인 제품계정에 대한 보조원장으로 사용할 수 있다.

그림 5-3 작업원가표

작업번호	2B47	착수일	2013. 3. 3
부서	압 연	완성일	2013. 3. 8
작업명세	연간 특별주문	완성된 단위	150

직접재료비		직접노무비			제조간접비		
청구서 번호	금액	작업전표	시간	금액	시간	배부율	금액
14873	₩662	843	5	₩45	27	₩8/직접 노동시간	₩216
14875	504	846	8	60			
14912	238	850	4	21			
	₩1,404	851	10	54			
			27	₩180			

비용요약		선적수량		
		날짜	번호	잔량
직접재료비	₩1,404	2013. 3. 8	–	150
직접노무비	₩180			
제조간접비	₩216			
총 원 가	₩1,800			
단위원가	₩12*			

* ₩1,800÷150단위 =₩12

6 전체적인 흐름의 요약

이제까지 설명한 단계들을 순차적으로 요약한 것이 〈그림 5-4〉이다. 그림에 나타난 서류들의 흐름을 주의깊게 관찰하면 개별원가계산제도의 전반적인 운영에 대한 시각적인 이해를 도모할 수 있을 것이다.

그림 5-4 개별원가계산제도의 서류흐름

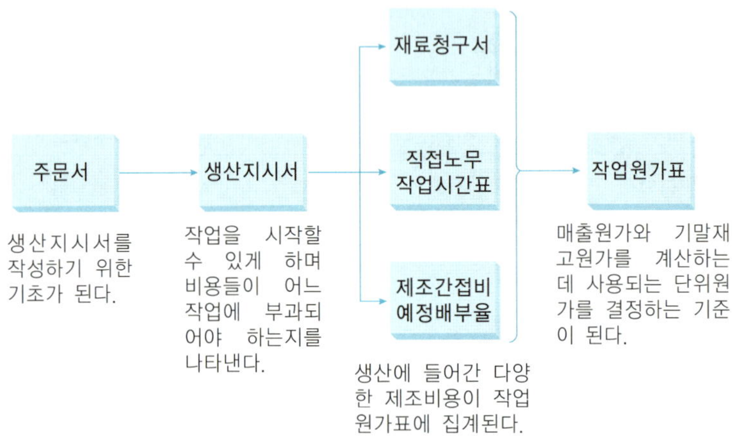

제 4 절 개별원가계산에서의 원가의 흐름

개별원가계산제도의 운영에 대한 광범위하고 개념적인 이해를 바탕으로 여기서는 작업원가표를 구성하는 주요 원가요소별로 개별원가계산제도의 회계처리 방법을 구체적으로 살펴보고자 한다. 가상적인 회사의 한 달 동안의 활동을 대상으로 삼아보자.

가람 회사는 회계연도의 첫 달인 1월 중 두 개의 진행 중인 작업을 갖고 있었다. 작업 A는 작년 12월에 착수되어 1월 1일 현재 이미 ₩30,000의 제조비용(재료비, 노무비, 제조간접비)이 들어갔다.

1 재료의 구입과 출고

1월 중 가람 회사는 생산을 위해 ₩60,000만큼의 원재료를 구입했다. 이 구입은 다음과 같이 기록된다.

(1) 원 재 료	60,000	
매 입 채 무		60,000

제2장에서 설명한 대로 원재료는 재고항목 중의 하나이다. 그러므로 기말에 사용되지 않은 채 남아있는 재료는 재무상태표상에 재고자산으로 분류된다.

(1) 직접재료의 출고

한 달 동안 가람 회사는 ₩50,000의 원재료를 생산에 사용하기 위해 창고로부터 인출하였다. 분개 (2)는 생산부서로 원재료의 출고를 기록하고 있다.

(2) 재 공 품	50,000	
원 재 료		50,000

재공품에 할당된 재료는 생산라인에 걸려 있는 특정 작업에 부과될 수 있는 직접재료를 나타낸다. 이 재료들이 재공품 계정에 기록될 때마다 동시에 관련된 작업원가표에 기록된다. 〈그림 5-5〉가 이 점을 보여주고 있다.

그림 5-5 재료비의 흐름

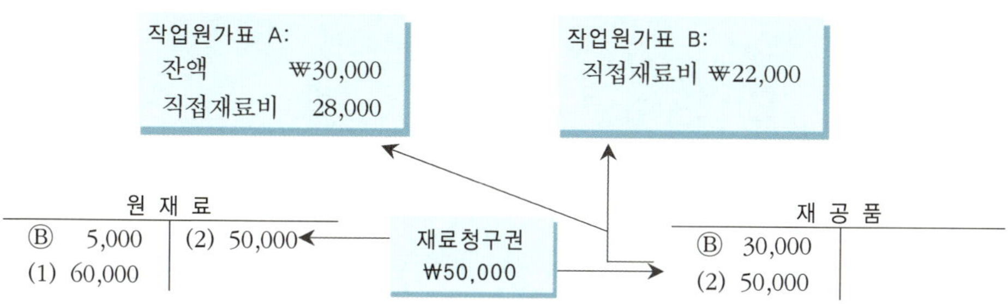

작업원가표에서 작업 A는 앞에서 언급된 바와 같이 전월로부터 이월된 제조비용 ₩30,000을 포함하고 있음을 알 수 있다. 재공품 계정도 같은 ₩30,000의 잔액을 가지고 있다. 두 계정 모두에 ₩30,000이 포함되는 이유는, 재공품 계정은 통제계정이고 작업원가표는 보조의 역할을 하기 때문이다. 따라서 재공품 계정은 주어진 시점에서 진행 중에 있는 작업들의 개별작업원가표들에 기록된 모든 비용의 집계된 총액을 잔액으로 갖게 된다(가람 회사의 경우, 1월 초에 작업 A 하나만이 진행 중이었기 때문에 작업 A의 잔액과 재공품 계정의 잔액이 ₩30,000으로 동일하다). 1월 중 재공품 계정에 추가된 원재료 ₩50,000은 작업 A에 ₩28,000, 작업 B에 ₩22,000만큼 부과된 것을 그림을 통해서도 알 수 있다.

(2) 직접 및 간접재료의 혼합발생

위의 분개 (2)에서, 원재료 재고계정으로부터 인출된 모든 재료들은 특정 작업에 부과시킬 수 있는 직접재료라고 가정하였었다. 그러나 인출된 재료 중 일부분을 특정 작업에 부과시킬 수 없다면 이는 간접재료로서 제조간접비 계정에 부과되어야 한다. 이때의 분개는 다음과 같다.

재 공 품(직접재료비)	×××	
제조간접비(간접재료비)	×××	
원 재 료		×××

제조간접비가 재공품 계정으로부터 분리되어 있음에 주목하자. 제조간접비 계정의 목적은 당해 기간 동안 제조간접비가 발생함에 따라 이를 축적하는 것이다.

2 노 무 비

가람 회사의 여러 부서에서 매일매일 작업이 수행됨에 따라 작업자별 작업시간표가 작성되고 모아져서 회계부서로 전달된다. 회계부서에서는 작업자들에게 지급되는 다양한 임률에 따라 노무비를 계산하고 이를 직접노무비 혹은 간접노무비로 분류한다. 이렇게 1월 한 달 동안에 발생한 비용과 이의 분류는 다음과 같은 분개를 가져온다.

(3) 재 공 품	60,000	
제조간접비	15,000	
미지급임금		75,000

직접노무비에 해당되는 부분만이 재공품 계정에 추가되며, 가람 회사의 경우 1월 중에 ₩60,000만큼 발생한 것을 알 수 있다.

직접노무비는 재공품 계정에 삽입됨과 동시에 각각의 작업원가표에도 부과되는데 〈그림 5-6〉이 이를 보여주고 있다. 1월 중, ₩40,000의 직접노무비가 작업 A에 부과되었고 나머지 ₩20,000이 작업 B에 부과되었다. 제조간접비로 부과된 노무비는 당해 기간 동안 발생한 감독비, 청소비, 수선유지비 등과 같은 간접노무비들이다.

그림 5-6 노무비의 흐름

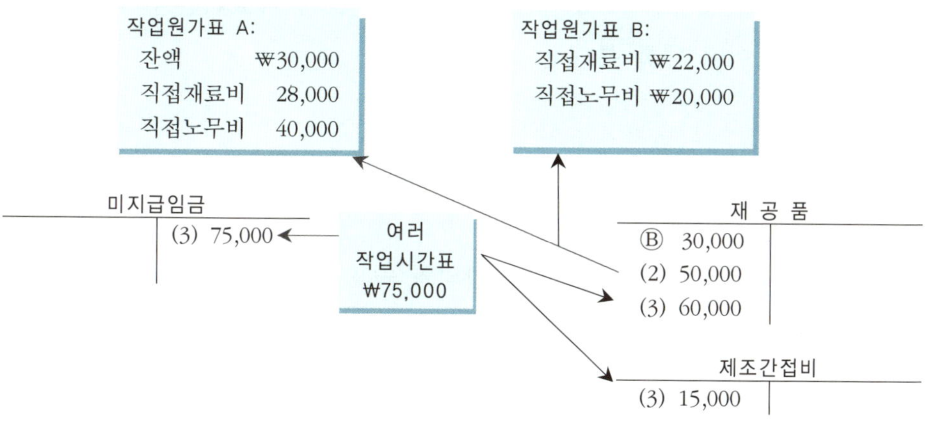

3 제조간접비

제3장에서 배운 바와 같이 직접재료비, 직접노무비가 아닌 공장운영에 드는 다른 모든 비용들은 제조간접비로 분류된다. 이 비용들은 발생됨과 동시에 제조간접비 계정으로 바로 포함된다. 예를 들어 1월 한 달 동안 가람 회사에 다음과 같은 공장운영비가 발생했다고 가정하자.

수도광열비(난방, 수도, 전기)	₩21,000
기계임차료	16,000
잡　　비	3,000
계	₩40,000

이들 비용에 대한 분개는,

	차변	대변
(4) 제조간접비	40,000	
미 지 급 금		40,000

또한, 1월 중 가람 회사는 이 달에 해당하는 ₩13,000의 재산세를 부담해야 하며, ₩9,000의 공장건물 및 기계에 대한 보험료가 유효기간을 경과하였다고 가정하자. 이에 대한 분개는,

	차변	대변
(5) 제조간접비	22,000	
미지급재산세		13,000
선급보험료		9,000

1월 중 공장기계들에 대한 감가상각비가 ₩18,000이었다면 이에 대한 분개는,

	차변	대변
(6) 제조간접비	18,000	
감가상각누계액		18,000

요약해서 말하면 모든 제조간접비는 당해 기간에 걸쳐 나날이 발생함에 따라 제조간접비 계정에 직접 기록된다. 위의 분개들을 볼 때 실제 발생한

제조간접비를 기록하는 것이 재공품 계정에는 전혀 영향을 미치지 않는다는 점에 유의하자.

4 제조간접비의 배부

그러면 제조간접비는 어떻게 재공품 계정에 기록되는가? 이때 사용되는 것이 제조간접비 예정배부율이다. 이 장의 앞부분에서 얘기한 원가계산 목적을 위해 매년도 초에 제조간접비 예정배부율이 설정된다는 것을 상기하자. 이 비율은 당해 연도의 추정제조간접비를 추정조업도(기계시간, 직접노동시간, 또는 기타 다른 기준으로 측정하는)로 나누어 계산된다.

회계연도가 진행되어 가면서 제조간접비는 각 작업을 완수하기 위해 투입된 시간의 수에 미리 설정된 제조간접비 예정배부율을 곱하여 각 작업에 배부된다.

이에 대한 비용흐름을 예시하기 위해, 가람 회사는 제조간접비 예정배부율을 계산하는 데 기계시간을 사용했고 그 비율은 기계시간당 ₩6이라고 가정해보자. 또, 총 사용된 15,000시간의 기계시간 중 10,000시간은 작업 A에, 5,000시간은 작업 B에 사용되었다고 가정하자. 그렇다면 ₩90,000의 제조간접비가 재공품 계정에 배부된다(15,000기계시간×₩6=₩90,000). 이에 대한 분개는,

(7) 재 공 품	90,000	
제조간접비		90,000

제조간접비 계정을 통한 비용의 흐름이 〈그림 5-7〉에 나타나 있다.

〈그림 5-7〉의 제조간접비 계정에 "실제 발생한 제조간접비"는 분개 (2)~(6)을 통해 계정에 기록된 비용이다. 제조간접비의 실제발생 [분개 (2)~(6)]과 제조간접비의 재공품으로의 배부 [분개 (7)]은 두 개의 분리된 별개의 과정임에 주목해야 한다.

(1) 정리계정의 개념

제조간접비 계정은 정리계정(clearing account)으로 사용된다. 이미 보았듯

그림 5-7 제조간접비 배부의 비용흐름

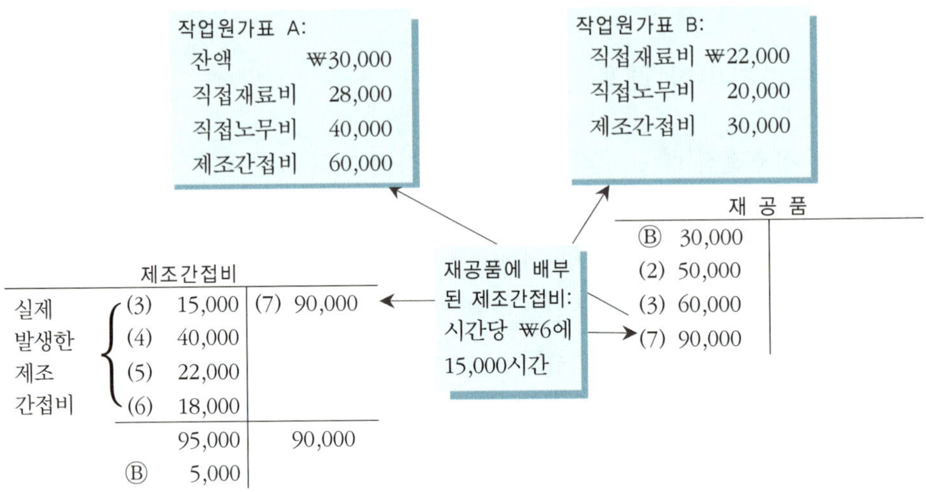

이, 실제 발생하는 제조간접비는 당해 연도에 걸쳐 매일매일 발생할 때마다 계정에 기록된다. 한편, 작업이 완료됨에 따라 제조간접비 예정배부율을 기준으로 제조간접비는 제조간접비 계정에서 재공품 계정으로 이전된다. 이런 일련의 과정을 예시하면 다음과 같다.

제조간접비(정리계정)

차변	대변
실제 발생하는 제조간접비는 발생할 때마다 나날이 계정에 기록된다(차변).	시간적인 간격을 두고 예정배부율을 기준으로 재공품 계정으로 대체된다(대변).

앞에서 강조한 바와 같이, 제조간접비 예정배부율은 제조간접비가 얼마나 될 것인가라는 추정치에 전적으로 기초하고 있으며, 당기가 시작되기 전에 설정된다. 결과적으로, 제조간접비 계정 차변에는 제조간접비 실제발생액이 기록되고 대변에는 예정 제조간접비 배부액이 기록되므로 차변과 대변의 금액이 일치하지 않는 경우가 대부분이다. 〈그림 5-7〉을 보더라도 가람 회사의 실제 발생한 제조간접비는 재공품으로 대체된 제조간접비보다 ₩5,000이 더

크며, 이는 제조간접비 계정의 차변에 ₩5,000의 잔액을 가져왔다. 이 차액에 대한 회계처리는 다음 절의 "제조간접비 과대 또는 과소배부액의 처리"에서 구체적으로 논의할 것이다.

당분간, 〈그림 5-7〉로부터, 완성된 작업의 원가는 작업에 실제로 투여된 직접재료비, 직접노무비와 그 작업에 배부된 제조간접비로 구성된다고 결론지을 수 있다. 재공품 계정으로 대체되면 작업원가표에 기록되는 금액이 배부된 제조간접비(실제 제조간접비가 아닌)라는 사실은 자칫 간과하기 쉬운 과정이며, 선뜻 이해가 가지 않는 점이다. 독자들은 이 부분에 대해 특별한 주의를 기울여 주기 바란다.

5 비제조비용

제조기업에는 공장의 운영과 관련되어 발생하는 급료, 수도광열비, 보험료 들이 있는가 하면, 같은 종류의 비용이라 하더라도 공장의 운영과 관계없이 발생하는 것들이 있다. 예를 들어, 본사에서 일하는 최고경영자, 비서, 사무원들의 활동에 따르는 비용들이 이런 것들이다. 판매원들에 의해 발생되는 비용도 이에 속하는 비용이다. 이렇게 공장의 운영에 관련되지 않는 비용들은 이들의 발생이 제품의 제조와 관련되어 있지 않으므로 제조간접비 계정에 포함시켜서는 안 된다. 이 비용들은 기간비용으로 처리되어 곧바로 손익계산서에 부과되어야 한다. 이를 예시하기 위해 1월 중 가람 회사에 다음과 같은 판매비 및 일반관리비가 발생했다고 가정하자.

최고경영자 보수	₩21,000
사무원 급료	9,000
총급료	₩30,000

이에 대한 분개는,

(8) 급　　료	30,000	
미지급급료		30,000

1월 중 사무용 설비에 대한 감가상각이 ₩7,000이라고 가정하면 이에 대한 분개는,

(9) 감가상각비	7,000	
감가상각누계액		7,000

공장기계 설비에 대한 감가상각을 기록한 분개 (6)과 위의 분개와의 차이점에 유의하도록 하자.

마지막으로 1월 중 광고비가 ₩42,000, 기타 판매비 및 일반관리비 ₩8,000이었다고 가정하면 이들 항목에 대한 분개는,

(10) 광 고 비	42,000	
판매비 및 일반관리비	8,000	
미 지 급 금		50,000

분개 (8)에서 (10)까지의 금액은 비용계정으로 직접 대체되기 때문에 가람 회사의 그 달 생산에 대한 원가계산에는 영향을 주지 않는다. 판매수수료, 판매설비에 대한 감가상각, 사무시설 임차료, 사무시설에 대한 보험료 등을 포함하는 기타 판매비 및 일반관리비도 이와 같다.

6 제조원가

개별작업이 제조공정을 통해 완성되면 이는 생산부서로부터 완제품 창고로 옮겨진다. 이때가 되면 회계부서는 이미 직접재료비와 직접노무비를 관련 작업에 부과했을 것이고, 앞에서 설명한 배분과정을 통해 제조간접비의 해당 부분도 그 작업에 부과된 상황일 것이다. 이들 비용에 대한 대체가, 제품이 완제품 창고로 옮겨지는 물리적인 이동과 병행해서, 원가계산 시스템 내에서 이루어져야 한다. 원가계산 시스템 내에서의 대체는 완성된 작업에 대한 비용을 재공품 계정으로 이전시킨다. 이 두 계정 간에 이전되는 금액의 합이 당해 기간 동안의 제조원가가 된다.

가람 회사의 경우, 1월 중 작업 A가 완성되었다고 가정하자. 작업 A의 비

용을 재공품 계정으로 대체할 때의 분개는,

	차변	대변
(11) 완 제 품	158,000	
재 공 품		158,000

₩158,000은 〈그림 5-7〉의 작업원가표에 나타난 것과 같이 작업 A의 완성비용을 뜻한다. 또 작업 A가 1월 중 완성된 유일한 작업이기 때문에 이 ₩158,000은 당월의 제조원가를 나타낸다.

작업 B는 월말까지 완료되지 않았기 때문에 이에 대한 모든 비용은 재공품 계정에 계속 남아 다음 달로 이월된다. 1월 말에 재무상태표가 작성되면 작업 B에 대한 이제까지의 모든 비용은 "재공품"이라는 자산으로 표시된다.

7 매출원가

완성된 제품이 고객의 주문을 이행하기 위해 선적되면 팔린 제품들의 비용을 완제품 계정으로부터 매출원가 계정으로 대체하는데 작업원가표에 나타난 단위원가가 기준으로 사용된다. 만일 고객의 주문에 따라 작업이 이루어져 그 작업 전체가 인도되는 경우에는 그 작업의 작업원가표상에 기록된 모든 비용을 매출원가 계정으로 대체하면 매출원가로 대체되는 금액을 쉽게 결정할 수 있다. 그러나 대부분의 경우 특정 작업에 관련된 제품 모두가 동시에 판매되는 것이 아니라 부분적으로 판매되는 것이 일반적이므로, 이런 상황에서는 얼마만큼의 제품원가를 완제품 계정으로부터 차감하여 매출원가 계정으로 대체시킬 것인가를 결정하는 데 있어 단위원가가 매우 중요한 역할을 한다.

가람 회사의 경우 작업 A에서 나온 단위들 중 3/4이 월말까지 고객에게 인도되었다고 가정하자. 이들에 대한 총판매가액은 ₩225,000이었다. 이에 대한 분개들은(모든 매출은 외상매출이다) 다음과 같다.

	차변	대변
(12) 매 출 채 권	225,000	
매 출		225,000
(13) 매 출 원 가	118,500	

완 제 품 118,500

(₩158,000의 총원가×3/4=₩118,500)

분개 (13)으로 개별원가계산제도의 비용흐름이 완료된다.

8 비용흐름의 요약

가람 회사의 예를 한곳으로 종합한 비용흐름의 요약이 T계정 형태로 〈그림 5-8〉에 나타나 있다. 이 그림을 보면 각 계정에 들어가고 나가는 비용들의 흐

그림 5-8 가람 회사의 원가흐름 요약

매출채권	
××	
(12) 225,000	

선급보험료	
××	(5) 9,000

원 재 료	
Ⓑ 5,000	(2) 50,000
(1) 60,000	
Ⓑ 15,000	

재 공 품	
Ⓑ 30,000	(11) 158,000
(2) 50,000	
(3) 60,000	
(7) 90,000	
Ⓑ 72,000	

감가상각누계액	
	××
	(6) 18,000
	(9) 7,000

미지급금	
	××
	(1) 60,000
	(4) 40,000
	(10) 50,000

미지급임금	
	××
	(3) 75,000
	(8) 30,000

미지급재산세	
	××
	(5) 13,000

완 제 품	
Ⓑ 10,000	(13) 118,500
(11) 158,000	
Ⓑ 49,500	

감가상각비	
(9) 7,000	

자 본 금	
	××

이익잉여금	
	××

매 출	
	(12) 225,000

매출원가	
(13) 118,500	

제조간접비	
(3) 15,000	(7) 90,000
(4) 40,000	
(5) 22,000	
(6) 18,000	
Ⓑ 5,000	

급 료	
(8) 30,000	

광 고 비	
(10) 42,000	

판매비 및 일반관리비	
(10) 8,000	

름에 번호가 매겨져 있는데 이 번호들은 앞에 나온 거래들에 대한 번호들이다.

9 제조원가 및 매출원가 명세서

그림 5-9 제조원가 및 매출원가 명세서

제조원가		
직접재료비:		
기초원재료 재고	₩5,000	
(+)당기원재료 구입	60,000	
총사용가능 원재료	65,000	
(−)기말원재료 재고	15,000	
생산에 사용된 원재료		₩50,000
직접노무비		60,000
제조간접비		
간접노무비	15,000	
수도광열비	21,000	
임차료	16,000	
잡비	3,000	
재산세	13,000	
보험료	9,000	
감가상각비	18,000	
실제제조간접비	95,000	
(−)과소배부된 제조간접비	5,000*	
재공품에 배부된 제조간접비		90,000
총제조원가		200,000
(+)기초재공품 재고		30,000
		230,000
(−)기말재공품재고		72,000
제조원가		₩158,000
매출원가		
기초완제품 재고		₩10,000
(+)제조원가		158,000
판매가능제품		168,000
기말완제품 재고		49,500
매출원가		118,500
(+)과소배부된 제조간접비		5,000
조정된 매출원가		₩123,500

* 제조원가 명세서는 당해 기간 동안에 재공품 계정을 통해 흐른 비용들을 나타내기 때문에 실제 제조간접비보다 과소배부된 제조간접비는 이와 같이 실제로는 발생했으나 배부된 적이 없었으므로 차감된다. 과대배부된 경우는 그 역이 될 것이다.

이상에서 예시한 가람 회사의 거래내용을 이용하여 제조원가 및 매출원가 명세서를 작성해보면 〈그림 5-9〉와 같다.

제 5 절 제조간접비 과대 혹은 과소 배부액의 처리

제조간접비 예정배부율이 회계기간 시작전에 설정되고 또 추정된 자료에 기초하기 때문에 재공품 계정에 배부된 제조간접비와 당해 회계기간 동안 발생한 실제 제조간접비는 거의 일치하지 않는다. 가람 회사의 예를 들면, 시간당 ₩6의 제조간접비 예정배부율은 ₩90,000의 제조간접비를 재공품에 배부시킨 반면, 당월 동안 발생한 실제 제조간접비는 ₩95,000이다. 이렇게 재공품에 배부된 제조간접비와 당해 기간 동안 발생한 실제 제조간접비와의 차이를 "과대배부"(overapplied) 또는 "과소배부"(underapplied)된 제조간접비라 한다. 가람 회사의 경우 배부된 비용(₩90,000)이 실제비용(₩95,000)보다 ₩5,000만큼 작으므로 제조간접비는 과소배부되었다. 반대로 ₩95,000의 제조간접비가 재공품 계정에 배부된 반면 ₩90,000의 제조간접비가 실제로 발생하였다면 그때는 과대배부의 경우가 되었을 것이다.

제조간접비 과대 또는 과소배부액이 발생하면 기말에 제조간접비 계정에 당해 금액의 잔액이 남게 된다. 그러나 외부보고 목적의 재무회계하에서는 실제원가계산하에서 제품원가를 계산할 것을 요구하고 있기 때문에 과대 또는 과소배부된 재고자산의 원가를 수정하여야 한다. 일반적으로 외부보고 요건에 비추어볼 때 동 잔액에 대한 회계처리 방법에는 다음과 같은 2가지 방법으로 크게 나눌 수 있다.

① 제조간접비 과대 또는 과소배부액 전액을 매출원가에 가감한다.
② 재공품, 제품, 매출원가 계정들의 기말잔액에 비례하여 이들 계정에 안분한다.

1 매출원가에 가감하는 방법

매출원가에서 가감하는 방법은 내부보고와 외부보고 목적을 위하여 과대 또는 과소배부액 전액을 매출원가 계정에 가감시킨다. 제품이나 재고자산의 종류가 다양한 회사에서는 안분과정이 매우 복잡하므로 이 방법은 안분을 해야 하는 다른 방법에 비해 훨씬 간단하다. 만약 안분할 금액이 재고자산의 가치와 순이익에 비하여 중요하지 않다면 외부보고를 위하여 굳이 제조간접비 배부차액을 안분할 필요는 없을 것이다. 내부관리 목적을 위해서는 일반적으로 제조간접비 배부차액을 안분하지 않는데 왜냐하면 경영자는 배부차액을 안분하는 방법에 관심이 있는 것이 아니라 배부차이가 발생했다는 사실 자체와 그 원인에 관심이 있기 때문이다. 즉 실제원가와 작업에 배부한 원가와의 차이에 대한 원인을 파악함으로써 경영자는 제조간접비 배부율을 수정할 필요를 느끼게 되며 새로운 원가통제절차를 도입하거나 기타 다른 조치를 취해야 할 필요를 느끼게 되는 것이다.

가람 회사의 예로 돌아가서 과소배부된 제조간접비를 매출원가에 이전시켜 처리하기 위한 분개는 다음과 같다.

	차변	대변
(14) 매 출 원 가	5,000	
제조간접비		5,000

이 분개로 인하여 당월의 매출원가는 ₩123,500으로 증가한다.

매출원가	₩118,500
(+)과소배부된 제조간접비	5,000
조정된 매출원가	₩123,500

위 분개를 반영하여 작성된 가람 회사의 1월 손익계산서는 다음과 같다.

손익계산서

가람 회사		2013. 1. 1.~2013. 1. 31
매출액		₩225,000
매출원가(₩118,500+₩5,000)		123,500
매출총이익		101,500
판매 및 일반관리비		
급 료	₩30,000	
감가상각비	7,000	
광고비	42,000	
기 타	8,000	87,000
순이익		₩14,500

2 계정들에 배분하는 방법

과소 또는 과대배분된 제조간접비를 재공품, 완제품, 매출원가에 배분하는 방법은 과소 또는 과대배분된 제조간접비 전체를 매출원가에 대체하여 마감하는 방법보다 더 정확하다. 그 이유는 이 방법은 제조간접비 예정배부율 계산시 추정의 오류가 없었다고 가정할 때 각 계정에 기록되었을 제조간접비 금액으로 수정해 주기 때문이다. 배분방법이 이렇듯 매출원가 계정에 단숨에 처리하는 방법보다 이론상 더 정확하다 할지라도 배분절차에 따른 시간소비와 실시상의 어려움으로 인하여 실무에서는 이 방법을 별로 사용하지 않고 있다. 많은 기업들이 배분을 통한 제품원가계산상의 정확성이 배분에 따르는 추가노력에 비해 별 가치가 없으며, 특히 금액이 작은 경우에는 더욱 그렇다고 느끼기 때문이다.

가람 회사의 예에서 과소배부된 제조간접비를 관련계정들에 배분하기로 결정했었다면, 이에 대한 계산과 분개는 아래와 같았을 것이다.

재공품 재고(1/31)	₩72,000	30.0%
완제품 재고(1/31)	49,000	20.6
매출원가	118,500	49.4
총원가	₩239,500	100.0%

(분개)

재공품(₩5,000×30.0%)	1,500	
완제품(₩5,000×20.6%)	1,030	
매출원가(₩5,000×49.4%)	2,470	
제조간접비		5,000

만약 제조간접비가 과대배부되었더라면 제조간접비 계정에 대변 잔액이 존재하였을 것이고 위의 분개는 정반대로 이루어졌을 것이다.

제 6 절 서비스업의 개별원가계산

개별원가계산은 제조업에서뿐만 아니라 회계법인, 법무법인, 영화제작사, 병원 등과 같은 서비스 조직에서도 사용된다. 예를 들어, 회계법인에서는 감사나 컨설팅 서비스를 법인으로부터 받는 각각의 기업들이 작업으로 간주될 수 있고, 그 작업의 원가는 회계법인이 해당 기업의 감사나 컨설팅 서비스를 제공하는 데에 따라 작업원가표에 그때그때 집계된다. 감사조서나 조회서 같은 양식 및 그와 유사한 투입이 작업에 대한 직접재료비를 나타내고, 회계사가 투입한 시간이 직접노무비를 나타내며, 사무실의 비서, 직원, 임차료, 감가상각비 등의 원가가 제조간접비를 나타낸다.

쇼박스(Showbox)와 같은 영화사에서는 여기서 제작하는 각각의 영화가 작업이 되고, 직접재료비(의상, 소품, 필름 등)와 직접노무비(배우, 감독 및 엑스트라)는 각 영화의 작업원가표에 기록된다. 영화사의 설비나 비품의 감가상각비, 유지보수비 등과 같은 제조간접비의 일부도 역시 각 영화별 제작원가에 포함된다.

요약하자면, 개별원가계산은 다양한 제품이나 서비스를 제공하는 어느 조직에도 적용되는 원가계산기법으로 해당 제품이나 서비스의 다른 것들로부터의 구별성이 핵심이 된다.

05 연습문제

5-1. 다음 각각의 경우에 개별원가계산과 종합원가계산 방법 중 어느 것이 더 적절한가?

① 교과서 출판업자 ② 정유공장
③ 분유 생산업자 ④ 시멘트 생산업자
⑤ 개인주택 건설업자 ⑥ 자동차 개조업자
⑦ 화학물품 생산업자 ⑧ 자동차 수리점
⑨ 타이어 생산공장 ⑩ 광고 대행업자

5-2. 왕방울 회사는 생산품에 대한 수요의 변화가 심하다. 단위당 원가는 분기별로 계산되는데 각 분기의 제조원가(재료비, 노무비, 제조간접비)를 분기별 생산량으로 나누어 계산한다. 다음해의 분기별 추정원가는 아래와 같다.

	분기			
	1	2	3	4
직접재료원가	₩72,000	₩36,000	₩18,000	₩54,000
직접노무원가	120,000	60,000	30,000	90,000
제조간접원가	186,000	168,000	159,000	177,000
총제조원가	₩378,000	₩264,000	₩207,000	₩321,000
생산량	40,000	20,000	10,000	30,000
단위당추정원가	₩9.45	₩13.20	₩20.70	₩10.70

회사의 경영자는 단위당 원가가 변하고 있으며, 이는 제조원가 중 가장 큰 비중을 차지하는 제조간접원가에 기인함을 발견했다. 이에 따라 당신은 좀 더 적당한 제조간접원가 배분방법을 찾도록 요청받았으며, 분석을 통해서 제조간접원가는 대부분 고정비이며 따라서 생산 수준에 따라 변하지 않는다는 것을 알았다.

요구사항

1. 회사는 개별원가계산제도를 사용한다. 당신은 제조간접원가를 어떻

게 배분해야 한다고 생각하는지 말하고 계산근거를 보이시오.

2. 위 1.에서의 당신의 생각에 따라 단위당 원가를 재계산하시오.

5-3. 극동 회사는 개별원가 계산제도를 사용하고 있다. 아래의 자료는 회사의 첫 번째 회계연도인 20×3년의 8월달에 관한 것이다.

① 외상으로 구입한 원재료 ₩150,000
② 생산에 투입된 원재료 ₩120,000(90% 직접, 10% 간접)
③ 직접노무원가 발생액 ₩140,000, 간접노무원가 발생액 ₩60,000
④ 공장 설비에 대한 감가상각비 ₩18,000
⑤ 기타 제조간접원가 발생액 ₩90,000(미지급금)
⑥ 회사는 기계시간당 ₩9의 제조간접원가 배부율 사용, 21,000기계시간 발생
⑦ 원가 ₩450,000의 제품이 완성되어 제품 계정으로 대체
⑧ 원가 ₩400,000의 제품이 이 달 중 고객에게 인도되었고 원가의 50%에 해당하는 마진이 붙여졌으며, 매출은 외상으로 이루어짐.

요구사항

1. 위 거래들에 대한 분개를 하시오.
2. 제조간접원가와 재공품에 대한 T계정을 만들고 관련되는 정보를 기입하시오. 재공품 기초재고는 ₩33,000이라고 가정하고 각 계정의 기말재고를 계산하시오.

5-4. 백남 회사는 절단과 완성, 두 부서를 가지고 있고 개별원가계산제도를 사용하여 각 부서별로 제조간접원가 예정배부율을 계산하고 있다. 절단 부서는 기계시간에 따라, 완성부서는 직접 노무원가에 따라 제조간접원가 예정배부율을 계산한다.

20×3년 초에 회사는 아래와 같이 추정하였다.

	부 문	
	절 단	완 성
직접노동시간	6,000	30,000
기계시간	48,000	5,000
제조간접비	₩360,000	₩486,000
직접노무원가	50,000	270,000

요구사항

1. 20×3년에 각 부서에서 사용된 제조간접원가 예정배부율을 계산하시오.

2. 1.번에서 계산된 예정배부율이 유효하다고 가정하자. 20×3년에 시작, 완성된 작업 203에 대한 작업원가명세서가 다음과 같다.

	부 문	
	절 단	완 성
직접노동시간	6	20
기계시간	80	4
사용된 재료원가	₩500	₩310
직접노무원가	70	150

작업 203의 총제조간접원가를 계산하시오.

3. 부문별 제조간접원가 대신 공장 전체 제조간접원가 배부율을 사용한다면 제조간접원가 배부액이 달라질 것인가?(계산은 불필요)

5-5. 도트리 회사는 다양한 기계부품을 생산하는 회사이다. 이 회사는 개별원가계산제도를 사용하고 기계시간 기준으로 제조간접원가를 작업에 배부하고 있다. 20×3년 동안 회사는 220,000시간의 기계시간과 ₩1,870,000의 제조간접원가가 발생할 것을 추정하였다.

회사는 4월 한 달 동안 16,000개의 특수부품을 필요로 하는 큰 작업을 수행하였으며 이에 대한 원가자료는 아래와 같다.

① 외상으로 구입한 원재료, ₩135,000
② 사용된 원재료, ₩100,000(90% 직접재료, 10% 간접재료)
③ 노무원가 발생액, ₩210,000(80% 직접노무, 20% 간접노무)
④ 공장 설비에 대한 감가상각비, ₩30,000
⑤ 기타 제조간접원가 발생액, ₩85,000(미지급금)
⑥ 제조간접원가는 4월 중 사용된 20,000기계시간에 따라 배부되었음
⑦ 완성품은 4월 30일 완성품 창고로 보내짐(완성품 원가는 직접재료, 직접노무, 배부된 제조간접원가로 구성)

요구사항

1. ①~⑥까지 분개하시오(⑦제외).
2. 제조간접원가와 재공품에 대한 T계정을 만들어 분개사항을 전기하시오.
3. ⑦에 대해 분개하고 작업원가표에 나타날 단위당 원가를 계산하시오.

5-6. 타타타 회사는 개별원가계산제도를 사용한다. 다음 표는 회사의 첫 번째 달에 수행된 3개 작업에 대한 자료이다.

	작업번호		
	101	102	103
작업에서 생산한 양	2,000	1,800	1,500
직접노동시간	1,200	1,000	900
직접재료원가	₩4,500	₩3,700	₩1,400
직접노무원가	9,600	8,000	7,200

실제 제조간접원가 발생액은 ₩30,000이었다. 제조간접원가는 시간당 ₩9의 예정배부율로 직접노동시간 기준으로 배분된다. 작업 101과 102는 이 달에 완성되었고, 작업 103은 완성되지 않았다.

요구사항

1. 각 작업에 배부될 제조간접원가를 계산하시오.
2. 작업 101, 102의 단위당 원가를 계산하시오.
3. 완성품이 창고로 대체되는 것을 보여주는 분개를 하시오.
4. 이 달말 재공품 계정의 기말재고는 얼마인가?

5-7. 아래 자료는 선달 회사의 기말계정에 관한 것이다.

제조간접원가

(a)	100,000	(b)	90,000
기말	10,000		

재공품

기초	40,000	(c)	250,000
	75,000		
	60,000		
(b)	90,000		
기말	15,000		

완 제 품

기초	35,000	(d)	240,000
(c)	250,000		
기말	45,000		

매출원가

(d)	240,000		

요구사항

1. (a), (b) 등의 숫자가 나타내는 의미를 설명하시오.
2. 회사는 매출원가로 제조간접원가계정을 직접 마감한다고 가정하고 필요한 분개를 하시오.
3. 회사는 나머지 계정들에 제조간접원가의 잔액을 배분한다고 가정하고 필요한 분개를 하고 계산을 보이시오.

5-8. 광주 회사는 20×3년 2월 2일 영업을 시작하였다. 이하의 자료는 회사의 영업개시 달의 재공품 계정에 관한 것이다.

재 공 품

직접재료원가	90,000	제품계정으로	260,000
직접노무원가	75,000		
제조간접원가	120,000		

회사는 개별원가계산제도를 사용하고 제조간접원가를 직접노무원가 기준으로 재공품 계정에 배분한다. 1월 말 작업 #12만이 공정 중에 있고 ₩6,500의 직접노무원가가 발생했다.

요구사항

1. 1월 중에 사용된 제조간접원가 예정배부율을 계산하라.
2. 부분적으로 완성된 작업 #12에 대한 다음의 제조원가명세서를 완성하라.

제조원가명세서-작업 #12(20×3년 1월 31일 현재)	
직접재료원가	₩?
직접노무원가	?
제조간접원가	?
총제조원가	₩?

5-9. T 계정에의 전기, 손익계산서에 관한 문제

허드레 회사의 20×3년 1월 1일 현재의 시산표는 아래와 같다.

현 금	₩7,000	
외상매출금	18,000	
원 재 료	9,000	
재 공 품	20,000	
제 품	32,000	
선급보험료	4,000	
설비자산	210,000	
감가상각누계액		₩53,000
외상매입금		38,000
자 본 금		160,000
이익잉여금		49,000
합 계	₩300,000	₩300,000

회사는 제조회사이며 개별원가계산제도를 사용하고 있다.
20×3년 동안 아래의 거래가 발생했다.

① 원재료를 ₩40,000에 외상으로 구입
② ₩38,000의 원재료를 사용(85% 직접, 15% 간접)
③ ₩19,000의 광열비발생
④ ₩36,000의 감가상각비(3/4 공장설비, 1/4 판매 및 관리설비)
⑤ ₩48,000의 광고비 발생
⑥ 노무비 발생 내역: 직접노무 ₩45,000, 간접노무 10,000, 관리급료 30,000
⑦ 보험료 소모분 ₩3,000(80% 공장운영에 관해, 20% 판매활동에 관해)
⑧ ₩9,500의 판매 및 일반관리비 발생
⑨ 제조간접원가는 기계시간당 ₩8의 배부율로 배부, 7,500시간의 기계시간 사용
⑩ ₩140,000의 제품이 창고로 대체
⑪ ₩130,000의 제품이 ₩250,000에 외상으로 매출
⑫ 외상매출금 회수분은 ₩245,000
⑬ 외상매입금 지불액 ₩150,000, 노무비 지불액 ₩84,000

요구사항

1. 시산표에 있는 각 계정에 대해 T계정을 만들어 기초재고를 기입하시오.
2. ①~⑬에 따라 T계정에 거래를 기록하고 각 계정의 기말재고를 계산하시오.
3. 제조간접원가는 과대배부되었는가 과소배부되었는가? 매출원가로 제조간접원가 기말재고를 마감하기 위해 T계정에 필요한 사항을 기입하시오.
4. 손익계산서를 만드시오(제조원가명세서는 불필요하며 모든 필요한 정보를 T계정에서 얻을 수 있음).

5-10. 제조간접원가 배부율 계산, 단위당 원가계산에 관한 문제

영진 회사는 개별원가계산제도를 사용하는 제조회사이다. 회사는 제조간접원가를 예정 배부율에 따라 배부하는데 A부문은 기계시간 기준으로 B부문은 직접노무원가 기준으로 예정 배부율을 계산하고 있다.

20×3년 초에 경영자는 아래와 같이 추정하였다.

	부 문	
	A	B
직접노동시간	12,000	60,000
기계시간	70,000	8,000
직접노무원가	₩130,000	₩420,000
제조간접원가	602,000	735,000

작업 205는 8월 1일에 시작하여 8월 10일에 끝났다. 회사의 원가자료에는 이 작업에 대해 다음과 같이 기록되었다.

	부 문	
	A	B
직접노동시간	30	85
기계시간	110	20
사용된 원재료	₩470	₩332
직접노무원가	290	680

요구사항

1. 부문 A, B에서 사용된 제조간접원가 예정배부율을 각각 계산하시오.
2. 작업 205에 배부된 제조간접원가를 계산하시오.
3. 작업 205의 총비용은 얼마가 될 것인가? 만약 이 작업이 50개의 제품을 생산한다면 단위당 원가는 얼마인가?
4. 20×3년의 회계연도 동안 수행된 모든 작업에 대한 실제원가가 아래와 같다는 것이 밝혀졌다.

	부 문	
	A	B
직접노동시간	10,000	62,000
기계시간	65,000	9,000
직접노무원가	₩108,000	₩436,000
제조간접원가	570,000	750,000

20×3년 말에 각 부문에 과대 배부 또는 과소 배부된 간접원가는 얼마인가?

8-11. 제조원가명세서, 가격설정, 재공품 분석에 관한 문제

태평양 회사는 개별원가계산제도를 사용하여 직접노무원가 기준으로 제조간접원가를 배분한다.

20×3년 제조간접원가 배부율을 계산함에 있어 제조간접원가가 ₩126,000이고 직접노무원가가 ₩84,000일 것으로 추정했다.

회사의 기초 및 기말재고는 다음과 같았다.

	20×3. 1. 1	20×3. 12. 31
원재료	₩21,000	₩16,000
재공품	44,000	40,000
재 품	68,000	60,000

20×3년 동안 실제 발생한 원가는 다음과 같다.

원재료구입	₩133,000
직접노무원가	80,000
제조간접원가:	
보험료(공장)	7,000
감가상각비	18,000
간접노무원가	42,000
재 산 세	9,000
수선유지비	11,000
임 차 료	36,000

요구사항

1. (a) 20×3년 제조간접원가 예정배부율을 계산하시오.
   (b) 제조간접원가 과대배부액 또는 과소배부액을 계산하시오.
2. 제조원가명세서를 작성하시오.
3. 매출원가를 계산하시오(제조간접원가 과대, 과소배부액을 포함시키지 말 것). 제조간접원가 과대, 과소배부액을 조정하는 데 어떠한 방법들이 있는가?
4. 작업 133이 회계연도 동안 시작되어 완성되었다. 이 작업에 ₩3,200의 직접재료원가와 ₩4,200의 직접노무원가가 들었으며, 회사는 원가의 40%를 이윤으로 가격을 결정한다고 할 때 가격은 얼마인가?
5. 직접노무원가가 재공품 기말재고 ₩32,000 중에서 ₩10,000를 차지하고 있을 때 아래에 빠진 부분을 채우시오.

직접재료원가	₩ ?
직접노무원가	10,000
제조간접원가	?
재공품원가	₩32,000

Chapter 06

종합원가계산

앞 장에서도 설명한 바와 같이 널리 사용되고 있는 두 개의 기본적인 원가계산제도로서 개별원가계산과 종합원가계산이 있다. 개별원가계산제도는 한 기간 동안에 여러 개의 다른 작업이나 묶음들이 생산되는 상황에 사용된다는 것을 이해하였다. 개별원가계산을 사용하는 전형적인 산업들로는 가구제조업, 특별주문 인쇄업, 조선업, 건설업 그리고 여러 형태의 서비스업 등이 있다.

이와는 대조적으로, "종합원가계산"(process costing)은 벽돌, 밀가루, 시멘트, 의약품, 과자, 석유제품과 같이 기본적으로 동질적인 제품을 생산하는 산업에서 사용된다. 또한, 종합원가계산은 타자기, 자동차, 가전제품 등을 제조하는 조립식 작업장과 가스, 물, 전기 등을 생산하는 공공기관에서도 도입되어 사용된다. 이와 같이 여러 산업들에서 광범위하게 사용되므로 회계, 경영관리, 또는 시스템을 다루는 사람들은 종합원가계산에 대한 이해를 갖고 있어야 할 것이다.

이 장의 목적은 앞 장에서 시작된 제품 원가계산에 대한 논의를 종합원가계산으로 연결시키는 것이다.

제 1 절 개별원가계산과 종합원가계산의 비교

종합원가계산은 어떤 면에서는 개별원가계산과 매우 유사하나, 다른 한편으로는 매우 다르다. 우선, 종합원가계산에 대한 상세한 논의를 하기에 앞서 이들의 유사점과 차이점을 알아보고자 한다.

1 개별원가계산과 종합원가계산의 유사점

먼저 개별원가계산과 비용흐름에 관하여 앞 장에서 살펴보았던 많은 부분들이 종합원가계산시에도 똑같이 적용된다는 점을 인식해야 한다. 왜냐하면 종합원가계산제도란, 개별원가계산에 있어서 적용되던 흐름들을 모두 무시하고 전혀 새로운 시스템을 시작하는 것이 아니라, 개별원가계산제도의 기본적인 논리를 확장시킨 것에 불과하기 때문이다. 개별원가계산제도와 종합원가계산제도의 유사점은 다음과 같다.

① 재료비, 노무비, 제조간접비가 제품에 배부된다.
② 단위당 원가를 산출하는 절차를 제시하고 있다.
③ 계획, 통제, 의사결정에 기본적이고도 필수적인 자료를 제공한다.
④ 기본적으로 두 시스템 모두 원재료 계정, 제조간접비 계정, 제공품 계정, 완제품 계정 등과 같은 동일한 계정을 사용한다.
⑤ 두 시스템 모두 위의 계정들을 통과하는 비용흐름의 기본적인 논리가 같다.

이와 같이 우리가 원가계산에 대해 이미 알고 있는 많은 지식이 종합원가계산제도에서 적용 가능하다는 것을 알 수 있다. 단지 필요한 것은 이러한 지식을 종합원가계산제도에 맞게 가다듬어 적용시키는 일이다.

2 개별원가계산과 종합원가계산의 차이점

개별원가계산과 종합원가계산의 차이는 크게 두 가지로 볼 수 있다. 첫째, 종합원가계산에서는 단위 물량의 흐름이 다소 연속적이다. 둘째, 이들 단위들은 하나씩 서로 구별하기 어렵다. 종합원가계산에서는 각각의 주문들이 생산라인에서 계속적으로 산출되는 단위들 중 일부분으로 메꾸어지기 때문에 개별원가계산에서처럼 특정 주문을 기준으로 재료비, 노무비, 제조간접비를 구분한다는 것이 의미가 없다. 비용을 주문에 따라 집계하기보다는 공정 부서(processing department)에 따라 집계하여 이를 당해 기간 동안에 이 공정을 거쳐가는 물량 단위에 동일하게 배분한다.

한편, 두 원가계산시스템 사이의 또 다른 차이는 종합원가계산은 개별작업 지향적이기보다는 부서지향적이기 때문에 작업원가표가 필요없다는 것이다. 작업원가표 대신 종합원가계산에서는 '생산보고서'(production report)라는 서류가 각 부서별로 작성된다. 생산보고서는 여러 가지 기능을 가지고 있다. 즉, 일정 기간 동안 부서를 거쳐간 물량단위의 합을 제공하며, 단위당 원가의 계산도 가능하게 한다. 또한 해당 기간 동안 어떤 원가들이 그 부서에 배분되어야 하는가를 보여주며, 원가의 구성요소들도 나타내 준다. 요컨대, 부서별 생산보고서는 종합원가계산의 핵심서류인 것이다. 개별원가계산과 종합원가계산의 중요한 차이점들이 〈표 6-1〉에 요약되어 있다.

〈표 6-1〉 **개별원가계산과 종합원가계산의 차이**

개별원가계산	종합원가계산
1. 한 기간 동안에 여러 가지의 다른 작업들이 수행되며, 각 작업에 상이한 생산방식이 요구된다.	1. 단일제품이 연속적으로 또는 장기간에 걸쳐 생산된다. 모든 생산단위들이 동일하다.
2. 개별작업별로 원가가 집계된다.	2. 부서별로 원가가 집계된다.
3. 작업별로 원가의 집계를 통제하는 데 작업원가표가 핵심서류이다.	3. 부서별로 원가의 집계 및 구성을 나타내는데 부서별 생산보고서가 핵심서류이다.
4. 작업원가표상의 작업별로 단위원가를 계산한다.	4. 부서별 생산보고서상의 부서별로 단위원가를 계산한다.

제 2 절 종합원가흐름에 대한 개관

이제, 종합원가계산제도하의 제조원가흐름을 시각적으로 살펴보도록 하겠다.

1 공 정

"공정"(processing department)이란 제품에 대한 작업이 수행되며, 재료비, 노무비, 제조간접비 등이 제품에 투입되는 공장 내의 한 장소를 말한다. 예를 들어, 벽돌공장에는 점토를 섞어 찍는 공정과 이를 불로 굽는 공정의 두 공정이 있을 수 있다. 하나의 제품을 완성시키기 위해 필요에 따라 여러 개 또는 단지 몇 개의 공정이 존재할 수 있다. 어떤 제품은 여러 개의 공정을 거치는 반면 어떤 제품은 한두 개의 공정만을 거치기도 한다. 그 수에 관계없이 모든 공정은 두 가지의 공통된 특성을 갖는다. 첫째, 특정 공정에서 수행되는 작업은 그 공정을 거쳐가는 모든 단위에 동일하게 수행된다. 둘째, 공정의 산출물은 경제적인 면에서 각 단위가 서로 동일한다.

벽돌과 같은 제품을 제조하는 공정들은 대개 순차적 형태로 배열된다. "순차적 공정"(sequential processing)이란 단위가 한 부서에서 다른 부서로 순서에 따라 흐르는 것을 의미한다. 순차적 형태로 배열된 공정들의 예가 〈그림 6-1〉에 나타나 있다.

그림 6-1 순차적 공정

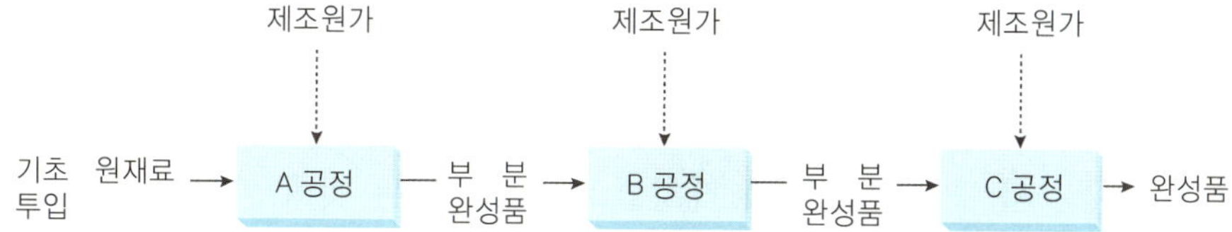

그림 6-2 병렬식 공정

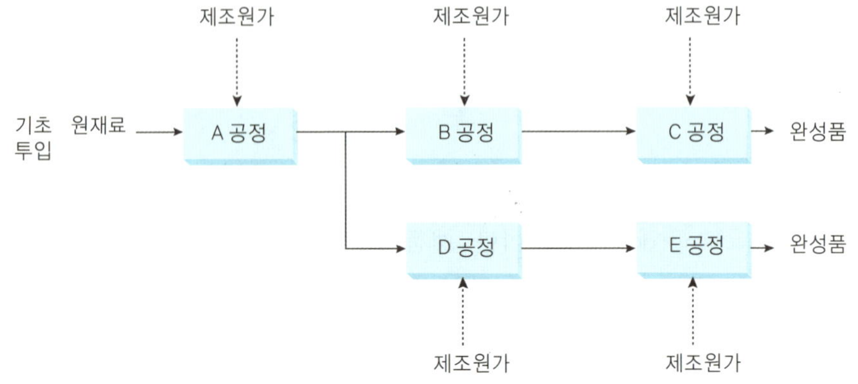

다른 형태의 공정으로서 병렬식 공정이 있는데, 이러한 형태의 배열을 필요로 하는 제품들도 있다. "병렬식 공정"(parallel processing)은 특정 시점 이후에는 단위들이 서로 다른 공정을 거쳐야 하는 경우에 사용된다. 예를 들어, 정유산업에서는 원유를 정제공정에 투입하여 여기서 나온 산출물을 여러 종류의 최종제품을 얻기 위해 추가공정에 다시 투입시킨다. 각각의 최종제품이 나오려면 정제공정 이후에도 여러 단계의 추가공정을 거쳐야 하는데 어떤 공정은 다른 제품과 공통적이기도 하나 그렇지 않은 공정들도 있다. 〈그림 6-2〉는 병렬식 공정의 한 예를 보여준다. 병렬식 공정의 형태는 무수히 많을 수 있다. 〈그림 6-2〉는 오늘날 발견할 수 있는 많은 형태의 병렬식 형태 중 단지 하나의 예를 제시하는 것이다.

2 재료비, 노무비, 제조간접비의 흐름

원가의 집계는 종합원가계산제도가 개별원가계산제도보다 더 간단하다. 왜냐하면, 원가의 구분이 개개의 작업별로 이루어지는 것이 아니라 공정별로 이루어지기 때문이다. 즉, 종합원가계산제도하에서는 원가를 서로 다른 수백 개의 작업에 따라 분류하는 대신에 단지 몇 개의 공정에 따라 분류한다.

이로 인하여 원가가 더 긴 기간 동안에 집계될 수 있으며, 당해 기간의 산출물에 집계된 원가를 배분하는 데 있어서도 기말에 단 한 번만 배분하면 된다.

종합원가계산제도하에서의 재료비, 노무비, 제조간접비의 흐름에 대한 T계정식 설명이 〈그림 6-3〉에 제공되어 있다. 이 그림에서 몇 가지 중요한 점들을 지적하면 다음과 같다.

첫째, 회사 전체를 위한 하나의 재공품 계정이 있는 것이 아니라 별개의 재공품 계정이 각 공정마다 존재하는 것에 주목하자. 둘째, 첫 번째 공정(그림의 A부서)의 완제품은 두 번째 공정(B부서)으로 대체되며, 여기서 추가작업이 진행된다. 추가작업 후에 완성된 단위는 완제품으로 대체된다(〈그림 6-3〉에서는 두 공정만을 보여주고 있으나 실제로는 더 많은 공정을 가질 수 있다).

마지막으로, 재료비, 노무비, 제조간접비 등이 첫 공정에서뿐만 아니라 어느 공정에서도 직접 투입될 수 있음에 주목하자. 그러므로 B공정의 재공품 계정에 집계되는 원가는 이 계정에 직접 들어오는 재료비, 노무비, 제조간접

그림 6-3 종합원가계산의 비용흐름에 대한 T계정 모형

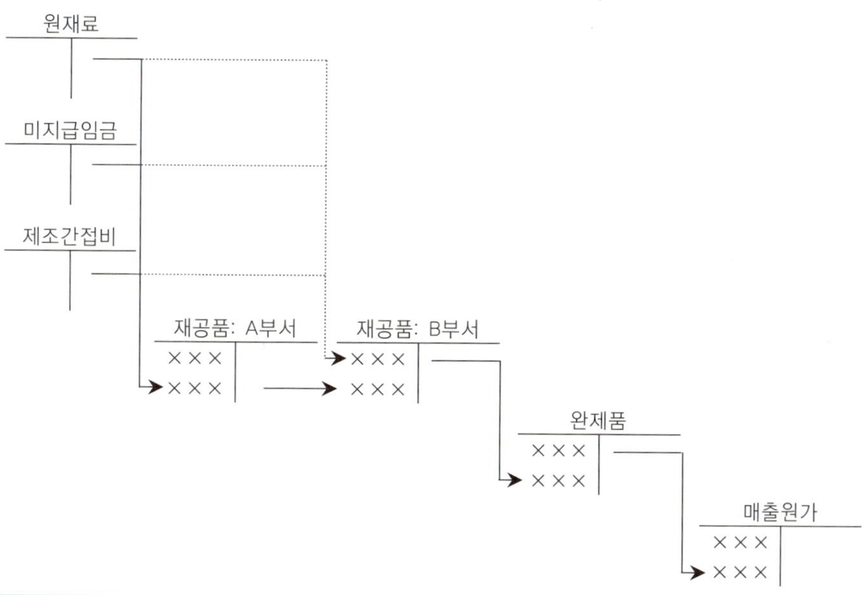

비와 A공정에서 부분적으로 완성되어 넘어오는 단위들에 투입되었던 전공정 대체원가(transferred-in costs)로 구성된다.

3 재료비, 노무비, 제조간접비의 분개

종합원가계산제도하에서의 비용흐름에 대한 논의를 완결짓기 위해 재료비, 노무비, 제조간접비에 관련된 분개를 알아보고 또한 이들 제조원가에 대한 추가적인 사항들을 언급하고자 한다.

(1) 재 료 비

개별원가계산에서처럼 재료비는 재료청구서에 의하여 창고로부터 인출된다. 대량의 재료가 일시에 인출되어 생산에 투입될 수 있기 때문에, 재료를 부서별로 투입하는 것이 개별작업별로 투입하는 것보다 재료청구 횟수를 줄일 수 있다. 앞에서도 언급했듯이, 재료는 단지 첫 공정에서만 투입되고 차후의 공정들에서는 부분적으로 완성된 제품에 노무비와 제조간접비만이 추가되는 경우가 많이 있기도 하지만, 재료는 어느 공정에도 투입될 수 있다.

어느 회사의 첫 공정부서가 A부서라고 하면, 재료를 공정에 투입함에 따르는 분개는 아래와 같다.

재공품 ‧‧‧‧ A부서	×××	
원재료		×××

만약 다른 재료가 추후에 다른 공정에서 추가된다면 그 분개는,

재공품 ‧‧‧‧ B부서	×××	
원재료		×××

(2) 노 무 비

종합원가계산제도에서는 원가를 특정한 작업에 따라 분류할 필요가 없기 때문에 노무비를 집계하는 데나 집계된 노무비를 적절한 부서에 배분하는 데 근무시간 기록만 있으면 된다. 위에서와 같이 어떤 회사가 A와 B, 2개의 공정을 가지고 있다고 가정하면 당해 기간 동안의 노무비를 기록하기 위한 분개는,

재공품 ‥‥ A부서	×××	
재공품 ‥‥ B부서	×××	
미지급임금		×××

(3) 제조간접비

종합원가계산제도하에서 제조간접비를 처리하는 가장 간단한 방법은, 배부된 제조간접비가 아니라 그 기간 동안 실제로 발생한 제조간접비를 제품에 배분하는 것이다. 이 접근법에서는 제조간접비 예정배부율을 계산할 필요없이 간접비가 발생할 때마다 또는 일정기간 동안 모아진 간접비를 해당부서의 재공품 계정에 직접 부과하기만 하면 된다. 이 방법하에서는 이른바 "예정배부된" 제조간접비라는 것이 존재하지 않기 때문에 기말에 가서 앞 장에서 논의한 제조간접비 과소 또는 과대배부액이 생기지 않는다.

개별원가계산에서는 불가능하였던 실제 제조간접비의 사용이 왜 종합원가계산에서는 가능한가? 이에 대한 해답은 두 시스템이 갖고 있는 작업 흐름의 특성에서 찾을 수 있다. 개별원가계산하에서는 작업들이 서로 이질적이고 작업을 완성시키자면 서로 다른 투입물과 작업시간이 소요된다. 또, 특정 시점에 여러 개의 작업이 진행되고 있고, 각 작업은 서로 다른 산출물들을 요구하고 있다. 따라서 한 작업에 부과시켜야 할 간접비가 추정되어야 한다. 그러나 종합원가계산하에서는 동질적인 제품들이 연속적으로 부서를 거쳐 지나가기 때문에 원가가 발생함에 따라 부서의 실제 간접비를 제품들에 배분할 수 있다. 그러나 이 접근방법은 생산이 기간마다 매우 안정적이며 또한 제조

간접비가 해당 기간 동안 일정하게 발생될 때만 유효하다.

그러므로 생산수준의 변동이 심하거나 제조간접비가 일정하게 발생되지 않는 경우에는 제품에 제조간접비를 배부하는 데 개별원가계산에서와 같이 제조간접비 예정배부율이 사용되어야 할 것이다. 제조간접비 예정배부율이 사용되면, 앞 장에서와 같은 방식으로 계산된 배부율을 각 부서별로 가지고 있어야 한다. 그래서 제품 단위들이 각 공정을 거쳐 지나감에 따라 부서별로 제조간접비가 배부된다. 제조간접비 예정배부율이 종합원가계산을 채택한 경우에도 널리 사용되므로 이 장에서도 이의 사용을 가정하고 논의를 계속하고자 한다.

회사가 A와 B 두 공정을 가지고 있다 할 때 제조간접비를 제품에 배부하는 것에 대한 분개는,

재공품 ···· A부서	×××	
재공품 ···· B부서	×××	
제조간접비		×××

제2장에서도 언급한대로, 직접노무비와 제조간접비를 합쳐 "가공비"(conversion cost)라고 하는데, 이는 이 원가들이 원재료를 완제품으로 전환시키는 데 필요한 원가이기 때문이다. 이 가공비라는 용어는 종합원가계산에서 부서별 생산보고서를 작성하는 데 널리 이용된다.

(4) 비용흐름의 마무리

한 부서에서의 공정이 완료되면 완성된 단위들은 앞의 〈그림 6-3〉에서 예시한 것처럼 추가공정을 위해 다음 부서로 대체된다. 부분적으로 완성된 단위들을 부서 A에서 부서 B로 대체하기 위한 분개는,

재공품 ···· B부서	×××	
재공품 ···· A부서		×××

B부서에서의 공정이 완료되면 완성된 단위들은 완제품 재고 계정으로 대체된다. 이에 대한 분개는,

완제품	×××	
재공품 ···· B부서		×××

마지막으로, 고객의 주문에 따라 제품이 팔리면 이들 제품의 원가는 매출원가로 대체된다.

매출원가	×××	
완제품		×××

요약하면, 계정 간의 비용흐름만을 본다면 종합원가계산이나 개별원가계산 모두 기본적으로 논리는 같다. 단지 차이점이 있다면, 종합원가계산하에서는 각 부서들이 별개의 재공품 계정을 갖고 있으며, 각 부서에서는 이전 부서에서 대체되어 넘어온 원가에다 그 부서에서 투입된 제조원가를 직접 배분시킨다는 점이다.

제 3 절 완성품 환산량

한 부서에서 재료비, 노무비, 제조간접비에 대한 집계가 끝나면, 단위원가를 계산하기 위해 그 부서의 산출량이 결정되어야 한다. 한 부서의 산출량은 "완성품 환산량"(equivalent units of production)으로 표시된다. 완성품 환산량이란 부서의 모든 노력이 완성품을 만들어 내는 데에만 투입되었을 때에 당해 기간 동안 생산되었을 완성품의 단위를 말한다. 완성품 환산량은 그 기간 동안에 착수되어 완성된 단위들과, 재공품으로 남아있는 단위들은 완성품을 기준으로 보았을 때 완성품 몇 단위에 해당되는지를 측정하여, 이 둘을 더함

으로써 계산된다.

완성품 환산량을 계산하는 목적은 다음과 같다.

완성된 단위들만으로 부서의 산출량을 측정한다는 것은 정확하지 못한데 그 이유는 기말에 가보면 아직 완성이 안 되어 있는 단위들에도 부서의 노력이 부분적으로 투입되어 있는 것을 볼 수 있기 때문이다. 산출량을 정확히 측정하기 위해서는 이렇게 부분적으로 완성되어 있는 단위들에 투입된 노력의 양도 고려되어야 한다. 그렇게 하기 위해서는 부분적으로 완성된 단위들을 수학적으로 완성품 기준 단위로 전환하여 산출량에 삽입시키면 된다.

예를 들면, 어떤 회사가 기말에 완성도가 60%인 재공품 500단위를 가지고 있다고 가정하자. 60% 완성된 500단위는 완전히 완성된 제품 300단위와 동등할 것이다(500×60%=300). 그러므로 기말재공품은 300단위의 완성품 환산량이라 말할 수 있다. 이렇게 동일한 기준으로 환산된 기말재공품은 당해 기간의 산출물을 결정하는데 완성된 단위에 가산되는 것이다.

부서의 완성품 환산량을 계산하는 데는 두 가지 방법이 있는데, 원가의 흐름을 가중평균법(weighted-average-method)으로 계산하는 방법과 선입선출법(first-in, first-out: FIFO)으로 계산하는 방법이 있다.

1 가중평균법

가중평균법하에서는 부서의 완성품 환산량이 위에서 설명된 바와 똑같이 계산된다. 즉,

완성품 환산량 = 완성된 수량 + 기말재공품의 완성품 환산량

좀 더 자세한 예를 들어보기 위해 다음의 자료를 가정해 보자.

풀빵 회사는 혼합과 건조의 두 공정을 거치는 제품을 생산한다. 20×3년 동안 혼합공정의 생산활동은 다음과 같다.

	단위	완성도(%)	
		재료비	가공비
기초재공품	10,000	100	70
당기착수량	150,000		
당기 중 완성되어 건조부서로 대체된 수량	140,000		
기말재공품	20,000	60	25

재공품의 완성도를 파악함에 있어 재료가 투입되는 시점과 가공비(노무비와 간접비)가 투입되는 시점이 서로 다르기 때문에 두 개의 완성품 환산량—재료비 기준 완성품 환산량과 가공비 기준 완성품 환산량—이 계산되어야 한다. 〈표 6-2〉에 완성품 환산량의 계산이 제공되어 있다.

〈표 6-2〉 완성품 환산량: 가중평균법

	재료비	가공비
건조부서로 대체된 수량	140,000	140,000
기말재공품:		
20,000단위×60%	12,000	
20,000단위×25%		5,000
완성품 환산량	152,000	145,000

〈표 6-2〉의 계산을 살펴보면 완성품으로의 환산이 기초재공품에 대해서는 무시되어 있고 기말재공품에 대해서만 계산되어 있음을 알 수 있다. 이 점이 가중평균법하에서의 완성품 환산량 계산에 핵심이 되는 점인데, 가중평균법에서는 기초재공품이 전기에 이미 착수되었음에도 불구하고, 마치 당기에 처음 착수되어 완성된 것처럼 간주하고 있다. 즉, 가중평균법에서는 완성품 환산량 계산시 당기에 기초재공품을 추가 가공하여 완성한 부분과 처음 착수하여 완성한 부분을 구분하지 않는다. 그러므로 기초재공품에 대해서는 전기에 얼만큼의 작업이 진척되었는지에 관계없이 모두 당기에 처음 착수한 것으로 가정하여 완성품 환산량을 계산하게 되는 것이다.

어떻게 보면, 이 방법은 비논리적이고 일관성이 결여된 것처럼 보이지만, 이 방법을 사용하면 생산보고서 작성이 매우 간단해진다는 장점이 있다.

2 선입선출법

선입선출법하에서의 완성품 환산량 계산은 두 가지 점에서 가중평균법과 다르다. 첫째, "완성품 수량"이 두 부분으로 나뉘어진다. 한 부분은 기초재공품이 당기에 추가가공되어 완성된 단위들이고, 다른 부분은 당기에 착수되어 당기에 완성된 단위들이다.

둘째, 기초재공품에 투입된 당기의 작업량과 기말재공품에 투입된 당기의 작업량 모두를 고려한다. 따라서 선입선출법하에서는 기말뿐만 아니라 기초재공품에 대해서도 완성품 환산량 계산이 필요하다. 기초재공품에 대해서는 이를 완성시키기 위해 당기에 추가로 투입된 작업량이 완성품 환산량으로 전환되고, 기말재공품에 대해서는 기말 시점에서의 제공품 수준으로까지 만들어 놓기 위해 당기에 투입된 작업량이 완성품 환산량으로 전환된다(기말재공품에 대한 것은 가중평균법과 동일).

요약하면, 선입선출법에서의 완성품 환산량은 다음의 세 가지 작업량으로 구성된다.

① 기초재공품을 완성시키기 위하여 투입된 작업량
② 당기에 착수되어 당기에 완성된 단위에 투입된 작업량
③ 기말제공품에 투입된 작업량

이를 예시하기 위해 풀빵 회사의 자료를 다시 참조하자. 혼합부서는 당기에 140,000단위를 완성하여 건조부서로 대체하였다. 이 중 10,000단위가 기초재공품이었으므로, 혼합부서가 당기에 착수하여 완성한 단위는 130,000단위가 될 것이다. 기초 시점에서 10,000단위의 기초재공품을 보면 재료는 전기에 모두 투입된 상태였고, 가공비는 70%가 투입된 상태였다. 따라서 당기에 혼합부서가 기초재공품에 투입한 작업량은 30%의 가공비였을 것이다(100%-70%=30%). 주어진 자료로부터 당기의 혼합부서에 대한 완성품 환산량은 〈표 6-3〉과 같이 계산된다.

〈표 6-3〉 완성품 환산량: 선입선출법

	재료비	가공비
기초재공품:		
10,000단위×0%*	–	
10,000단위×30%*		3,000
당기 착수 및 완성	130,000†	130,000†
기말재공품:		
20,000단위×60%‡	12,000	
20,000단위×25%‡		5,000
완성품 환산량	142,000	138,000

* 기초재공품을 완성시키기에 필요한 작업량.
† 140,000단위의 완성 및 대체−10,000단위 기초재공품=130,000단위의 당기 착수 및 완성.
‡ 기말재공품의 완성도.

3 가중평균법과 선입선출법의 비교

여기서 잠시 〈표 6-3〉의 자료와 〈표 6-2〉의 자료를 비교해 보자. 가중평균법과 달리, 선입선출법에서는 기초재공품을 당기에 착수되어 완성·대체된 단위들과 구별하여 이에 대한 완성품 환산량을 따로 계산한다는 것을 알 수 있다. 여기에 대하여 던질 수 있는 질문은 기초재공품을 왜 다르게 취급하는가일 것이다. 그것은 두 방법이 지향하는 바가 서로 다르기 때문이다.

가중평균법의 목적은 단위원가의 계산을 단순화하자는 데 있다. 이는 기초재공품을 마치 당기에 착수되어 완성된 것처럼 취급함으로써 달성된다. 기초재공품을 이렇게 취급함으로써, 관리자는 기초에 존재했던 부분과 그렇지 않은 부분을 구분해야 하는 수고를 덜 수 있다. 따라서 그는 단위원가를 계산함에 있어 모든 단위들을 똑같이 취급할 수 있게 된다.

이와는 대조적으로, 선입선출법의 목적은 ① 기초재공품 단위들과 ② 당기에 착수된 단위들과를 구별하는 것이며, 그리하여 각각에 따라 별개의 단위원가를 계산한다. 선입선출법하에서의 기초재공품 단위들이 먼저 완성되어 대체된다고 가정하여(여기에 선입선출이라는 의미가 있다), 또한 구별된 단위원가를 갖는다고 본다. 당기에 착수되는 단위들은 그 후에 완성된다고 가정하고 그에 따른 단위원가를 갖는다고 여겨진다. 즉, 기초재공품이 당기에 추가가공되어 완성된 단위의 원가는 전기에 수행된 작업에 당기의 작업이 추가되므로 전기의 원가와 당기의 원가가 혼합되는 반면, 당기에 착수되어 완성되는 단위의 원가는 당기의 원가만으로 구성되어 있다고 보는 것이다. 이렇게 볼 때 선입선출법이 보다 논리적인 것으로 느껴지기는 하나, 가중평균법보다는 한층 복잡한 방법이라는 것을 알 수 있다.

4 완성품 환산량에 대한 시각적 개관

완성품 환산량에 대한 이해를 돕기 위해 〈그림 6-4〉는 완성품 환산량의 계산을 시각적으로 보여주고 있다(자료는 풀빵 회사의 가공비를 나타내고 있다).

그림 6-4 완성품 환산량에 대한 시각적 개관

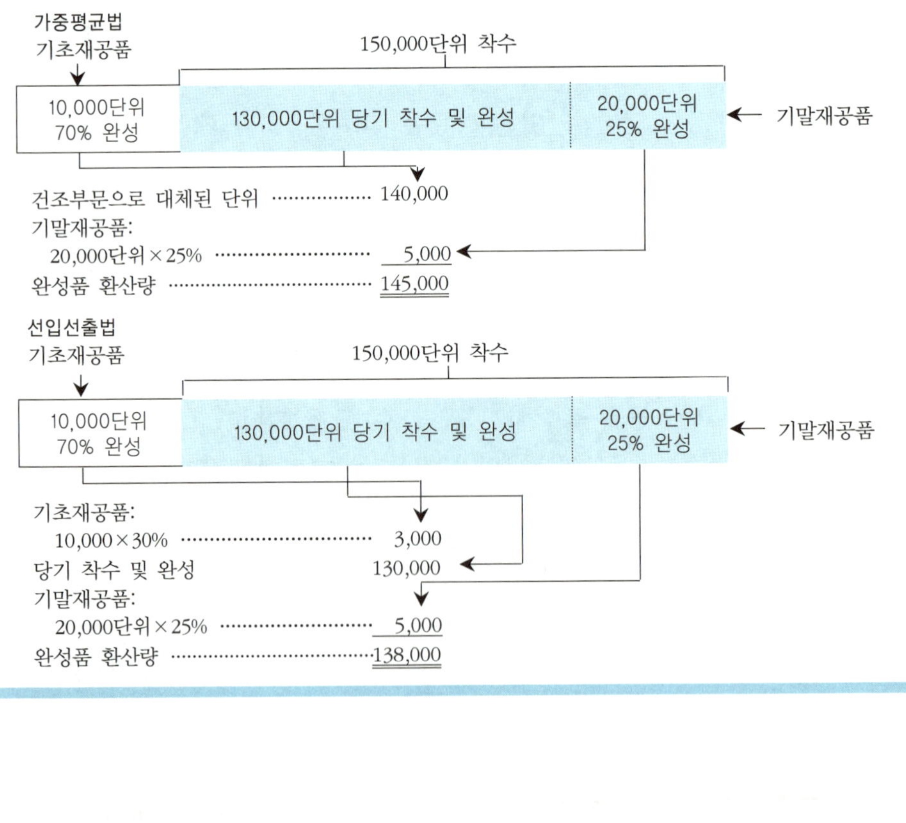

이 그림은 또 가중평균법에 의해 계산된 완성품 환산량과 선입선출법에 의해 계산된 완성품 환산량과의 관계를 보여주고 있다.

제 4 절 생산보고서—가중평균법

생산보고서의 목적은 관리자에게 당해 기간 동안 부서의 재공품 계정에 발생한 모든 활동사항을 요약해 주기 위함이다. 이 활동사항이란 재공품 계정을 거쳐가는 원가흐름뿐만 아니라 이를 거쳐가는 단위들의 흐름도 포함된다. 〈그림 6-5〉에서 볼 수 있는 바와 같이 생산보고서는 부서별로 작성된다.

그림 6-5 종합원가계산제도의 생산보고서

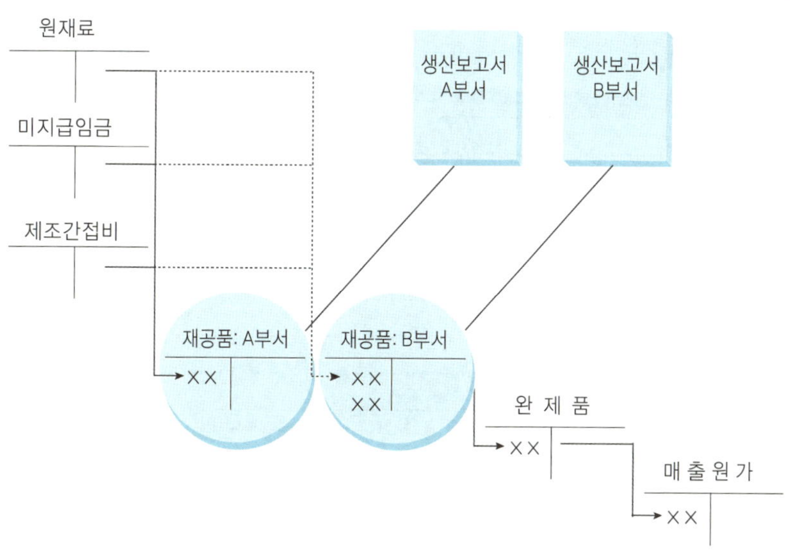

앞에서 개별원가계산과 종합원가계산의 차이를 살펴보면서 종합원가계산에서는 생산보고서가 작업원가표를 대신한다는 것을 알았다. 그러므로 생산보고서는 관리자에게 핵심서류가 되며 종합원가계산의 원활한 운영을 위해 매우

중요하다. 생산보고서에는 세 개의 분리된(그러나 매우 연관된) 부분이 있다.

1 수량명세서(부서를 거쳐가는 단위들의 흐름을 보여준다)
2 완성품 환산량과 단위원가의 계산
3 당해 기간 동안에 부서로 들어오고 나간 모든 비용흐름에 대한 조정

생산보고서를 작성하는 예를 들어보기 위해 다음의 자료를 이용해 보자.

바삭바삭 과자회사는 혼합과 굽기의 두 부서를 가지고 있다. 생산활동은 혼합부서에서 시작되며, 혼합이 완료된 단위들은 굽기부서로 대체된다. 굽기가 끝나면 완성품은 완제품계정으로 대체된다.

혼합에 필요한 모든 재료들은 혼합공정 초기에 투입된다. 이 공정에서의 노무비와 제조간접비는 공정 전체를 통해 균등하게 발생한다. 제조간접비는 직접노무비의 150%만큼 배부된다.

혼합부서의 20×3년 5월 자료는 다음과 같다.

기초재공품:	
수 량	20,000
완성도*	30%
기초재공품에 포함된 비용:	
재료비	₩8,000
노무비	3,600
제조간접비	5,400
합 계	₩17,000
당월 착수량	180,000
완성되어 굽기부서로 대체된 양	170,000
당월 중 생산에 추가된 비용 :	
재료비	₩63,000
노무비	88,000
제조간접비 배부액	132,000
기말재공품:	
수 량	30,000
완성도*	40%

* 재료는 공정 초기에 투입되므로 이 완성도는 노무비와 제조간접비를 말함.

이 절에서의 가중평균법으로 단위원가를 계산할 때의 생산보고서가 어떻게 작성되는지를 검토하고자 한다. 다음 절에는 선입선출법을 사용할 때의 생산보고서를 다룰 것이다.

1 1단계: 수량명세서의 작성

생산보고서의 첫 부분은 부서를 거쳐가는 단위들의 물리적 흐름을 파악하는 "수량명세서"(quentity schedule)로 구성된다. 가장 널리 사용되는 수량명세서의 형태는 당해 기간 동안에 작업이 투입된 단위와 이 중 처리된 단위를 보여주는 형태를 갖는다. 바삭바삭 회사의 자료로 수량명세서를 예시하면 다음과 같다.

파악대상 단위:	
기초재공품(전월에 모든 재료와 30%의 가공비가 투입되었음) ……	20,000
당기 착수량 …………	180,000
총파악대상 단위 …………	200,000
파악된 단위:	
굽기공정으로 대체 …………	170,000
기말재공품(모든 재료와 40%의 가공비가 당월에 투입되었음) …………	30,000
총파악된 단위 …………	200,000

수량명세서는 완성도를 괄호 안에 제시하면서 완성품 환산량이 아닌 전체 수량을 대상으로 작성된다(완성품 환산량은 다음 단계에서 계산된다). 수량명세서는 관리자로 하여금 얼마나 많은 수량이 부서를 거쳐갔는가뿐만 아니라 공정에 걸려있는 단위들의 완성도가 얼마쯤인가도 한눈에 알 수 있게 해준다. 이 외에도 수량명세서는 생산보고서의 나머지 부분들을 작성하고 종합하는 데 도움을 준다.

2 2단계: 완성품 환산량과 단위원가의 계산

단위원가를 계산하기 위해서 관리자는 먼저 그 기간의 완성품 환산량을 계산해야 한다. 완성품 환산량을 계산하기 위한 자료는 수량명세서에서 찾을 수 있다. 수량명세서를 보면, 당월 동안 170,000단위가 완성되어 굽기부서로 이전되었고, 또 다른 30,000단위가 월말에 재공품으로 남아있음을 알 수 있다. 공정에 남아있는 단위들은 재료에 대해서는 100%의 완성도를 갖고 있고, 노무비와 간접비(즉, 가공비)에 대해서는 40%의 완성도를 갖고 있다.

주어진 자료들을 가지고 완성품 환산량과 단위원가를 계산하면 다음과 같다.

	재료비	노무비	간접비	합계
기초재공품	₩8,000	₩3,600	₩5,400	₩17,000
당기 추가비용	63,000	88,000	132,000	283,000
총비용(a)	₩71,000	₩91,600	₩137,400	₩300,000
완성품 환산량:				
완성되어 대체된 수량	170,000	170,000	170,000	
기말재공품	30,000	12,000*	12,000*	
합계(b)	200,000	182,000	182,000	
단위원가, (a)÷(b)	₩0.355	₩0.503	₩0.755	₩1.613

* 30,000단위×40%=12,000 완성품 환산량

앞에서 언급한 바와 같이 가중평균법은 기초재공품을 마치 당기에 착수되어 완성된 것처럼 취급한다. 따라서 당월의 단위원가를 결정함에 있어 위와 같이 기초재공품에 포함된 원가가 당기의 원가에 합산되었다.

이렇게 계산된 단위원가는 다음 부서로 대체된 단위들의 원가를 결정하는 데와 기말재공품의 원가를 계산하는 데 쓰인다. 혼합부서의 단위원가들의 합이 제품 한 단위의 제조원가가 되는 것이다.

3 3단계: 원가조정표의 작성

"원가조정"(cost reconciliation)의 목적은 (a) 당해 기간 동안 어떤 원가들이 부서에 부과되었으며, (b) 이들이 어떻게 계상되었는지를 보여주는 것이다. 일반적으로 부서에 부과되는 원가의 구성을 보면,

1. 기초재공품에 포함된 원가
2. 당해 기간 동안 추가된 재료, 노무, 제조간접비
3. (존재할지 모르는) 이전 부서에서 대체된 원가

이들 원가들은 다음 사항들에 의해 설명된다.

1. 다음 부서(또는 완제품 계정)로 대체된 원가
2. 기말재공품에 포함된 원가

생산보고서상의 이 부분을 원가조정이라 부르기 때문에, 두 개의 원가집단이 산출해내는 합계들은 서로 같아야 한다. 〈그림 6-6〉은 원가조정의 내용을 그림으로 보여주고 있다.

그림 6-6 생산보고서 상의 원가조정 부분에 대한 도시적 설명

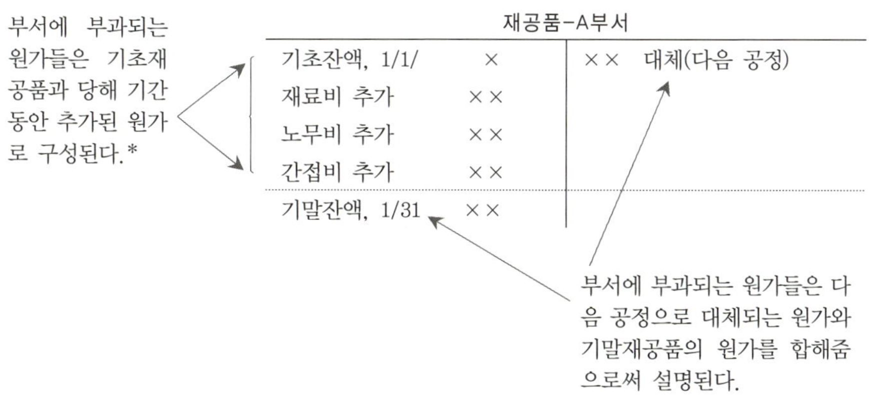

* A부서에 뒤따라오는 부서들(B부서 및 그 후 부서들)은 이곳에 이전부서에서 전입되는 원가도 나타내야 한다.

4 원가조정표의 예

원가조정표는 앞서 작성된 수량명세서에 크게 의존한다. 사실, 원가조정표를 작성하는 가장 손쉬운 방법은 수량명세서를 그대로 따라가면서 수량명세서에 나타난 단위들에 관련된 원가를 대비시키는 것이다. 이런 요령으로 작성된 바삭바삭 회사의 완성된 생산보고서가 〈표 6-4〉에 제시되어 있다.

이미 설명했듯이 생산보고서는 (1) 수량명세서, (2) 완성품 환산량과 단위원가의 계산, (3) 원가조정표 세 부분으로 구성되어 있음을 알 수 있다. 또한 원가조정표부분을 작성함에 있어 앞에서 말한 대로 수량명세서를 한 줄 한 줄 따라가면서 작성했음을 볼 수 있다. 예를 들어, 수량명세서를 보면 월초에 20,000단위의 재공품이 있었고 180,000단위가 당기에 추가로 착수되었다는 것을 보여준다. 보고서의 원가조정 부분을 보면 20,000단위의 기초재공품에는 ₩17,000만큼의 원가가 이미 걸려 있고 혼합부서의 당월 등 추가된 생산 원가는 ₩283,000임을 알 수 있다. 따라서 혼합부서가 파악하여 분석해야 될 원가는 ₩300,000이다.

이 원가는 두 가지로 설명된다. 수량명세서에 나타난 대로 170,000단위는 당월 중에 굽기부서로 대체되었으며 다른 30,000단위는 월말에 재공품으로 아직 공정에 걸려 있었다. 그러므로 "파악대상 원가" ₩300,000 중 일부는 170,000단위와 함께 굽기부서로 대체되며, 나머지 기말재공품 30,000단위와 함께 남아 있게 된다.

굽기부서로 대체된 170,000단위에는 각기 ₩1.613의 원가가 할당되며 총원가는 ₩274,254이 된다. 기말에 남은 30,000단위의 재공품에는 완성도에 따라 원가가 할당된다. 완성도를 결정하기 위해서는 보고서상의 완성품 환산량 계산부분의 자료들이 원가조정부분으로 이전되어 사용된다. 여기에 이미 계산된 단위원가들을 적용함으로써 기말재공품에 걸려 있는 원가를 파악할 수 있다.

기말재공품에 원가를 할당하고 나면, 파악된 원가의 총계(₩300,000)가 파악되어야 할 원가의 총계(₩300,000)와 일치하게 된다. 이렇게 함으로써 원가조정이 완료된다.

〈표 6-4〉 **생산보고서-가중평균법**

수량명세서

파악대상 단위:

기초재공품(전월에 모든 재료와 30%의 가공비가 투입되었음) ……………… 20,000

당기 착수량 ……………………………………………………………… 180,000

총파악대상 단위……………………………………………………………200,000

파악된 단위:

굽기공정으로 대체……………………………………………………………170,000

기말재공품(모든 재료와 40%의 가공비가 당월에 투입되었음)…………………30,000

총파악된 단위………………………………………………………………… 200,000

완성품 환산량과 단위원가

	재료비	노무비	간접비	합계
기초재공품	₩8,000	₩3,600	₩5,400	₩17,000
당기 추가비용	63,000	88,000	132,000	283,000
총비용(a)	₩71,000	₩91,600	₩137,400	₩300,000
완성품 환산량:				
완성되어 대체된 수량	170,000	170,000	170,000	
기말재공품	30,000	12,000*	12,000*	
합계(b)	200,000	182,000	182,000	
단위원가, (a)÷(b)	₩0.355	₩0.503	₩0.755	₩1.613

원가조정표

	완성품 환산량(EU)		원가	
파악대상 원가:				
기초재공품				₩17,000
당부서에서 추가된 원가				283,000
총파악대상 원가				₩300,000
파악된 원가:				
굽기공정으로 대체	–	–	–	₩274,254†
(170,000단위×₩1.613)				
기말재공품:				
재료비, 완성품 환산량 ₩0.355	30,000			10,650
노무비, 완성품 환산량		12,000		6,036

₩0.503				
간접비, 완성품 환산량			12,000	9,060
₩0.755				
기말재공품 합계				25,746
총파악된 원가				₩300,000

* 40%×30,000단위=12,000EU
† 소수점 이하 반올림.

제 5 절 생산보고서—선입선출법

종합원가계산제도의 원가흐름을 파악하기 위해 선입선출법도 사용되는데, 선입선출법하에서의 생산보고서를 작성하는 단계들은 앞에서 논의한 가중평균법에서의 단계들과 동일하다. 즉, (1) 수량명세서를 작성하고, (2) 완성품 환산량과 단위원가를 계산하며, (3) 원가조정을 작성하는 단계들을 거친다. 그러나 선입선출법에서는 기초재공품과 당기 착수량을 구별하므로 위의 세 번째 단계가 가중평균법에서보다 훨씬 복잡하다. 선입선출법하에서 생산보고서가 어떻게 작성되는지를 알아보기 위해 앞의 바삭바삭 회사의 자료를 다시 이용해 보자. 이를 가지고 단계별로 자세히 작성해 보기로 한다.

1 1단계: 수량명세서의 작성

선입선출법의 수량명세서와 가중평균법의 수량명세서 간에는 한 가지의 차이점만 존재한다. 이 차이는 다음 공정으로 대체된 단위들과 관련되어 있다. 완성품 환산량에 대한 논의에서 설명되었듯이 선입선출법에서는 대체된 단위들을 두 가지로 구분한다. 하나는 기초재공품이었던 부분과 다른 하나는 당기에 착수되어 완성된 부분이다. 바삭바삭 회사의 자료를 위와 같은 형식으로 나타낸 수량명세서는 아래와 같다.

파악대상 단위:	
기초재공품(전월에 모든 재료와 30%의 가공비가 투입되었음)	20,000
당기 착수량	180,000
총파악대상 단위	200,000
파악된 단위:	
굽기공정으로 대체:	
기초재공품에서 대체된 단위	20,000
당기 착수 및 완성된 단위	150,000*
기말재공품(모든 재료와 40%의 가공비가 당월에 투입되었음)	30,000
총파악된 단위	200,000

* 170,000대체된 단위−20,000단위의 기초재공품=150,000단위의 당기 착수 및 완성.

가중평균법에서처럼 일단 수량명세서가 작성되면 이는 생산보고서의 다른 두 부분을 작성하는 데 중요한 근간이 된다.

2 2단계: 완성품 환산량과 단위원가의 계산

당월의 완성품 환산량은 수량명세서에 나타난 자료를 참고함으로써 쉽게 계산된다. 선입선출법하에서 완성품 환산량을 계산하는데 처음에 해야 할 일은 기초제공품을 완성시키는 데 들어간 작업량을 표시하는 것이다. 그 다음에는 당기에 착수되어 완성된 작업량을 보인다. 바삭바삭 회사의 완성품 환산량에 대한 계산이 아래에 제공되어 있다.

	재료비	노무비	간접비	합계
부서에서 추가된 원가(a)	₩63,000	₩88,000	₩132,000	₩283,000
완성품 환산량:				
기초재공품	−	14,000*	14,000*	
당기 착수 및 완성	150,000	150,000	150,000	
기말재공품	30,000	12,000†	12,000†	
합계(b)	180,000	176,000	176,000	
단위원가, (a)÷(b)	₩0.35	₩0.50	₩0.75	₩1.60

* 100%−30%=70%, 70%×20,000단위=14,000 완성품 환산량

† 40%×30,000단위=12,000 완성품 환산량

단위원가를 계산함에 있어서는 당기에 발생된 원가만을 사용하며 기초재공품에 포함된 원가는 무시한다. 선입선출법에서 기초재공품에 포함된 원가를 무시하는 이유는 단위원가를 당기중에 수행된 작업에만 연관시키기 위함이다. 계산된 단위원가는 완성된 단위가 다음 부서로 이전됨에 따라 원가를 추가시키는 데 사용되며, 또한 부분적으로 완성된 기말재공품에 원가를 나타내는 데도 사용된다.

3 3단계: 원가조정표의 작성

원가조정의 목적은 앞에서도 배웠듯이 (a) 당해 기간 동안 부서에 어떤 원가들이 부과되었는지를 보이고, 또한 (b) 이들 원가를 어떻게 설명할 수 있는지를 보여주는 것이다. 또 원가조정표를 작성하는 가장 좋은 방법이 수량명세서를 한 줄 한 줄 따라가면서 이들 단위에 관련된 원가를 나타내는 것이라는 점도 배웠다.

원가조정의 첫 부분("파악대상 원가"라 표시되는 부분)은 선입선출법이나 가중평균법 모두 같다. 앞에서처럼, 바삭바삭 회사는 당월의 총 ₩300,000의 원가를 파악해야 한다. 이 ₩300,000은 기초재공품에 연관된 ₩17,000의 원가와 당월에 추가된 ₩283,000의 원가로 구성되어 있다. 이 금액은 〈표 6-5〉의 원가조정의 "파악대상 원가"에 나타나 있다.

원가조정의 두 번째 부분(원가들이 어떻게 파악되는가를 보여주는 부분)은 선입선출법이 가중평균법보다 훨씬 복잡하다. 그 이유는 여기서도 기초재공품 단위들을 당월에 착수되어 완성된 단위들과 분리시켜야 하기 때문이다. 기초재공품 단위들에는 두 가지의 원가요소가 포함되어 있다. 첫째 요소는 이 단위들을 완성시키기 위해 당기에 필요했던 원가이다. 〈표 6-5〉에 나타나 있듯이, 이 두 번째 요소는 당월의 단위원가에 기초재공품을 완성시키기 위해 당기에 투입된 재료비, 노무비, 간접비 등을 완성품 환산량으로 전환시킨 단위를 곱함으로써 계산된다(이 계산에 사용된 완성품 환산량은 생산보고서상의 "완성품 환산량"부분으로부터 가져온 수치이다).

〈표 6-5〉 **생산보고서-선입선출법**

수량명세서

파악대상 단위:	
기초재공품(전월에 모든 재료와 30%의 가공비가 투입되었음)	20,000
당기 착수량	180,000
총파악대상 단위	200,000
파악된 단위:	
굽기공정으로 대체	
기초재공품에서 대체된 단위	20,000
당기 착수 및 완성된 단위	150,000
기말재공품(모든 재료와 40%의 가공비가 당월에 투입되었음)	30,000
총파악된 단위	200,000

완성품 환산량과 단위원가

	재료비	노무비	간접비	합계
부서에서 추가된 원가(a)	₩63,000	₩88,600	₩132,000	₩283,000
완성품 환산량:				
기초재공품	–	14,000	14,000	
당기 착수 및 완성	150,000	150,000	150,000	
기말재공품	30,000	2,000	12,000	
합계(b)	18,000	176,000	176,000	
단위원가, (a)÷(b)	₩0.35	₩0.50	₩0.75	₩1.60

원가조정표

	완성품 환산량(EU)		원가	
파악대상 원가:				
기초재공품				₩17,000
부서에서 추가된 원가				283,000
총파악대상 원가				₩300,000
파악된 원가				
굽기공정으로 대체:				
기초재공품에서 대체된 단위:				
기초재공품에 포함된 원가:				₩17,000
기초재공품 완료에 든 원가:				
재료비, EU당 ₩0.35	–			–

노무비, EU당 ₩0.50		14,000		7,000
간접비, EU당 ₩0.75			14,000	10,500
총원가				34,500
당월 착수 및 완성된 단위:				
150,000단위×₩1.60	–	–	–	240,000
총대체원가				274,500
기말재공품:				
재료비, EU당 ₩0.35	30,000			10,500
노무비, EU당 ₩0.50		12,000		6,000
간접비, EU당 ₩0.75			12,000	9,000
총기말재공품				25,500
총파악된 원가				₩300,000

당월에 착수하여 완성된 단위들에 대해서는, 단순히 착수 및 완성된 단위의 수에 총단위원가를 곱해줌으로써 대체된 금액을 결정할 수 있다. 바삭바삭 회사의 경우에는 ₩240,000(150,000단위×₩1.60=₩240,000)이 된다.

마지막으로 기말재공품에 포함된 비용은 당월의 단위원가에 기말재공품에 투입된 재료비, 노무비, 간접비를 완성품 환산량으로 환산한 단위를 곱해줌으로써 계산된다. 이 계산에 필요한 완성품 환산량 역시 생산보고서상의 "완성품 환산량"부분에서 가져올 수 있다.

4 생산보고서 내용의 비교

생산보고서는 이 장에서 가장 이해하기 어려운 부분이고, 또 보고서의 내용과 형식을 습득하기에는 독자의 노력도 꽤 필요할 것이다. 이해를 돕기 위해 〈표 6-6〉은 가중평균법과 선입선출법하에서의 생산보고서들 간에 존재하는 주요 유사점과 차이점을 요약해 보여주고 있다.

〈표 6-6〉 생산보고서 내용의 비교

가중평균법	선입선출법
수량명세서	
1. 수량명세서는 대체된 모든 단위를 포함하며, 하나의 수치로 이를 나타낸다.	1. 수량명세서는 대체된 단위들을 두 부분으로 나눈다. 하나는 기초재공품이 완성되어 대체된 것이고, 다른 하나는 당기에 착수되어 완성된 것이다.
완성품 환산량과 단위원가	
1. 단위원가를 계산함에 있어 기초재공품에 포함된 원가와 당기에 발생한 원가가 합해진다.	1. 단위원가를 계산할 때 당기의 원가만 포함된다.
2. 기초재공품 단위들은 마치 당기에 착수되어 완성된 것처럼 여겨진다.	2. 단지 기초재공품을 완성시키는 데 필요했던 작업량만 환산량 계산에 포함된다. 당기 착수 및 완성된 단위들은 따로 표시된다.
3. 전기의 원가요소도 단위원가에 일부 포함된다.	3. 당기에 발생한 원가요소만이 단위원가에 포함된다.
원가조정표	
1. "파악대상 원가"부분은 두 방법 모두 동일하다.	1. "파악대상 원가"부분은 두 방법 모두 동일하다.
2. 기초재공품에서 완성된 단위이건 당기 착수 및 완성이건 간에 모든 대체된 단위들은 동일하게 취급된다.	2. 대체된 단위들이 두 부류로 나누어진다. (a) 기초재공품에서 완성된 단위들. (b) 당기 착수 및 완성된 단위들.
3. 기말재공품에 대한 원가결정은 두 방법 모두 동일하다.	3. 기말재공품에 대한 원가결정은 두 방법 모두 동일하다.

제 6 절 가중평균법과 선입선출법의 평가

가중평균법과 선입선출법이 매우 다르게 보이기는 하지만, 대부분의 종합원가계산 상황에서 거의 비슷한 단위원가를 산출한다. 두 방법 간에 나타나는 단위원가상의 주요한 차이는 원재료 가격의 변동에 주로 기인한다고 볼 수 있다. 종합원가계산을 적용하는 상황은 제품의 흐름이 지속적이라는 특성을 갖기 때문에 가공비(노무비와 간접비)는 기간에 따라 별로 변하지 않는다. 또한 재고수준도 대부분의 경우에 매우 안정적이기 때문에 이것도 단위원가의 안정성에 보탬이 된다. 그러나 원재료의 가격은 기간에 따라 변화가 클 수 있으며, 이 변화가 두 방법 간의 단위원가에 차이를 가져올 수 있는 것이다. 그 이유는 가중평균법에서는 한 기간의 원가가 다음 기간의 원가와 한데 합쳐져 평균화되기 때문이다.

원가를 통제한다는 면에서는 선입선출법이 가중평균법보다 확실히 우월하다. 왜냐하면, 선입선출법은 당해 기간의 성과는 당해 기간에 투입된 원가만으로 측정되어야 한다는 합리적인 논리에 근거하고 있지만, 가중평균법은 목적 자체가 간편성을 염두에 둔 방법이기 때문에, 당기에 투입된 원가와 전기에 투입된 원가가 혼합되어 처리되는 비합리적인 결과가 도출되기 때문이다. 따라서 가중평균법에서는 관리자의 당기 성과가 전기에 발생한 요소들에 의해 어느 정도 영향을 받게 된다. 한편, 선입선출법하에서는 기초재공품에 포함된 원가와 당기에 발생된 원가가 분명히 구분되기 때문에 이러한 문제가 발생하지 않는다.

실무에서는 전기에 발생된 비용과 당기에 발생된 비용을 구분하지 않는다는 계산상의 노력절약 때문에 가중평균법이 선입선출법보다 많이 선호되고 있다. 그러나 이러한 경향은 회계처리가 과거에서와 같이 손으로 행해졌을 때의 경우이지, 오늘날과 같이 컴퓨터가 많은 부분을 대신하는 상황에서는 계산상의 용이함이란 그리 큰 이점이 못된다. 종합원가계산제도를 처음 도입하는 시점에서 시스템을 프로그램화하는 데 선입선출법이 약간의 노력을 더 필요로 하겠으나, 일단 프로그램이 완성되면 두 방법 모두 컴퓨터를 사용하여 손쉽게 처리될 수 있다.

06 연습문제

6-1. 강원펄프사는 제지업자들에게 펄프재를 가공하여 판매하고 있다. 20×3년 6월 동안 가공된 펄프에 대한 자료는 다음과 같다.

		완성도(%)	
	펄프의 톤수	재료비	노무비와 제조간접비
재 공 품, 6/1	20,000	90	80
재 공 품, 6/30	30,000	60	40
6월 중 시작된 양	190,000	–	–

요구사항

1. 6월 한 달 동안에 완성되어 외부로 대체된 펄프는 몇 톤인가?
2. (a) 이 회사가 가중평균법을 사용한다는 가정과, (b) FIFO법을 사용한다는 가정하에서 각각의 수량명세서를 작성하시오.

6-2. 아시아 회사는 종합원가계산을 사용한다. 아래의 자료는 한 부서의 20×3년 10월의 자료이다.

		완성도(%)	
	단위	재료비	가공비(%)
10월 1일 현재 재공품	30,000	65	30
10월 31일 현재 재공품	15,000	80	40

이 부서는 10월에 175,000단위의 생산에 착수했으며, 190,000단위를 완성하여 다음 부서로 대체하였다.

요구사항

1. 이 회사가 가중평균법을 사용한다고 가정하고, 10월의 완성품 환산량을 계산하시오.
2. 이 회사가 FIFO법을 사용한다고 가정하고, 1.의 요구사항에 답하시오.

6-3. 사조 회사는 연어를 가공하여 도매상들에게 판매한다. 부서 1과 부서 2의 두 부서가 있다. 20×3년 7월에 부서 1에서 가공된 연어의 양에 대한 자료가 아래와 같다.

	연어(kg)	완성도*(%)
7월 1일 현재 재공품	20,000	30
7월의 착수분	380,000	-
7월 31일 현재 재공품	25,000	60

* 노무비와 제조간접원가뿐임.

모든 재료비는 부서 1에서 공정이 시작될 때 부서 1에 포함되며, 노무비와 제조간접원가는 전공정에 균등하게 발생된다.

요구사항

1. 이 회사가 가중평균법을 사용한다고 가정하여 수량명세서를 작성하고, 이 달의 완성품 환산량을 구하시오.
2. FIFO법을 사용한다고 가정하고, 1.의 요구사항에 답하시오.

6-4. 한일 회사는 두 부서를 거치는 제품을 제조한다. A부서의 최근 한 달간의 자료는 다음과 같다.

	단위	재료비	노무비	제조간접비
기초재공품	5,000	₩4,500	₩1,250	₩1,875
당기 착수분	45,000			
당기 완성품	42,000			
기말재공품	8,000			
이 달의 추가원가	-	52,800	21,500	32,250

기초재공품 재고는 재료비 80% 완성, 가공원가는 60% 완성이며, 기말재공품 재고는 재료비 75% 완성, 가공원가 50% 완성이다.

요구사항

1. 가중평균법을 사용하여, 완성품 환산량과 완성품 환산량 단위당 원가를 계산하시오.
2. FIFO법을 사용하여 1.의 요구사항에 답하시오.

6-5. 안암 회사는 종합원가제도를 쓰고 있다. 이 회사의 유일한 제품은 다듬기와 접기의 두 공정을 거친다. 최근 한 달 동안에 두 공정을 거쳐간 원가의 흐름을 보여주는 T계정은 다음과 같다.

재공품-다듬기			
기초 4/1	8,000	대 체	160,000
직접재료	42,000	(반 출)	
직접노무	50,000		
제조간접비	75,000		

재공품-접기			
기초 4/1	4,000	대 체	240,000
전공정에서 반입	160,000	(반 출)	
직접노무	36,000		
제조간접비	45,000		

요구사항

4월 동안 두 공정의 원가흐름을 나타내주는 분개를 하시오.

6-6. 인촌 회사는 두 생산공정을 거쳐서 하나의 제품을 제조한다. 최근 한 달 동안 A공정의 수량에서는 다음과 같다.

기초재공품(재료는 모두 투입되었고, 필요한 노무비와 제조간접비의 40%는 전월에 투입)	5,000
당기 착수분	180,000
합 계	185,000
B공정으로 대체된 단위	175,000
기말재공품(재료는 모두 투입되었고, 노무비와 제조간접비의 30%가 이 달에 투입)	10,000
합 계	185,000

기초재공품 재고의 원가: 재료비 ₩1,200, 노무비 ₩1,800,
제조간접비 ₩2,000
이번 달 추가로 사용된 원가: 재료비 ₩54,000, 노무비 ₩140,800,
제조간접비 ₩211,200

요구사항

이 회사가 가중평균법을 사용한다는 가정하에서 완성품 환산량과 단위당 원가를 계산하시오.

6-7. 위 6-6의 자료와 위에서 계산된 환산량과 단위당 원가를 사용하시오.

요구사항

다음과 같이 A공정의 원가조정표를 완성하시오.

	완성품 환산량(EU)			원가
기초재공품 ························				₩ ?
당월 추가로 투입된 원가 ········				?
총원가 ································				₩411,000
B공정으로의 대체원가(?) ········				₩ ?
기말재공품: ························				
재료비(?) ························	?			?
노무비(?) ························		?		?
제조간접가(?) ····················			?	?
총기말재공품 ················				?
총원가 ································				₩411,000

6-8. 6-6의 자료를 참조하되 이 회사가 FIFO법을 사용한다고 가정하시오.

요구사항

1. FIFO법하의 수량명세서가 앞에서 본 가중평균법하에서와 어떻게 다른지 설명하시오.
2. 이 달의 완성품 환산량과 환산량 단위당 원가를 계산하시오.

6-9. 6-6의 자료를 참조하고, 6-8에서 계산된 환산량과 단위당 원가를 이용하여 답하시오.

요구사항

A공정에 대한 원가조정표를 완성하시오.

	완성품 환산량(EU)			원가
기초재공품 ························				₩5,000
당월 추가로 투입된 원가 ··········				406,000
총원가 ································				411,000
B공정으로의 대체원가:				
기초재고단위:				
• 기초재고원가 ····················				₩ ?
• 기초재고의 완성품원가:				
재료비(?) ························	?			?
노무비(?) ························		?		?
제조간접비(?) ····················			?	?

총원가				?
당기 착수 및 완성품단위(?)	–	–	–	?
총대체원가				?
기말재공품:				
재료비(?)	?			?
노무비(?)		?		?
제조간접비(?)			?	?
기말재공품합계				?
총원가				₩411,000

6-10. 생산보고서의 일부에 관한 문제

마당 회사는 종합원가제도를 사용하며, 단일 제품을 제조한다. 20×3년 6월에 작업이 모두 끝났으며, 이 달의 X부서의 불완전한 생산보고서는 아래와 같다.

생산보고서 – X부서
20×3년 6월 30일(6월분)

수량명세서	단위
기초재공품(완성품: 재료비 100%, 노무비 및 제조간접비 75%)	8,000
당기 착수분	45,000
합 계	53,000
Y부서로 대체된 수량	48,000
기말재공품(완성품: 재료비 100%, 노무비 및 제조간접비 40%)	5,000
합 계	53,000

완성품 환산량과 단위당 원가	재 료 비	노 무 비	제조간접비	합 계
기초재공품	₩5,150	₩660	₩1,320	₩7,130
6월 중 추가원가	29,300	9,840	19,680	58,820
총원가(a)	₩34,450	₩10,500	₩21,000	₩65,950
완성품 환산량(b)	53,000	50,000	50,000	
단위당 원가(a)÷(b)	₩0.65	₩0.21	₩0.42	₩1.28

원가조정

설명되어야 할 원가: ?

원가에 대한 설명(명세): ?

요구사항

1. 위의 생산보고서를 보고, 이 회사가 가중평균법과 FIFO법 중 어느 방법을 사용하고 있는지 설명하시오.
2. 완성품 환산량의 계산과정을 보이시오.
3. 원가조정표를 완성하시오.

6-11. 가중평균법 생산보고서에 관한 문제

동인 회사는 세 단계의 공정을 거쳐 완성되는 제품을 제조한다. 첫 번째 부서인 다듬기의 20×3년 5월의 작업에 대한 정보는 다음과 같다.

생산에 관한 자료:	
기초재공품: 노무비와 제조간접원가 80% 완성도	10,000
당기 착수량	100,000
다음 단계로 대체된 수량	95,000
기말재공품: 재료의 60%, 노무비와 제조간접원가 20% 완성도	?
원가자료:	
기초재공품재고 :	
재 료 비	₩1,500
노 무 비	1,800
제조간접비	5,400
당월 추가원가:	
재 료 비	154,500
노 무 비	22,700
제조간접비	68,100

재료는 다듬기공정의 여러 시점에서 투입되며, 노무비와 제조간접원가는 균등하게 발생된다. 이 회사는 가중평균법을 사용한다.

요구사항

아래의 세 단계를 이용하여 다듬기부서의 생산보고서를 작성하시오.

1. 수량명세서를 작성하시오.
2. 완성품 환산량과 환산량 단위당 원가를 계산하시오.
3. 1.과 2.의 자료를 이용하여 원가조정표를 작성하시오.

6-12. 생산보고서: 가중평균법에 관한 문제

노을 회사는 몇 단계의 부서를 거쳐 하나의 제품을 생산한다. 다음은 20×3년 6월의 배합부서의 작업에 대한 정보이다.

	완성도(%)		
	수량	재료비	가공비
기초재공품	20,000	100	75
당기 착수분	180,000		
당기 완성 및 대체	160,000		
기말재공품	40,000	100	25

기초재공품 재고의 원가와 6월 중 추가원가는 다음과 같다.

	재료비	가공비
기초재공품	₩25,200	₩24,800
추가원가	334,800	238,700

이 회사는 환산량 단위당 원가계산을 위해 가중평균법을 사용한다. 배합부서는 생산공정의 첫 번째 부서이며, 배합부서에서 완성된 부분은 성형부서로 대체된다.

요구사항

배합부서의 20×3년 6월 동안의 생산보고서를 작성하시오.

6-13. 생산보고서: FIFO법에 관한 문제

6-12의 자료를 이용하되, 가중평균법대신 FIFO법을 사용한다고 가정하여 단위당 원가를 계산하시오.

요구사항

배합부서의 20×3년 6월 동안의 생산보고서를 작성하시오.

Chapter 07

결합원가계산
-연산품과 부산품의 원가결정

제 1 절 기본개념

어떤 기업의 제조과정을 보면, 원재료가 투입되어 한 번에 여러 종류의 다른 제품들이 생산되는 경우가 있다. 육류 가공업의 예를 들면, 돼지라는 원재료가 제조과정에 투입되어 여러 종류의 최종제품들—베이컨, 햄, 돼지갈비 등—이 생산된다. 이렇게 공통 원재료로부터 여러 제품들을 생산하는 기업들은 생산과정에서 생성되는 각기 다른 제품들에 원재료의 비용을 어떻게 배분해야 하는가 라는 문제에 당면하게 된다. 육류가공의 경우나, 원유정제, 화학공업 등과 같은 경우에는 하나의 원재료가 제조과정을 거쳐 특정 시점에 여러 개의 제품으로 분리 생산되기 때문에, 분리점까지 각 원가의 흐름을 추적할 수 없다.

이 경우 각각의 제품으로 분리되기 전까지 소모된 비용들은 분리된 후 개별 제품으로의 흐름을 추적할 수 없기 때문에 인위적인 기준을 통하여 각 제품에 원가로 배분되게 된다.

1 연산품(=결합제품: joint products)

연산품이란 동일한 종류의 원재료를 투입하여 동시에 생산되는 서로 다른 두 가지 이상의 제품을 말한다. 앞에서 이야기한 대로 연산품은 동시에 서로 다른 물질로 분리되기 때문에 원재료의 흐름(즉, 특정제품에 원가가 얼마나 소모되었는지)을 파악하기 어렵다.

연산품의 예: 우유의 가공—버터, 생크림, 치즈
돼지의 가공—햄, 베이컨, 갈비
원유의 가공—휘발유, 등유, 경유

2 부산품(by-products)

연산품에 비해 상대적으로 가치가 낮은 제품으로, 제조과정 중에 연산품과 같이 동일한 제조공정 속에서 동시에 제조되는 제품을 말한다. 동일한 종류의 원재료를 투입하여 동시에 연산품과 같이 제조되지만 제조기업의 관점에서 볼 때 가치도 낮고, 제조작업의 직접적인 목적 외에 생산되는 제품을 부산품으로 분류한다.

부산품의 예: 돼지의 가공—연산품(햄, 베이컨, 갈비)
부산품(돼지털)

제조과정에서 생성되지만 부산품에 비해 상대적으로 가치가 더 낮은 물질은 작업폐물(scrap)이라 한다. 부산품은 생성시점에서 나름의 판매가치를 갖거나, 추가가공하여 판매할 수 있지만, 작업폐물은 판매가치보다 판매비용이 더 커 제조기업의 관점에서 볼 때 가치가 없는 것이 부산품과의 차이라 하겠다.

앞에서 설명한 돼지의 가공에서 고기가 연산품, 돼지털이 부산품이라고 하면, 작업과정에서 발생하는 돼지의 분뇨가 작업폐물이 된다. 돼지분뇨를 거름으로서 비료회사나 농가에 판매할 수 있지만, 수집 및 처리비용이 판매가치보다 크기 때문에 순실현가치가 아주 작거나 없다.

3 분리점(split-off point)

분리점이란 제조과정 중 연산품이 개별제품으로 식별될 수 있는 시점을 말한다. 이 분리점에서 어떤 연산품들은 최종제품의 형태를 띠고, 또 다른 연산품들은 추가가공을 거쳐야 하기도 하고, 한 제조과정에 여러 개의 분리점을 가질 수도 있다.

분리점(split-off point)이란 용어를 사용하지만 어떤 제조과정에서 연산품들이 어느 한 순간에 제조되는 것은 아니다. 예를 들어 원유정제산업의 경우 휘발유, 경유, 등유 등은 정제 온도에 따라 비연속적으로 분리된다. 그러나 우리는 편의상 하나의 정제과정 종료를 분리점으로 보고, 정제과정까지의 결합원가를 분리점에서 각 제품에 배분한다.

4 결합원가(joint cost)

결합원가란 분리점에 도달하기까지 연산품을 생산하는 데 발생한 모든 제조원가를 말한다. 이 결합원가를 각각의 연산품에 합리적으로 배분하는 것이 이 장의 주된 관심이다.

결합원가와 비교되는 것으로, 분리점 이후에 발생한 제조원가를 개별원가(separable cost) 또는 추가가공원가(additional processing cost)라고 한다.

제 2 절 결합원가의 배분

앞에서 이야기한 대로 연산품은 분리점 도달 이전까지 개별 제품을 식별하기 어려우므로, 분리점까지의 결합원가를 분리점 이후의 식별 가능한 개별 연산품에 배분해 주어야 한다.

개별 제품을 분리점 이전까지 식별하기 어렵고, 개별 제품으로 투입된 원가를 일일이 추적하기가 불가능하므로 제조간접비의 배부처럼 인위적인 기준에 따라 결합원가를 연산품에 배분해 주어야 한다.

이러한 인위적인 기준에는 물량기준법, 분리점에서의 판매가치기준법, 순실현가치기준법 및 균등이익률법 등이 있다. 이 중 분리점에서의 판매가치법과 순실현가치법은 분리점에서의 연산품의 가치를 이용한다는 점에서 유사한 방법으로 (일반적으로, 원가와 가격은 비례관계에 있다고 볼 때) 합리적인 방법이라고 볼 수 있다. 이후에 살펴보겠지만 추가가공의 경우처럼 분리점 이후에 제조공정이 더 있는 경우에 분리점에서 판매가격이 존재한다면 판매가치를 기준으로 결합원가를 배분하고, 분리점 이후의 추가가공에 대해서는 증분비용과 증분수익을 비교하여 추가가공에 대한 의사결정을 하여야 한다.

이하에서는 동일한 예를 사용하여 각 방법을 설명하고, 그 차이를 알아보기로 한다.

예 1 참깨를 가공하여 참기름과 깻묵을 생산하는 (주)연세는 20×3년 8월 참깨 1,000kg을 가공하여 참기름 800kg과 깻묵 200kg을 생산하였다. (주)연세의 원가자료와 생산자료는 다음과 같다.

직접재료비	₩100,000
직접노무비	₩20,000
제조간접비	₩30,000

참기름의 가격은 kg당 ₩187.5이고, 깻묵의 가격은 kg당 ₩50이다.

1 물량기준법

물량기준법은 연산품의 결합원가를 분리점에서 개별 제품의 물리적인 양(생산수량, 크기, 중량 등)을 기준으로 배분하는 방법이다.

앞의 예에서 제품의 생산중량을 기준으로 결합원가를 배분하면 다음과 같다.

	생산중량	배분비율	결합원가 배분액	단위당(kg) 원가
참기름	800kg	80%	₩120,000	₩150
깻 묵	200kg	20%	₩30,000	₩150
합 계	1,000kg	100%	₩150,000	

위의 계산결과를 보면, 물량을 기준으로 원가를 배분할 경우 물량당 원가가 동일하게 나올 수밖에 없다. 참기름의 경우에는 제조해서 이익이 남지만, 깻묵의 경우에는 판매가격이 제조원가에도 미치지 못한다.

물량기준법은 계산이 간단하다는 장점이 있지만, 연산품의 물량당 판매가치가 유사해 물량과 판매가격 사이에 합리적인 관계가 성립할 경우에만 사용하여야 하고, 그렇지 않은 경우에는 제품의 수익성 분석에 왜곡을 초래해 의사결정에 혼란을 줄 수 있다. 예를 들어, 참기름과 깻묵의 중량당 가격이 비슷할 경우에는 물량기준법에 의해 원가를 배분하여도 되지만, 그렇지 않을 경우에는 원가의 왜곡이 발생할 수 있다.

2 분리점에서의 판매가치기준법

분리점에서의 판매가치기준법은 분리점에서의 개별 연산품의 판매가치를 기준으로 결합원가를 배분하는 방법이다. 분리점에서의 제품의 가치를 가장 잘 반영하는 판매가치를 기준으로 행하는 원가배분은 개별 연산품의 수익성 분석에 올바른 기준을 제시할 수 있다. 따라서 분리점에서 판매가치가 결정되어 있는 경우에는 판매가치를 이용하는 것이 가장 합리적이다. 분리점 이후에 추가가공을 선택적으로 행하는 의사결정의 경우에도 분리점에서 판매가치가 존재한다면, 이후에 설명하는 순실현가치기준이 아니라 판매가치기준법에서의 원가배분에 기초해 추가가공의 의사결정을 하여야 한다. 분리점에서 판매가치가 결합제품에 모두 존재한다면, 추가가공으로 인한 증분비용과 증분수익을 분석하여 추가가공에 대한 의사결정을 실시하는 것이 기업가치증대에 도움이 된다.

그러나 특수한 경우에 분리점에서의 제품이 판매가능하지 않고, 추가공정을 반드시 행하여야 하는 경우는 이후에서 설명하는 순실현가치기준법에 의거해 결합원가를 배분하여야 한다. 또한 분리점에서 판매가치가 식별되지 않는 경우도 물론 순실현가치기준법으로 결합원가를 배분하여야 한다.

	분리점에서의 판매가치	배분비율	결합원가배분액	단위당 원가
참기름	₩187.5×800 =150,000	93.75%	₩140,625	₩175.78
깻 묵	₩50×200 =10,000	6.25%	₩9,375	₩46.88
합 계	₩160,000	100%	₩150,000	

3 순실현가치기준법

순실현가치(net realizable value: NRV)란 각 제품의 최종판매가격에서 추가가공원가와 판매비용 등을 차감한 금액으로, 제조기업이 최종적으로 실현시킬 수 있는 가치를 말한다.

순실현가치(NRV) = 최종판매가격 − 추가가공원가 − 판매비용

순실현가치기준법은 분리점 이후의 추가가공 및 판매까지를 고려하기 때문에 제조기업의 전공정을 고려하며, 분리점에서 판매가치가 없는 경우에도 적용할 수 있는 합리적인 방법이다.

순실현가치를 기준으로 결합원가를 배분하기 위해서는 분리점에서의 개별 연산품의 순실현가치를 알아야 한다. 이는 최종 판매로부터 역산을 하여야 하는데, 이의 파악을 위해서는 물량흐름을 이해하여야 하고, 이를 쉽게 하기 위해 물량흐름도를 작성한다.

앞의 예에 추가해 (주)연세는 깻묵을 그냥 판매하지 않고 kg당 ₩10의 비용을 투입해 낚시용 떡밥으로 추가가공하여 kg당 ₩100의 가격으로 판매한다고 하자.

물량흐름도

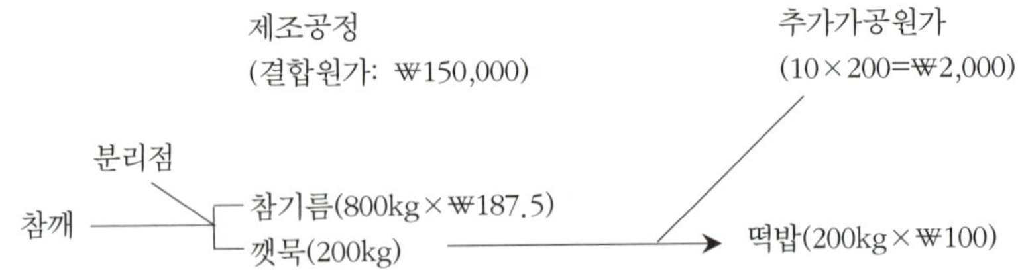

	순실현가치	배분비율	결합원가배분액	단위당 원가
참기름	₩150,000	150,000/168,000= 89.286%	₩133,929	₩167.41
깻 묵	200×₩100−₩2,000=₩18,000	18,000/168,000= 10.714%	₩16,071	₩80.355
합 계	₩168,000	100%	₩150,000	

떡밥의 원가 ₩16,071(결합원가배분액) + ₩2,000(추가가공원가) = ₩18,071

4 균등이익률법

균등이익률법은 개별 제품이 각각의 최종판매가치에 대하여 동일한 매출총이익률을 갖도록 결합원가를 배분하는 방법이다.

앞의 예를 이용하여 균등이익률법으로 원가를 배분하면 다음과 같다.

$$\text{평균매출총이익률} = \frac{\text{매출총이익}}{\text{총매출액}}$$

$$= \frac{\text{최종판매가치} - (\text{결합원가} + \text{추가가공원가})}{\text{최종판매가치}}$$

$$= \frac{₩170{,}000 - (₩150{,}000 + ₩2{,}000)}{₩170{,}000}$$

$$= 10.59\%$$

평균원가율 = 1 − 평균매출총이익률
=1 − 0.1059
= 0.8941

	최종판매가치	매출원가	추가가공 원가	결합원가 배분액	단위당 원가
참기름	₩150,000	₩150,000×0.8941 =₩134,115		₩134,115	₩167.64
깻 묵	₩20,000	₩20,000×0.8941 =₩17,885	₩2,000	₩15,885	₩79.425
합 계	₩170,000	₩152,000	₩2,000	₩150,000	

제 3 절 복수의 분리점이 존재하는 경우의 결합원가배분

여러 종류의 제품을 생산하는 제조기업의 경우 복수의 분리점이 존재할 수 있다. 앞의 예에서 (주)연세가 깻묵을 떡밥과 비료로 추가가공한다고 하면 두 개의 분리점이 존재하게 된다.

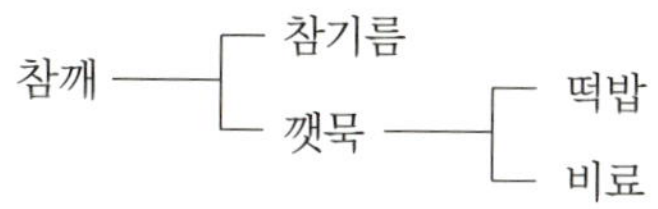

다음의 예를 통해 결합원가배분의 방법 중에서 순실현가능가치기준법을 중심으로 복수의 분리점이 존재하는 경우의 원가배분을 살펴보기로 한다.

예 2 참깨가공업을 영위하는 (주)연세는 20×3년 8월 중 A공정에서 원재료 참깨 2,000kg을 투입하여 참기름 1,600kg과 깻묵 400kg을 생산하였다. 또한 생산된 깻묵을 B공정에서 추가가공하여 떡밥 300kg과 비료 100kg을 생산하였다.

원가자료는 다음과 같다.

	A공정	B공정
직접재료비	₩200,000	0
직접노무비	₩80,000	₩20,000
제조간접비	₩120,000	₩10,000
합　　계	₩400,000	₩30,000

최종적으로 참기름과 떡밥, 비료를 포장하는 데 소요되는 추가비용과 판매가격은 다음과 같다.

	추가 포장비	판매가격(kg당)
참기름	₩190,000	₩400
떡　밥	₩5,000	₩250
비　료	0	₩100

1단계 공정의 흐름을 정확히 이해하기 위해 물량흐름도를 작성한다.

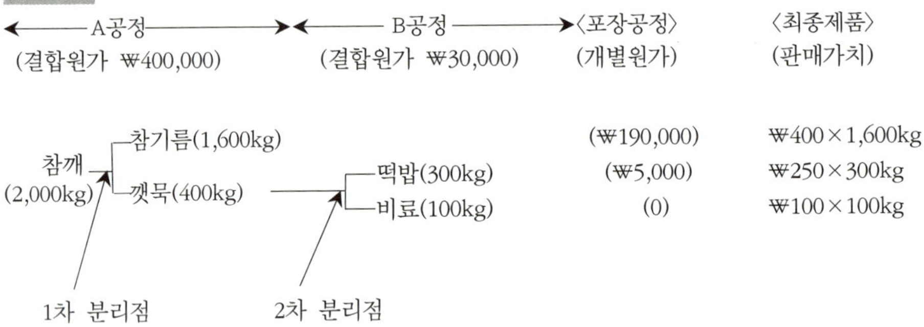

2단계 각 분리점에서 연산품의 순실현가치(NRV)를 구한다.

순실현가치는 제조기업이 최종적으로 실현시킬 수 있는 가치로 최종판매가격에서 추가가공 및 판매비용을 차감해 구하므로 순실현가치는 최종제품으로부터 1차 분리점까지의 순서로 역산한다.

〈2차 분리점〉

	최종판매가치	추가가공원가	순실현가치	배분비율
떡　밥	₩75,000	₩5,000	₩70,000	87.5%
비　료	₩10,000	0	₩10,000	12.5%
합　계	₩85,000	₩5,000	₩80,000	100%

깻묵의 순실현가치 ₩70,000+ ₩10,000-추가가공원가(₩30,000)=₩50,000

〈1차 분리점〉

	최종판매가치	추가가공원가	순실현가치	배분비율
참기름	₩640,000	₩190,000	₩450,000	90%
깻 묵		0	₩50,000	10%
합 계		₩190,000	₩500,000	100%

3단계 최종제품으로부터 계산된 순실현가치를 기준으로, 1차 분리점부터 최종 분리점까지 제품에 결합원가를 배분하여 원가를 계산한다.

〈1차 분리점〉(결합원가: ₩400,000)
결합원가배분액: 참기름 ₩360,000
깻 묵 ₩40,000

〈2차 분리점〉(결합원가: ₩40,000(1차 분리점) + ₩30,000(2차 분리점) = ₩70,000)
결합원가배분액: 떡 밥 ₩61,250
비 료 ₩8,750

(제품의 원가)
참기름 ₩360,000 + ₩190,000 = ₩550,000
떡 밥 ₩61,250 + ₩5,000 = ₩66,250
비 료 ₩8,750 + 0 = ₩8,750

07 연습문제

7-1. 화학제조업을 하는 (주)고려는 연산품 X와 Y를 3 : 2의 비율로 생산한다. 20×3년 8월의 생산량 및 원가자료는 다음과 같다.

원재료 사용량: 10,000리터	원재료 가격: ₩20/리터
직접노무비 : ₩60,000	
제조간접비 : ₩40,000	
판매가격: 제품 X-₩60/리터	제품 Y-₩10/리터
생 산 량: 제품 X-6,000리터	제품 Y-4,000리터

요구사항

1. 물량기준법, 순실현가치기준법, 균등이익률법으로 결합원가를 배분하여 X와 Y의 원가를 구하시오.
2. 제품 Y는 Z로 추가가공하여 판매하여야 한다고 한다. 추가가공에 투입되는 비용은 ₩50,000이고, Z의 판매가격은 ₩25/리터라고 한다. 순실현가치기준법으로 X와 Z의 결합원가 배분액을 구하시오.
3. 제품 Y를 추가가공하지 않고도 판매할 수 있을 경우의 추가가공여부 결정에 대한 의사결정을 하시오.

7-2. 화학업을 영위하는 (주)서울은 연산품 A와 B를 4 : 1의 비율로 결합생산하고 있다.
20×3년 8월의 원가자료는 다음과 같다.

원재료 사용량: 5,000리터	원재료 가격 : ₩10/리터
직접노무비 : ₩50,000	제조간접비 : ₩50,000
생산량 : A(1,000리터), B(250리터)	판매가격 : A(₩150/리터), B(₩200/리터)

요구사항

판매가치기준법으로 제품 A와 B의 단위당 원가를 구하시오.

7-3. 화학업을 영위하는 (주)한양은 제품 A와 B를 결합생산하고 있다.
20×3년 7월의 생산자료는 다음과 같다.

제1공정에서 원재료를 투입하여 연산품 A와 B와 부산품 C를 3:1:1의 비율로 생산하는데, 공정상에서 원재료의 증발이 50% 발생하였다.

원재료 사용량 : 1,000리터
원재료 가격 : ₩10/리터
직접노무비 : ₩30,000
제조간접비 : ₩10,000
판매가 : A(₩180/리터), B(₩600/리터), C(₩50/리터)
추가가공원가 : 제품 A(₩14,000)

요구사항

제품 A와 B의 단위당 원가를 순실현가치기준법에 의해 구하시오.
단, 부산품의 순실현가치를 결합원가에서 차감하는 방법을 사용하시오.

7-4. 화학업을 영위하는 (주)명지는 세 가지 제품 A, B, C를 생산하여 판매하고 있다. A, B, C는 연산품이고, B와 C는 추가가공을 거친 후 D와 E로 판매된다.
20×3년 8월의 원가자료는 다음과 같다.

	생산량	추가가공원가	판매가격
A	200개		₩150/개
B	300개	₩12,000	D의 가격: ₩100/개
C	500개	₩8,000	E의 가격: ₩80/개

A, B, C가 분리되기까지의 결합원가 ₩40,000

요구사항

순실현가치기준법으로 결합원가를 배분하시오.

7-5. (주)고려는 주산품 A, B와 부산품 C를 결합생산하고 있다. A는 추가가공을 거친 후에 판매되고, B와 C는 분리점에서 판매된다. (주)고려는 순실현가치기준법으로 결합원가를 배분한다.
20×3년 8월의 원가자료는 다음과 같다.

	생산량	추가가공원가	판매가격
A	500개	₩80,000	₩360/개
B	400개		₩125/개
C	200개		₩50/개

결합원가는 ₩120,000이다.

요구사항

1. 판매시점에서 부산품을 인식하는 방법으로 결합원가를 배분하시오.
2. 부산품의 순실현가치를 결합원가에서 차감하는 방법으로 결합원가를 배분하시오.
3. 제품 C의 중요성이 커져 주산품으로 인식할 경우 결합원가를 배분하시오.

7-6. 돼지를 가공하는 (주)경희는 돼지 한 마리로부터 베이컨, 햄, 돼지갈비를 생산하고, 가공작업에서 작업폐물인 분뇨를 얻는다. 분뇨를 ₩175,000을 투입해 추가가공을 하면, 비료제조회사에 ₩300,000에 판매할 수 있다.

이제까지 분뇨를 버려왔던 (주)경희는 의사결정을 위해 원가분석을 시행하여 순실현가치기준법으로 결합원가를 배분한 결과 ₩150,000의 결합원가를 분뇨에 배분하였다. 이에 따라 경영자는 추가가공을 한 분뇨의 원가를 ₩325,000으로 파악하고 추가가공을 포기하였다.

요구사항

경영자의 의사결정을 논하시오.

7-7. 통나무를 가공하는 (주)강원은 20×3년 9월 원재료 통나무 1,000kg을 가공판매하는 대안 A와 B를 가지고 의사결정을 하려 하고 있다.

대안 A: 각목 800kg과 톱밥 300kg을 결합 생산
대안 B: 원목 900kg과 톱밥 100kg을 결합 생산

(주)강원의 20×3년 9월의 원가예측자료는 다음과 같다.
대안 A와 B 간의 원가차이는 발생하지 않는다.

노 무 비: ₩100,000
제조간접비: ₩100,000
원 재 료 비: ₩100,000
판 매 가 격: 각목(₩400kg), 톱밥(₩100kg), 원목(₩300kg)

(주)강원은 판매가치기준법으로 결합원가를 배분한다.

요구사항

두 가지 대안 중 어느 것을 선택해야 하는지 설명하고, 톱밥의 원가차이에 대해 설명하시오.

7-8. 화학업을 영위하는 (주)홍익은 연산품 A, B, C를 생산하고 있다.
20×3년 8월의 원가자료는 다음과 같다.

결합원가 ₩350,000

	판매가(kg당)	생산량(kg)
A	₩16	15,000
B	₩8	20,000
C	₩25	4,000

A, B, C 각 제품은 분리점 이후 추가가공되어 판매될 수도 있다.

	추가가공원가	판매가(kg당)
A	₩63,000	₩20
B	₩80,000	₩13
C	₩36,000	₩32

요구사항

1. A, B, C 제품에 대해 합리적인 기준으로 원가를 배분하고, 그 이유를 설명하시오.
2. 추가가공에 대한 의사결정을 하시오.

7-9. 화학업을 영위하는 (주)건국은 20×3년 8월 결합생산되는 X와 Y를 생산하였다. 제품 X는 1차 분리점에서 판매되고, Y는 2차 공정을 거쳐 A와 B로 가공되어 판매된다.
생산자료와 원가자료는 다음과 같다.

생산량: X-6,000kg	Y-4,000kg
A-3,000kg	B-1,000kg

모든 제품은 8월 생산완료되어 전량 판매되었다.

1차 분리점의 결합원가	₩30,000
2차 분리점의 결합원가	₩50,000

	추가가공원가	총판매가격
X	₩9,000	₩59,000
A	0	₩90,000
B	0	₩10,000

요구사항

순실현가치기준법으로 결합원가를 배분하여 X, A, B의 원가를 구하시오.

7-10. 화학업을 영위하는 (주)고려의 20×3년 8월 생산자료는 다음과 같다.

원재료를 투입하여 X공정에서 제품 A와 B를 결합생산하고, Y공정에서 B를 추가가공하여 C와 D를 결합생산한 후, D를 Z공정에서 추가가공하여 E와 F를 결합생산하였다.

X공정의 원가	₩1,000,000
Y공정의 원가	₩200,000
Z공정의 원가	₩200,000

	생산량	판매가격(kg당)
제품 A	5,000kg	₩240
제품 B	5,000kg	
제품 C	3,000kg	₩400
제품 D	2,000kg	
제품 E	2,000kg	₩300
제품 F	1,000kg	₩400

요구사항

물량흐름도를 작성하고, 원가를 계산하시오.

Chapter 08

활동기준원가계산
(Activity Based Costing: ABC)

제 1 절 도입배경

모든 기업들은 자신들이 생산한 제품의 정확한 원가를 알고 싶어할 뿐 아니라, 이를 기초로 장기적인 경영전략을 수립함으로써 경쟁우위를 갖고자 한다. 하지만 정확한 원가를 파악하는 것은 단순한 작업이 아니다.

기업의 원가관리는 기업이 제품의 제조를 위해 지출, 소비하는 각종 원가를 집계하여 사용하고 있는 원가계산제도를 기초로 하여 이루어지게 된다. 그런데 많은 기업들이 사용하고 있는 전통적 원가계산제도는 생산량 또는 작업량 등에 의하여 제조간접비를 제품에 배부하기 때문에 제품의 원가가 정확하게 계산되지 않는다는 문제점이 있다. 그 이유는 여러 종류의 제품을 생산하는 기업의 경우에 직접재료비나 직접노무비와 같은 직접비는 제품과 직접 관련성을 가지므로 그 제품에 직접 대응시켜 집계하면 되지만, 여러 종류의 제품을 생산하는 데 공통적으로 발생한 제조간접비의 경우에는 합리적인 방법으로 제품에 배부해야 한다. 그런데 전통적 원가계산제도하에서의 제조간접비 배부는 주로 생산량이나 작업량과 같이 조업도와 관련된 값을 사용하였고, 이같이 결정된 배부기준은 공장별 또는 부문별로 일률적으로 적용되고 있었다.

그러나 최근 들어 공장자동화 등에 따른 인원감소로 총제조원가에서 직접노무비가 차지하는 비중은 감소하고 상대적으로 설비운용비용 등과 같은 제조간접비의 비중이 증가하는 추세임에도 불구하고, 전통적인 원가계산에서는 직접노동중심의 제조간접비 배부기준을 그대로 사용하고 있어 제조간접비의 배부가 왜곡됨에 따라 정확한 원가계산이 이루어지지 못하고 있다. 그리고 전통적인 원가계산시스템에서는 재고자산의 평가가 중요한 목적이었으나 자동화된 제조환경에서는 재공품 재고가 최소수준으로 감소됨에 따라 재고자산평가는 단순화되었고, 재고자산관리는 재고의 수량확인과 정확성을 살펴보는 정도이기 때문에 그 중요성이 감소되었다.

공장자동화, 기계화 추세와 함께 활동기준원가계산이 출현할 수밖에 없었던 배경을 그림으로 표시하면 〈그림 8-1〉과 같다.

그림 8-1 ABC의 출현배경

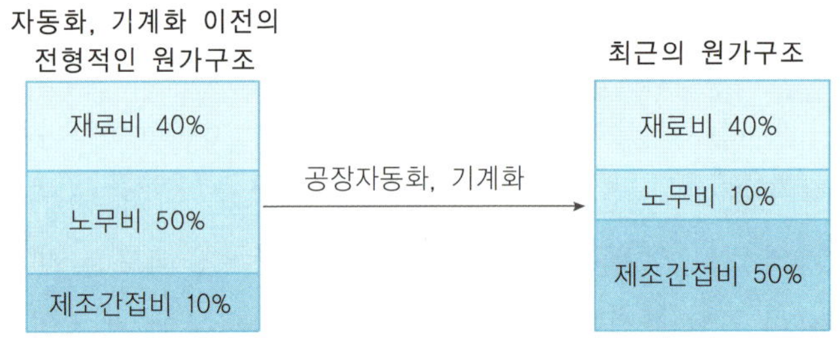

〈그림 8-1〉에서 볼 수 있듯이 제조환경이 자동화, 기계화되어 있지 않던 과거에는 제조원가에서 노무비가 차지하는 비중이 컸고 상대적으로 제조간접비는 그리 큰 것이 아니었다. 따라서 제조간접비를 인위적인 배부기준(주로 직접노무시간 또는 기계시간 등)에 의거 제품원가에 배부하더라도 별 문제가 되질 않았으며, 설사 배부기준이 제조간접비 발생에 대한 설명력을 갖고

있지 않더라도 배부결과 속의 오류는 그리 큰 것이 아니었다. 또 이 시대의 원가절감에 대한 관심은 노무비를 어떻게 줄이느냐에 초점이 맞추어져 있었지, 제조간접비는 원가절감 측면에서도 별 관심을 끌지 못했었다. 그러던 것이 노무비를 절감한다는 차원에서 또는 인간이 3D 업종을 기피하기 때문에 이를 해결한다는 차원에서 점차 추진되기 시작한 공장자동화, 공장기계화 노력이 점차 확대되자 최근의 원가발생구조는 직접노무비의 비중이 현격히 줄어든 대신 제조간접비 비중이 크게 늘어나는 형태를 띠고 있다. 과거에 사람이 하던 일을 기계가 대신하는 바람에 기계구입비, 동력비, 수선비, 감가상각비 등이 대폭 늘어났고 직접노무비는 줄게 되었다. 결국 제조원가에서 제조간접비가 차지하는 비중이 50%를 넘는 경우도 발생하는 등 제조간접비가 원가관리자의 관심의 초점이 되게 되었다. 뿐만 아니라, 제조간접비가 이렇게 늘어남에도 불구하고 과거에서와 같이 한두 개의 간접비 배부기준을 가지고 이를 제품원가에 배부하다 보니 배부가 이상한 결과를 가져오게 되고 급기야는 심각한 원가왜곡까지 발생하게 되었다. 이렇게 한두 개의 배부기준으로 제조간접비를 배분하던 실무계에서는 원가계산이 이상한 결과를 계속 나타내자 제조간접비를 보다 자세히 분석하게 되었고 뒤에서 설명하게 될 원가동인(cost driver)과 원가발생 간의 관계를 찾게 되었다.

이와 같은 제조환경의 변화로 제조간접비가 증대하면서 제조간접비의 발생과 제조간접비에 대한 분류를 다시 한번 검토하고, 제품에 대한 수요의 변화로 제품의 수명주기가 단축됨에 따라 투입된 원가를 회수하는 기간이 짧아지게 되어 수명주기 전반에 걸친 원가를 추적하여 관리해야 할 필요성이 대두되고 있다.

이제부터 소개하는 활동기준원가계산(ABC)에서는 제품의 제조원가계산에 있어서 제품의 제조활동을 반영하는 기준을 이용하여 제조간접비를 배부하는 방법을 사용한다. 활동원가계산제도는 기업으로 하여금 정확한 원가의 계산을 가능하게 할 뿐만 아니라, 정밀하게 분석된 원가동인에 대한 정보를 바탕으로 보다 신축적인 원가관리는 물론 보다 합리적인 경영의사결정을 할 수 있게 해준다.

그러므로 ABC는 결코 갑자기 등장한 개념이 아니라, 기존 시스템이 가지고 있는 한계점인 제조간접비 배분의 왜곡이나 부서 간 또는 기능상호 간의 관계포착 및 원가절감영역의 지점들을 보완할 필요성에 따라 대두된 것이다.

다음의 간단한 예로 활동기준원가계산의 효과를 알아보자.

예 1 (주)북악은 A와 B 두 제품을 생산하고 있고, 연간 생산량은 A가 10개, B가 990개이다. 1년간 발생한 총제조간접비는 ₩5,000,000이며, 그동안 이 회사는 간접비를 물량기준으로 두 제품에 배부하였다. 기존의 방식으로 간접비를 A제품과 B제품에 배부한 결과를 요약하면 〈표 8-1〉과 같다.

〈표 8-1〉

	A제품	B제품	합계
생산량	10개	990개	1,000개
제조간접비 배부액	₩50,000*	₩4,950,000†	₩5,000,000
단위당 제조간접비	₩5,000	₩5,000	
	(₩50,000÷10개)	(₩4,950,000÷900개)	

* ₩5,000,000 $\times \frac{10개}{10개 + 990개}$ = ₩50,000

† ₩5,000,000 $\times \frac{990개}{10개 + 990개}$ = ₩4,950,000

이렇게 배부를 한 후, (주)북악은 무엇인가 석연치 않음을 느꼈다. 즉, 'B제품은 A제품에 비해 큰 물량을 생산하는데 단위당 제조간접비는 A제품과 차이가 나질 않는다니 대량생산의 이점도 없다는 말인가? 소위 말하는 규모의 경제가 나타날 만도 한데 전혀 차이가 나지 않는 것은 좀 이상하지 않은가?'라는 의문이 들기 시작한 것이다. 이런 의구심 때문에 (주)북악의 회계팀은 간접비에 대한 분석을 하게 되었다. 다시 말하면 간접비를 보다 자세히 들여다보게 되었다. 이렇게 간접비를 찬찬히 훑어본 결과 다음과 같은 사실을 알게 되었다. 총제조간접비 500만 원 중, 400만 원은 생산에 사용되는 기계들의 조작 때문에 발생하였고 나머지 100만 원은 팔려 나간 제품의 사후서비스 때문에 발생되었다. 이 중 기계 조작비용이란 A를 만들다 B를 만들기 위해 기계장치를 조정해야 하는 비용을 말하며, (주)북악이 가지고 있는 기계는 어느 제품을 만들든 1번 조작에 300개까지 만들 수 있었다. 이 비용의 증가원인이 되는 원가동인은 기계조작횟수였다. 반면에 사후서비스 비용은 고객에게 제품이 팔려 나간 후 어떤 문제가 발생했을 때 이를 해결해 주는 데 드는 비용이었으며, 원가동인은 사후서비스 요청건수였다.

이상의 내용을 정리하면 다음과 같다.

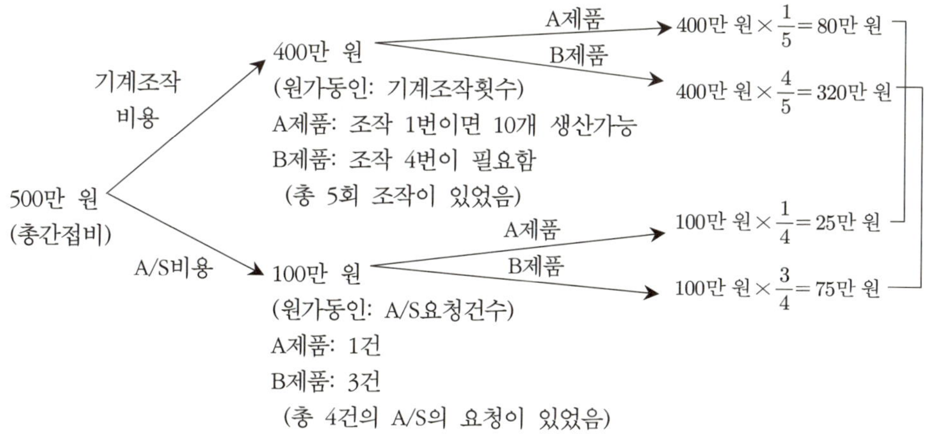

따라서 보다 정확한(다시 말하면, ABC 방식을 이용한 제조간접비 배분) 간접비배분은 A제품에 105만 원(80만 원+25만 원), B제품에 395만 원(320만 원+75만 원)이 된다. 이 결과를 기초로 〈표 8-1〉을 다시 작성해 보면 아래와 같다.

	A제품	B제품	합계
생산량	10개	990개	1,000개
제조간접비 배부액	₩1,050,000	₩3,950,000	₩5,000,000
단위당 제조간접비	₩105,000	₩3,990	

이 결과는 앞에서 A제품, B제품 공히 단위당 ₩5,000의 제조간접비가 배부된 결과와는 크게 다름을 알 수 있다. 특히 A제품의 원가가 크게 왜곡되었었음을 볼 수 있다.

1 전통적 원가계산의 문제점

(1) 유연 생산시스템(flexible manufacturing system: FMS), 컴퓨터 통합시스템(computer integrated manufacturing: CIM), 적시생산시스템(just in time: JIT) 등의 도입으로 직접노무비의 비중은 과거에 비해 상대적으로 줄어들고 있으며, 제조간접비가 제조과정에 중요한 부분을 차지하고 있다. 제조간접비를 실제 발생원인과의 관련성이 적은 직접노무비 등을 기준으로 배부하는 것은 정확한 제품의 원가계산을 어렵게 만든다.

예를 들어, 디자인이 중요한 부분을 차지하는 완구제조기업에서 디자인 부서에 투입되는 비용을 각 완구의 제조기계시간이나, 직접노무비에 따라 완구에 배부하기보다는 각 완구를 디자인하는 데 투입된 활동의 양을 기준으로 배부하는 것이 타당할 것이다.

(2) 생산량 차이로 원가전이효과가 발생할 수 있다. 기존의 원가계산제도에서는 제조간접비를 주로 생산량 기준에 따라 배부하므로, 조업도와 상관관계가 높지 않은 제조간접비가 생산량이 적은 제품에서 생산량이 많은 제품으로 전이되게 된다.

예를 들어, 한 달간 A를 100개, B를 50개 생산하는 기업에서 A와 B의 생산에 필요한 원재료를 A도 1회 주문하고, B도 1회 주문하였으며, 1회 주문비용은 ₩30으로 동일하다고 하면, 전통적인 원가계산제도하에서 생산량에 따라 원가를 배부하게 되면, 총주문비용 ₩60을 A에 ₩40, B에 ₩20을 배부하게 되어 생산량이 적은 B에서 생산량이 많은 A로 원가의 전이가 발생하게 된다. 활동기준원가계산하에서는 A와 B에 주문활동에 따라 똑같이 ₩30씩을 배부하게 된다.

(3) 전통적 원가계산에서는 정확한 원가계산이 어렵고, 이에 따라 각 제품에 대한 의사 결정에 혼란을 초래하게 된다. 각 제품에 대한 올바른 원가계산과 수익성 분석에 따라 경영자는 각 제품을 존속시키거나, 생산의 중단을 신속하게 결정하여야 하는데 부정확한 원가계산 때문에 존속하여야 할 제품의 생산을 중단시키거나, 중단시킬 제품을 존속시킬 수 있다.

(2)의 예에서 전통적인 원가계산에서는 A에 ₩30이 아닌 ₩40의 원가를 배부해 생산의 중단을 결정할 수 있는 위험을 내포하고 있다(만약 A에 배부하는 원가가 ₩30일 경우에는 이익이 발생하고, ₩40일 경우에는 손해가 난다고 가정하면).

제 2 절 기본개념

1 ABC의 정의

'ABC란 활동을 원가대상의 중심으로 삼아 활동의 원가를 계산하고, 이를 토대로 하여 다른 원가대상의 원가를 계산하는 것을 중점적으로 다루는 원가계산시스템이다'(Horngren · Foster, 1991). 즉, 제품을 생산하는 데에 필요한 활동들을 파악하고, 각 활동을 하는 데 투입된 비용을 집계하여 계산된 각 활동의 원가를 그 활동이 투입된 만큼(원가동인에 따라) 제품에 배부하여 제품의 원가를 계산하는 것을 말한다.

2 활 동

활동이란 자원을 사용하여 가치를 창출하는 작업을 의미한다. 즉, 활동은 기업 내의 각 집단이 기업의 목표달성을 위하여 수행하는 일체의 반복적인 과업으로서 ABC의 기본 요소이다. 기업 내에서 일어나는 각 활동의 특성을 파악하고, 활동을 분류해내는 것이 활동기준원가계산에서 기본이 된다.

(1) 단위수준활동(unit level activity)

생산수량에 정비례하여 수행되는 활동을 말한다. 단위수준활동과 관련된 직접재료비, 직접노무비, 동력비 등은 제품의 생산량에 비례하여 증가하게 된다.

(2) 묶음관련활동(batch related activity)

작업준비, 자재이동, 구매주문과 같이 특정제품 묶음에 따라 발생하는 활동들을 말한다. 이러한 활동들은 제품묶음(batch) 수에 비례해 발생하고, 대체로 제품묶음 내의 제품 수에는 비례하지 않는다.

(3) 제품유지활동(product sustaining activity)

특정제품을 제품라인에 추가하거나 계속 생산하는 데 필요한 활동으로 공장설계, 엔지니어링, 제품개량, 주물제작, 제품설계 등의 활동을 말한다. 이러한 활동은 제품라인에 제품이 추가될수록(즉, 제품의 수가 늘수록) 늘어나지만 제품생산량과는 상관없이 일정하다.

(4) 설비유지활동(facility sustaining activity)

생산설비와 관련해 관리적 성격의 원가를 발생시키는 활동으로, 공장에서 전체제품을 생산하는 데 필요한 공장관리, 건물관리, 안전유지 및 조경 등의 활동을 말한다. 이러한 활동은 생산되는 모든 제품과 관계되므로 공통원가로 인식된다.

3 원가동인

원가를 발생시키거나 발생정도에 영향을 미치는 요소인 사건 또는 활동을 원가동인이라 한다. 즉, 원가동인은 활동의 양을 계량적으로 나타내는 측정척도로서 활동별로 집계된 원가를 제품에 배부할 때의 배부기준이 된다. 예를 들어, 수선비라는 간접비의 경우 원가동인은 수선횟수가 될 수 있을 것이다.

ABC에서는 각 활동별로 상이한 원가동인을 고려해야 한다. 작업준비원가의 배부에서는 작업준비횟수가 원가동인이 되어 작업준비횟수에 따라 원가를 배부하고, 검사비의 배부에서는 검사횟수에 따라 원가를 배부하게 된다.

제품의 원가계산에 있어서는 활동원가의 집합을 많이 인식할수록 원가계산의 정확성은 높아지지만, 원가동인과 각 활동의 원가를 추적하고 파악하는 데 측정원가가 발생하게 된다. 이러한 비용과 효익의 상쇄관계(trade-off)를 고려하여 원가동인을 파악하는 것이 보다 효과적이다.

제 3 절 ABC의 절차

활동기준원가계산하에서 어떻게 단위원가가 계산되는지를 알아보기 위해 다음의 상황을 가정하자.

고려회사는 A, B 두 가지의 제품을 생산하고 있다. A제품은 연간 5,000단위가 팔리는 소량의 제품이며, B제품은 연간 20,000단위가 팔리는 대량의 제품이다. 두 제품 모두 완성시키는 데 각각 2시간의 직접노무시간이 필요하다. 그러므로 이 회사는 다음 계산에서 볼 수 있는 바와 같이 연간 총 50,000시간의 직접노무시간이 투입된다.

제품 A: 5,000단위×2시간	10,000시간
제품 B: 20,000단위×2시간	40,000시간
총직접노무시간	50,000시간

각 제품단위별 재료비 및 노무비는 다음과 같다.

	A	B
직접재료비	₩25	₩15
직접노무비(₩5/시간)	₩10	₩10

이 회사의 연간 총제조간접비와 그 구성항목은 다음과 같다.

활동	추적가능비용	횟 수		
		합 계	제품 A	제품 B
기계준비	₩230,000	5,000	3,000	2,000
품질검사	₩160,000	8,000	5,000	3,000
생산지시	₩81,000	600	200	400
기계작업	₩314,000	40,000	12,000	28,000
재료수령	₩90,000	750	150	600
	₩875,000			

1 활동을 구분하고 각 활동을 분석한다.

기계준비활동, 품질검사활동, 생산지시활동, 기계작업활동, 재료수령활동 등

2 활동별로 원가를 집계한다.

기계준비활동	₩230,000
품질검사활동	₩160,000
생산지시활동	₩81,000
기계작업활동	₩314,000
재료수령활동	₩90,000

3 활동별로 배부기준을 결정한다.

본 예에서는 모두 횟수로 동일하게 배부기준, 즉 원가동인이 결정되어 있다. 그러나 검사횟수와 검사시간이 모두 주어진 경우에는 적당한 원가동인을 결정하여야 한다. 1회 검사하는 데 드는 검사시간이 A와 B에 동일하다면 검사횟수를 배부기준으로 결정해도 되지만 1회의 검사시간이 동일하지 않다면 검사시간을 배부기준으로 결정하는 것이 보다 합리적이다.

4 활동별 원가배부율을 계산한다.

활 동	(a)추적가능비용	(b)총발생횟수	(a)÷(b)횟수당배부율
기계준비	₩230,000	5,000	₩46
품질검사	₩160,000	8,000	₩20
생산지시	₩81,000	600	₩135
기계작업시간	₩314,000	40,000	₩7.85
재료수령	₩90,000	750	₩120

5 각 제품이 소비한 활동을 집계한다.

	제품 A		제품 B	
	발생횟수	금액	발생횟수	금액
기계준비(46)	3,000	₩138,000	2,000	₩92,000
품질검사(20)	5,000	100,000	3,000	60,000
생산지시(135)	200	27,000	400	54,000
기계작업시간(7.85)	12,000	94,200	28,000	219,800
재료수령(120)	150	18,000	600	72,000
배부된 총제조간접비(a)		₩377,200		₩497,800
생산된 단위(b)		5,000개		20,000개
단위당 제조간접비 (a)÷(b)		₩75.44		₩24.89

6 각 제품별 원가를 계산한다.

	활동기준		직접노무비기준	
	제품 A	제품 B	제품 A	제품 B
직접재료비	₩25	₩15	₩25	₩15
직접노무비	10	10	10	10
제조간접비	75.44	24.89	35	35
총제조원가	₩110.44	₩49.89	₩70	₩60

전통적인 원가계산에 의하면 각 제품에 ₩35씩의 제조간접비를 배부하게 된다. 그러나 A제품에 ₩75.44를, B제품에는 ₩24.89를 배부하여야 보다 정확

한 원가계산이 이루어지게 된다. 직접노무시간을 제조간접비 배부의 기준으로 사용하게 되면 A제품에는 너무 적은, B제품에는 너무 많은 제조간접비가 부과되게 된다. 앞에서 이야기한 원가의 전이가 발생하게 되는 것이다. A제품의 단위원가가 과소 계상됨으로써 이 회사는 자기도 모르는 가운데 A제품에 대하여 손해를 보아 왔을 수도 있다.

제 4 절 ABC의 유용성 및 단점

1 유 용 성

(1) ABC를 통해 원가의 세분화가 가능해졌다. 전통적인 개념에서는 고정비로 취급되던 비용들이 ABC를 통해 각 활동으로 세분되어 제품에 배부되고, 각 제조간접비의 유발요인에 대한 상세한 정보를 이용할 수 있어 제조간접비를 보다 더 합리적으로 통제할 수 있게 되었다.

(2) 각 제품에 대한 보다 정확한 원가자료를 바탕으로 각 제품에 대한 수익성 분석을 통해 보다 높은 수익을 올리는 제품을 선택할 수 있다.

(3) 각 제품에 필요한 원가동인을 파악하고, 이를 바탕으로 불필요한 활동을 제거해 원가를 절감할 수 있다. 즉 비부가가치 활동을 기업 내에서 제거하는 등 계속적인 개선의 기회를 찾을 수 있다.

(4) 각 활동별로 원가동인이 파악되어 있어 각 활동에 대한 상호연관관계 파악이 용이해진다. 따라서 각 기업 내 각 부서 간의 원활한 협조가 가능해지고, 품질관리 등이 유리해진다.

2 단 점

(1) 활동분석을 하는 데 추가적인 비용이 투입되어야 한다.

(2) 활동을 세분화함에 따라 원가계산 절차가 복잡해질 수 있다.

(3) 원가동인의 파악이 어려울 수 있고, 원가동인의 선택이 자의적일 수 있다.

(4) 활동을 명확히 정의하고 구분하는 기준이 존재하지 않아 일관된 원가계산이 어려울 수 있다.

(5) 다품종 소량생산의 제조간접비가 높은 기업에 주로 적합하다.

08 연습문제

8-1. 자동차 생산기업 (주)고려는 20×3년 8월 A와 B 두 차종을 A는 100대, B도 100대 생산하였다. A와 B 두 자동차를 검사하는데 소요된 비용은 다음과 같다.

검사비용: ₩3,000(검사인의 인건비)
검사횟수: A 한 대당 1회씩, B 한 대당 2회씩
검사시간: A 한 대당 1시간, B 한 대당 15분
단, 검사인은 임시고용형태로 시급을 받으며 검사를 수행한다.

요구사항

A와 B 자동차 한 대당 배부되는 검사비용을 구하시오.

8-2. TV와 냉장고를 생산하는 (주)한양은 20×3년 8월 TV 300대와 냉장고 100대를 생산하였고, 제조간접비 중 검사비 ₩400,000을 생산량에 따라 TV에 ₩300,000을 냉장고에 ₩100,000씩 배부하였다.

TV 한 대를 검사하는 데 들어가는 시간은 0.5분이고, 냉장고 한 대를 검사하는 데 들어가는 시간은 1분이다.

요구사항

원가담당자 명석씨는 기존의 원가배부가 잘못되었다고 주장하며, 합리적인 검사비의 배분을 주장하였다. 합리적인 검사비의 배분을 실시하고, 원가의 전이에 대해 논하시오.

8-3. 선박제조업체 (주)해양은 20×3년 8월 중 대형선박 A, B를 각 1척씩 제조하였다.

8월의 원가자료는 다음과 같다.

	A	B
원재료 주문횟수	3	7
원재료 주문량	70톤	30톤
기계장치 Setup	10회	5회
기계장치 수	7대	8대
검사횟수	2회	3회
1회 검사시간	4시간	6시간

단, 주문비는 1회에 ₩1,000, 기계장치 Setup비는 1회에 ₩300, 총검사비는 ₩2,000이 발생하였다. 그리고 검사인은 필요할 경우 임시 고용한다.

요구사항

주문활동, 기계장치 Setup, 검사활동의 원가동인을 결정하고, 그 근거를 약술하시오.

8-4. TV를 생산하는 (주)포항의 20×3년 8월 원가자료는 다음과 같다.

원재료	₩2,000
직접노무비	₩1,000
작업준비비	₩200
임차료	₩100
관리자 급여	₩50

단, 작업준비는 생산하는 TV의 품종이 변경될 경우 발생한다.

요구사항

원가항목을 각 활동별로 분류하고 원가동인을 밝히시오.

8-5. 기계를 생산하는 (주)서울의 원가자료는 다음과 같다.

	작업 101	작업 102	작업 103
생 산 량	1,000대	500대	2,000대
주문횟수	20회	30회	50회
검사횟수	2회/단위	2회/단위	1회/단위

총주문비는 ₩20,000이고, 총검사비는 ₩500,000이다.

요구사항

작업 101, 102, 103의 생산량 단위당 배부되는 원가를 구하시오.

8-6. 가전제품 TV와 냉장고를 생산하는 (주)고려는 20×3년 8월 TV 100대와 냉장고 50대를 생산하였고, 8월의 원가자료는 다음과 같다.

	TV	냉장고
직 접 재 료 비	10,000원	5,000원
직 접 노 무 비	10,000원	5,000원
주 문 활 동	10회	20회
기계설치활동	1회	2회
검 사 활 동	100시간	200시간

총주문비는 3,000원이고, 총설치비는 3,000원이며, 총검사비는 6,000원이다.

요구사항

1. ABC와 전통적인 원가계산방법에 의해 각 제품의 단위당 원가를 구하시오. 전통적인 방법에서는 직접노무비를 기준으로 제조간접비를 배부하시오.
2. 두 방법의 차이를 설명하고, 어느 방법이 타당한지 논하시오.

8-7. 식탁과 의자를 수공업으로 생산하는 (주)연세의 원가자료는 다음과 같다.

	식탁	의자
생산량	200개	800개
직접노무시간	400시간	200시간
작업준비활동	5회	20회
검사활동	9회	5회
검사시간	5시간/1회	1시간/1회
원재료(나무)	200kg	50kg

원재료 ₩200/kg, 노무비 ₩50/시간, 총작업준비비 ₩10,000, 검사인 급료 ₩100/시간

요구사항

1. 제조간접비를 직접노무시간 기준으로 배부하여 단위당 원가를 구하시오.
2. 제조간접비를 생산량 기준으로 배부하여 단위당 원가를 구하시오.

3. 식탁과 의자의 단위당 원가를 ABC에 의해 구하시오.
4. 세 가지 방법에서 원가의 차이가 발생한 원인과 각 방법의 타당성을 논하시오.

8-8. (주)은하는 A, B 두 제품을 생산, 판매하고 있으며 각 제품은 제조부문 중의 가공부분과 조립부문 두 공정을 거쳐 완성된다. A제품은 업계표준으로 자리잡은 제품으로 가격경쟁이 매우 치열하다. 회사는 20×3년 이 제품을 개당 ₩700씩 1,000단위를 생산, 판매하였으며 B제품은 첨단기술로 가공된 고부가가치의 신제품으로 회사는 20×3년에 개당 ₩6,000씩 200단위를 생산, 판매하였다. 제품 A, B와 관련하여 발생한 원가자료는 다음과 같다.

	A	B	합계
직접재료비	₩200,000	₩100,000	₩300,000
직접노무비	150,000	250,000	400,000
직접노동시간			
가공부문	100시간	200시간	300시간
조립부문	50	100	150
기계시간			
가공부문	200시간	300시간	500시간
조립부문	150	250	400

20×3년 이 회사의 연간 총제조간접비는 ₩800,000으로 가공부문과 조립부문에서 각각 ₩300,000과 ₩500,000씩 발생하였다.

한편 회사는 보다 정확한 원가계산을 위해 각 제품의 생산원가를 활동기준 원가계산을 통해 분석해 보기로 하고 20×3년 중 각 부문에서 발생한 제조간접비를 5가지 활동으로 구분하여 집계하였다. 다음은 각 제품의 활동에 관한 자료이다.

활동	원가총액	횟수		
		합계	A제품	B제품
주 문	₩100,000	2,000	1,500	500
기계작업준비	50,000	1,000	400	600
생산지시	100,000	200	100	100
기계작업시간	300,000	2,000	500	1,500
품질관리	250,000	500	100	400
	₩800,000			

요구사항

활동기준 원가계산제도를 사용할 경우, 활동별 제조간접비 배부율과 제품 단위당 원가를 계산하시오.

8-9. (주)고려의 20×3년도 원가자료(간접비관련)가 다음과 같았다.

간접비종류	발생액	원가동인	동인의 발생량
수선비	₩20,000	기계시간	10,000시간
원재료 이동	₩25,000	이동횟수	250회
기계장치 Setup	₩30,000	Setup 시간	1,000시간
검 사	₩25,000	검사횟수	500회
합 계	₩100,000		

다음은 20×3년 1월에 완료한 두 개의 작업에 관련된 자료이다.

비용항목	작업 101	작업 102
직접재료비	₩12,450	₩9,750
직접노무비	₩8,000	₩5,500
생산량	2,000개	1,000개
직접노무시간 투입량	640시간	400시간
기계시간	700시간	650시간
원재료 이동횟수	40회	15회
기계 Setup 시간	80시간	40시간
검사횟수	35회	15회

요구사항

간접비를 활동기준으로(ABC방식으로) 배분한다고 가정했을 때, 각 작업의 단위 원가를 계산하시오.

8-10. 자동차를 생산하는 (주)서강은 월간 1,000개의 엔진을 자가제조해 사용하고 있다. 경영자는 외부로부터 엔진을 개당 ₩1,000에 공급하겠다는 제의를 받았다.

엔진 1,000개 자가제작의 경우 원가자료는 다음과 같다.

직접재료비	₩300,000
직접노무비	₩200,000

변동제조간접비	₩400,000
고정제조간접비	₩500,000

외부구입할 경우 고정제조간접비 중 검사비 ₩50,000은 회피가능하다.

요구사항

1. 외부구입과 자가제작의 의사결정을 행하시오.
2. ABC에 의해 활동을 분석한 결과 다음과 같은 자료를 얻었을 때 새로운 의사결정을 하시오.

고정제조간접비 구성항목

임차료	₩350,000
검사비	₩50,000
기계설치비	₩30,000
작업준비비	₩20,000
원재료주문비	₩50,000

작업준비와 기계설치는 제품생산의 경우 월 1회 고정적으로 행해지는 작업이고, 원재료는 월 1회 정기적으로 주문하기 때문에 고정비로 분류되었다.

Chapter 09

공헌이익과 변동원가계산

제 1 절 공헌이익기준 손익계산서

일단 원가가 고정비와 변동비로 분리되면, 관리자는 이 자료를 무엇에 이용하는가? 관리자가 하는 일의 전부가 원가행태를 이해하는 것에 연관되기 때문에 이 물음에 답을 하려면 이 책의 남은 부분을 다 차지해야 될 것이다. 그러나 이에 대한 빠르고도 매우 중요한 답은 손익계산서를 작성하는 데 있어 새로운 형태인 "공헌이익접근법"(contribution approach)에서 찾아볼 수 있다. 공헌이익에 초점을 맞추어 작성된 손익계산서의 독특한 점은 관리자에게 원가행태를 강조한 손익계산서를 제공한다는 것이다.

한편 회계담당자의 임무 중의 하나는 비용을 조직의 여러 부분에 할당하는 것이다. 비용할당은 다음의 세 가지 목적을 위해, 유용하고 관련된 자료를 제공해야 한다는 점에서 필요하다.

① 제품 원가계산과 가격결정
② 경영성과의 평가
③ 특수의사결정

이들 목적을 위해 비용을 할당하는 데 있어 회계담당자는 두 가지 접근법을 사용할 수 있다. 그 하나는 뒤에서 논의할 전부원가계산방법이고 다른 하나는 원가-조업도-이익분석(CVP분석)에 대한 논의와 함께 제10장에서 소개될 공헌이익접근법이다. 이 장의 목적은 공헌이익접근법에 대해 살펴보고, 이를 바탕으로 변동원가계산에 대해서 알아보고자 하는 것이다. 즉, 여기서는 관리목적을 위한 부문보고서 작성에 공헌이익접근법이 어떻게 사용되는지, 그리고 변동원가계산 방식하에서의 제품 및 서비스의 원가계산이 전부원가계산 방식하에서의 원가계산과 어떻게 다른지 구체적으로 알아보고자 한다.

1 왜 새로운 형태의 손익계산서가 필요한가?

전통적인 손익계산서는 원가행태에 따라 구성되어 있지 않고, 원가자료를 제시함에 있어 생산, 관리 및 판매와 같은 "기능별" 형태로 구성되어 있다. 각 기능별하에서도 원가의 행태별 분류에 대한 시도가 전혀 이루어지지 않고 있다. "일반 관리비"의 예를 보더라도 변동비와 고정비가 한데 뭉쳐서 나타나고 있다.

기능별 형태의 손익계산서가 외부보고목적에는 유용할지 모르지만, 관리자의 내부적 이용면에서는 심각한 한계점들을 갖고 있다. 내부적으로 관리자는 계획, 통제 및 의사결정이라는 중요한 임무를 쉽게 수행할 수 있게 구성된 원가자료를 필요로 한다. 앞으로 공부할 장들에서도 볼 수 있듯이 관리자들의 이러한 임무들은 원가자료가 고정비와 변동비로 나뉘어진 형태로 제공될 때 가장 효과적으로 수행될 수 있다. 이런 이유 때문에 공헌이익접근방식의 손익계산서가 개발되었다.

2 공헌이익기준 손익계산서

〈그림 9-1〉에는 전통적 형태의 손익계산서와 함께 공헌이익접근방식의 손익계산서가 나타나 있다.

공헌이익접근방식은 원가를 고정과 변동으로 구별하고 있으며, 우선 매출액에서 변동비들을 빼 공헌이익(contribution margin)을 계산하는 것에 유의하자. 공헌이익은 판매수익에서 변동비들을 차감한 후의 금액으로서, 이 금액을 **공헌이익이라고 부르는 이유는 이 금액이 우선 아직 회수되지 않은 고정비를 회수하고 더 나아가 이익을 내는 데 공헌하기 때문이다**(지금 여기서 정의된 공헌이익개념은 본 서의 전반에 걸쳐 필요한 중요한 개념이므로 최소한 다섯 번은 반복해서 읽기 바란다).

그림 9-1 공헌이익접근방식과 전통적 방식 손익계산서의 비교

전통적 방식(원가가 기능별로 구성됨)

매 출		₩12,000
(−)매출원가		6,000*
매출총이익		6,000
(−)운영비:		
판매비	₩3,100*	
일반관리비	1,900*	5,000
순이익		₩1,000

공헌이익접근방식(원가가 행태별로 구성됨)

매 출		₩12,000
(−)변동비		
변동생산비	₩2,000	
변동판매비	600	
변동일반관리비	400	3,000
공헌이익		9,000
(−)고정비		
고정생산비	₩4,000	
고정판매비	2,500	
고정일반관리비	1,500	8,000
순이익		₩1,000

* 변동비와 고정비를 모두 포함하고 있다. 위의 손익계산서는 제조회사 것이므로 공헌이익접근방식으로 작성될 때 "매출원가"는 변동생산비와 고정생산비로 나뉘어져 표시된다.

공헌이익접근방식의 손익계산서는 기업내부의 계획수립이나 의사결정에 널리 사용되고 있다. 또한 공헌이익접근방식은 원가 - 조업도 - 이익분석(cost-volume-profit analysis)을 용이하게 해준다. 이 방식은 또한 부서별 수익성 측정, 예산책정, 또는 희소자원의 최적사용, 부품을 만들 것인가 사들여 올 것인가와 같은 특수의사결정 등에서 관리자의 성과를 평가하는 데도 매우 유용하게 쓰인다.

원가 - 조업도 - 이익분석에 관한 자세한 내용은 장을 달리하여 설명하기로 한다.

제 2 절 변동원가계산

전부원가계산은 변동제조비용과 함께 고정제조간접비를 당해 기간에 생산된 각 단위들에 배분한다. 전부원가계산이 변동비와 고정비를 함께 묶어버리므로, 이 방식으로 원가가 계산된 단위들은 공헌이익 형태의 손익계산서에 포함되기가 부적합하다. 이런 이유 때문에 단위원가를 계산하는데 있어 원가행태에 초점을 맞춘 다른 원가계산방식이 유도되었다. 이 방식은 변동원가계산이라 불린다. 변동원가계산 방식은 공헌이익접근법과 잘 조화되며, 공헌이익 형태의 손익계산서를 작성하는 데 제조회사와 기타 조직들에서 널리 이용되고 있다.

1 변동원가계산과 전부원가계산

(1) 변동원가계산

"변동원가계산"하에서는 조업도에 따라 직접적으로 변하는 생산비들만이 제품원가로 간주된다. 여기에는 직접재료비, 직접노무비, 제조간접비 중 변동부분이 포함된다. 이 방법하에서는 고정제조간접비가 제품원가로 취급되지 않는다. 오히려, 고정제조간접비는 판매비 및 일반관리비와 같이 기간비용으로 취급되어 각 기간의 수익에서 차감된다. 결국, 변동원가계산 방법하에서는 제품단위의 재고비용은 어떠한 고정제조간접비도 포함하지 않는다.

(2) 전부원가계산

"전부원가계산"은 변동비이건 고정비이건 간에 관계없이 모든 생산비용들을 제품원가로 취급한다. 따라서 변동원가계산과는 달리 전부원가계산은 변동제조비용들과 함께 고정제조간접비도 각 제품단위에 배분한다. 그러므로 전부원가계산하에서의 제품단위원가에는 직접재료비, 직접노무비, 그리고 변동 및 고정제조간접비를 포함한다. 전부원가계산이라는 이름이 붙은 이유는 이 방법이 제품원가에 모든 생산비용을 포함시키기 때문이다.

변동원가계산과 전부원가계산과의 비교를 마감하면서 판매비 및 일반관리비의 처리에 대한 것을 간단히 언급해야 하겠다. 이 비용은 어떤 원가계산방식이 사용되든 간에 제품원가로 취급되지 않는다. 따라서 어느 방식하에서건 판매비 및 일반관리비는 항상 기간비용으로 취급되며 발생수익에서 차감된다.

(3) 단위원가의 계산

변동원가계산과 전부원가계산하에서의 단위원가 계산을 설명하기 위해 다음의 자료를 사용해보자.

【예제 1】

강촌 회사는 하나의 제품을 생산한다. 제품 및 생산공장에 관한 원가자료는 다음과 같다.

매년 생산단위 수	6,000
단위당 변동비:	
직접재료비	₩2
직접노무비	4
변동제조간접비	1
변동판매비 및 일반관리비	3

연간고정비:

제조간접비 ……………………………………………………30,000

판매비 및 일반관리비 ………………………………………10,000

요구사항 1. 전부원가계산하에서의 제품단위원가를 계산하라.

2. 변동원가계산하에서의 제품단위원가를 계산하라.

≪풀이≫

전부원가계산

직접재료비	₩2
직접노무비	4
변동제조간접비	1
총변동생산비	7
고정제조간접비(₩30,000÷6,000단위)	5
총단위원가	₩12

변동원가계산

직접재료비	₩2
직접노무비	4
변동제조간접비	1
총단위원가	₩7

(₩30,000의 고정제조간접비는 전액이 기간비용으로서 고정판매비 및 일반관리비와 함께 수익에서 차감된다.)

전부원가계산 방법하에서는 변동비든 고정비든 모든 생산비용이 당해 기간에 생산된 단위들의 원가에 더해지는 것을 알 수 있다. 따라서 전부원가계산을 사용하는 회사가 한 단위의 제품을 팔면 ₩12(₩7의 변동비와 ₩5의 고정비로 구성된)이 매출원가로서 손익계산서상에서 차감된다. 마찬가지로 팔리지 않은 단위들도 ₩12씩에 재무상태표상에 재고자산으로 잡히게 된다.

변동원가계산 방법하에서는 단지 변동생산비만이 당해 기간에 생산된 단위들의 원가에 포함됨을 알 수 있다. 따라서 제품을 하나 팔면 단지 ₩7만큼이 매출원가로 차감되며, 팔리지 않은 단위들도 재무상태표상에 ₩7씩에 재고자산으로 평가된다. 즉 ₩5의 고정비는 당해 기간의 단위들의 원가에 포함되지 않는다.

2 고정제조간접비를 둘러싼 논쟁

관리회계의 여러 분야들 중에서 변동원가계산 분야만큼 회계담당자들 간에 많은 논쟁을 불러 일으켰던 것도 아마 없을 것이다. 이 논쟁은 비용들이 계획과 통제에 관련되는 일에 변동비와 고정비로 나누어져야 할 것인가의 여부에 대한 것이 아니다. 논쟁의 쟁점은 고정제조간접비를 생산원가와 재고자산에서 제외시키는 데 대한 이론적 합리성에 관한 것이다.

변동원가계산의 옹호자들은 고정제조간접비는 특정 기간 동안에 실제로 생산된 제품단위들보다는 생산능력(capacity)에 관련되어 있다고 주장한다. 즉, 시설 및 설비, 보험, 감독자급료 등과 같은 비용들은 생산이 가능하도록 준비하는 데 드는 비용들이며 따라서 당해 기간 동안에 실제로 생산이 이루어지느냐에 관계없이 발생하는 비용들이라고 주장한다. 이러한 이유 때문에 변동원가계산의 지지자들은 이런 비용들이 제품원가에 포함되기보다는 기간비용으로 처리되어야 한다고 생각한다.

한편 전부원가계산의 옹호자들은 제품원가계산에 관한 한 제조비용이 변동적인지 고정적인지가 차이가 없다고 주장한다. 이들은 감가상각비, 보험료 등과 같은 고정제조간접비들도 변동비들과 마찬가지로 생산과정에 없어서는 안 되는 비용들이고, 따라서 제품의 단위원가계산에서 무시되어서는 안 된다고 주장한다. 원가계산이 온전히 이루어지기 위해서는 각 생산단위들이 적당량의 모든 제조비용들을 내포해야 한다고 이 방법의 지지자들은 주장한다.

3 자산의 정의에 대한 변동원가계산과 전부원가계산의 관점

본질적으로 전부원가계산과 변동원가계산의 차이는 시간상의 문제에 그 핵심이 있다. 변동원가계산의 옹호자들은 고정제조비 전체가 즉각적으로 수익에 대응되어야 한다고 보는 반면 전부원가계산의 옹호자들은 고정제조비가 제품 단위들이 팔려 나갈 때마다 조금씩 수익에 대응되어야 한다고 본다. 전부원가계산하에서 팔리지 않은 제품 단위들은 고정비가 재고자산으로 남게 만들고 결국 "자산"으로서 차기로 넘어가게 되는 결과를 낳는다. 어느 원가계산 방식이 옳으냐에 대한 논쟁을 해결하는 길은 전부원가계산이 주장하듯이 재고자산에 포함되는 고정비가 회계이론에 비추어 볼 때 자산에 대한 정의 범주에 들어오느냐를 알아봄으로써 찾을 수 있을 것이다.

(1) 자산이란?

어떤 비용이 수익 창출력을 가지고 있다고 보이거나 또는 미래에 어떤 방식으로든 운영에 유익을 가져다 줄 것으로 보이면 일반적으로 자산으로 간주된다. 간단히 말해서 어떤 비용이 미래의 효용잠재력을 가지고 있으면 자산이 된다. 예를 들어, 선급보험료는 미래 효용잠재력을 가지고 있기 때문에 자산으로 간주된다. 그러므로 전부원가계산제도하에서 재고에 포함된 고정생산비가 자산으로 불리는 것이 적절하기 위해서는 효용잠재력 기준에 적합해야 할 것이다.

(2) 전부원가계산의 관점

전부원가계산의 옹호자들은 재고에 포함된 고정생산비가 미래 효용잠재력을 확실히 가지고 있다고 주장한다. 이들의 입장은 생산량이 판매량을 초과했다면 미래의 효용이 다가오는 기간으로 이전되어 팔리고 그 결과 미래의 수익을 증가시킬 수 있는 재고의 형태로 창출되었다고 본다. 이들은 변동비뿐만 아니라 재고를 창출해 내는 데 투여된 모든 비용이 자산으로 잡혀야 한다고 주장한다. 감가상각비, 세금, 보험료, 감독자급료 등의 고정비들도 변동비들만큼 제품단위를 생성해 내는 데 필수적이라고 본다. 원재료나 기계를 운전할 노동력이 없이는 제품을 생산할 수 없는 것처럼 기계장치 없이는 제품을 생산할 수 없다는 입장이다.

요컨대 고정생산비가 인식되어 제품에 부과되지 않고서는 제품단위에 대한 원가가 완전히 계산되었다고 볼 수 없다는 것이다. 변동비와 고정비가 제품이 생산되는 것과 함께 동시에 부과되어야 하고, 이것은 제품이 즉각 팔리든가 아니면 미래의 수익창출을 위해 재고로 남아있든가 간에 변함이 없어야 한다고 본다.

(3) 변동원가계산의 관점

변동원가계산의 옹호자들은 어떤 비용이 효용잠재력을 갖고 있으면 자산이지만, 이는 현재 비용의 발생이 미래에 똑같은 비용이 또 발생하지 않도록 할 때에만 타당하다고 주장한다. 그러므로 효용잠재력은 미래 비용회피라는 점에 근거하고 있다고 본다. 만약 현재 발생하는 비용이 미래에 똑같은 비용이 재발생하는 것에 영향을 미치지 않는다면 이런 비용은 미래 발생하는 일들과는 무관하다고 여겨진다. 그러한 비용은 미래 효익이나 서비스를 전혀 대표하지 못한다고 주장한다.

예를 들어, 보험료의 선불은 자산으로 간주되는데, 이는 보험을 취득하면서 내는 현금은 보험의 대상이 되는 물건에 대해 미래에 다시 보험료를 낼 필요가 없기 때문이다. 즉, 지금 보험료를 냄으로써 회사는 미래의 지불을 회피하는 것이다. 보험료의 선불이 미래 비용회피라는 결과를 가져다 주므로 이 선불은 자산으로서 합당하다.

이런 형태의 비용회피가 고정제조비의 경우에는 존재하지 않는다. 어느 한 해의 고정제조비 발생은 같은 비용이 다음 해에 다시 발생되어야 하는 필요성을 전혀 감소시키지 못한다. 고정제조비의 발생이 미래 비용회피를 가져다 주지 못하므로, 한 해의 비용이 미래의 사건과 무관하며 따라서 미래의 효익이나 서비스를 나타내지 못한다. 그러므로 변동원가계산의 옹호자들은 어느 해의 고정제조비 중 어느 부분도 자산으로서 다음 해로 이연되어서는 안 된다고 주장한다. 이런 비용들은 자산으로 분류되기 위한 핵심기준인 미래 비용회피를 가져다 주지 못하기 때문이라는 것이다.

4 전부원가계산과 변동원가계산의 비교

전부원가계산과 변동원가계산 접근법하에서 작성된 손익계산서들이 〈표 9-1〉에 나타나 있다. 이들을 작성하는 데 있어 앞에서 제시된 강촌 회사의 자료들을 아래에 제공된 추가자료와 함께 사용하였다.

기초재고량	0
생산된 단위	6,000
판매한 단위	5,000
기말재고량	1,000
단위당 판매가격	₩20
판매비 및 일반관리비:	
단위당 변동비	₩3
연간 고정비	₩10,000

	전부원가계산	변동원가계산
제품단위원가:		
직접재료비	₩2	₩2
직접노무비	4	4
변동제조간접비	1	1
고정제조간접비(₩30,000÷6,000단위)	5	−
총단위원가	₩12	₩7

강촌 회사의 자료를 바탕으로 전부원가계산과 변동원가계산을 비교하면 〈표 9-1〉과 같다.

① 전부원가계산 방법하에서는 당기에 발생한 고정제조간접비의 일부분을 재고자산 계정을 통하여 차기로 이연시킬 수 있다(이는 "재고에 이연된 고정제조간접비"로 알려져 있다). 이러한 이연은 다음과 같이 설명될 수 있다: 당기 동안 강촌 회사는 6,000단위를 생산하였으나 5,000단위만을 팔았고 따라서 1,000단위는 기말재고로 남게 된다. 전부원가계산하에서는 생산된 각 단위들에 ₩5씩의 고정제조간접비가 포함되어 있고, 1,000단위 전체적으로는

〈표 9-1〉 **변동원가계산과 전부원가계산의 비교**

전부원가계산		
매출(5,000단위×₩20)		₩100,000
매출원가:		
기초재고	₩ –	
제조원가(6,000단위×₩12)	72,000	
판매가능제품	72,000	
(−)기말재고(1,000단위×₩12)	12,000	60,000
매출총이익		40,000
(−)판매비 및 일반관리비(₩15,000의 변동비와 ₩10,000의 고정비)		25,000
순이익		₩15,000

변동원가계산		
매출(5,000단위×₩20)		₩100,000
(−)변동비:		
변동매출원가:		
기초재고	₩ –	
변동제조비(6,000단위×₩7)	42,000	
판매가능제품	42,000	
(−)기말재고(1,000단위×₩7)	7,000	
변동매출원가	35,000	
변동판매비 및 일반관리비 (5,000단위×₩3)	15,000	50,000
공헌이익		50,000
(−)고정비:		
고정제조간접비	₩30,000	
고정판매비 및 일반관리비	10,000	40,000
순이익		₩10,000

기말재고의 차이에 유의하자. 전부원가계산 접근법에서는 ₩5의 고정제조간접비가 재고의 일부분으로 포함되어 있다. 이것이 기말재고와 순이익에서의 차이(₩5×1,000단위)를 설명해 준다.

₩5,000이 포함되어 있다. 따라서 당기에 해당되는 이만큼의 고정제조간접비가 실제로 이들 단위들이 팔릴 차기로 재고자산의 형태로 이연된다. 우리가 지금 얘기하는 이연되는 고정제조간접비는 전부원가계산 방법하에서의 기말

재고 ₩12,000을 분석함으로써 확실히 알 수 있다.

변동제조비: 1,000단위×₩7 ······	₩7,000
고정제조간접비: 1,000단위×₩5 ······	5,000
총재고가치 ······	₩12,000

요약하면, 전부원가계산 방법하에서는 당해 기간 동안에 발생한 ₩30,000의 고정제조간접비 중 단지 ₩25,000(5,000개의 팔린 단위×₩5)만이 매출원가에 포함된다. 나머지 ₩5,000(안 팔린 1,000단위×₩5)은 재고로서 다음 기로 이연된다.

② 변동원가계산 방법하에서는 고정제조간접비 ₩30,000 전체가 당기의 비용으로 취급된다(변동원가계산 손익계산서의 아래 부분을 보자).

③ 변동원가계산 방법하에서의 기말재고는 전부원가계산 방법에서보다 ₩5,000만큼 작다. 그 이유는 변동원가계산하에서는 단지 변동제조비만이 제품단위와 재고에 포함되기 때문이다.

기말재고의 변동제조비: 1,000단위×₩7=₩7,000

기말재고에 있어 ₩5,000의 차이가 두 원가계산방법 사이에 발생한 ₩5,000만큼의 순이익 차이를 설명하고 있다. 전부원가계산 방법하에서는 ₩5,000의 고정제조간접비가 재고로서 다음 기로 이연되기 때문에 순이익이 변동원가계산방법에서보다 ₩5,000만큼 크다.

④ 전부원가계산의 손익계산서는 고정비와 변동비를 구분하지 않기 때문에 CVP계산에 적합하지 않다. CVP분석을 위한 자료를 만들어 내기 위해서는 전부원가기준 손익계산서를 재작업하고 재분류하는 데 상당한 시간을 들여야 할 것이다.

⑤ 변동원가계산의 제품 단위원가계산과 공헌이익접근법의 손익계산서는 둘 다 비용을 그 행태에 따라 분류한다는 사고에 기초하고 있기 때문에 서로 잘 들어맞는다. 〈표 9-1〉의 변동원가계산 자료는 곧바로 CVP 계산에 사용될 수 있다.

(1) 이익자료의 상세한 비교

전부원가계산과 변동원가계산의 개념적 차이에 대해 어느 정도의 이해를 갖게 되었으므로, 두 접근법의 원가배분방식에 따라 작성된 이익자료 간의 차이를 좀 더 상세히 살펴보자. 〈표 9-2〉에는 3년간의 자료가 제시되고 있다. 첫 해에는 생산과 판매가 같고, 두 번째 해에는 생산이 판매를 초과한다. 셋째 해에는 반대로 판매가 생산을 초과한다. 〈표 9-2〉로부터 몇 가지 점들을 일반화할 수 있다.

① 생산과 판매가 같으면, 전부원가계산이 사용되든지 변동원가계산이 사용되든지에 관계없이 동일한 순이익이 실현된다(표의 첫 해에 해당됨). 그 이유는 생산과 판매가 같으면 전부원가계산제도하에서도 고정제조간접비가 재고의 일부로서 이연되거나 재고로 잡혀 있다가 풀려나오지 않기 때문이다.

② 생산이 판매를 초과하면 전부원가계산하에서 보고되는 순이익은 변동원가계산하에서 보고되는 순이익보다 일반적으로 크다(표에서 두 번째 해에 해당됨). 그 이유는 판매보다 생산이 많으면 전부원가계산하에서 당기의 고정제조간접비 중 일부분이 재고에 포함되어 다음 기로 이연되기 때문이다. 두 번째 해를 예로 들면 ₩30,000의 고정제조간접비(5,000단위×단위당 ₩6)가 전부원가계산하에서 재고로서 셋째 해로 이연되었다. 전부원가계산하에서는 단지 판매된 단위들에 관련된 고정제조간접비만이 매출원가에 포함되어 당해 연도의 수익에 대응되어 차감되었다.

그러나 변동원가계산하에서는 두 번째 해의 모든 고정제조간접비가 기간비용으로 수익에서 차감되었다. 그 결과로 변동원가계산하의 두 번째 해 순이익은 전부원가계산하의 순이익보다 ₩30,000만큼 작다. 〈표 9-3〉은 변동원가계산하의 순이익과 전부원가계산하의 순이익의 차이를 조정해 주고 있다.

③ 판매가 생산을 초과할 때 전부원가계산하의 순이익은 변동원가계산하의 순이익보다 일반적으로 작다(〈표 9-2〉의 셋째 해에 해당함). 그 이유는 생산된 양보다 많이 팔리게 되면 전년도로부터 넘어온 재고가 인출되고 이와 함께 전부원가계산하에서 재고와 함께 이연되었던 고정제조간접비가 풀려나면서 수익에 대응되기 때문이다. 셋째 해를 예로 들면, 전부원가계산하에서

〈표 9-2〉 **전부원가계산 vs. 변동원가계산** – 이익자료의 상세한 비교

기초자료	
단위당 판매가격	₩20
단위당 변동제조비(직접재료, 직접노무, 변동제조간접비)	11
고정제조간접비(총액)	150,000
제품 한 단위당 생산원가:	
변동원가계산하에서:	
변동제조비	₩ 11
전부원가계산하에서:	
변동제조비	₩ 11
고정제조간접비(연간 25,000단위기준: ₩150,000÷25,000단위)	6
총전부원가	₩ 17

계산의 간편함을 위해 판매비 및 일반관리비는 매년 ₩30,000씩 고정비로 간주한다.

	첫 해	둘째해	셋째해	3년 합계
매 출	–	–	5,000	–
당해 연도 중 생산량	25,000	25,000	25,000	75,000
당해 연도 중 판매량	25,000	20,000	30,000	75,000
기말재고량	–	5,000	–	–

변동원가계산				
매 출	₩500,000	₩400,000	₩600,000	₩1,500,000
(–)변동비	275,000*	220,000*	330,000*	825,000
공헌이익	225,000	180,000	270,000	675,000
(–)고정비				
제조간접비	150,000	150,000	150,000	450,000
판매비 및 일반관리비	30,000	30,000	30,000	90,000
총고정비	180,000	180,000	180,000	540,000
순이익	₩45,000	₩ –	₩90,000	₩135,000

전부원가계산				
매 출	₩500,000	₩400,000	₩600,000	₩1,500,000
기초재고	–	–	85,000	–
(+)제조비용	425,000†	425,000	425,000	₩1,275,000
판매가능제품	425,000	425,000	510,000	₩1,275,000
(–)기말재고	–	85,000‡	–	–

매출원가 …………………………	425,000	340,000	510,000	₩1,275,000
매출총이익 ………………………	75,000	60,000	90,000	225,000
(−)판매비 및 일반관리비 ……	30,000	30,000	30,000	90,000
순이익……………………………	₩45,000	₩30,000	₩60,000	₩135,000

* 첫 해: 판매량 25,000단위×₩11=₩275,000
둘째 해: 판매량 20,000단위×₩11=₩220,000
셋째 해: 판매량 30,000단위×₩11=₩330,000
† 생산량: 25,000단위×₩17=₩425,000
‡ 재고로 남게 된 5,000단위×₩17=₩85,000

〈표 9-3〉 **변동원가계산과 전부원가계산 간의 차이조정 –** 〈표 9-2〉의 순이익 자료

	첫 해	둘째해	셋째해
변동원가계산 순이익………………………	₩45,000	₩ –	₩90,000
(+)전부원가계산하에서 재고의 일부로서 이연된 고정제조간접비 (5,000단위×₩6)………………………	–	30,000	–
(−)전부원가계산하에서의 재고로부터 풀려나오는 고정제조간접비 (5,000단위×₩6)………………………	–	–	(30,000)
전부원가계산 순이익………………………	₩45,000	₩30,000	₩60,000

두 번째 해로부터 셋째 해에 발생한 모든 고정제조간접비뿐만 아니라(셋째 해에 생산된 것은 모두 팔려 나가므로) 두 번째 해의 고정제조간접비 ₩30,000도 포함하고 있다.

반면에 변동원가계산하에서는 셋째 해의 고정제조간접비만이 셋째 해에 부과된다. 그 결과 변동원가계산하의 순이익이 전부원가계산하의 순이익보다 ₩30,000만큼 높다. 〈표 9-3〉에 이 상황도 나타나 있다.

④ 긴 기간을 놓고 보면 전부원가계산하의 순이익이나 변동원가계산하의 순이익이나 같게 된다. 그 이유는 장기적으로 볼 때 판매가 생산을 초과할 수 없고 또한 생산도 판매를 과다하게 초과할 수 없기 때문이다. 기간이 짧아질수록 두 접근법하의 순이익은 서로 더 차이가 날 수 있다.

(2) 일정한 판매, 변동하는 생산

〈표 9-4〉는 〈표 9-2〉에 나타난 것과 반대의 상황을 나타낸다. 〈표 9-2〉에서는 생산이 일정한 가운데 판매가 기간에 따라 변하였다. 〈표 9-4〉에는 판매가 일정하고 생산이 변동한다. 〈표 9-4〉의 목적은 전부원가계산과 변동원가계산에서 생산이 변함에 따라 순이익이 어떻게 변하는가를 보기 위함이다.

1) 변동원가계산

변동원가계산에서의 순이익은 생산량의 변동에 대해 영향을 받지 않는다. 〈표 9-4〉에서 보면 변동원가계산하의 순이익은 비록 생산이 어떤 해에는 판매를 초과하고 또 어떤 해에는 판매에 못 미쳤지만 3년간 모두 일정함을 알 수 있다. 요컨대 변동원가계산에서 순이익에 영향을 미치는 유일한 것은 판매의 변화이다. 변동원가계산이 사용되는 한 생산의 변화는 순이익에 영향을 미치지 않는다.

2) 전부원가계산

전부원가계산이 사용되면 생산의 변화가 순이익에 영향을 미친다. 〈표 9-4〉에서 볼 수 있듯이, 전부원가계산하에서 두 번째 해의 순이익은 그 해의 생산이 증가함에 따라 증가하고, 셋째 해의 순이익은 그 해의 생산이 감소함에 따라 감소하고 있다. 특히 주의해서 보아야 할 점은 순이익이 늘어나고 줄어드는 두 해 사이에 판매량은 동일하다는 것이다. 이러한 현상이 일어나는 이유는 전부원가계산하에서 발생하는 고정제조간접비의 기간간의 이동에서 찾을 수 있다.

고정제조간접비의 이동에 대해서는 이미 앞에서 논의되었으므로 여기서는 이것이 어떻게 〈표 9-4〉의 자료에 영향을 미치나 고려해 보자. 표에 나타나 있듯이 두 번째 해에는 생산이 판매를 초과하고 그 결과 10,000단위가 재고로서 셋째 해로 이전된다. 두 번째 해에 생산된 각 단위에는 ₩6씩의 고정제조간접비가 첨가되어 있다(〈표 9-4〉의 윗부분에 나타나 있다). 그러므로 ₩60,000(10,000단위×₩6)의 두 번째 해 고정제조간접비가 그 해에 부과되지 않고 오히려 재고계정에(변동제조비들과 함께) 더해지고 있다. 그 결과, 다른 해들과 마

〈표 9-4〉 생산 및 판매의 변화에 대한 반응

기초자료	
단위당 판매가격	₩25
단위당 변동제조비	10
고정제조간접비(총액)	300,000
판매비 및 일반관리비(편의상 모두 고정비로 가정)	210,000

	첫 해	둘째해	셋째해
생산량	40,000	50,000	30,000
판매량	40,000	40,000	40,000
단위당 생산단위:			
변동원가계산하에서(변동제조비들만)	₩10	₩10	₩10
전부원가계산하에서:			
변동제조비	₩10	₩10	₩10
고정제조간접비(총 ₩300,000을 생산량으로 나눈 것)	7.50	6	10
단위당 총원가	₩17.50	₩16	₩20

변동원가계산			
매출(40,000단위)	₩1,000,000	₩1,000,000	₩1,000,000
(−)변동비(40,000단위)	400,000	400,000	400,000
공헌이익	600,000	600,000	600,000
(−)고정비:			
제조간접비	300,000	300,000	300,000
판매비 및 일반관리비	210,000	210,000	210,000
총고정비	510,000	510,000	510,000
순이익	₩90,000	₩90,000	₩90,000

전부원가계산			
매출(40,000단위)	₩1,000,000	₩1,000,000	₩1,000,000
기초재고	−	−	160,000
(+)제조원가	700,000*	800,000*	600,000*
판매가능제품	700,000	800,000	760,000
(−)기말재고	−	160,000†	−
매출원가(40,000단위)	700,000	640,000	760,000
매출총이익	300,000	360,000	240,000

(−)판매비 및 일반관리비 ························	210,000	210,000	210,000
순이익 ··	₩ 90,000	₩ 150,000	₩ 30,000

* 제조원가:
첫 해: 40,000단위×₩17.50=₩700,000
둘째 해: 50,000단위×₩16=₩800,000
셋째 해: 30,000단위×₩20=₩600,000
† 둘째 해 말에 남게 되는 10,000단위의 재고는 아래의 비용들로 구성되어 있다.
변동제조비: 10,000단위×₩10···············₩100,000
고정제조간접비: 10,000단위×₩6············₩60,000
총재고비용 ···································· ₩160,000

찬가지로 두 번째 해에도 같은 수량이 팔렸음에도 불구하고 이 해의 순이익이 크게 증가하고 있다.

그 반대의 효과가 셋째 해에 일어난다. 이 해의 판매가 생산을 초과하기 때문에 그 해에 발생한 모든 고정제조간접비뿐만 아니라 두 번째 해에서 재고와 함께 이연되어 온 고정제조간접비도 셋째 해가 강제로 담당하게 된다. 그 결과 다른 해와 똑같은 양을 판매하고도 셋째 해의 순이익이 크게 떨어지고 있다.

전부원가계산을 반대하는 사람들은, 이렇게 고정제조간접비가 기간 사이를 오가는 것이 관리자를 혼동하게 만들고, 관리자로 하여금 자료를 잘못 이해하게 하거나 잘못된 의사결정을 내리게 할 수도 있다고 주장한다. 이러한 실수를 피하기 위해 관리자들은 회계기간 동안에 발생하는 재고수준 및 단위원가의 변동에 관심을 게을리해서는 안 될 것이다. 이렇게 함으로써 전부원가계산하에서 발생할 수 있는 순이익의 불규칙적인 변동을 적절히 해석할 수 있을 것이다.

5 변동원가계산의 이점

앞 절에서 언급한 대로 많은 회계담당자들이 외부보고 목적을 위해서는 전부원가계산방법이 쓰이기는 하지만 내부적으로는 변동원가계산을 통한 공헌이익접근법을 사용하는 데서 얻는 이점이 많다고 느끼고 있다. 이러한 이

점들을 요약해 보면 아래와 같다.

① 이익계획을 위한 CVP 관련 자료들이 통상적인 회계보고서들로부터 쉽게 얻어진다. 따라서 관리자들이 두 부류의 다른 자료들을 조정하기 위한 노력을 기울이지 않아도 된다.

② 한 기간의 이익이 재고의 증가나 감소로 인해 일어나는 고정비 배분액의 변화에 영향을 받지 않는다. 다른 사항들(예를 들어 판매가, 비용들, 매출혼합 등)이 일정하다면, 변동원가계산하에서의 이익은 판매액에 따라 움직인다.

③ 변동원가계산 방식하의 제조원가와 손익계산서가 전부원가계산하의 그것들보다 관리자의 사고방향에 더 부합된다. 이런 이유 때문에 관리자들은 변동원가계산자료를 보다 쉽게 이해하며 이용한다.

④ 해당기간 동안의 총액이 손익계산서상에 나타나기 때문에 이익에 대한 고정비의 영향이 더욱 강조된다.

⑤ 공통고정비의 배분이 이루어지지 않기 때문에 제품별, 지역별, 고객유형별, 또는 기타 부문별 한계이익 자료를 쉽게 식별할 수 있다.

⑥ 변동원가계산은 표준원가나 변동예산 등의 원가통제를 위한 효과적인 계획들과 잘 연계되어 있다. 사실상, 변동예산은 변동원가계산의 한 측면으로서 많은 회사들이 변동예산을 세우는 데 변동원가계산 방식을 사용한다.

⑦ 변동비는 제품을 생산하는 데 필요한 현금지출 비용에 가까운 재고비용 개념과 일치한다.

제 3 절 전부원가계산 및 변동원가계산 복습문제

【예제 2】

삼삼 회사는 하나의 제품을 생산하여 판매한다. 최근에 발생한 이 제품에 관련된 비용 및 운영에 관한 자료는 아래와 같다.

기초재고량	–
당해 연도 생산량	10,000

당해 연도 판매량	8,000
기말재고량	2,000
판매단가	₩50
판매비 및 일반관리비:	
단위당 변동비	5
연간고정비	70,000
제조비용:	
단위당 변동비:	
직접재료비	11
직접노무비	6
변동간접비	3
연간 고정비	100,000

요구사항 1. 회사가 전부원가계산을 사용한다고 가정할 때,

(a) 제품 한 단위의 제조원가를 계산하라.

(b) 당해 연도의 손익계산서를 작성하라.

2. 회사가 변동원가계산을 사용한다고 가정할 때,

(a) 제품 한 단위의 제조원가를 계산하라.

(b) 당해 연도의 손익계산서를 작성하라.

3. 전부원가계산의 순이익과 변동원가계산의 순이익을 조정하라.

≪**풀이**≫ 1. (a) 전부원가계산하에서는 변동비든 고정비든 모든 제조비용이 제품의 단위원가에 포함된다.

직접재료비	₩11
직접노무비	6
변동제조간접비	3
고정제조간접비(₩100,000÷10,000단위)	10
단위당 총비용	₩30

(b) 전부원가계산하의 손익계산서

매출(8,000단위×₩50)		₩400,000
매출원가:		
기초재고	₩ –	

(+)제조원가(10,000단위×₩30) ···············	300,000	
판매가능제품	300,000	
(−)기말재고(2,000단위×₩30) ···············	60,000	240,000
매출총이익 ···············		160,000
(−)판매비 및 일반관리비 ···············		110,000*
순이익 ···············		₩50,000

* 변동비(8,000단위×₩5) ···············	₩40,000
연간고정비 ···············	70,000
합 계 ···············	₩110,000

2. (a) 변동원가계산하에서는 변동제조비만이 제품의 단위원가에 포함된다.

직접재료비 ···············	₩11
직접노무비 ···············	6
변동제조간접비 ···············	3
단위당 총비용 ···············	₩20

(b) 변동원가계산하의 손익계산서

매출(8,000단위×₩50) ···············		₩400,000
(−)변동비:		
변동매출원가(8,000단위×₩20) ···············	₩160,000	
변동판매비 및 일반관리비(8,000단위×₩5) ···	40,000	200,000
공헌이익 ···············		200,000
(−)고정비:		
연간고정제조간접비 ···············	100,000	
고정판매비 및 일반관리비 ···············	70,000	170,000
순이익 ···············		₩30,000

3. 전부원가계산의 순이익과 변동원가계산의 순이익 간의 조정은 아래와 같다.

변동원가계산하의 순이익 ···············	₩30,000
(+)전부원가계산하에서 재고와 함께 이연된 고정제조간접비(2,000단위×₩10) ···············	20,000
전부원가계산하의 순이익 ···············	₩50,000

09 연습문제

9-1. 알프스 회사는 겨울 스포츠 용품을 판매하는 회사이다. 스키사업부의 최근 1/4분기 손익계산서는 다음과 같다.

매 출		₩150,000
매출원가		90,000
매출총이익		60,000
영업비용		
판 매 비	₩30,000	
관 리 비	10,000	40,000
순 이 익		₩20,000

스키의 판매단가는 ₩150이다. 변동판매비는 단위당 ₩10이다. 그리고 나머지 판매비는 고정비다. 관리비 중 20%는 변동비이고, 80%는 고정비이다. 이 회사는 스키를 직접 제조하는 것이 아니라 공급처로부터 단위당 ₩90에 구입하고 있다.

요구사항

1. 공헌이익 접근법에 의하여 손익계산서를 작성하시오.
2. 고정비를 회수하기 위한 공헌이익과 이익 창출에 공헌한 이익은 각각 얼마인가?

9-2. 하나로 회사는 하나의 단순 제품을 제조판매하는 회사이다. 이 회사는 전형적으로 매년 60,000단위와 100,000단위 사이에서 영업을 행하고 있다. 이 회사의 총 원가와 단위당 원가는 아래와 같다.

	제조·판매되는 개수		
	60,000	80,000	100,000
총 원 가:			
변 동 비	₩150,000	?	?
고 정 비	360,000	?	?
계	₩510,000	?	?
단위당 원가:			
변 동 비	?	?	?
고 정 비	?	?	?
계	?	?	?

요구사항

1. 위 표를 완성하시오.
2. 이 회사가 90,000단위를 제조판매한다고 가정하자. 매출단가가 ₩7.50이다. 손익계산서를 공헌이익양식에 맞추어 작성하시오.

9-3. 한서 회사는 소비자들에게 명성이 높은 제품을 독점적으로 판매하고 있다. 최근 3개월간의 손익계산서는 다음과 같다.

	7월	8월	9월
매 출 수 량	4,000	4,500	5,000
매 출 액	₩400,000	₩450,000	₩500,000
매 출 원 가	240,000	270,000	300,000
매 출 총 이 익	160,000	180,000	200,000
판매비와 관리비:			
광 고 비	21,000	21,000	21,000
운 반 비	34,000	36,000	38,000
임금과 수수료	78,000	84,000	90,000
보 험 료	6,000	6,000	6,000
감가상각비	15,000	15,000	15,000
계	154,000	162,000	170,000
순 이 익	₩6,000	₩18,000	₩30,000

요구사항

1. 모든 비용을 변동비, 고정비, 혼합비로 구분하시오.

2. 고저점법을 사용하여, 혼합비를 변동비와 고정비로 구분하고, 원가식을 나타내시오.
3. 매출수량이 5,000일 때의 손익계산서를 공헌이익접근양식으로 나타내시오.

9-4. 대림 회사는 A와 B라는 두 개의 부문을 운영하고 있다. 최근년도 이 회사의 부문별 손익계산서는 아래와 같다.

	부 문					
	회사 전체		Division A		Division B	
매 출	₩450,000	100%	₩150,000	100%	₩300,000	100%
(−)변 동 비	225,000	50	45,000	30	180,000	60
공 헌 이 익	225,000	50	105,000	70	120,000	40
추적가능고정비	126,000	28	78,000	52	48,000	16
부문공헌이익	99,000	22	₩27,000	18%	₩72,000	24%
공 통 고 정 비	63,000	14				
순 이 익	₩36,000	8%				

요구사항

1. 부문 B가 ₩75,000의 연간 매출을 증가시키면 이 회사의 순이익은 얼마 증가하는가? 이 회사의 원가계산구조에 특별한 변화가 없는 것으로 간주한다.
2. 부문 A에서 내년에 매출이 ₩50,000 증가하고 부문 B에서는 변화가 없다고 가정하자. 각 부문에서의 고정비용엔 변화가 없다고 하자.
   (a) 위의 형식과 똑같이 총액과 백분비를 보이면서 이 회사의 새로운 부문 손익계산서를 작성하시오.
   (b) (a)로부터 부문 A의 공헌이익률은 (위의 자료와 동일하게) 70%로 불변인 반면 부문이익률은 변화한 것을 알 수 있다. 부문이익률의 변화를 설명하시오.

9-5. 연습문제 9-4의 자료를 참조하시오. 제품라인에 의한 부문 B의 매출은 다음과 같다고 하자.

	부 문					
	부문 B		제품 X		제품 Y	
매 출	₩300,000	100%	₩200,000	100%	₩100,000	100%
(−)변 동 비	180,000	60	128,000	64	52,000	52

공 헌 이 익	120,000	40	72,000	36	48,000	48
(−)추적가능고정비	33,000	11	12,000	6	21,000	21
제품별 공헌이익	87,000	29	₩60,000	30%	₩27,000	27%
(−)공 통 고 정 비	15,000	5				
부 문 공 헌 이 익	₩72,000	24%				

이 회사는 다음 달에 두 제품 중 하나에 대하여 강력한 광고전략을 취하려 한다. 광고비용은 ₩5,000이다. Marketing 조사에 의하면 이 광고에 의하여 제품 X의 경우는 ₩40,000, 제품 Y의 경우는 ₩35,000만큼 매출이 증가한다고 한다.

요구사항

1. 이 회사는 두 가지 제품 중 어느 것에 중점을 두어 광고해야 하겠는가? 그 근거를 제시하시오.
2. 연습문제 9-4에 의하면 B부문에 ₩48,000의 추적가능고정비용이 있었다. 이 연습문제에서는 ₩48,000이 어떻게 되었는가?

9-6. 날개 회사는 아래 월별 손익계산서에서 보듯이 최근 몇 달 손실을 경험하고 있다.

매 출	₩1,000,000
(−)변동비	390,000
공헌이익	610,000
(−)고정비	625,000
순손실	₩(15,000)

문제를 파악하려는 노력으로 사장은 각 부문에 따라 부문화된 손익계산서를 요청했다. 따라서 회계부서는 아래와 같은 정보를 제출했다.

	부 문		
	중 부	동 부	서 부
매 출	₩250,000	₩400,000	₩350,000
변동비율(매출액 중)	52%	30%	40%
추 적 가 능 고 정 비	₩160,000	₩200,000	₩175,000

요구사항

1. 사장이 바랐던 것과 같은 각 부분에 따라 부문화된 손익계산서를 작

성하시오. 회사 전체와 각 부문의 총액과 백분비를 보이시오.

2. 시장조사 결과를 보고 사장은 서부부문에 매달 ₩15,000의 광고비가 증가된다면 이 부문에서 매출이 20% 증가될 것이라고 믿고 있다. 이 증가된 광고를 추천하겠는가? 계산의 결과를 제시하시오.

9-7. 삼성 회사는 하나의 제품만을 생산, 판매한다. 아래의 원가는 최초 영업연도에 발생한 것이다(20×3년).

단위당 변동비:	
직접재료비	₩6
직접노무비	9
변동제조간접비	3
판매 및 일반관리비	4
고정제조간접비(연간)	₩300,000
고정판매 및 일반관리비(연간)	190,000

20×3년 동안 이 회사는 25,000단위를 생산하여 20,000단위를 판매하였다. 판매단가는 ₩50이었다.

요구사항

1. 이 회사가 전부원가계산 방식을 취한다고 가정하자.
   (a) 제품의 단위당 제조원가를 계산하시오.
   (b) 20×3년의 손익계산서를 작성하시오.
2. 이 회사가 변동원가계산 방식을 취한다고 가정하자.
   (a) 제품의 단위당 제조원가를 계산하시오.
   (b) 20×3년 손익계산서를 작성하시오.

9-8. 현정 회사의 20×3년의 영업활동에 대해 선별된 정보는 아래와 같다.

기초재고단위	0
당기생산단위	25,000
당기판매단위	20,000
기말재고단위	5,000
단위당 변동비:	
직접재료비	₩4
직접노무비	7

변동제조간접비	1
변동판매비	2
고 정 비:	
고정제조간접비	₩200,000
판매 및 일반관리비	90,000

이 회사는 하나의 제품만을 생산, 판매한다. 재공품 재고계정은 얼마 안 되어 무시할 수 있다.

요구사항

1. 이 회사가 전부원가계산을 사용하고 있다고 가정하자. 제품 1단위의 원가를 계산하시오.
2. 이 회사가 변동원가계산을 사용하고 있다고 가정하자. 제품 1단위의 원가를 계산하시오.

9-9. 연습문제 9-8의 자료를 참고하시오. 전부원가계산방법에 의한 20×3년의 손익계산서는 아래와 같다.

매출(20,000단위×₩30)		₩600,000
(−)매출원가:		
기초재고	₩0	
당기제품 제조원가(25,000단위×₩20)	500,000	
판매가능제품	500,000	
(−)기말재고(5,000단위×₩20)	100,000	400,000
매출총이익		200,000
(−)판매 및 일반관리비:		
변동판매비	₩40,000	
고정판매 및 일반관리비	90,000	130,000
순이익		₩70,000

요구사항

1. 위의 기말재고 ₩100,000 중 얼마가 다음 달로 이월되는 고정제조간접비인가?
2. 변동원가계산방식을 사용하여 20×3년의 손익계산서를 작성하시오. 위의 두 가지 계산방식에서 순익차이를 어떻게 설명하겠는가?

9-10. 휘파람 회사는 이제 막 최초 연도 영업활동을 끝냈다. 이 회사의 회계담당자는 다음과 같이 손익계산서를 준비하고 있다(전부원가계산 기준).

휘파람 회사 손익계산서
(20×3. 1. 1~20×3. 12. 31)

매출(35,000단위, 각 ₩25)		₩875,000
(−)매출원가:		
기초재고	₩0	
당기제품 제조원가(40,000단위, 각 ₩16)	640,000	
판매가능액	640,000	
(−)기말재고(5,000단위, 각 ₩16)	80,000	5600,000
매출총이익		315,000
(−)판매 및 일반관리비		280,000
순이익		₩35,000

이 회사의 판매 및 일반관리비는 고정비가 ₩210,000이고 변동비는 단위당 ₩2으로 구성되어 있다. 위에 주어진 ₩16의 단위당 제조원가는 아래와 같이 계산된다.

직접재료비	₩5
직접노무비	6
변동제조간접비	1
고정제조간접원가(₩160,000÷40,000단위)	4
단위당 총원가	₩16

요구사항

1. 변동원가계산방식을 사용하여 이 회사의 손익계산서를 공헌이익접근방식으로 다시 작성하시오.
2. 변동원가계산방식에 의한 순이익과 전부원가계산방식에 의한 순이익의 차이를 설명하시오.

9-11. 유라 회사는 20×2년 1월 1일에 창립되었다. 처음 두 회계연도 동안의 손익계산서는 다음과 같다(전부원가계산 기준).

	20×2	20×3
매출액(@₩25)	₩1,000,000	₩1,250,000
(−)매출원가:		
기초재고	−	90,000
(+)당기제품 제조원가(@₩18)	810,000	810,000
판매가능액	810,000	900,000
(−)기말재고(@₩18)	90,000	−
매출원가	720,000	900,000
매출총이익	280,000	350,000
(−)판매 및 일반관리비*	210,000	230,000
순이익	₩70,000	₩120,000

* 단위당 변동비: ₩2, 연간 고정비: ₩130,000

단위당 제조원가 ₩18의 내역:

직접재료원가	₩4
직접노무원가	7
변동제조간접원가	1
고정제조간접원가(₩270,000÷45,000단위)	6
	₩18

2년 동안 생산 및 판매량:

	20×2	20×3
제조수량	45,000	45,000
판매수량	40,000	50,000

요구사항

1. 변동원가계산 손익계산서(공헌이익접근법)를 각 회계연도 별로 작성하시오.
2. 각 회계연도의 전부원가계산 순이익과 직접원가계산 순이익의 차이를 설명하시오.

9-12. 전파 회사는 CB라디오를 제작·판매할 새로운 부서를 조직했다. 라디오와 라디오 제작설비에 관련된 원가는 아래와 같다.

제조원가:	
단위당 변동비: 직접재료원가	₩40
직접노무원가	8
제조간접원가	2
고정제조간접(총)	360,000
판매 및 일반관리비:	
변동비	매출액의 12%
고정비	470,000

20×3년 9월 동안(그 조직 운영의 첫 달), 다음 활동이 기록되었다:

생산수량	12,000단위
판매수량	10,000단위

이 라디오는 개당 ₩150에 팔린다.

요구사항

1. 다음 방법을 적용하여 단위당 원가를 구하시오.
   (a) 전부원가계산
   (b) 변동원가계산
2. 전부원가계산을 적용하여 그 해의 손익계산서를 작성하시오.
3. 변동원가계산을 적용하여 그 해의 손익계산서를 작성하시오.
4. 회사는 영업을 계속하기 위하여 추가 자금조달을 해야 한다고 가정하시오. 최고 경영진의 일원으로서 당신은 투자자에게 위 2번 또는 3번 보고서 가운데 어느 것을 보여주길 원하는가?
5. 위 2번과 3번의 전부원가계산 순이익과 변동원가계산 순이익의 차이를 조정·설명하시오.

Chapter 10

원가-조업도-이익관계

김삼순 씨는 대학촌 근처에서 갈비집을 운영하고 있다. 삼순 씨는 갈비집의 주인으로서 갈비집의 운영계획, 성과평가, 의사결정과 관련하여 다음과 같은 다양한 질문을 가지고 있다.

> 작년에 2,000인분의 갈비를 1인분에 2만 원씩에 판매했는데, 갈비 1인분에 소요되는 고기와 기타 재료비는 6,000원이었고 재료비를 제외한 인건비와 기타 경비는 고정적으로 발생하는데 모두 600만 원이었다. 그런데 올해에는 2,500인분의 갈비가 판매될 것으로 예상하고 있다. 올해 갈비 재료비는 1인분에 7,000원이다. 이는 작년에 비해 1,000원 증가한 수치이다. 과연 올해의 이익은 얼마나 될 것인가?
>
> 현재 갈비 1인분당 가격은 작년과 같이 2만 원이다. 그런데 2만5천 원으로 인상할 경우 판매량은 1,800인분으로 감소할 것이다. 과연 가격을 인상해야 하는가?

이와 같은 질문에 대한 대답은 활동수준 또는 조업도(수량, 생산량 또는 판매량)가 변화할 때에 원가가 어떻게 변화하고 따라서 이익이 어떻게 변화하는가에 따라 달라진다. 활동수준 또는 조업도(수량, 생산량 또는 판매량)의 변화에 따라 원가와 이익이 어떻게 변화하는가를 분석하는 것을 원가-조업도-이익 분석(Cost Volume Profit Analysis: CVP Analysis)이라 한다. 이러한 분석도구는 위에서 김삼순 사장이 경영과 관련하여 갖고 있는 여러 가지 질문을 답하는 데 유용하게 사용될 수 있다.

원가-조업도-이익 분석은 다음 요인들 간의 관계를 검토하는 데 주로 이용된다.

① 제품의 가격
② 조업도(생산량 또는 판매량)
③ 단위당 변동비
④ 총고정비
⑤ 제품의 매출배합

CVP 분석은 제품라인의 선택, 제품의 가격책정, 마케팅 전략, 그리고 생산시설의 효과적인 이용 등을 포함하는 여러 가지 의사결정에 매우 유용하다. 이 개념은 관리회계에 있어 광범위하게 적용되기 때문에 관리자가 수행하는 거의 모든 일에 연관된다. 사용되는 범위가 매우 넓기 때문에 CVP 분석은 조직에 존재하고 있을지도 모를, 아직 발견하지 못한 이익창출잠재력을 찾아내는 데 가장 좋은 기법이다.

제 1 절 CVP 분석의 가정

CVP 분석을 위해 자료를 사용함에 있어 많은 가정들이 개입되는데 이들을 살펴보면 다음과 같다.

① 수익과 비용의 행태가 전체 관련범위 안에서 선형이다. 그러나 경제학자들은 이와 견해를 달리한다. 이들의 주장은 조업도가 변함에 따라 수익과 비용은 비선형(즉, 곡선)의 형태로 움직인다는 것이다.
② 원가를 변동비와 고정비로 정확히 구분할 수 있다.
③ 매출배합이 일정하다. 여기서 매출배합이란 기업의 제품들의 총판매량 중

에서 각 제품의 판매량이 차지하는 상대적 비율을 말한다. 예를 들어 X, Y 두 제품을 판매하는 경우 연간 판매량이 700개와 300개라면 매출배합은 7 : 3이다.

④ 손익분기의 계산에 있어 재고자산의 수준이 변동하지 않는다. 즉 생산된 수량과 팔린 수량이 같다.

⑤ 종업원이나 기계의 생산성과 효율성이 관련범위 내에서 변동되지 않는다. 즉, 조업도의 변화만이 원가에 영향을 미치는 유일한 요인이라고 본다.

⑥ 제품의 단위당 판매가격이 판매량의 증감에 관계없이 항상 일정하다.

제 2 절 CVP 분석의 기본개념

CVP 분석에 대한 토의는 앞 장에서 다룬 공헌이익방식 손익계산서로부터 시작된다. 공헌이익법 손익계산서는 판매가, 원가, 또는 조업도의 변화가 이익에 미치는 영향을 파악하려는 관리자에게 도움이 될 수 있는 여러 특성들을 가지고 있다. 이런 특성들을 알아보기 위해 자전거를 제조하는 잘달려 회사의 다음과 같은 손익계산서를 이용해 보자.

잘달려 회사
공헌이익법 손익계산서
(6월 1일~6월 30일, 2013년)

	총 액	단위당
매 출(400대)	₩100,000	₩250
(−)변 동 비	60,000	150
공 헌 이 익	40,000	₩100
(−)고 정 비	35,000	
순 이 익	₩5,000	

설명의 편의를 위해 잘달려 회사가 한 종류의 자전거만을 생산한다고 가정하자. 위의 손익계산서에는 매출, 변동비, 공헌이익들에 대한 자료가 총액으로뿐만 아니라 단위당으로도 표시되어 있음을 주의해보자. 관리자의 내부

적 용도로 작성되는 손익계산서는 수익성 분석을 가능케 하기 위해 종종 이런 형식으로 작성된다.

1 공헌이익

제9장에서 설명한 바와 같이, 공헌이익은 판매가격에서 변동비를 차감한 금액으로 고정비를 회수하고 이익을 창출하는 데 공헌하는 금액이다. 공헌이익이 우선 고정비를 회수하는 데 사용되고, 그리고 나서 남는 부분이 이익으로 잡히게 되는 절차를 유념하자. 공헌이익이 고정비를 회수하는 데 불충분할 경우에는 손실을 초래하게 된다. 예를 들어, 어떤 달 중순까지 잘달려 회사가 단 한 대의 자전거밖에 팔지 못했다고 가정해보자. 그 시점에서의 손익계산서는 다음과 같다.

	총 액	단위당
매 출(1대)	₩250	₩250
(−)변 동 비	150	150
공 헌 이 익	100	₩100
(−)고 정 비	35,000	
순 손 실	₩(34,900)	

그 달에 자전거 한 대씩 더 팔 수 있을 때마다 고정비를 회수할 수 있는 ₩100의 공헌이익이 생기게 된다. 예를 들어, 두 번째 자전거가 팔리면 공헌이익이 ₩100만큼 증가되고(총 ₩200으로), 회사의 손실은 ₩100이 줄어든 ₩34,800이 된다.

	총 액	단위당
매 출(2대)	₩500	₩250
(−)변 동 비	300	150
공 헌 이 익	200	₩100
(−)고 정 비	35,000	
순 손 실	₩(34,800)	

₩35,000의 공헌이익을 창출할 수 있는 충분한 양의 자전거가 팔리면 총고정비가 회수될 수 있을 것이고, 그 달에 회사는 최소한 손익분기를 달성할 수 있게 된다. 즉, 이익도 손실도 아닌 총비용만 회수하게 된다. 각 자전거가 ₩100의 공헌이익을 내므로 이 회사가 손익분기점에 다다르기 위해서는 한 달에 350대의 자전거를 팔아야 할 것이다.

	총 액	단위당
매 출(350대)	₩87,500	₩250
(−)변 동 비	52,500	150
공 헌 이 익	35,000	₩100
(−)고 정 비	35,000	
순 이 익	₩ 0	

손익분기점의 계산에 대해서는 후에 자세히 논의될 것인 바, 여기서 주목할 것은 손익분기점이 총매출액과 변동비 및 고정비를 포함한 총비용과 같아지는 점이라고 정의될 수도 있고, 또한 총공헌이익과 총고정비가 같아지는 점이라고 정의될 수도 있다는 것이다.

손익분기점에 일단 도달하고 나면, 그 후에는 한 단위가 더 팔릴 때마다 단위당 공헌이익만큼씩의 순이익이 증가하게 된다. 351대의 자전거가 어느 달에 팔린다면, 손익분기를 이루기 위해 필요한 수량보다 1개를 더 파는 것이기 때문에 순이익은 ₩100이 된다.

	총 액	단위당
매 출(351대)	₩87,750	₩250
(−)변 동 비	52,650	150
공 헌 이 익	35,100	₩100
(−)고 정 비	35,000	
순 이 익	₩ 100	

결국, 여러 조업도 수준들에서 순이익이 얼마나 될까를 알기 위해, 관리자는 단지 손익분기점 이상으로 팔리는 수량에 단위당 공헌이익을 곱하면 된

다. 그 결과는 그 기간에 기대되는 이익을 나타내 준다. 또는 매출의 증가가 계획되어 있고, 이 증가가 이익의 증가에는 어떤 영향을 미치는가를 알고자 할 때 관리자는 간단히 판매량의 증가에 단위당 공헌이익을 곱하면 된다. 이 결과가 기대되는 이익의 증가이다. 예를 들면, 매달 400대의 자전거를 팔고 있는 잘달려 회사가 매달 425대를 팔려고 계획한다면 이 계획의 이익에 대한 영향은 다음과 같다.

자전거 판매량의 증가	25
자전거 한 대당 공헌이익	×₩100
순이익의 증가	₩2,500

이를 표로 검증해 보면 다음과 같다.

	판매량		차 이	단위당
	400대	425대		
매 출	₩100,000	₩106,250	₩6,250	₩250
(−)변 동 비	60,000	63,750	3,750	150
공 헌 이 익	40,000	42,500	2,500	₩100
(−)고 정 비	35,000	35,000	−	
순 이 익	₩5,000	₩7,500	₩2,500	

이제까지의 예들을 종합해 보면, 공헌이익은 우선 고정비를 회수하는 데 사용되어, 고정비로 인해 생길 수 있는 손실을 손익분기점에 다다를 때까지 한 단위가 팔릴 때마다 단위당 공헌이익만큼씩 차례로 줄여 나간다. 일단 손익분기점에 도달하면, 그때부터는 한 단위가 팔릴 때마다 전체의 이익은 단위당 공헌이익만큼씩 증가하게 된다.

2 공헌이익률

단위당으로뿐만 아니라 잘달려 회사의 수익, 변동비, 공헌이익들이 백분율로 표시될 수도 있다.

	총 액	단위당	%
매 출(400대)	₩100,000	₩250	100
(−)변 동 비	60,000	150	60
공 헌 이 익	40,000	₩100	40
(−)고 정 비	35,000		
순 이 익	₩5,000		

판매가격에 대한 공헌이익의 비율을 공헌이익률(contribution margin ratio: C/M ratio)이라 하는데 이는 단위당 공헌이익을 단위당 판매가격으로 나눈 값이다. 이 비율은 총매출액이 변함에 따라 공헌이익이 어떻게 변하는가를 보여준다는 점에서 아주 유용하다. 실례로서, 잘달려 회사의 공헌이익률은 40%이다. 이것은 매출이 ₩100만큼 증가하면 공헌이익은 ₩40만큼(₩100×40%) 증가한다는 뜻이다. 순이익도 고정비의 변화가 없는 한 ₩40만큼 증가한다.

위의 예에서 알 수 있듯이, 매출액 변동폭에 공헌이익률을 곱한 값이 이익의 변동폭이기 때문에, 공헌이익률을 알고 있으면 매출액의 변화가 이익에 미치는 영향을 즉시 파악할 수 있다. 잘달려 회사가 다음 달에 ₩30,000의 매출액 증가를 계획하고 있다면, 관리자는 ₩12,000(₩30,000×40%)의 공헌이익의 증가를 기대할 수 있다. 순이익도 공헌이익과 같은 금액만큼 증가하게 된다. 이것을 표로 나타내보면 다음과 같다.

	판매량		증 가	%
	현 재	예 상		
매 출	₩100,000	₩130,000	₩30,000	100
(−)변 동 비	60,000	78,000*	18,000	60
공 헌 이 익	40,000	52,000	12,000	40
(−)고 정 비	35,000	35,000	−	
순 이 익	₩5,000	₩17,000	₩12,000	

* ₩130,000×60%=₩78,000

대부분의 관리자들이, 특히 많은 종류의 제품을 다루는 회사의 경우에, 공헌이익률을 단위당 공헌이익보다 더 많이 활용한다. 그 이유는 비율의 형태가 제품들 간의 비교를 가능하게 해주기 때문이다. 다른 조건들이 비슷하다면, 관리자는 보다 높은 공헌이익률을 가진 제품을 먼저 선택하게 된다. 이는 물론 같은 매출액의 증가라도 공헌이익률이 높은 제품이 더 큰 공헌이익과 더 나아가 더 큰 이익을 가져다주기 때문이다.

제 3 절 손익분기점 분석

CVP 분석을 종종 단순히 손익분기점 분석으로 간주할 때가 있다. 그러나 이것은 손익분기점 분석이 CVP 분석의 극히 일부분에 지나지 않기 때문에 잘못된 생각이다. 손익분기점 분석은 관리자에게 여러 가지 자료를 제공해 주기 때문에 CVP 분석에 비해선 아주 좁은 분야이지만 중요하게 인식되고 있다.

설명을 위해서, 앞 절에서 사용했던 잘달려 회사의 예를 그대로 이용하고자 한다. 자전거 1대당 판매가는 ₩250, 변동비는 ₩150, 월간 고정비는 ₩35,000이었던 것을 기억하자.

1 손익분기점의 계산

이 장의 앞부분에서 얘기했듯이, 순익분기점은 총수익과 변동비와 고정비를 합한 총원가가 일치하는 점이라고 정의할 수도 있고, 또는 총공헌이익과 총고정비가 같아지는 점이라고 정의할 수도 있다. 손익분기점을 이렇게 두 가지로 정의할 수 있는 바와 같이, 손익분기점 분석도 두 가지 방식으로 행해질 수 있다. 첫째는 등식법이고, 둘째는 공헌이익접근법이다.

(1) 등 식 법

등식법(equation method)은 공헌이익법 손익계산서를 바탕으로 아래와 같은 등식을 중심으로 손익분기점을 계산하는 방법이다.

총수익=변동비+고정비+이익

손익분기점에서의 이익은 0이다. 그러므로 손익분기점은 이익을 0으로 놓고 총수익이 변동비와 고정비를 합한 총비용과 일치하는 점을 구하면 된다. 잘달려 회사의 경우는 다음과 같다.

총수익=변동비+고정비+이익
₩250x=₩150x+₩35,000+0
₩100x=₩35,000
x=350대의 자전거
여기서, x=손익분기점에서의 판매량
₩250=판매단가
₩150=단위당 변동비
₩35,000=총고정비

손익분기점에서의 판매량을 구하고 나면, 손익분기점에서의 매출액은 손익분기점의 판매량에 판매단가를 곱하면 구할 수 있다.

350대×₩250=₩87,500

때때로, 변동비와 판매가 간의 관계가 금액면으로 분명하지 않을 때가 있다. 이 경우, 변동비와 판매가 간의 비율관계를 알 수 있으면, 아래와 같이 손익분기점을 구할 수 있다.

총수익=변동비+고정비+이익
x=0.6x+₩35,000+0
0.4x=₩35,000
x=₩87,500
여기서, x=손익분기점의 판매액
0.6=판매가에 대한 변동비의 비율
₩35,000=총고정비

기업이 비율로 표시된 자료밖에 가지고 있지 않을 때는 위의 방법을 사용하여 손익분기점을 구해야 한다. 등식에 비율을 사용하는 경우에는 손익분기점이 판매량으로 구해지는 것이 아니라 판매액으로 구해지는 것에 주의하자. 손익분기점에서의 판매량은 다음과 같이 구해진다.

₩87,500÷₩250=350대

(2) 공헌이익법

공헌이익법(contribution margin method)은 등식법을 약간 변형한 방법으로서, 한 단위가 팔릴 때마다 여기서 얻어지는 공헌이익이 고정비를 회수하는데 사용된다는 점에 초점을 맞춘 방법이다. 손익분기를 이루기 위해 몇 단위가 팔려야 하는지를 알아내기 위해서는, 총고정비를 각 단위가 제공하는 공헌이익으로 나누어야 한다.

$$\text{손익분기점의 판매량} = \frac{\text{총고정비}}{\text{단위당 공헌이익}}$$

잘달려 회사의 자전거 1대가 제공하는 공헌이익은 ₩100(판매가 ₩250 - 변동비 ₩150)이다. 총고정비가 ₩35,000이므로 손익분기점은,

$$\frac{\text{총고정비}}{\text{단위당 공헌이익}} = \frac{₩35,000}{₩100} = 350\text{대}$$

변동비, 공헌이익, 판매가격 간의 비율관계만을 알고 있을 경우의 계산은,

$$\frac{\text{총고정비}}{\text{공헌이익률}} = \frac{₩35,000}{40\%} = ₩87,500$$

위에서와 마찬가지로 이 경우에는 손익분기점에서의 판매액이 구해진다.

2 목표이익 분석

CVP 공식들은 특정 수준의 "목표이익"(target net profit)을 달성하는 데 필요한 판매량 또는 매출액을 결정하는 데도 사용될 수 있다. 잘달려 회사의 월간 목표이익이 ₩40,000이라면, 몇 대의 자전거를 팔아야 이를 달성할 수 있겠는가?

(1) 등 식 법

이에 대한 답을 얻을 수 있는 첫 번째 방법은 CVP 등식을 사용하는 것이다. 기본 등식의 이익항목에 목표이익을 대입하면 총비용을 회수하고 목표이익까지 낼 수 있는 만큼의 판매량을 구할 수 있다.

총수익=변동비+고정비+이익

₩250x=₩150x+₩35,000+₩40,000

₩100x=₩75,000

x=750대

여기서, x=자전거 판매량

₩250=판매단가

₩150=단위당 변동비

₩35,000=총고정비

₩40,000=목표이익

그러므로 목표이익은 월간 750대의 자전거를 팔게 될 때 달성되며, 이때의 총매출액은 ₩187,500(₩250×750)이 된다.

(2) 공헌이익법

두 번째 방법은 앞에서 손익분기점을 구할 때 사용했던 단위당 공헌이익을 중심으로 한 공식을 약간 확장하면 된다. 즉, 분자에 고정비뿐만 아니라 목표이익도 포함시킨다.

$$\text{목표이익을 달성하기 위한 판매량} = \frac{\text{총고정비+목표이익}}{\text{단위당 공헌이익}}$$

잘달려 회사의 경우는 다음과 같다.

$$\frac{\text{₩35,000의 고정비} + \text{₩40,000의 목표이익}}{\text{₩100의 단위당 공헌이익}} = \text{750대}$$

이 방법이 CVP 등식법보다 간단하고도 빠르다. 더 나아가서, 일단 고정비가 회수되고 나면, 단위당 공헌이익이 목표이익을 달성하는 데 사용된다는 것을 확실히 나타내 주는 면에서도 이 방법이 등식법보다 이해하기 쉽다.

3 CVP 도표

잘달려 회사 자전거에 대한 원가자료는 "원가-조업도-이익도표"(cost-volume-profit graph)를 작성함으로써 그래프 형태로도 나타낼 수 있다. CVP 도표는 광범위한 조업도 수준에서의 CVP 관계를 그림으로 전달해 주기 때문에 관리자가 원가-조업도-이익의 상호관계를 다른 어떤 방법보다도 쉽게 이해할 수 있도록 해준다. CVP 도표상에는 손익분기점이 명확히 표시되기 때문에 이 도표를 종종 "손익분기점 도표"(break-even chart)라고도 부른다. 그러나 CVP 도표는 손익분기점만을 위한 도표가 아니라 관련범위 내에서의 전반적인 원가-조업도-이익관계를 나타내는 도표라는 것을 잊지 말아야 한다.

(1) CVP 도표의 작성절차

CVP 도표를 작성하는 데는 다음의 세 단계를 거친다. 이 단계들이 〈그림 10-1〉에서 표시되어 있다.

① 조업도(또는 판매량)를 나타내는 축(X축)과 나란하게 총고정비를 나타내는 선을 그린다. 잘달려 회사의 경우는 ₩35,000이다.

② 하나의 판매량을 선택하여, 그 점에서의 총비용(고정과 변동)을 나타내는

점을 도표에 표시한다. 〈그림 10-1〉에서와 같이 600대의 자전거를 택했다면 그 점에서의 총비용은 다음과 같다.

고정비 …………………………………………………	₩35,000
변동비(600대×₩150) ……………………………	90,000
총비용 …………………………………………………	₩125,000

그림 10-1 CVP 도표의 작성

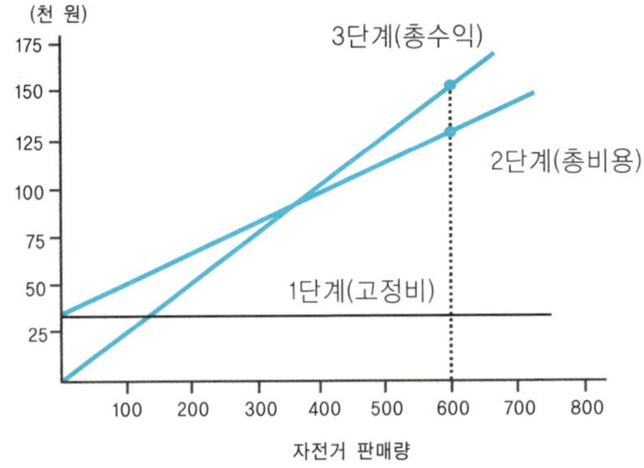

그림 10-2 완성된 CVP 도표

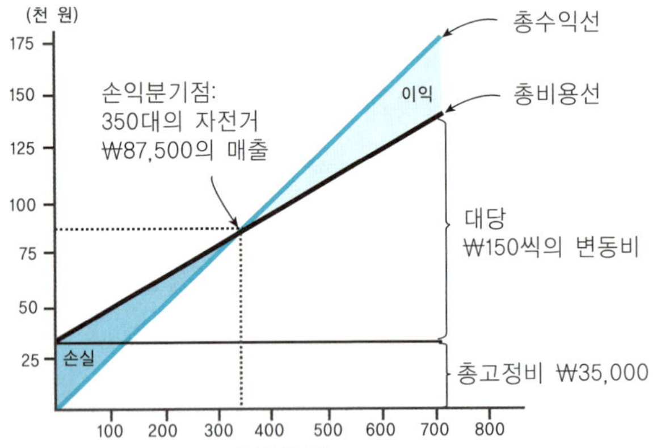

이 점과, 총고정비를 나타내는 선이 총수익을 나타내는 축(Y축)과 접하는 점을 연결하는 선을 그린다.

③ 하나의 판매량을 선택하여, 그때의 총판매액을 나타내는 점을 그래프에 표시한다. 예를 들어, 600대의 자전거를 팔 경우 총매출액(수익)은 ₩150,000(600대×₩250)이 된다. 이 점과 원점을 연결하는 선을 그린다.

완성된 CVP 도표에 대한 해석이 〈그림 10-2〉에 나타나 있다. 어느 특정 수준의 매출에서 기대되는 이익이나 손실은 총수익선(매출)과 총비용선(변동비와 고정비) 간의 수직거리로 측정될 수 있다.

손익분기점은 총수익선과 총비용선이 교차하는 점이다. 〈그림 10-2〉가 보여주는 350대에는 앞에서 계산한 잘달려 회사의 손익분기점과 일치한다.

(2) 이익도표의 작성절차

CVP 도표의 다른 접근방법이 〈그림 10-3〉에 나타나 있다. "이익도표"(profit graph)라고 불리는 이 도표는 수량의 변화가 이익에 미치는 영향을 직접적으로 나타내주기 때문에 이를 선호하는 관리자들도 있다. 이 도표는 CVP 도표에서와 같이 이익 또는 손실을 구하기 위하여 총수익선에서 총비용선을 차감해야 하는 것과는 달리, 각 조업도 수준에서의 이익 또는 손실을 도표를 읽음으로써 즉시 구할 수 있는 장점이 있다. 그러나 이익도표는 판매수준이 변함에 따라 비용이 어떻게 변동하는지에 대한 정보를 제공하지 못하는 단점을 가지고 있다.

이익도표는 두 단계를 거쳐 작성된다. 이 두 단계는 아래와 같고, 〈그림 10-3〉에 나타나 있다.

① 수직축(Y축)에 조업도를 0으로 가정하여, 총고정비를 위치시킨다. 조업도가 0이므로 총손실이 총고정비만큼 발생하게 된다.

② 어느 특정 판매수준에서의 이익(손실)을 계산하여 도표에 그 점을 표시한다. 〈그림 10-3〉에서는 600대의 자전거를 선택하여 이때의 이익을 아래와 같이 계산하였다.

매출(600대×₩250)	₩150,000
(−)변동비(600대×₩150)	90,000
공헌이익	60,000
(−)고정비	35,000
순이익	₩25,000

그림 10-3 이익도표의 작성

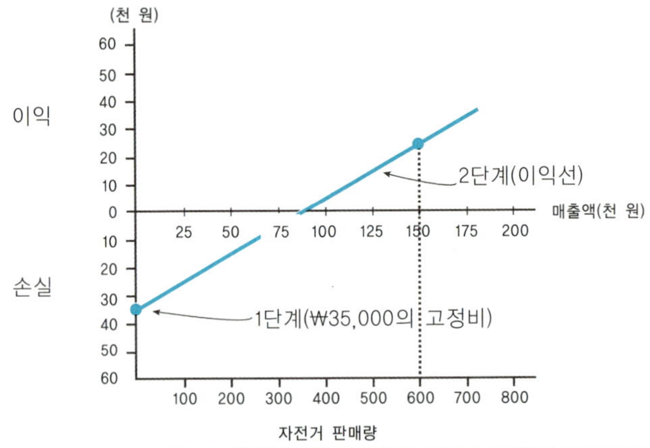

그림 10-4 완성된 이익도표

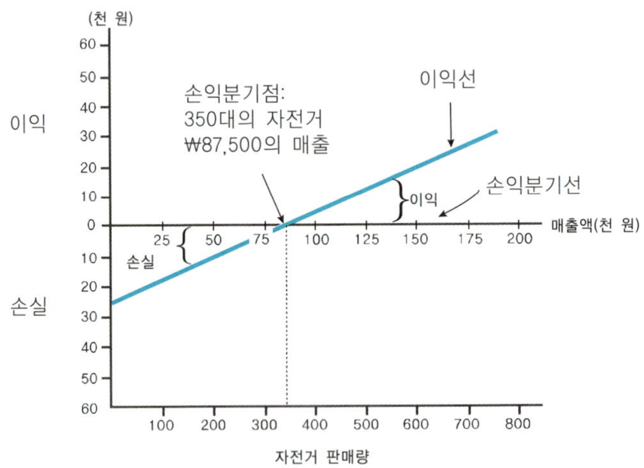

이 점이 표시되고 나면, 이 점과 조업도가 0일 때 총고정비를 나타내는 점(1단계에서 도출해낸 점)을 잇는 선을 그린다. 이렇게 그린 선이 곧 이익선이며, 이렇게 완성된 이익도표에 대한 해석이 〈그림 10-4〉에 제공되어 있다. 이익선이 손익분기선과 교차하는 점이 손익분기점이다.

이익선과 손익분기선 간의 수직거리가 특정 판매량에서의 기대이익 또는 기대손실을 나타낸다. 이 수직거리는 *Y*축의 눈금을 읽음으로써 쉽게 금액으로 파악할 수 있다.

제 4 절 CVP 개념의 적용

앞에서 다룬 개념들이 계획 및 의사결정에 많이 적용되고 있다. 적용의 예를 알아보기 위해 자전거 제조회사인 잘달려 회사의 자료를 다시 이용해 보자. 잘달려 회사의 원가 및 수익에 대한 기본자료는 다음과 같다.

	단위당	비 율(%)
판 매 가	₩250	100
(−)변 동 비	150	60
공 헌 이 익	₩100	40

매월 고정비는 ₩35,000이다.

1 고정비와 매출의 변동

잘달려 회사는 현재 월평균 400대의 자전거를 팔고 있다고 가정하자(매출액 ₩100,000). 판매관리자는 매달 광고비를 ₩10,000만큼 증가시키면 ₩30,000의 매출이 증가될 것이라고 기대하고 있다. 광고비를 추가로 지불하여야 할 것인가?

≪**해답**≫ 총기대 공헌이익:

₩130,000×40% 공헌이익률	₩52,000
현재의 총공헌이익:	
₩100,000×40% 공헌이익률	40,000
공헌이익의 증가	12,000
고정비의 변화:	
(−)광고비의 증가	10,000
순이익의 증가	₩2,000

그러므로 광고비를 증가시켜야 한다.

이 경우에는 단지 고정비와 매출만이 변화하므로, 해답이 다음과 같이 간단히 정리될 수도 있다.

≪**별해**≫ 공헌이익의 증가:

₩30,000×40% 공헌이익률	₩12,000
(−)광고비의 증가	10,000
순이익의 증가	₩2,000

이 방식은 과거의 매출액에 대한 자료가 없이도 가능한 방법이다. 또한 두 방식들 모두 손익계산서를 작성하지 않고도 가능하다. 두 방식 다 새 계획이 실행될 경우의 수익, 비용, 그리고 조업도의 변화만을 가지고 행하는 "증분분석"(incremental analysis)을 사용하고 있다. 대부분의 관리자들이 증분개념을 선호하는데, 그 이유는 이 개념이 더욱 간편하고 직접적이며, 의사결정에 직접 관련된 사항들에 초점을 맞추어 분석하기 때문이다.

2 변동비와 매출의 변동

계속 잘달려 회사의 월평균 매출이 400대라고 가정하자. 경영층에서는 자전거를 제조하는 데 변동비를 ₩25만큼 절감할 수 있는 덜 비싼 부품을 사용할까 검토하고 있다. 그럴 경우, 품질의 저하로 인해 월간 매출이 350대로 줄어들 것으로 판매관리자는 예측하고 있다. 부품을 대체해야 할 것인가?

≪**해답**≫ 총기대 공헌이익:

350대×₩125	₩43,750
현재의 총공헌이익:	
400대×₩100	40,000
총공헌이익의 증가	₩3,750

덜 비싼 부품이 자전거 제조에 투입되는 것이 유리하다. 왜냐하면 고정비가 변하지 않으므로, 공헌이익이 ₩3,750만큼 증가함에 따라 순이익도 그만큼 증가하기 때문이다.

3 고정비, 판매가 및 매출의 변동

잘달려 회사의 자료를 그대로 이용하자. 매출을 증가시키기 위해 경영층은 단가를 ₩20만큼 내리고, 광고비를 매월 ₩15,000만큼 증가시키고자 한다. 이 두 가지가 채택되면 매출이 50% 신장될 것으로 경영진은 예상하고 있다. 가격과 광고비의 변화를 받아들여야 할 것인가?

≪**해답**≫ 판매단가의 ₩20 감소는 단위당 공헌이익을 ₩100에서 ₩80으로 감소시킨다.

총기대 공헌이익:	
400대×150%×₩80	₩48,000
현재의 총공헌이익:	
400대×₩100	40,000
증분 공헌이익	8,000
고정비의 변화:	
(−)광고비의 증가	15,000
순이익의 감소	₩(7,000)

이 변화는 받아들이지 말아야 한다. 비교손익계산서를 만들어 봄으로써도 같은 결과를 얻을 수 있다.

	현수준(400대)		기대수준(600대)		차 이
	총 액	단위당	총 액	단위당	
매 출	₩100,000	₩250	₩138,000	₩230	₩38,000
(-)변동비	60,000	150	90,000	150	30,000
공헌이익	40,000	₩100	48,000	₩80	8,000
(-)고정비	35,000		50,000*		15,000
순이익(손실)	₩5,000		₩(2,000)		₩(7,000)

* ₩350,000+₩15,000=₩50,000

4 변동비, 고정비 및 매출의 변동

잘달려 회사의 원래 자료를 참조하자. 판매관리자는 매달 ₩6,000씩 고정급료를 받아가는 판매원 대신에 자전거 1대당 ₩15씩의 판매수수료를 받아가는 판매원을 두고자 한다. 이렇게 하면 월간 매출이 15% 증가할 것으로 판매관리자는 확신하고 있다. 이 변화를 받아들여야 할 것인가?

≪**해답**≫ 총기대 공헌이익:

400대×115%×₩85 ················ ₩39,100

현재의 총공헌이익:

400대×₩100 ················ 40,000

총고정이익의 감소 ················ (900)

고정비의 변화:

(+)수수료를 지불할 경우 회피가능 급료 ················ 6,000

순이익의 증가 ················ ₩5,100

이 변화는 받아들이는 것이 유리하다.

5 정상판매가의 변동

또 다시 원래의 자료로 돌아가서, 잘달려 회사는 가격만 맞으면 도매상에게 150대의 자전거를 납품할 수 있는 기회를 갖게 되었다. 이 주문이 현재 수준의 판매에 영향을 미치지는 않는다. 이 주문을 통하여 잘달려 회사의 월 순이익을 ₩3,000만큼 증가시키고자 하면 얼마의 가격을 제시하여야 할 것인가?

≪**해답**≫ 자전거 1대당 변동비 ………………………………………… ₩150
자전거 1대당 필요한 이익:
₩3,000÷150대 ………………………………………………… 20
대당 제시할 수 있는 가격 ………………………………… ₩170

계산과정에 고정비 요소가 전혀 포함되지 않은 것에 유의하자. 그 이유는 잘달려 회사의 조업도가 이미 손익분기점을 넘어섰고, 그리하여 고정비는 이미 회수된 상황이기 때문이다. 그러므로 특별주문에 대해 제시할 수 있는 가격은 주문에 투입되는 변동비를 회수하고 회사가 바라는 ₩3,000의 공헌이익을 제공해 줄 수 있는 수준이면 된다. 위에서 볼 수 있듯이, 이 수준은 ₩150의 변동비와 ₩20의 단위당 공헌이익으로 구성된 단위당 ₩170이다.

만일 잘달려 회사가 손해를 내고 있는 상황이었다면, 새로운 주문의 자전거 가격은 어떻게 계산되었을까? 손해를 내고 있다는 것은 정상판매가격하에서 아직 회수되지 않은 고정비가 남아 있다는 것을 뜻한다. 그러므로 150대의 특별주문에 대한 가격은 변동비와 판매로부터의 기대이익에다가 회수되지 못한 고정비를 포함하여 설정해야 할 것이다.

예를 들어, 잘달려 회사는 현재 월 ₩6,000의 손실을 내고 있으며, 이 특별주문을 통해 손실을 ₩3,000의 이익으로 전환시키고자 한다. 이런 상황에서 150대의 자전거에 대한 가격은 아래와 같이 계산될 수 있다.

≪**해답**≫ 자전거 1대당 변동비 ………………………………………… ₩150
현재의 순손실:
₩6,000÷150대 ………………………………………………… ₩40
기대 이익:
₩3,000÷150대 ………………………………………………… ₩20
대당 제시할 수 있는 가격 ………………………………… ₩210

₩210이란 가격은 정상가격 ₩250보다 훨씬 낮은 가격이므로, 도매업자나 잘달려 회사 모두 이 대량주문으로부터 혜택을 얻을 수 있다.

6 안전한계

"안전한계"(margin of safety: M/S)는 예상(또는 실제)매출이 손익분기점의 매출을 초과하는 부분을 말한다. 이 안전한계는 손실을 발생시키지 않으면서 허용할 수 있는 매출의 감소폭을 말해준다. 안전한계는 아래와 같이 계산된다.

$$\text{안전한계} = \text{총매출} - \text{손익분기점의 매출}$$

안전한계의 계산 예가 〈표 10-1〉에 나타나 있다. 두 회사 모두 동일한 매출액과 순이익을 갖고 있으나 가 회사는 ₩40,000의 안전한계를, 나 회사는 단지 ₩20,000의 안전한계를 갖고 있다. 이 안전한계의 차이는 두 회사의 각기 다른 원가구조에 기인한다. 즉, 나 회사는 높은 고정비를 갖고 있음으로 인하여 매출이 감소할 때 가 회사보다 훨씬 빨리 손실이 발생된다. 안전한계금액이 말해주듯이 매출이 ₩20,000만큼 감소하면 나 회사는 손익분기점에 도달하나, 가 회사는 ₩40,000만큼이 감소해야 손익분기점까지 내려온다.

안전한계는 비율로도 표시될 수 있으며, 이는 안전한계금액을 총매출액으로 나누어 구한다.

$$\text{안전한계율} = \frac{\text{안전한계금액}}{\text{총매출액}}$$

〈표 10-1〉은 가 회사와 나 회사의 안전한계율도 보여주고 있다. 기업이 한 종류의 제품만을 생산하는 경우에는 안전한계 금액을 단위당 판매가격으로 나누어 줌으로써 안전한계를 판매량으로 나타낼 수도 있다.

나 회사와 같이 안전한계가 낮을 경우, 이 문제를 해결하기 위해 경영진은 무엇을 해야 하는가? 이 질문에 대한 일반적인 답은 없지만, 관리자는 미래의 불황에 대비하여 손익분기점을 낮추거나 판매수준을 높이기 위해 노력해야 할 것이다. 간단히 얘기하자면, 안전한계는 회사의 문제점을 파악하기 위한 하나의 도구이며, 이를 통해 발견되는 문제점들에 대해 회사의 원가구조나 CVP 분석을 적용하여 그 해결책을 구하고자 하는 것이 그 목표이다.

〈표 10-1〉 **안전한계**

	가 회사		나 회사	
	금 액	비율(%)	금 액	비율(%)
매 출	₩200,000	100	₩200,000	100
(−)변동비	150,000	75	100,000	50
공헌이익	50,000	25	100,000	50
(−)고정비	40,000		90,000	
순 이 익	₩10,000		₩10,000	
손익분기점				
₩40,000÷25%	₩160,000			
₩90,000÷50%			₩180,000	
안전한계금액 (총매출액−손익분기점의 매출액):				
₩200,000−₩160,000	40,000			
₩200,000−₩180,000			20,000	
안전한계율:				
₩40,000÷₩200,000		20		
₩20,000÷₩200,000				10

7 원가구조

"원가구조"(cost structure)란 조직이 가지고 있는 원가 중, 고정비와 변동비의 상대적인 비율을 말한다. 이 비율은 불변적인 것이 아니고, 조직의 의도에 따라 조절되기도 한다. 예를 들어, 설비를 자동화함으로써 고정비를 증가시키는 대신 직접노동자에의 의존도를 낮춤으로써 변동비(직접노무비)를 줄일 수 있다.

관리자가 고정비와 변동비의 상대적인 비율을 조정할 수 있는 재량권이 있다면, “높은 변동비와 낮은 고정비 또는 그 반대의 경우 어떤 원가구조가 최적이겠는가?”라는 물음에 직면하게 된다. 이 물음에 대한 일률적인 답은 없으며, 단지 처한 상황에 따라 다르다고 할 수 있다. 구체적인 예를 보기 위해 아래 제시된 X회사와 Y회사의 손익계산서를 참고하자. X회사는 높은 변동비와 낮은 고정비를, Y회사는 낮은 변동비와 높은 고정비를 갖고 있음을 알 수 있다.

	X회사		Y회사	
	금 액	비율(%)	금 액	비율(%)
매 출	₩100,000	100	₩100,000	100
(−)변 동 비	60,000	60	30,000	30
공 헌 이 익	40,000	40	70,000	70
(−)고 정 비	30,000		60,000	
순 이 익	₩10,000		₩10,000	

어느 회사가 최적의 원가구조를 가지고 있느냐 하는 문제는, 그 회사의 매출의 장기적인 추세, 연도별 매출액의 변동폭, 관리자의 위험에 대한 태도 등 많은 요소에 따라 결정된다. 미래의 매출이 ₩100,000 이상으로 유지될 수 있다면 Y회사의 원가구조가 더 좋다. 그 이유는 공헌이익률이 높을수록 매출액이 증가함에 따른 이익의 증가가 빠르기 때문이다. 실제로 매출이 10% 증가했을 때의 새로운 손익계산서를 작성해 보면 다음과 같다.

	X회사		Y회사	
	금 액	비율(%)	금 액	비율(%)
매 출	₩110,000	100	₩110,000	100
(−)변 동 비	66,000	60	33,000	30
공 헌 이 익	44,000	40	77,000	70
(−)고 정 비	30,000		60,000	
순 이 익	₩14,000		₩17,000	

기대했던 대로 높은 공헌이익률 때문에 같은 금액의 매출액 증가에 Y회사의 순이익 증가가 더 큰 것을 볼 수 있다.

그러나 ₩100,000이 두 회사가 낼 수 있는 최대의 매출액이고, 종종 ₩100,000에 못 미치는 매출액을 갖게 된다면 어떻겠는가? 이런 상황에서는 X회사가 더 나은 원가구조를 갖고 있다고 볼 수 있다. 그 이유는 두 가지로 설명된다. 첫째, 낮은 공헌이익률 때문에 매출이 감소할 때 X회사는 Y회사와 같이 급속하게 공헌이익을 잃지는 않는다. 즉 X회사의 순이익은 보다 안정적이다. 둘째, X회사의 고정비가 작기 때문에 매출이 급격히 낮아질지라도 Y회사와 같이 순식간에 손실로 돌아서지는 않게 되기 때문이다.

한편 매출이 ₩100,000을 중심으로 위 아래로 변동하면 어느 회사의 원가구조가 더 나은지는 분명하지 않다.

요약하면 Y회사는 매출이 변화함에 따라 호황인 경우에는 더 큰 이익을, 불황인 경우에는 더 큰 손실을 보게 되는, 순이익의 변동이 큰 폭으로 나타남을 경험하게 된다. X회사는 순이익에 있어서 보다 안정성 있는 추세를 갖게 되나, 장기적으로 매출이 증가될 경우 보다 큰 이익을 낼 수 있는 기회를 잃게 되는 단점이 있다.

8 영업레버리지

과학자들에게는, 레버리지란 작은 힘으로써 큰 물체를 움직이게 하는 지렛대의 원리를 뜻한다. 반면에 관리자들에게는, 레버리지란 매출이나 자산을 소폭 증가시킴으로써 어떻게 이익을 큰 폭으로 증가(비율면에서)시킬 수 있는가를 뜻한다. 이를 달성하기 위해 관리자들이 사용하는 한 형태의 레버리지를 영업레버리지라 한다.

"영업레버리지"(operating leverage)란 조직 내에 고정비가 차지하고 있는 상대적인 크기를 나타내는 척도이다. 상대적으로 고정비가 차지하고 있는 비중이 큰 기업이 큰 영업레버리지를 가지며, 반대로 고정비의 비중이 작은 기업이 작은 영업레버리지를 가진다. 큰 영업레버리지를 갖고 있는 기업은 매출액의 변동에 따른 이익의 변동폭이 매우 크다. 매출액이 조금만 증가(감소)하여도 이익이 큰 폭으로 증가(감소)한다.

앞에 들었던 예로 영업레버리지를 설명해보자. Y회사는 ₩100,000의 매출액 수준에서 X회사와 같은 금액의 총원가를 갖지만, X회사보다 높은 비중의 고정비를 가지고 있다. 매출이 10% 증가했을 때(₩100,000에서 ₩110,000으로), Y회사의 순이익은 70% 증가한 반면(₩10,000에서 ₩17,000으로) X회사의 순이익은 40% 밖에 증가하지 않았다(₩10,000에서 ₩14,000으로). 그러므로, 같은 10%의 매출액 증가에 Y회사는 X회사보다 높은 비율의 순이익 증가를 누리고 있는 것이다. 그 이유는 Y회사가 제품을 생산, 판매하는 데 있어 더 많은 비중의 고정비를 투여함으로써 더 큰 영업레버리지를 가지고 있기 때문이다.

특정 매출액 수준에서의 "영업레버리지도"(degree of operating leverage)는 다음과 같이 계산한다.

$$\text{영업레버리지도} = \frac{\text{공헌이익}}{\text{순이익}}$$

영업레버리지도는 현 매출액 수준에서 매출액의 변화율이 이익의 변화율에 얼마만큼의 영향을 미치는가를 나타내는 지표이다. 예를 들어, ₩100,000의 매출액 수준에서 X회사와 Y회사의 영업레버리지도는 다음과 같을 것이다.

$$\text{X회사:} \quad \frac{₩40,000}{10,000} = 4 \qquad \text{Y회사:} \quad \frac{₩70,000}{10,000} = 7$$

이들 수치에 대한 해석은, 현 수준에서 매출액의 변화율은 X회사의 순이익에는 매출액 변화율의 4배에 달하는 변화를, Y회사의 순이익에는 7배의 변화를 가져다 줄 것이다라는 것이다. 즉, 매출이 10% 증가하면, X회사의 순이익은 40%, Y회사의 순이익은 70% 증가할 것을 예측할 수 있다.

	(1) 매출액증가율(%)	(2) 영업레버리지도	(3) 순이익증가율: (1)×(2)(%)
X 회 사	10	4	40
Y 회 사	10	7	70

위의 계산으로, 앞에서 얘기했던 매출액의 10% 증가가 왜 X회사에는 순이익을 ₩10,000에서 ₩14,000으로 증가시켰고(40% 증가), Y회사에는 ₩10,000에서 ₩17,000으로 증가시켰는지(70% 증가) 알 수 있다.

영업레버리지는 손익분기점에서 가장 큰 수치를 가지며 매출액이 증가함에 따라 점차 감소한다. 이 사실은 X회사의 여러 매출액 수준에서의 영업레버리지도를 계산해 본 아래의 표에서 볼 수 있다(앞에서 사용했던 X회사의 자료는 네모 안에 들어있다).

매 출	₩80,000	₩100,000	₩150,000	₩200,000
(−)변 동 비	48,000	60,000	90,000	120,000
공 헌 이 익(1)	32,000	40,000	60,000	80,000
(−)고 정 비	30,000	30,000	30,000	30,000
순 이 익(2)	₩2,000	₩10,000	₩30,000	50,000
영업레버리지도, (1)÷(2)	16	4	2	1.6

즉, X회사의 매출액이 ₩200,000 수준일 때는 10%의 매출액 증가가 단지 16%(10%×1.6)의 순이익의 증가를 가져오는 반면, 앞에서도 계산되었듯이 ₩100,000의 매출액 수준에서는 40%의 증가를 가져온다. 손익분기점을 넘어 점점 더 멀어질수록 영업레버리지도는 점점 작아지게 되고, 손익분기점상에서는 무한대의 값을 갖는다.

영업레버리지 개념은 매출액이 변함에 따라 이익이 얼마나 변하는가를 자세한 손익계산서를 작성해 보지 않아도 신속하게 관리자에게 알려준다는 점에서 매우 유용한 도구로 간주되고 있다. 위의 예에서도 보았듯이, 영업레버리지의 효과가 경우에 따라서 막대할 수 있다. 손익분기점에서 상당히 가까운 위치에 처해 있게 되면, 매출액의 작은 증가가 순이익의 큰 증가를 가져올 수 있다. 왜 경영자들이 하찮은 매출액의 증가에 모든 힘을 기울이는지 이를 통해 알 수 있다. 영업레버리지도가 5라면, 매출액의 6% 증가는 30%의 순이익 증가를 의미하는 것이다.

9 공헌이익의 중요성

이 장의 서두에서 언급했듯이, CVP 분석은 변동비, 고정비, 판매가, 판매량들의 가장 수익성이 높은 조합을 찾아내고자 한다. 위에서 방금 다룬 예들이 이들 요소들의 가장 수익성 높은 조합을 결정하는 데 있어 공헌이익에 미치는 영향이 가장 중요한 관건임을 나타내 주고 있다. 고정비가 더 크게 절감될 수 있을 경우에는 공헌이익을 줄이는 것이 이익을 더 증가시킬 수 있는 예도 보았다. 그러나 일반적으로는, 이익을 증대시키기 위해서는 총공헌이익을 증가시켜야 한다는 것을 알았다. 어떤 때는 판매가를 낮추어 매출을 증가시킴으로써 이것이 가능했고, 어떤 때는 고정비를 증가시켜(광고비 같은) 매출을 증가시킴으로써 이 목적을 이루었으며, 또 다른 경우에는 고정비와 변동비를 일부 서로 바꿈으로써 매출을 조정하기도 하였다.

단위당 공헌이익의 크기(또는 공헌이익률의 크기)는 이익을 증가시키기 위해 회사가 취하고자 하는 전략에 큰 영향을 미친다. 예를 들어, 제품의 단위당 공헌이익이 클수록 매출을 특정 비율만큼 올리기 위해 회사가 지출할 수 있는 금액도 크다. 이것이 단위당 공헌이익이 큰 회사들(자동차 제조업체 같은)이 대대적인 광고를 하는 반면, 작은 단위당 공헌이익을 가진 회사들(주방용기 제조업체 같은)은 광고비 지출이 적은 이유이다.

간단히 말해서, 공헌이익에 미치는 영향이 기업의 비용-수익에 관한 의사결정에서 가장 중요한 관건이다.

10 연습문제

10-1. 하나 회사는 단일 제품을 판매한다. 제품의 단위당 판매가격은 ₩40이며 공헌이익률은 30%이다. 회사의 고정비는 매년 ₩180,000이다.

요구사항

1. 단위당 변동비는 얼마인가?
2. 등식 방법을 사용하여,
   (a) 손익분기점의 매출액과 매출량을 구하시오.
   (b) 매년 ₩60,000의 이익을 얻고자 할 때 매출액과 매출량은 얼마가 되어야 하는가?
   (c) 좀 더 싼 재료를 사용하면 회사가 변동비를 단위당 ₩4만큼 줄일 수 있다고 가정할 때 새로운 손익분기점의 매출액과 매출량을 구하시오.
3. 2의 문제를 단위당 공헌이익을 사용하여 다시 풀어보시오.

10-2. 남산 심포니는 연중행사인 "저녁식사와 무도회"를 계획하고 있다. 행사 위원회는 소요되는 경비를 다음과 같이 잡았다:

저녁식사(1인당)	₩18
상품(1인당)	2
오케스트라	2,800
무도장 임대료	900
휴식시간의 전문 연예인초청	1,000
티켓 및 광고	1,300

위원회에서는 티켓 한 장당 ₩35을 받기로 결정하였다.

요구사항

1. 손익분기점을 계산하시오(참가하는 사람의 숫자로).

2. 작년에 300명만이 참석했다고 가정하자. 올해도 같은 수가 참석한다면 손익분기를 달성하기 위한 티켓의 가격은?
3. 원래의 자료를 참조하시오(한 사람당 티켓 가격 ₩35). 무도회의 원가-조업도-이익도표(CVP graph)를 그려보시오.

10-3. 이 문제는 10-2의 연속이다. 10-2의 자료를 참조하시오.

요구사항

1. 무도회의 이익그래프를 그리시오.
2. 위원회는 1인당 ₩35 대신 ₩40을 받으려고 한다. 이때 이익도표의 경사는 가팔라지겠는가 아니면 완만해지겠는가? 설명하시오.

10-4. 아래에 있는 빈 칸을 채우시오(각 경우는 서로 독립적인 것이다).
(힌트: 빈 칸을 채우는 하나의 방법은 각각 공헌이익 손익계산서를 만들어 알려진 자료를 넣고 그 다음에 빈칸의 숫자를 계산하는 것이다.)

(a) 오직 한 가지 제품만을 생산할 때

경 우	판매량	매출액	변동비	단위당 공헌이익	고정비	순이익
1	15,000	₩180,000	₩120,000	₩?	₩50,000	₩?
2	?	100,000	?	10	32,000	8,000
3	10,000	?	70,000	13	?	12,000
4	6,000	300,000	?	?	100,000	(10,000)

(b) 한 가지 이상을 생산할 때

경 우	판매량	변동비	평균공헌이익(%)	고정비	순이익(순손실)
1	₩500,000	₩?	20	₩?	₩7,000
2	400,000	260,000	?	100,000	?
3	?	?	60	130,000	20,000
4	600,000	420,000	?	?	(5,000)

10-5. 미림 회사의 최근 손익계산서는 다음과 같다.

	합 계	단 위 당
매출(20,000단위)	₩300,000	₩15
(−)변 동 비	180,000	9
공 헌 이 익	120,000	₩6
(−)고 정 비	70,000	
순 이 익	₩50,000	

요구사항

다음의 각 조건에 의한 새로운 손익계산서를 작성하시오(각 예는 상호 독립적임).

1. 매출량이 15% 증가하였을 때.
2. 단위당 판매가격이 ₩1.50 감소하고, 전체 매출량이 25% 증가했을 때.
3. 단위당 판매가격이 ₩1.50 증가하고, 고정비가 ₩20,000 증가하였으며, 전체 매출량이 5% 감소하였을 때.
4. 판매가격이 12% 증가하고, 변동비가 단위당 ₩0.60 증가하며, 전체 판매량이 10% 감소했을 때.

10-6. 디스코 회사는 레크레이션 장비를 만들어 판다.
회사 제품의 하나인 캠프용 난로는 한 개에 ₩50에 판다. 난로 한 개당 변동비는 ₩32이고 고정비는 한 달에 ₩108,000이 발생한다.

요구사항

1. 손익분기점의 판매량과 매출액을 구하시오.
2. 만약 판매가격 중 변동비의 비율이 늘어나면 손익분기점은 높아지겠는가, 아니면 낮아지겠는가? 또 그 이유는? (단, 고정비는 변하지 않는 것으로 가정한다.)
3. 현재 회사는 한 달에 8,000개의 난로를 판매한다. 판매담당자는 가격을 10%인하하면 한 달 판매량이 25% 증가할 것으로 확신한다. 두 개의 공헌이익 손익계산서를 작성하시오. (하나는 현재의 조건으로, 다른 하나는 새로운 제안 후의 것으로)
4. 3.의 자료를 참조하시오. 새로운 가격으로 한 달에 최소한 ₩35,000의 순이익을 얻으려면 난로를 얼마나 팔아야 하는가?

10-7. 회사는 전국에 모자 체인점을 운영한다. 매장에서는 여러 종류의 모자를 같은 가격에 판매한다. 매장의 판매직원은 적극적인 판매노력을 기울이는 대가로 모자를 팔 때마다 회사로부터 수수료를 받는다(추가로 적은 기본급도 받는다). 아래의 비용과 수입의 자료는 회사의 많은 대리점 가운데 대표격인 상점 48의 것이다.

	모자당
판매가격	₩ 30
변동비:	
송장가격	₩13.50
판매수수료	4.50

변동비 합계	₩ 18
연간고정비:	
광 고 비	₩30,000
임 차 료	20,000
급 료	100,000
고정비 합계	₩150,000

요구사항

1. 상점 48의 연간 손익 분기점의 매출액과 매출량을 구하시오.
2. CVP 그래프에 비용과 수입의 선을 0에서 20,000개가 팔렸을 때까지 그리시오. 그래프 위에 손익분기점을 분명히 나타내시오.
3. 만약 1년에 12,000개의 모자가 팔린다면 상점 48의 순이익(순손실)은 얼마인가?
4. 회사는 상점 48의 점포관리자에게 모자당 수수료를 ₩0.75 지급할 것을 고려하고 있다(판매원의 수수료에 추가로). 이럴 때에 새로운 손익분기점의 매출액과 매출량을 구하시오.
5. 원래의 자료를 참조하시오. 위의 4.의 대안으로 점포관리자에게 손익분기점을 초과해서 팔리는 모자에 대하여 모자당 ₩0.50을 지급할 계획을 하고 있다.
   이럴 때에 모자가 15,000개 팔렸다면 상점의 순이익(순손실)은 얼마인가?
6. 원래의 자료를 참조하시오. 회사는 판매원의 수수료를 없애고 고정급료로 매년 ₩31,500을 제공하려 한다. 이렇게 조건이 변했을 때 상점 48의 새로운 손익분기점의 매출액과 매출량을 구하시오. 또 당신은 이 변화된 조건을 선택하겠습니까?
   설명하시오.

10-8. 목각 회사는 제품을 단위당 ₩20에 만들어 팔고 있다. 변동비는 단위당 ₩8이고 총고정비는 매년 ₩180,000이 발생한다.

요구사항

다음의 각 독립적인 질문에 대답하시오.

1. 제품의 공헌이익률은 얼마인가?
2. 공헌이익률을 사용하여 손익분기점의 매출액을 결정하시오.
3. 회사는 내년에 ₩75,000만큼 매출액이 증가할 것으로 예상한다. 고정비가 변하지 않는다고 가정할 때 순이익의 증가(순손실)의 감소는

얼마인가?

4. 작년 영업결과를 다음과 같이 가정하자.

매 출	₩400,000
(−)변 동 비	160,000
공 헌 이 익	240,000
(−)고 정 비	180,000
순 이 익	₩60,000

(a) 현재 판매수준에서 영업레버리지도를 구하시오.

(b) 내년에는 매출액이 현재보다 20% 증가할 것으로 예상된다. 순이익의 증가는 몇%나 될까?

5. 원래의 자료를 참조하시오.

회사가 작년에는 18,000개를 팔았다고 가정하자. 판매담당자는 판매가격을 10%내리고, 광고비를 ₩30,000증가시키면 매출량이 1/3만큼 증가할 것이라고 확신하고 있다. 두 개의 공헌이익 손익계산서를 작성하시오. 하나는 작년영업결과로, 다른 하나는 변화된 결과의 것으로 작성하시오. 당신은 판매담당자가 제안한 것을 회사에 추천할 것입니까?

6. 원래의 자료를 참조하시오.

다시 18,000개를 팔았다고 가정하자. 사장은 현재 판매가격을 바꾸는 것을 원하지 않는다. 대신 판매수수료를 단위당 ₩1 증가시키고자 한다. 그는 이와 함께 약간의 광고비를 증가시키면 연간 25%의 매출이 증가할 것이라고 생각했다. 이익이 변하지 않는 범위에서 얼마의 광고비를 사용할 수 있나? (손익계산서를 사용하지 말고 증분분석법을 사용하시오.)

7. 원래의 자료를 참조하시오.

회사의 매출이 감소해 단지 14,000개를 팔았다고 가정하자. 도매업자로부터 4,000개를 특별가격에 사고 싶다는 주문이 들어왔다. 만약 목각 회사가 연간 총이익을 ₩20,000만큼 얻고자 한다면 판매가격을 얼마로 제시해야 하나? (현재의 판매는 특별주문에 방해받지 아니한다.)

10-9. 단순 회사는 한 가지 제품만을 판매한다.

회사의 지난 분기의 매출과 비용은 다음과 같다.

	합 계	단 위 당
매 출	₩450,000	₩30

(−)변 동 비	180,000	12
공헌이익	270,000	₩18
(−)고 정 비	216,000	
순 이 익	₩54,000	

요구사항

1. 지난분기 손익분기점의 매출량과 매출액을 구하시오.
2. 손익분기점에서의 총공헌이익은 얼마인가?
3. 각 분기마다 ₩90,000의 목표이익을 얻고자 할 때 몇 개를 팔아야 하는가? 단위당 공헌이익을 사용하시오. 목표매출액 수준에서의 공헌이익 손익계산서를 작성하여 이를 증명해 보이시오.
4. 원래의 자료를 참조하여 회사의 수량기준 및 금액기준의 매출 총이익률(M/S)을 구하시오.
5. 회사의 공헌이익률을 구하시오. 또 만약 각 분기당 매출액이 ₩50,000씩 증가한다면 얼마만큼의 순이익 증가를 기대할 수 있는가? (공헌이익률을 가지고 계산할 것.)

10-10. 빙고장난감 회사는 새로운 게임을 개발했다. 회사는 작년에 이것을 게임당 ₩20으로 15,000개를 팔았다. 고정비는 연간 총 ₩182,000이고 변동비는 게임당 ₩6이다.

요구사항

1. 작년의 손익계산서를 작성하고 영업레버리지도를 계산하시오.
2. 경영자는 내년에 18,000개의 게임이 팔릴 것을 확신하고 있다(3,000개의 증가 또는 작년대비 20%의 증가). 다음을 계산하시오.
   (a) 내년에 기대되는 순이익의 증가율(%)
   (b) 내년에 기대되는 총순이익액(영업레버리지 개념을 사용하여 계산할 것)

10-11. 용가리 회사는 공룡인형을 판매하는 회사이다. 이 회사의 2013년 손익계산서는 다음과 같다.

매 출 액		₩450,000
변 동 비		
변동매출원가	180,000	
변동판매비	90,000	270,000
공헌이익		180,000

고 정 비		
고정제조간접비	90,000	
고정판매비	50,000	
감가상각비	15,000	155,000
당기순이익		₩35,000

인형의 단위당 판매가격은 ₩1,250이고, 회사가 부담하는 법인세율은 40%라고 가정한다.

요구사항

1. 세금을 고려하였을 때 손익분기점 매출량과 매출액을 구하시오.
2. 이 회사의 세후목표이익이 ₩60,000이라고 할 때의 목표매출량과 목표매출액을 구하시오.
3. 현금흐름을 고려한 순익분기점 매출량을 구하시오.

10-12. 단군 회사는 X와 Y 두 개의 제품을 만들어 판다. 두 제품의 월 판매량과 공헌이익률은 다음과 같다.

	제 품		합 계
	X	Y	
판 매 량	₩150,000	₩250,000	₩400,000
공 헌 이 익 률	80%	36%	?

단군 회사의 월 고정비는 모두 ₩183,750이다.

요구사항

1. 회사 전체의 손익계산서를 작성하시오. 본 장의 다품종 손익분기계산표를 참조하고, 또 소수 첫째자리까지 계산하시오.
2. 현재의 매출배합에 기초를 두고 회사의 손익분기점을 구하시오.

10-13. 다양사는 최근 그의 지역에서 A, B, C의 세 가지 제품을 팔 수 있는 독점적인 영업망을 획득했다. 회사는 관리에 도움을 얻기 위해 예산과 계획 프로그램을 구축하기를 원하고 있다. 이런 목적을 위해서 다음 달의 각 제품별 및 총계로 나타낸 매출예산을 아래와 같이 세웠다.

	제품별						총 계	
	A		B		C			
총매출액에 대한 비율	20%		52%		28%		100%	
매 출	₩150,000	100%	₩390,000	100%	₩210,000	100%	₩750,000	100%
(−)변동비	108,000	72%	78,000	20%	84,000	40%	270,000	36%
공헌이익	₩42,000	28%	₩312,000	80%	₩126,000	60%	480,000	64%
(−)고정비	…………						449,280	
순이익	…………						₩30,720	

$$\text{손익분기점 매출액} = \frac{\text{고정비 ₩449,280}}{\text{공헌이익률 ₩0.64}} = \text{₩702,000}$$

위의 자료에서 보듯이 순이익은 예산상 다음 달에 ₩30,720이 되고 손익분기점의 매출액은 ₩702,000이 된다. 다음 달의 실제 매출액은 계획대로 ₩750,000으로 가정하시오.

실제의 제품별 매출액은 다음과 같다.

A: ₩300,000

B: ₩180,000

C: ₩270,000

요구사항

1. 실제의 매출 자료에 기초한 공헌이익 손익계산서를 준비하시오. 위 형식에 의해서 손익계산서를 제시하시오.
2. 실제 자료에 기초해서 다음 달의 손익분기점 매출액을 계산하시오.
3. 회사가 ₩750,000의 매출예산을 달성했음에도 사장은 위의 1.의 손익계산서에 나타난 결과에 대해서 충격을 받고 있다, 사장에게 영업결과와 손익분기점 매출이 왜 예산과 다른지를 설명하는 메모를 준비하시오.

Chapter 11

특수의사결정과 관련원가 분석

제 1 절 특수의사결정의 개념

의사결정(decision making)이란 여러 가지 선택 가능한 대안들 중에서 어느 하나의 최적안을 선택하는 행위를 지칭하는 것으로서 기업을 경영하는 경영자들에게 있어서는 가장 기본적인 기능이라고 말할 수 있다. 우선 의사결정은 그것이 일상적, 반복적으로 이루어지느냐에 따라 일상적 의사결정과 비일상적 또는 특수의사결정으로 구분된다. 일상적 의사결정문제는 주로 프로그램화되어 일상적 업무로 처리되므로 특별한 대안을 비교·분석할 필요는 없지만, 특수의사결정문제는 대안의 양적·질적인 비교·분석을 통해 최적안을 선택해야 하므로 다양한 의사결정기법을 필요로 한다. 다음으로, 의사결정을 단기적 의사결정과 장기적 의사결정으로 구분할 수도 있는데, 단기적 의사결정은 1년 이내의 단기간 동안 의사결정의 효과가 미치는 문제를 말하는 반면, 장기적 의사결정은 1년 이상의 장기간 동안 의사결정의 효과가 미치는 문제를 뜻하는 것으로서, 의사결정시 예상현금흐름을 적절한 할인율로 할인하여 현재가치로 평가해야 정확한 판단을 내릴 수 있다.

우리는 이번 장에서 1년 이내의 기간 동안 영향을 미치는 비일상적인 의사결정문제, 즉 단기적 특수의사결정문제를 다루게 될 것이다. 실제로 기업을 경영하는 경영자가 직면하게 될 단기적 특수의사결정문제를 일률적으로 모형화할 순 없겠지만, 일반적으로 단기적 특수의사결정의 유형은 아래와 같이 6가지로 분류되고 있다.

① 특별주문의 수락 또는 거절과 관련된 의사결정	정상판매와 다른 조건의 특별주문을 수락할 것인가
② 제품라인의 추가 또는 폐지에 대한 의사결정	어떤 제품을 계속 생산할 것인가 말 것인가
③ 부품의 자가제조 또는 외부구입과 관련된 의사결정	부품을 자가제조할 것인가, 외부로부터 구입할 것인가
④ 제한된 자원하에서의 의사결정	희소한 자원을 어느 제품에 얼마만큼 배분할 것인가
⑤ 결합제품의 판매 또는 추가가공에 대한 의사결정	제품을 추가가공할 것인가, 현재 상태에서 판매할 것인가
⑥ 기존설비의 대체에 대한 의사결정	현재의 설비를 그대로 이용할 것인가, 새로운 설비로 대체할 것인가

이번 장에서는 위의 6가지의 단기적 특수의사결정문제를 해결하기 위한 양적 측면의 의사결정방법에 대해서 공부하게 될 것이다. 물론, 계량화하긴 어려워도 기업의 가치에 영향을 미칠 것으로 판단되는 질적 요소가 있다면 최종 의사결정과정에선 반드시 고려되어야 할 것이다. 다만 여기서는 계량화가 가능한 양적 측면에 중점을 두어 분석을 해 보고자 한다.

제 2 절 의사결정을 위한 원가개념

의사결정을 함에 있어, 관리자들이 주로 사용하는 정보는 양적 정보이며, 그 중에서도 원가정보가 가장 중요한 위치를 차지한다. 의사결정 과정의 한 단계로서 하나의 대안에 대한 원가가 다른 대안의 원가와 비교된다. 그러나 이렇게 원가정보를 사용할 때 주의할 것은 어떤 원가정보들은 의사결정에 무관하다는 점이다. 자칫, 의사결정과 관련이 없는 원가정보를 의사결정에 포함시킴으로 인하여 잘못된 결론을 유도할 위험도 있다. 이러한 문제점을 해결하기 위해 제시된 것이 관련원가 개념이다. "관련원가"(relevant cost)란 특정의사결정에 직접적으로 관련되는 원가로서, 관리자가 어느 대안을 선택할 것인가라는 의사결정상황에서 대안들 간의 차이를 들어 나타낼 수 있는 원가라 정의할 수 있다.

1 관련원가

관련원가란 무엇일까? 이에 대한 대답은 간단하다. 어느 원가든 회피가능(avoidable)하면 그 의사결정에 관련된 원가이다. "회피가능원가"(avoidable cost)는 의사결정상황에서 다른 대안대신에 어떤 특정대안을 선택함으로 인하여 전부 또는 부분적으로 제거될 수 있는 원가로 정의될 수 있다. 다음의 두 가지를 제외하고는 다른 모든 원가들이 회피가능한 것으로 간주된다.

① 매몰원가
② 미래원가로서 선택가능한 대안들 간에 차이가 없는 원가

매몰원가(sunk)란 이미 발생한 원가로서, 관리자가 어떤 대안을 앞으로 선택하든지에 관계없이 회피할 수 없는 원가이다. 그렇기 때문에 매몰원가는 미래의 상황과는 관련이 없으며 따라서 의사결정에서 제외되어야 한다. 마찬가지로, 관리자가 앞으로 어떤 대안을 선택하더라도 항상 발생하는 원가는 어떤 대안이 가장 최적인가를 평가하는 데 아무 도움을 주지 못한다. 이런 원가는 회피가능하지 못하며, 그러므로 관리자의 의사결정에 관련되어 있지 않다.

한편, 관련원가를 얘기함에 있어서 한 가지 유의해야 할 것은 어느 하나의 의사결정에 관련성이 있는 원가라 해서 다른 의사결정에도 관련성이 있다고 볼 수는 없다는 점이다. 즉, 의사결정 목적이 달라지면 관리자가 필요로 하는 원가들도 달라진다. 어떤 목적을 위해서 특정 부류의 원가가 관련원가가 될 수 있고, 또 다른 목적을 위해서는 전혀 다른 부류의 원가들이 관련원가가 되기도 한다. 그러므로 각 의사결정이 처한 상황에 따라 관리자는 활용가

능한 자료들을 분석하여 의사결정과 관련된 원가들을 먼저 가려내야 한다. 그렇지 않으면 비관련원가에 의해 의사결정을 그르칠 위험이 있다.

2 비관련원가

(1) 매몰원가

관리자들이 특수의사결정과 관련원가분석시 종종 오류를 범하는 이유는 매몰원가를 의사결정시에 관련시켜선 안 된다는 점을 간과하기 때문이다. 매몰원가를 의사결정시에 관련시키기 쉬운 경우 중의 하나가 기존설비의 장부가격인데, 아래의 예를 이용하여 이에 대해서 살펴보자.

다음과 같은 자료가 주어졌다고 가정하자.

기 존 설 비		제안된 새 설비	
취 득 가 격	₩10,000	구 입 가 격	₩12,000
현 장 부 가 격	8,000		
잔 존 내 용 연 수	4년	내 용 연 수	4년
현재의 처분가치	₩3,000		
4년 후의 처분가치	−	4년 후의 처분가치	−
연 간 운 영 비	₩20,000	연 간 운 영 비	₩15,500
연 간 매 출 수 익	50,000	연 간 매 출 수 익	50,000

기존설비를 처분하고 새 설비를 도입하여야 할 것인가? 어떤 관리자는 기존 설비를 처분하면, ₩5,000의 처분손실이 발생하므로 반대할 것이다.

기 존 설 비	
현 장부가액	₩8,000
현재의 처분가치	3,000
처분할 경우의 손실	₩5,000

기존설비를 처분할 경우 생기는 손실 때문에 관리자들은 다음과 같은 반응을 보일 때가 많다. “이왕 기존 설비에 투자했으니 처분손실을 보느니 투자

액이 다 회수될 때까지(즉, 내용연수가 끝날 때까지) 사용하는 수밖에 없다." 새 설비가 분명히 더 효율적임에도 불구하고 위와 같은 경향을 나타낸다.

과거에 잘못 의사결정했지만, 그로 인해 도입된 설비를 끝까지 이용함으로써 그나마 바로 잡을 수 있지 않겠느냐는 생각은 잠정적으로는 상당히 수긍이 갈지 모르지만, 잘못된 생각이다. 아래의 분석으로 이를 증명할 수 있다.

	총비용 및 수익(4년간)		
	기존설비	차액원가	새설비
매 출	₩200,000	–	₩200,000
운영비	(80,000)	₩18,000	(62,000)
새 설비의 비용(감가상각비)	–	(12,000)	(12,000)
기존설비의 장부가액 또는 감가상각비	(8,000)	–	(8,000)*
기존설비의 처분가치	–	3,000	3,000*
4년간의 총 순이익	₩112,000	9,000	₩121,000

* 이 두 금액은 서로 상쇄되어 ₩5,000의 처분손실로 나타낼 수도 있다.

4년간을 종합해서 볼 때, 새 설비를 도입함으로써 이 기업은 ₩9,000만큼의 더 큰 순이익을 낼 수 있음을 알 수 있다. 이때 기존설비의 장부가액 ₩8,000은 분석의 결과에 아무런 영향을 주지 않는다. 이 장부가액은 매몰원가로서 기존 설비가 계속 사용되든지 처분되든지에 관계없이 기업이 감당해야 하는 비용이기 때문이다. 즉 기존 설비가 계속 사용되면, ₩8,000의 장부가액은 감가상각의 형태로 장부에서 조금씩 제거될 것이고, 기존 설비가 처분된다면, ₩8,000의 장부가액은 처분손실로서 한꺼번에 장부에서 제거될 것이므로, 어느 경우든 이 기업은 동일한 ₩8,000의 감소를 감수하게 되는 것이다.

기존 설비의 장부가액이 의사결정에 있어 관련원가가 아니라는 사실이 자칫 모든 감가상각비가 의사결정과정에는 고려할 필요가 없는 비관련원가라고 잘못 생각하는 경우를 종종 볼 수 있다. 그러나 감가상각비는 이것이 매몰원가에 관련되어 있을 경우에만 비관련원가이다. 앞에서 기존설비와 새 설비를 비교함에 있어, 새 설비의 감가상각비 ₩12,000이 새 설비를 도입하는 것이 바람직한가를 보기 위한 관련 금액들을 열거한 중간행에 나타나 있는 것에 주의하자. 이와는 대조적으로 기존 설비의 감가상각비는 관련비용으로 나타나 있지 않다. 그 이유는 새 설비에 대한 투자는 아직 이루어지지 않았으므로 이에 대한 감가상각비는 매몰원가가 아니기 때문이다.

(2) 미래원가로서 선택가능한 대안들 간에 차이가 없는 원가

대안들 간에 차이가 없는 미래원가도 의사결정에 관한 한 관련원가가 아니다. 앞에서 언급한 바와 같이, 기업이 어떤 의사결정을 내리더라도 변함없이 영향을 주는 원가는 기업이 어떤 의사결정이 가장 최적인가를 가리는 데 전혀 도움을 주지 않기 때문이다. 미래원가가 의사결정과정에서 의미가 있기 위해서는 어떠한 대안을 선택하느냐에 따라 기업이 부담해야 하는 비용에 차이가 있어야 한다.

차이가 나지 않는 미래원가의 비관련성을 예를 통해 알아보기 위해, 인건비를 절약할 수 있게 해주는 기계의 도입을 고려하고 있는 기업을 생각해보자. 기계의 가격은 ₩30,000이며 내용연수는 10년이다. 회사의 연간매출과 원가구조를, 기계가 도입될 경우와 그렇지 않은 경우로 나타낸 것이 다음의 자료이다.

	현재의 비용	새 기계를 사용할 경우의 예상비용
생산 및 판매수량	5,000	5,000
판 매 단 가	₩40	₩40
단위당 직접재료비	14	14
단위당 직접노무비	8	5
단위당 변동제조간접비	2	2
고정비(새 기계를 제외한)	62,000	62,000
고정비(새 기계에 관한)	–	3,000

새 기계가 단위당 직접노무비를 ₩3만큼 절약시켜주는 반면, 기간 고정비는 ₩3,000만큼 증가시킨다. 생산 및 판매수량뿐만 아니라 그 외의 모든 비용들은 동일하다.

다음과 같은 단계대로 분석을 해 보면;

1 매몰원가를 제거한다(위의 경우에는 매몰원가가 없다).

2 차이가 없는 미래원가를 제거한다.

a. 판매단가가 차이가 나지 않는다.

b. 단위당 직접재료비도 차이가 나지 않는다.

c. 단위당 변동제조간접비도 차이가 나지 않는다.

d. (새 기계를 제외한)고정비도 차이가 나지 않는다.

결국, 단위당 직접노무비와 새 기계에 관한 고정비만이 차액원가로 남게 된다.

직접노무비의 절약(5,000단위×₩3)	₩15,000
(−)고정비의 증가	3,000
새 기계를 도입함으로 생기는 연간 순비용 절약액	₩12,000

〈표 11-1〉 **차액원가의 분석**

	5,000개의 생산 및 판매		
	현상태	차액원가	새기계
매출	₩200,000	−	₩200,000
변동비:			
직접재료비	70,000	−	70,000
직접노무비	40,000	₩15,000	25,000
변동제조간접비	10,000	−	10,000
총변동비	120,000		105,000
공헌이익	80,000		95,000
(−)고정비			
새기계 외의 고정비	62,000	−	62,000
새기계	−	(3,000)	3,000
총고정비	62,000		65,000
순이익	₩18,000	₩12,000	₩30,000

앞의 분석이 맞는가를 확인하려면, 관련원가이든 아니든 간에 모든 원가들을 가지고 두 대안 간의 손익계산서를 작성해, 그 결과를 비교해보면 된다. 〈표 11-1〉이 바로 이것이다. 이 표의 결과가, 관련원가만을 가지고 분석하여 새 기계를 도입하는 것이 ₩12,000만큼의 비용을 절약할 수 있다는 결론을 내린 것과 동일함을 알 수 있다. 그러므로 대안들 간에 차이가 없는 미래원가는 의사결정과정에 있어 비관련원가이며, 그렇기 때문에 의사결정에서 제외시켜도 된다는 것을 이해할 수 있다.

제 3 절 의사결정문제를 해결하기 위한 접근방법

의사결정의 접근방법에는 차액원가접근법(관련원가접근법)과 총액접근법이 있다. 앞의 예에서 우리는 새 기계를 구입하는 것이 바람직한가를 알아보기 위해 이 두 가지 접근방법을 모두 사용하여 분석해 보았다. 첫째로, 관련원가만을 고려했었고, 두 번째로 관련 및 비관련원가를 모두 포함하여 고려해 보았다. 이때, 전자를 차액원가접근법 또는 관련원가접근법이라 하고, 후자를 총액접근법이라 한다. 두 가지 방식에서 얻은 결론은 동일했다. 이때 제기될 수 있는 의문은 “모든 원가들을 가지고 동일한 결론을 얻을 수 있다면 구태여 관련원가들만을 따로 분리시키려는 노력을 기울일 필요가 있을까?”라는 것이다. 이러한 의문에 대해 관련원가를 분리시켜 분석하는 차액원가접근법이 우수하다는 것을 다음 두 가지 장점을 근거로 주장할 수 있다.

첫째, 〈표 11-1〉에서와 같이, 자세한 손익계산서를 작성하기 위해 필요한 모든 정보를 수집하기가 여간해서 쉽지 않다. 주로 한정된 자료만이 사용가능한 것이 오늘날의 현실이기 때문이다. 예를 들어, 다품종의 제품을 생산하고 있으며, 여러 개의 부서로 이루어진 회사에서 하나의 작업에 대한 의사결정을 내려야 하는 상황에 처해 있다고 가정하자. 이런 상황에서 이 의사결정에 따라 변화되는 전체 손익계산서를 매번 별도로 작성해본다는 것은 의미도 없거니와 거의 불가능하다.

둘째, 비관련원가들을 관련원가들과 섞어서 사용하게 되면, 문제에 대한 초점이 흐려져 의사결정자의 관심을 문제의 핵심으로부터 멀어지게 할 가능성이 있다. 더구나 그러한 방식하에서는 비관련 자료들과 관련 자료들을 혼동함으로 인해, 잘못된 결정을 내릴 수 있는 위험이 항상 존재하게 된다. 따라서 가장 효율적이면서 바람직한 방법은 관련 자료들만을 분리시켜 이들에 관심을 집중시키고, 이들이 의사결정에 미치는 영향을 명확히 분석해내는 차액원가접근법(관련원가접근법)임을 알 수 있다. 따라서 우리는 주로 이 차액원가접근법(관련원가접근법)에 따라 의사결정을 내리는 방법을 이용할 것이다.

제 4 절 특수의사결정의 유형

1 특별주문의 수락 또는 거절

기업은 때때로 고객으로부터 예상치 않았던 "특별주문"(special order)을 받는 경우가 있다. 대부분의 특별주문은 대량구매를 하는 대신에 정상가격보다 낮은 가격을 요청하는 경우들이다. 이런 특별주문을 받았을 때, 관리자는 주문을 수락할 것인가 또는 거부할 것인가를 결정하여야 한다. 이때 관리자의 의사결정에 관련되는 정보는 차액수익과 차액원가이다. 즉, 특별주문 가격이 단위당 변동비(그리고 특별주문 때문에 발생하는 추가적 고정비가 있으면 이 비용까지 포함한다)를 상회할 경우, 특별주문을 수락함으로써 공헌이익을 증가시킬 수 있으므로 이를 받아들여야 한다. 결국, 특별주문의 수락으로 인하여 증가되는 수익과 변동비만을 고려하는 공헌이익 접근방법을 사용하여 수락여부를 결정하여야 한다.

그러나 위와 같은 원칙을 무시하고, 제품에 배분된 고정비도 포함한 총원가를 기준으로 하여 특별주문에 대한 수락여부를 결정하려는 관리자들의 경향을 종종 발견할 때가 있다. 그러나 고정비는 특별주문의 수락여부에 관계없이 대개 일정하게 발생하므로 분석에서 제외시켜야 올바른 의사결정을 내릴 수 있다.

특별주문에 대한 다음의 예를 살펴보자.

【예제 1】

잘달려 자전거 회사는 한 산악자전거 동호회로부터 100대의 특별제작된 산악자전거를 대당 ₩279,000에 공급해 달라는 주문을 받았다. 잘달려 회사는 기존 산악자전거 모델을 이 특별주문에 맞게 추가비용 없이 쉽게 개조할 수 있다. 기존 산악자전거의 판매가격은 ₩349,000이고 단위당 생산원가는 아래 표와 같이 ₩282,000이다.

직접재료비	₩186,000
직접노무비	45,000
제조간접비	51,000
	₩282,000

상기 제조간접비 중 변동비는 단위당 ₩6,000이다. 이 특별주문은 회사 전체의 고정제조간접비에 영향을 미치지 않는다. 또 이 주문은 회사의 다른 매출에도 영향을 미치지 않는다. 생산관리자는 회사의 정규적으로 계획된 생산의 중단 없이 이 특별주문을 처리할 수 있다고 보고하였다.

이런 상황에서 이 특별주문을 수락해야 할 것인가, 말 것인가? 성급한 관리자는 단위당 생산원가가 ₩282,000인데, 주문가격이 ₩279,000이라면 한 대당 ₩3,000의 손해가 나니 거절해야 한다고 쉽게 결론지을지도 모른다. 그러나 제조간접비에 포함된 고정비는 특별주문에 의해 영향을 받지 않으므로 비관련원가다. 오직 증분수익과 증분원가만이 관련원가다.

이 주문을 수락함으로써 발생하는 증분영업이익은 다음과 같이 계산된다.

	단위당	100대의 자전거
증분수익	₩279,000	₩27,900,000
증분원가		
변동비		
직접재료비	186,000	18,600,000

직접노무비	45,000	4,500,000
변동제조간접비	6,000	600,000
총 변동비	237,000	23,700,000
증분영업이익		4,200,000

결국, 특별주문을 수락하는 것이 거절하는 것보다 ₩4,200,000의 이익을 증가시킬 수 있는 더 나은 대안이다.

위의 예에서 성급한 관리자가 내린 결정의 가장 중요한 오류는 비관련원가인 고정비를 분석에 포함시켰다는 점이다. 고정비는 특별주문의 수락여부에 관계없이 발생하므로 의사결정과는 무관한 정보이다. 이렇게 비관련원가인 고정비를 관련원가로 착각하는 것을 총원가(또는 전부원가)의 오류(full-cost fallacy)라 한다. 이 오류는 단기적인 의사결정상황에서 흔히 발생하는데, 그 주된 이유는 회계원칙에서 전부원가를 채택하고 있어 일상적인 회계자료가 전부원가 기준으로 작성되어 쉽게 구할 수 있기 때문이다. 그러나 전부원가는 특별주문의 수락여부를 결정짓는 데는 관련성이 없는 원가자료라는 것을 주의해야 한다.

한편, 공헌이익접근방식으로 특별주문을 수락하는 것이 유리하다는 결론을 얻었더라도, 숫자상으로는 나타나지 않는 질적인 사항들도 고려해야 한다. 첫째, 특정 고객에게 할인판매를 실시함으로 인한 기존 고객들의 가격에 대한 불만이나, 기업의 장기적인 가격정책에의 영향 등을 검토해 보아야 한다. 만일, 특별주문을 수락한 다음의 여파가 심각할 가능성이 있을 때에는 특별주문의 수락을 재고해 볼 필요가 있을 것이다. 둘째, 특별주문을 수락하기 이전에 이를 소화할 수 있는 충분한 생산설비가 존재하는지도 점검해 보아야 한다. 특별주문의 수락이 기존의 매출을 잠식할 위험이 있을 경우에는, 기존의 매출이 감소함으로써 공헌이익을 상실할 수도 있기 때문에 주의가 요망된다.

2 제품라인의 추가 또는 폐지

수익성이 저하된 오래된 제품라인의 폐지문제와 새로운 제품라인의 추가 문제는 관리자가 해결해야 할 어려운 의사결정 중의 하나이다. 이 문제의 경우에도 여러 가지의 양적 요소 및 질적 요소들이 고려되어야 한다. 그러나 궁극적으로 제품라인의 추가 또는 폐지에 대한 의사결정은 이 결정이 순이익에 미치는 영향이 어떠한가에 따라 내려지게 된다. 이 영향을 평가하기 위해서는 관련된 원가들에 대한 신중한 분석이 필요하다.

(1) 원가분석의 예

화장품, 주방기구, 학용품 등의 세 가지 제품라인을 취급하는 소형 백화점의 예를 들어보자. 지난달 제품라인별 및 백화점 전체에 대한 매출과 원가에 대한 정보가 〈표 11-2〉에 나타나 있다.

백화점 전체의 실적을 향상시키기 위해서 어떤 조치가 취해져야 하겠는가?

〈표 11-2〉 소형 백화점의 제품라인들

	합 계	제품라인들		
		화장품	주방기구	학용품
매출	₩250,000	₩125,000	₩75,000	₩50,000
(−)변동비	105,000	50,000	25,000	30,000
공헌이익	145,000	75,000	50,000	20,000
(고정비):				
임금	50,000	29,500	12,500	8,000
광고비	15,000	1,000	7,500	6,500
수도광열비	2,000	500	500	1,000
감가상각비	5,000	1,000	2,000	2,000
임대료	20,000	10,000	6,000	4,000
보험료	3,000	2,000	500	500
일반관리비	30,000	15,000	9,000	6,000
총고정비	125,000	59,000	38,000	28,000
순이익(손실)	₩20,000	₩16,000	₩12,000	₩(8,000)

한 제품라인—학용품—이 순손실을 낸 것으로 나타나 있다. 이 제품라인을 폐지하는 것이 회사 전체의 순이익을 증가시킬지도 모른다. 이 라인이 폐지되어야 하는지를 결정하기 위해 관리자는 다음과 같이 분석해야 한다.

학용품라인이 폐지되면, 회사는 고정비를 회수하는 데 도움을 주고 있는 ₩20,000만큼의 공헌이익을 잃게 된다. 그러나 이 제품라인을 폐지함으로써 고정비의 일부분을 회피할 수도 있을 것이다. 특정 종업원을 해고시킬 수도 있고, 광고비를 절약할 수도 있다. 만일 학용품라인을 폐지함으로써 회피할 수 있는 고정비가 잃어버리는 공헌이익보다 크다면, 이 라인을 폐지하는 것이 전체적인 순이익을 향상시키는 결과를 가져다 줄 것이다. 반면에 회피할 수 있는 고정비가 잃게 되는 공헌이익보다 작으면, 이 제품라인의 폐지결정은 전체적인 순이익을 감소시키게 되므로 이 라인을 그대로 유지하는 것이 낫다. 간단히 말해서, 이런 형태의 의사결정에 있어서 차액원가를 파악하기 위해 관리자가 던져보아야 할 질문은, "이 제품라인을 폐지할 경우 발생할 수익의 감소(또는 공헌이익의 감소)를 상쇄할 수 있는 회피가능 원가들은 어떤 것들인가?"라는 것이다. 회피가능원가들의 합이 줄어드는 공헌이익보다 클 때에 제품라인의 폐지가 정당화될 수 있는 것이다.

앞에서도 언급한 바와 같이, 모든 원가가 회피가능한 것은 아니다. 제품라인에 연관된 원가라 하더라도 어떤 것은 매몰원가인 것도 있고, 또 어떤 것은 배분된 공통원가로서 제품라인이 폐지되거나 유지되는 데에 관계없이 총액은 불변하는 원가도 있다. 관리자들이 제품라인의 폐지여부에 대한 결정을 어떻게 내려야 하나를 좀 더 자세히 알아보기 위해, 소형 백화점의 경우 세 제품라인에 부과되는 비용들에 대한 분석결과가 다음과 같았다고 가정하자.

① 임금은 각 제품라인에 속한 종업원들에게 직접적으로 지급되며, 학용품라인이 폐지될 경우 여기에 종사하던 종업원들은 해고시킬 수 있다.
② 광고비도 라인별 광고비로서, 제품라인이 폐지되면 회피할 수 있는 비용이다.
③ 수도광열비는 회사 전체를 기준한 비용이다. 각 제품라인에의 배분은 매장의 면적을 기준으로 이루어진다.

④ 감가상각비는 각 제품라인의 여러 제품들을 진열하기 위해 사용되는 설비의 감가상각비를 나타낸다. 이들 설비들이, 비교적 새 것이기는 하나 각 제품라인의 특성에 맞게 주문제작된 것이기 때문에 학용품라인이 폐지되더라도 중고품으로서 시장가치는 하찮을 것으로 보인다.

⑤ 임대료는 소형 백화점이 입주하고 있는 건물 전체에 대한 금액이다. 이 금액은 판매액 기준으로 각 제품라인에 배부된다. 총 ₩20,000의 월 임대료는 장기 계약된 금액이다.

⑥ 보험료는 각 제품라인이 보유하고 있는 재고자산에 대한 보험료를 나타낸다.

⑦ 일반관리비는 회계, 구매, 관리비용들을 나타내며, 각 제품라인에 판매액 기준으로 배분된다. 총 일반관리비는 학용품라인이 폐지되더라도 변하지 않는다.

이들 정보를 가지고 관리자는 제품라인이 폐지될 경우, 회피가능원가와 회피불능원가를 가려낼 수 있다.

	총비용	회피불능	회피가능
임금	₩8,000		₩8,000
광고비	6,500		6,500
수도광열비	1,000	₩1,000	
감가상각비－설비	2,000	2,000	
임대료	4,000	4,000	
보험료	500		500
일반관리비	6,000	6,000	
총고정비	₩28,000	₩13,000	₩15,000

제품라인을 폐지하는 것이 회사 전체의 이익에 얼마만한 영향을 미치는지를 결정하기 위해, 잃게 되는 공헌이익과 폐지로 인해 회피가능한 원가들을 비교할 수 있다.

학용품라인을 폐지함으로써 잃게 되는 공헌이익(〈표 11-2〉) ·········	₩(20,000)
(−)학용품라인을 폐지함으로써 회피할 수 있는 고정비 ···············	15,000
회사 전체의 순이익의 감소 ···························	₩(5,000)

이 경우에는, 제품라인을 폐지함으로써 회피할 수 있는 고정비가 이때 잃게되는 공헌이익보다 작으므로, 폐지함으로써 생기는 유휴공간을 다른 수익성이 좋은 제품라인으로 대체시키지 못하는 한, 학용품라인을 폐지시키지 말아야 한다.

(2) 비교 손익계산 분석

어떤 관리자는 이런 형태의 의사결정을 행함에 있어, 제품라인을 유지할 때와 폐지할 때의 회사 전체의 이익에 미치는 영향을 비교 손익계산서를 작성해 봄으로써 어찌할 바를 결정하기도 한다. 소형 백화점의 비교 손익계산서가 〈표 11-3〉에 나와 있다.

표의 마지막 행에서 볼 수 있듯이, 학용품라인을 폐지함으로써 회사 전체의 이익이 ₩5,000만큼 감소한다. 이는 물론 앞의 분석과 일치한다.

〈표 11-3〉 **제품라인 분석을 위한 비교 손익계산서**

	학용품라인 유지	학용품라인 폐지	차이 순이익의 증(감)
매출	₩50,000	–	₩(50,000)
(–)변동비	30,000	–	30,000
공헌이익	20,000	–	(20,000)
(–)고정비:			
임금	8,000	–	8,000
광고비	6,500	–	6,500
수도광열비	1,000	₩1,000	–
감가상각비 – 설비	2,000	2,000	–
임대료	4,000	4,000	–
보험료	500	–	500
일반관리비	6,000	6,000	–
총고정비	28,000	13,000	15,000
순이익(손실)	₩(8,000)	₩(13,000)	₩(5,000)

(3) 배분된 고정비에 대한 주의

학용품라인이 폐지되지 말아야 한다는 우리의 결론은 〈표 11-3〉에 나타난 자료와 상충되는 것같이 보인다. 이 표에 보면 학용품라인이 이익보다는 손실을 내는 것으로 나타나 있다. 손실을 내고 있는 라인을 왜 유지하여야 하나? 이 현저한 불일치에 대한 부분적인 설명으로 각 제품라인에 배분된 공통 고정비를 들 수 있다. 공통 고정비를 여러 제품(또는 부서)에 배분하고 있어 생기는 중요한 위험 중의 하나가 이 배분이 어떤 제품(또는 부서)을 실제보다 수익성이 덜한 것으로 보이게 한다는 점이다. 다음의 예를 보자.

예 1 한 제과점은 각 판매원들에게 여러 종류의 제품이 실린 트럭을 아침마다 1대씩 할당해 주고 하루 동안 자기 구역을 돌면서 방문판매를 하도록 하고 있다. 각 제품들의 수익성이 서로 다를 것을 생각하고 사장은 제품별 원가와 판매액을 분석할 것을 지시하였다. 이 일을 맡은 회계담당자는 모든 제조 및 판매비용들을 각 제품에 배분하여 제품별 순이익을 계산하였다. 그 결과 어떤 제품은 손실을 내고 있었고 사장은 이런 제품들을 생산 중단시켰다. 그러나 결정을 내린 얼마 후 사장은 회사 전체의 이익이 오히려 감소한 것을 발견하였다. 이때에 알게 된 것이, 어떤 제품들의 생산을 중단함으로써 판매수익은 감소한 반면 이들 제품들에 배분되었던 공통 원가들(예를 들면 트럭운영비, 판매비 등)은 상응할 만큼 감소되지 않았다는 점이었다.

앞에서 다룬 소형 백화점의 경우도 제과점과 같은 상황이다. 즉, 공통 고정비를 모든 제품라인에 배분함으로써, 소형 백화점의 손익계산서는 사실은 폐지시키는 것이 회사 전체의 순이익을 감소시키는 결과를 가져옴에도 불구하고 학용품라인이 수익성이 없는 것처럼 보이게 하고 있다. 이 점은 〈표 11-3〉의 자료들을 배분된 공통고정비를 제외하고 다시 정리함으로써 명백하게 보일 수 있다. 이렇게 재정리한 자료가 〈표 11-4〉에 제공되어 있다.

〈표 11-4〉는 〈표 11-2〉보다 학용품라인에 대해 매우 다른 면모를 보여준다. 〈표 11-4〉에서 볼 수 있듯이, 학용품라인은 이에 관련된 직접고정비를 다 회수하고도, 회사 공통의 고정비를 회수하는 데 공헌할 수 있는 ₩3,000

〈표 11-4〉 **소형 백화점의 제품라인들** - 〈표 11-2〉를 공헌이익 형태로 재정리

	합 계	제품라인들		
		화장품	주방기구	학용품
매출	₩250,000	₩125,000	₩75,000	₩50,000
(-)변동비	105,000	50,000	25,000	30,000
공헌이익	145,000	75,000	50,000	20,000
(-)추적가능한 고정비:				
임금	50,000	29,500	12,500	8,000
광고비	15,000	1,000	7,500	6,500
감가상각비-설비	5,000	1,000	2,000	2,000
보험료	3,000	2,000	500	500
합계	73,000	33,500	22,500	17,000
제품라인별이익	72,000	₩41,500	₩27,500	₩3,000*
(-)공통고정비:				
수도광열비	2,000			
임대료	20,000			
일반관리비	30,000			
합계	52,000			
순이익	₩20,000			

만큼의 부문이익을 내고 있다. 이보다 더 큰 부문이익을 낼 수 있는 다른 제품라인을 발견해 내지 못하는 한, 앞에서도 밝혔듯이, 학용품라인을 유지하는 것이 유리하다. 이를 유지하는 것이 이 라인이 차지하고 있는 공간으로부터 조직 전체에 공통으로 발생하는 고정비를 회수하는 데 공헌하는 얼마간의 이익을 거둬들일 수 있다.

끝으로, 어떤 특정 제품라인의 공헌이익이 다른 제품라인들에 비해 다소 떨어지더라도, 이 제품라인이 존재함으로써 다른 제품의 판매가 활성화되는 경우나 더 많은 고객을 유치할 수 있는 경우에는 그 제품라인을 대체 또는 폐지하는 것보다 계속 유지하는 것이 바람직할 수 있다. 예를 들어, 식품점에서 팔고 있는 식빵이 수익성면에서 탐탁하지 않을 수 있으나, 식품을 사러 오는 고객이 매장에 식빵이 있어야 할 것으로 대부분 기대하거나, 또는 식빵

라인을 없앰으로 인하여 고객들이 다른 식품점으로 발걸음을 옮길 가능성이 있는 경우에는 이를 유지하는 것이 현명할 것이다.

3 자가제조 또는 외부구입

소비자가 원하는 완제품을 제조하여 판매하기까지는 여러 단계들이 필요하다. 첫째, 원재료를 획득하여야 한다. 둘째, 제품생산에 알맞고 이용가능한 상태로 만들기 위해 획득한 원재료를 가공한다. 셋째, 완제품을 제조하기 위한 실제 작업이 이루어진다. 이때, 같은 종류의 원재료로부터 여러 종류의 제품이 생산되기도 한다. 넷째, 완제품이 최종 소비자에게 전달된다.

특정 회사가 위의 네 단계 중 둘 이상의 단계를 거치며 생산활동을 할 때, 이 회사는 "수직적으로 통합되었다"(vertically integrated)고 한다. 이 수직적 통합은 매우 보편적이며, 어느 기업은 원료획득에서부터 완제품의 판매까지의 모든 활동을 수행하기도 한다. 또 다른 기업들은 이보다는 작은 규모로서, 위의 네 단계 중 한두 단계에 치중하고 있으며, 완제품을 만들기 위한 부품만을 전문적으로 제조하든지 또는 부품들을 조립하여 완제품을 생산하는 데만 집중하든지 한다.

완제품을 생산하는 데 드는 부품을 외부 공급자로부터 구입하는 대신 내부적으로 제조할 것이냐라는 의사결정문제를 "자가제조 또는 외부구입에 대한 의사결정"(make or buy decision)이라 부른다. 즉, 수직적 통합에 관한 결정은 모두 자가제조 또는 외부구입에 대한 의사결정이라 볼 수 있는데, 이는 기업이 필요한 물품을 내부로부터 조달할 것인지 아닌지를 결정하는 것이기 때문이다.

(1) 통합의 장단점

수직적 통합은 다음과 같은 장점을 갖고 있다. 통합기업은 외부의 공급자에게 덜 의존하며 생산에 필요한 부품이나 재료의 흐름이 생산계획에 차질없이 일어난다. 예를 들어, 부품의 주 공급처가 노사분규나 파업으로 인해 여러 달 동안 납품을 못할 경우, 비통합기업은 생산활동을 중단할 위기에 처하게 될 경우가 있으나 부품을 자가제조하는 통합기업은 생산을 계속할 수 있다. 또, 많은 기업들이 부품을 자가생산할 때 외부 공급자의 품질관리 표준에 의존하는 것보다 부품에 대한 품질관리를 더 잘 할 수 있다고 느낀다. 더 나아가서, 통합기업은 부품을 사오는 것보다 스스로 제조함으로써, 정규영업활동을 통한 이익창출뿐만 아니라 부품의 제조를 통해서도 이익을 생성할 수 있다.

수직적 통합에는 여러 가지 단점이 있다. 모든 부품을 자가제조하는 기업은 외부 공급자와의 장기적인 관계를 해칠 수 있는 위험을 안고 있는데, 이는 기업에게 치명적일 수도 있다. 외부 공급자와의 관계가 한번 단절되고 나면 이를 다시 회복하기가 그리 쉽지 않다. 제품에 대한 수요가 급격히 증가하면 부품을 자가제조할 수 있는 충분한 시설을 확보할 수 없게 되고, 결국 외부공급자로부터 부품을 공급받아야 하는데 관계가 단절된 공급자의 도움을 받기를 기대하기 어렵다. 또한, 부품분야의 기술혁신이 빠르게 이루어지는 경우에는 외부구입이 자가제조보다 비용면이나 품질면에서 유리할 때가 많다. 이는 부품을 전문적으로 취급하는 기업이 새로운 기술의 도입이나 원가절감에 훨씬 적극적으로 대처할 수 있기 때문이다. 결론적으로, 자가제조나 외부구입 모두 장단점이 존재하므로 이에 대한 결정은 기업에 장기적인 영향이 어떻게 나타날 것인가를 신중하게 검토하며 이루어져야 할 것이다.

(2) 자가제조 또는 외부구입의 예

기업들은 어떻게 자가제조 또는 외부구입 문제를 결정하나? 근본적으로 고려해야 할 요소들은 질적 및 양적의 두 부류들이다. 질적 요소들이란 바로 앞에서 다룬 외부 공급자와의 관계나 품질 등과 같은 요소들을 말한다. 양적 요소는 비용에 관한 것으로서, 외부구입 가격과 비교되는 자가제조시의 원가이다. 여기에는 기회원가를 포함하여 여러 종류의 원가가 관련된다.

직접 예를 통하여 생각해 보기 위해, 회사의 주제품에 들어가는 부품을 제조하고 있는 봉봉 회사를 가정해 보자. 봉봉 회사의 회계부서는 부품을 자가제조하는 데 드는 비용을 다음과 같다고 보고해 왔다.

	단위당	8,000단위
직접재료비	₩6	₩48,000
직접노무비	4	32,000
변동제조간접비	1	8,000
감독자 봉급	3	24,000
특수장비의 감가상각비	2	16,000
배분된 일반 제조간접비	5	40,000
총비용	₩21	₩168,000

봉봉 회사는 외부 공급업자로부터 연간 8,000개의 부품을 ₩19에 공급하겠다는 제의를 받았다. 봉봉 회사는 부품을 자가제조하던 것을 멈추고 외부 공급업자로부터 구입해야 할 것인가? 이를 결정하기 위해 관리자는 또다시 차액원가에 초점을 맞추어야 한다. 이미 아는 대로 차액원가는 원가자료들로부터 회피불능 원가들을 제거함으로써 구할 수 있다. 즉, (1) 매몰원가와 (2) 부품이 내부적으로 생산되든 외부에서 구입되든 상관없이 발생하는 비관련원가를 제거하는 것이다. 이들 원가를 제거한 후에 남는 원가들이 부품을 외부에서 구입할 경우에 회피할 수 있는 원가이다. 이 회피가능 원가가 외부 구입가격보다 작을 경우는 부품의 자가제조를 계속해야 하며 외부 공급업자의 제의를 거절해야 한다. 즉, 회사는 외부 구입가격이 부품생산을 중단함으로써 내부적으로 회피할 수 있는 원가보다 작을 경우에만 외부 구입을 선택해야 한다.

위의 자료를 살펴보면, 첫째로 특수장비의 감가상각비가 부품을 제조하는데 드는 비용 중의 하나임을 알 수 있다. 이 장비는 이미 구입되었으므로 이 비용은 매몰원가이다. 또한, 일반 제조간접비의 일부가 부품에 배분되고 있다. 이 비용은 공장에서 생산되는 모든 제품에 공통되는 원가이므로 부품이 외부에서 구입된다 하더라도 변하지 않는다. 그러므로 이들 배분된 원가들은 차액원가가 아니며(자가제조 또는 외부구입 간에 차이가 나지 않으므로), 관리자의 의사결정의 범주에서 매몰원가와 함께 제거되어야 한다.

부품을 생산할 때 드는 변동비들(재료비, 노무비 및 변동 제조간접비)은 외부 공급업자로부터 부품을 사들여 올 경우에 회피될 수 있기 때문에 차액원가들이다. 부품을 외부 구입함으로써 감독자가 필요없게 되고 그의 봉급을 절약할 수 있다면, 이 또한 차액원가이고 의사결정에 관련된다. 변동비들과 감독자의 봉급이 외부 공급자로부터 부품을 사들여 올 때 회피할 수 있는 원가들이라고 가정하면, 이에 대한 분석은 〈표 11-5〉와 같게 될 것이다.

〈표 11-5〉 **자가제조 또는 외부구입에 대한 분석**

	단위당 생산비용	단위당 차액원가		총차액원가 8,000단위	
		자가제조	외부구입	자가제조	외부구입
직접재료비	₩6	₩6		₩48,000	
직접노무비	4	4		32,000	
변동제조간접비	1	1		8,000	
감독자 봉급	3	3		24,000	
특수장비의 감가상각비	2	–		–	
배분된 일반 제조간접비	5	–		–	
외부구입가격			₩19		₩152,000
총비용	₩21	₩14	₩19	₩112,000	₩152,000
자가제조시 유리한 차이		₩5		₩40,000	

부품의 자가제조가 단위당 ₩5만큼 싸게 들므로, 봉봉 회사는 외부 공급업자의 제의를 거절하여야 한다. 그러나 마지막 결론을 내리기 전에 고려해야 할 추가요인이 있는데, 이는 현재 부품을 생산하기 위해 사용되는 설비와 공간의 기회비용이다.

(3) 기회비용의 문제

현재 부품을 생산하고 있는 설비가 부품을 생산하는 것 외에 대체용도가 없다면, 봉봉 회사는 위에서 내린 결론대로 외부 공급업자의 제의를 거절하고 부품의 자가제조를 계속해야 한다. 아무런 대체용도가 없이 생기는 유휴설비의 기회비용은 영이다.

그러나 만일 현재 부품을 생산하고 있는 설비가 부품을 외부에서 구입할 경우 그대로 방치되는 것이 아니라 다른 용도로 쓰일 수 있다면 어떻게 되겠는가? 이런 경우에는 공급업자의 제의에 대한 타당성을 평가하는 데 고려해야 할 설비의 기회비용이 존재한다. 이때의 기회비용은 무엇이 되는가? 이는 설비를 차선의 대안을 위해 사용했을 때 창출할 수 있는 부문이익이 된다.

예를 들어, 부품의 생산을 위해 지금 사용 중인 설비가 새로운 제품을 제조하는 데 투입되어 연간 ₩60,000의 부문이익을 낼 수도 있다고 가정하자. 이런 상황이라면, 외부 공급업자의 제의를 받아들이고 이때 생기는 유휴설비를 신제품 제조에 투입하는 것이 봉봉 회사에게 유리하다.

여기서 다시 강조하고 싶은 것은, 기회비용은 조직의 계정에 기록되는 비용이 아니라는 점이다. 기회비용은 금액이 지출되는 비용이 아니라 어떤 대안을 선택함으로 인하여 잃어버린 경제적 효익이다. 위의 예에서 부품을 자가제조한다는 결정의 기회비용은 봉봉 회사의 입장에서 볼 때 매우 크므로, 오히려 외부 구입이 보다 경제적이라는 결론을 얻게 된다.

	자가제조	외부구입
단위당 차액원가	₩14	₩19
연간 필요한 수량	×8,000	×8,000
연간 총비용	112,000	152,000
기회비용…신제품제조를 못함으로써 잃어버린 부문이익	60,000	
총비용	₩172,000	₩152,000
외부구입시의 유리한 차이	₩20,000	

4 제한된 자원의 사용

기업은 종종 제한된 자원을 어떻게 효율적으로 사용할 것인가라는 문제에 봉착하게 된다. 백화점을 예로 들면 매장의 면적이 한정되어 있기 때문에 원하는 모든 상품을 진열할 수 없다. 제조기업의 경우에는 사용가능한 기계시간이나 직접 노동시간에 한계가 있다. 이렇게 사용가능한 자원에 한계가 있을 때, 기업은 자원을 어떻게 이용해야 최선이겠느냐 하는 과제를 풀어야 한다. 이 과제를 해결하기 위해 공헌이익접근방식이 사용되는데, 이는 기업 입장에서 총 공헌이익을 극대화시키는 방향으로 제한된 자원을 사용하는 방안을 강구해야 하기 때문이다.

(1) 제한된 자원을 기준으로 한 공헌이익

총 공헌이익을 극대화하기 위해서 기업이 취해야 할 전략은 제품단위당 공헌이익이 가장 큰 제품을 골라야 하는 것은 아니다. 오히려 제약자원 단위당 공헌이익이 큰 제품 순서대로 생산을 하는 것이 가장 높은 총 공헌이익을 달성할 수 있다. 이 점을 좀 더 구체적으로 알아보기 위해 A와 B 두 제품을 생산하는 기업의 예를 들어보자. 두 제품에 대한 원가와 수익자료는 다음과 같다.

	제품라인	
	A	B
단위당 판매가격	₩25	₩30
단위당 변동비	10	18
단위당 공헌이익	₩15	₩12
공헌이익률	60%	40%

제품 A가 제품 B보다 수익성이 훨씬 좋은 것처럼 보인다. 제품 B의 단위당 공헌이익 ₩12에 비해 ₩15의 단위당 공헌이익을 내고 있으며, 공헌이익률도 제품 B의 40%보다 큰 60%이다.

그러나 여기에 정보 하나를 추가해 보자—제품 A를 생산하기 위해서는 2시간의 기계시간이 필요하며 제품 B를 생산하는 데는 단지 1시간의 기계시간이 필요하다. 이 회사의 최대 기계시간은 18,000시간이다. 두 제품에 대한 수요가 모두 강하다고 할 때, 제품 A와 B 중 어느 제품에 대한 주문을 수락하는 것이 유리하겠는가? 이에 대한 답은 제품 B에 대한 주문을 수락하는 것이다. 제품 A가 비록 단위당 공헌이익은 크다 할지라도, 제품 B가 더 높은 제약자원당 공헌이익을 제공하고 있다. 이때의 제약자원은 사용가능한 기계시간이다.

	제품라인	
	A	B
단위당 공헌이익①	₩15	₩12
1단위 생산에 드는 기계시간②	2시간	1시간
기계시간당 공헌이익(①÷②)	₩7.50	₩12
달성할 수 있는 총공헌이익:		
이용가능한 기계시간	18,000	18,000
기계시간당 공헌이익	× 7.50	× 12
총 공 헌 이 익	₩135,000	₩216,000

위의 예는 제품단위당 공헌이익만 고려하는 것은 충분치 않다는 것을 분명히 보여주고 있다. 제품생산이 가져다 줄 수 있는 공헌이익을 정확히 파악하기 위해서는 제품생산에 기업이 제약을 받고 있는 자원을 고려하여 판단해야 한다.

제약자원의 가장 보편적인 예로, 사용가능한 광고비를 들 수 있다. 기업은 광고를 함에 있어 광고금액 단위당 가장 큰 공헌이익을 가져다 줄 제품에 한정된 광고비를 집중 투자하는 것을 쉽게 발견할 수 있다. 또 다른 예로 매장의 넓이를 생각해 볼 수 있다. 백화점이나 큰 식료품점에서는 진열공간당 공헌이익이 가장 큰 제품라인에 매장공간을 보다 많이 할당함으로써 제한된 공간을 가지고 총 공헌이익을 최대화할 수 있다.

5 결합제품의 판매 또는 추가가공에 대한 의사결정

어떤 기업의 제조과정을 보면, 한 종류의 원재료가 투입되어 여러 종류의 다른 제품들이 생산되는 경우가 있다. 육류 가공업의 예를 들면, 돼지라는 입력이 제조과정에 투입되어 여러 종류의 최종제품들—베이컨, 햄, 돼지갈비, 포크 로스트 등—이 생산된다. 이렇게 하나의 공통 입력(예를 들면, 돼지)으로부터 여러 제품들을 생산하는 기업들은 생산과정에서 생성되는 각각 다른 제품들(베이컨, 햄, 돼지갈비, 포크 로스트 등)에 원재료의 비용을 어떻게 배분해야 하는가 라는 문제에 당면하게 된다. 이 문제에 대한 언급을 하기 전에 우선 세 가지 용어—결합제품, 결합제품원가(또는 결합원가), 분리점—에 대해 정의해 보자.

동일한 원료로부터 생산되는 두 종류 이상의 제품들을 "결합제품" 또는 "연산품"(joint products)이라 한다. 결합제품원가(joint product cost)란 분리점에 도달하기까지 결합제품을 생산하는 데 발생한 모든 제조원가를 말한다. 분리점(split-off point)이란 제조과정 중 결합제품들(베이컨, 햄, 돼지갈비 등)이 개별제품으로 식별될 수 있는 시점을 뜻한다. 이 시점에 오면, 어떤 결합제품들은 최종제품의 형태를 띠고, 또 다른 결합제품들은 추가가공을 거쳐 시장에 판매되기도 한다. 이제까지 설명된 개념들이 〈그림 11-1〉에 나타나 있다.

보다 자세한 내용은 제7장 결합원가계산(연산품과 부산품에 대한 회계처리)에서 다뤘으므로 여기서는 분리점에서의 생산과 관련된 특수의사결정인, 결합제품의 판매 또는 추가가공에 대한 의사결정만을 다루기로 하겠다.

분리점 이후에 제품을 판매할 것인가 또는 추가가공할 것인가에 대한 의사결정에서 결합제품원가는 비관련원가이다. 그것은 제품이 일단 분리점까지 도달한 상황에서 결합제품원가는 이미 발생되어 대안간 차이가 없는 원

그림 11-1 결합제품

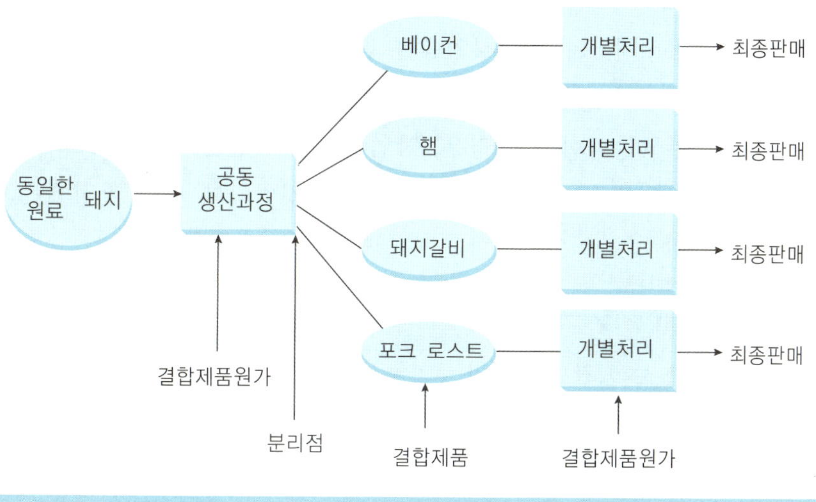

가, 즉 매몰원가이기 때문이다. 다음의 예를 보자.

예 2 남해안에 위치한 한 회사는 비누제품들을 생산하고 있다. 이 회사의 여섯 가지 주요제품들은 한 원료로부터 생산된다. 분리점까지의 생산비용이 결합제품원가의 대부분을 차지하고 있으며, 이 비용은 여섯 제품들의 분리점에서의 상대적 시장가격에 준해 배분되고 있다.

생산과정으로부터는 여섯 제품들뿐만 아니라 작업폐물도 생성된다. 몇 년 전까지만 해도 이 작업폐물은 시장가치가 없음으로 인해 남해에 방류되었다. 그러나 회사의 연구실에서 이 폐물을 가공하면 비료의 원료로 쓸 수 있음을 발견한 후에는 방류를 중단하였다. 추가 가공비는 연간 ₩175,000이 들며, 가공된 폐물은 비료제조회사에 ₩300,000에 팔 수 있다.

작업폐물의 시장가치가 새로이 존재함에 따라 이 회사의 회계담당자는 분리점까지의 결합제품원가를 여섯 가지 제품과 함께 이 작업폐물에도 배분하였다. 그 결과 작업폐물에 ₩150,000의 결합원가가 배분되었다. 이 ₩150,000의 배분원가를 추가가공비용 ₩175,000에 더했을 때, 작업폐물의 가공이 손실을 초래하는 것으로 나타났다.

추가가공 후 작업폐물의 판매가	₩300,000
작업폐물에 할당된 원가(₩175,000+₩150,000)	325,000
순손실	₩(25,000)

이 분석이 제공되자, 회사의 경영층은 작업폐물의 추가가공이 바람직하지 못하다고 결론짓고 작업폐물을 다시 남해에 방류하기 시작했다.

위에서 예로 든 비누 회사의 경우, 작업폐물에 배분된 ₩150,000의 결합제품원가는 분리점 이후에 작업폐물을 어떻게 할 것인가에 대한 결정에는 삽입되지 말았어야 할 부분이다. 올바른 분석은 다음과 같다.

	남해에 방류	추가가공
판매가치	-0-	₩300,000
추가가공비	-0-	175,000
공헌이익	-0-	₩125,000
추가가공시 증분이익	₩125,000	

이러한 형태의 의사결정문제를 "판매 또는 추가가공에 대한 의사결정"(sell or process further decisions)이라 한다. 이 의사결정의 기본논리는 결합제품을 분리점 이후에 추가가공했을 때의 추가되는 수익이 추가로 소요되는 원가를 상회하는 한, 추가가공을 하는 것이 바람직하다는 것이다. 분리점까지 발생한 결합제품원가는 미래 현금흐름과는 무관한 매몰원가이므로 추가가공여부를 결정하기 위한 관련원가에 포함해서는 안 된다.

6 기존설비의 대체

생산설비 분야에서 기술혁신이 이루어지면 현재 사용하고 있는 생산설비들은 상대적으로 진부화된다. 이 경우 비록 현재 사용 중에 있는 구설비의 물리적 수명이 남아있다 하더라도 기업은 보다 나은 성능의 신설비로 대체하는 방안을 검토하게 된다. 그 이유는 일반적으로 신설비의 경우에는 생산효율이 더 높을 뿐만 아니라 동일한 수량의 제품을 생산한다고 하더라도 그에 수반하여 요구되는 수선유지 원가가 훨씬 더 적게 소요되기 때문이다. 이러한 장점을 활용하기 위하여 기업은 아직 사용가능한 구설비를 낮은 가격에 처분할 때 생기는 손실을 감수하면서까지 신설비로 대체하려 한다.

설비의 대체에 관한 의사결정을 내리기 위해서는 구설비를 계속 사용하는 경우에 발생하는 원가와 신설비를 사용하는 경우에 발생하는 원가를 상호비교하여야 한다. 이때 구설비를 계속 사용하는 경우에 발생하는 원가란 구설비의 잔존 내용연수 동안에 구설비와 관련하여 지출하게 될 재산세, 보험료, 수선유지원가 등의 현금지출 비용을 말하며 비현금지출 비용인 구설비의 감가상각비는 포함되지 않는다. 한편, 신설비를 사용하는 경우에 발생하는 원가란 신설비와 관련하여 지출하게 될 재산세, 보험료, 수선유지원가 등의 현금지출 비용에 신설비의 취득원가를 합한 것을 말한다.

이처럼 구설비의 계속 사용에 따른 원가와 신설비의 사용에 따른 원가와의 가장 큰 차이점은 전자에는 구설비의 취득원가가 포함되지 않는 반면, 후자에는 신설비의 취득원가가 포함된다는 점이다. 이것은 의사결정시에 고려해야 하는 관련원가가 미래기간에 발생할 미래원가라는 점을 고려하면 쉽게 이해할 수 있다. 즉, 신설비로의 대체를 검토하는 시점에서 회사가 이미 구설비를 소유하고 있으므로 앞으로 구설비와 관련하여 발생하는 원가에는 재산세 등의 미래 현금지출 비용만이 존재한다. 그러나 신설비로 대체를 하는 경우에는 앞으로 신설비와 관련하여 발생할 재산세 등의 미래 현금지출 비용뿐만 아니라 신설비의 취득원가도 존재한다. 이때 구설비의 처분으로부터 현금유입이 있는 경우에는 그 처분가액만큼 신설비의 취득원가를 감액하여 반영한다.

이렇게 양자의 원가를 집계하여 비교해 보면 설비의 대체여부를 결정할 수 있다. 그러나 때로는 이러한 비교분석을 통하여 신설비로 대체하는 것이 회사에 유리한 대안이라는 사실을 정확하게 파악하였으면서도 실제로는 대체를 하지 않으려고 하는 사업부 경영자들을 종종 보게 된다. 이들이 대체를 꺼리는 이유는 대체되는 구설비의 처분과정에서 처분손실이 발생하기 때문이다. 구설비의 처분손실은 손익계산서에 반영되어 사업부의 이익을 그만큼 감소시키므로, 사업부의 이익에 의해 성과를 평가받는 경영자로서는 처분손실을 수반하는 대체를 주저할 것이다. 또한 사업부 경영자는 구설비에 이미 투자를 하였으므로 그 투자액이 완전히 회수될 때까지 그 구설비를 계속 사용할 수밖에 없다고 생각하기도 한다. 그러나 이와 같은 이유가 타당하지 않다는 것을 다음의 예로 알아보자.

예 3 한양 회사는 2년 전에 구입하여 현재 사용 중에 있는 구기계를 신기계로 대체하는 방안을 검토하고자 한다. 두 기계에 관한 자료는 다음과 같다.

	구기계	신기계
취득원가	₩50,000	₩45,000
장부가액	30,000	–
잔존내용연수	3년	3년
현재의 처분가치	9,000	–
3년 후의 처분가치	0	0
연간 현금지출비용	40,000	23,000

먼저 현시점에서 구기계를 처분하는 경우에 발생하는 기계처분손익을 구해보고 이것이 기계의 대체결정에 어떤 역할을 수행하는지 생각해보자.

구기계의 장부가액	₩30,000
현재의 처분가치	(9,000)
처분손실	₩21,000

위의 계산에서 보는 바와 같이 기계처분손실 ₩21,000이 발생한다. 그러나 이것은 현금지출비용이 아니므로 기계대체 의사결정과 무관하다. 이처럼 기계처분손실 자체는 의사결정과 무관하다 하더라도 기업의 처분가치 ₩9,000은 현금유입을 수반하므로 관련요소이다. 일반적으로 구기계의 처분가치는 신기계의 취득원가 차감항목으로서 의사결정에 포함된다.

법인세가 존재하는 경우에는 처분손익으로 인하여 현금지출 항목인 법인세가 영향을 받으므로 처분손익도 의사결정의 관련요소이다.

또한 신기계의 구입과 관련하여 의사결정에 무관한 자료로서는 매몰원가인 ₩30,000의 구기계 장부가액과 구기계를 사용하든 신기계를 사용하든 간에 차이가 나지 않는 ₩23,000만큼의 연간 현금지출비용을 들 수 있다. 신기계로의 대체여부는 아래와 같은 분석과 함께 신기계로 대체하는 것이 유리함을 알 수 있다.

현금지출비용의 절감액[(₩40,000−₩23,000)×3년]		₩51,000
신기계의 취득원가	₩(45,000)	
구기계의 처분가치	₩9,000	(36,000)
신기계 사용에 따른 원가절감액		₩15,000

11 연습문제

11-1. 원가구분(I)

다음은 운해 회사가 수집한 원가자료들이다.

항목분류	사례 1		사례 2	
	관 련	비관련	관 련	비관련
a. 매출수익				
b. 직접재료				
c. 직접노무				
d. 변동제조(생산)간접비				
e. 감가상각비(기계 A)				
f. 감가상각비(기계 B)				
g. 고정제조간접비				
h. 변동판매비				
I. 고정판매비				
j. 일반관리급료				
k. 장부가(기계 A)				
l. 시장가(기계 A 현행재판매가)				
m. 시장가(기계 B 원가(cost))				
n. 외부투자로부터의 투자수익률				

요구사항

위의 각 항목이 다음 상황에 있어 '관련'인지 또는 '비관련'인지 적절한 난에 ×로 표시하시오. (물음 1은 사례 1에 해당하며, 물음 2는 사례 2에 해당함)

1. 운해 회사는 기계 A를 대체하기 위해 기계 B를 구입하기를 원한다(기계 A는 매각예정). 양 기계는 같은 조업능력과 5년의 잔존수명을 가지고 있다. 기계 B는 직접재료비를 20% 절감하게 될 것이다. 다른

생산원가는 변하지 않을 것이다.

2. 운해 회사는 생산과 판매를 증대시키기 위해 기계 B를 구입하기를 원한다. 기계 A는 계속 사용될 것이다.

11-2. 원가 구분(Ⅱ)

트럭의 취득과 연간 운영비에 관련된 원가들이 아래에 주어져 있다.

보험료	₩1,600
면허료	250
차량세	150
주차장 임차료(트럭당)	1,200
감가상각비(9,000×5년)	1,800(감모보다는 진부화에 기초)
가솔린, 오일, 타이어, 수선비	0.07(km당)

요구사항

1. 한라 회사가 1대의 트럭을 구입하였고, 그 트럭이 1차년도 중에 5만 km를 주행했다고 가정하자. 트럭을 소유하며 운영하는 데 드는 km당 평균원가를 구하시오.
2. 2차년도 초에 한라 회사는 그 트럭을 사용할 것인지 또는 주차장에 계속 세워두면서 전체적으로 수리를 해야 할 것인지 아직 불확실하다(비록 차량이 사용되지 않을지라도 차량세의 납부를 요한다). 어떠한 원가요소들이 본 의사결정과 관련이 있는가?
3. 회사가 제2차년도 동안 트럭을 사용하기로 결정하였다고 가정하자. 연말이 가까웠을 때 1,000km 떨어진 한 고객으로부터 주문을 받았다. 배달을 하기 위해 트럭을 사용하는 것과 그 배달을 외부에 의뢰하는 것 사이에서 의사결정에 관련된 원가는 무엇이 있는가?
4. 때로는 그 회사가 동시에 2대의 트럭을 사용할 수가 있다. 이러한 이유 때문에 또 한 대의 차량구입이 고려되고 있다. 총 주행 km는 한 대의 트럭을 소유했을 경우와 동일한 것이다. 트럭을 추가적으로 구입해야 할 것인가라는 의사결정에 관련된 원가들은 위의 어느 것인가?

11-3. 제품라인의 추가 또는 폐지(Ⅰ)

백조 회사는 수년 동안 제품라인 6에서 손실을 경험하여 왔다. 제품라인 6에 관한 가장 최근의 분기별 손익계산서는 아래와 같다.

백조회사 손익계산서(제품라인 6)
제1분기(1.1~3.31, 2013)

총매출액		₩850,000	
(−)변동비:			
변동제조비	₩330,000		
판매수수료	42,000		
운송비	18,000		
총변동비		390,000	
공헌이익:		460,000	
고정비:			
광고비	270,000		
감가상각비(기계)	80,000		(당장 처분이 곤란함)
공장제조간접비	105,000		(기계 가동시간 기준에 의해 배부)
공장관리지급료	32,000		
재고보험료	8,000		
구매부서비용	45,000		(매출액 기준에 의해 배부)
총고정비		540,000	
순손실		₩(80,000)	

제품라인 6의 중단은 기타 제품라인의 매출에 어떠한 영향도 미치지 않는다.

요구사항

당신은 제품라인 6의 중단을 권고하겠는가? 적절한 계산근거로써 당신의 주장을 밝히시오.

11-4. 제품라인의 추가 또는 폐지(Ⅱ)

달려라 자전거 회사는 3종류의 자전거(A형, B형, C형)를 제조하고 있다. 과거 6개월 동안의 매출과 비용에 관한 자료들은 다음과 같다.

	합계	A형	B형	C형
매출액	₩300,000	₩90,000	₩150,000	₩60,000
(−)변동제조판매비	120,000	27,000	60,000	33,000
공헌이익	180,000	63,000	90,000	27,000
(−)고정비용:				
추적가능한 광고비	30,000	10,000	14,000	6,000

특별장치의 감가상각비	23,000	6,000	9,000	8,000
라인감독자의 급료	35,000	12,000	13,000	10,000
공통비배분액*	60,000	18,000	30,000	12,000
총고정비	148,000	46,000	66,000	36,000
순이익(손실)	₩32,000	₩17,000	₩24,000	₩(9,000)

* 매출액 기준으로 배분함.

경영층은 C형 자전거에 의해 생기는 계속된 손실을 우려하고 있으며 라인의 운영중단에 관한 조언을 원하고 있다. C형 자전거를 생산하기 위해 사용되는 특수장치는 어떠한 재판매가치도 가지고 있지 않다.

요구사항

1. C형 자전거의 생산과 판매는 중단되어야 하는가? 대답을 뒷받침할 수 있는 계산근거를 보이시오.
2. 다양한 제품라인의 장기 수익성을 평가하는 데 있어서 경영층에게 좀 더 유용한 구성형태로 위의 자료들을 재정리하시오.

11-5. 제품라인의 추가 또는 폐지(Ⅲ)

빛나리 백화점의 부문 C에서는 매출액이 한 번도 만족스런 적이 없었다. 이 이유 때문에, 경영층은 그 부문의 제거를 고려 중에 있다. 가장 최근의 1개월 동안의 부문별 요약된 손익계산서가 아래에 있다.

빛나리 백화점
손익계산서(2013. 7월)

	합 계	부 문		
		A	B	C
매출액	₩1,000,000	₩500,000	₩320,000	₩180,000
(−)변동비	574,300	338,000	166,000	70,300
공헌이익	425,700	162,000	154,000	109,700
(−)고정비:				
급료	49,000	18,000	16,000	15,000
수도광열비	6,200	2,600	2,000	1,600
직접광고비	89,000	32,000	27,000	30,000
일반광고비*	25,000	12,500	8,000	4,500
빌딩임차료	38,000	16,000	12,000	10,000
종업원관련세금†	4,900	1,800	1,600	1,500

감가상각비………	36,000	12,000	15,000	9,000
재고 및 기계장치에 대한 보험료 및 재산세	7,900	2,300	4,000	1,600
일반사무비………	54,000	18,000	18,000	18,000
서비스부문비용 …	81,000	27,000	27,000	27,000
총고정비용 …	391,000	142,200	130,600	118,200
순이익(손실)…………	₩34,700	₩19,800	₩23,400	₩(8,500)

* 매출액 기준으로 배분.
† 각 부문에 직접 지급된 급료에 기초함.

다음의 추가적 정보가 이용가능하다.

① 만약 부문 C가 폐쇄된다면, 수도광열비는 매월 ₩700씩 절감될 것이다.
② 모든 부서가 동일 빌딩에 입주해 있으며, 연간 고정임차율로 전 빌딩을 임차하고 있다.
③ 부문 C의 종업원 중에 하나인 안나가씨는 수년 동안 장기근속을 하였으며, 만약 부문 C가 폐쇄되면 다른 부문으로 전출될 것이다. 그의 월 급료는 ₩1,000이다.
④ 부문 C의 기계장치는 부문 C가 폐쇄될 경우 다른 부문으로 옮겨질 것이다. 부문 C에서의 보험료와 재산세의 1/4은 그 부문에 있는 기계장치와 관련이 있다.
⑤ 회사는 두 개의 서비스부문 구매부와 창고부를 가지고 있다. 만약 부문 C가 폐지된다면, 창고부의 한 종업원이 실직하게 된다. 이 종업원의 임금과 기타 고용비용은 월간 ₩900이다. 일반사무비용은 변화하지 않을 것이다.

요구사항

1. 이 백화점은 부문 C에 의해 현재 점유되어 있는 공간에 대해 어떠한 대체적 용도도 가지고 있지 않다고 가정하자. 이 부문의 폐쇄여부를 결정하는 계산근거를 작성하시오. (당신은 부문 C의 폐쇄가 기타 부문에서의 매출액에 어떠한 영향도 미치지 않는다고 가정해도 좋다.)
2. 매장이 매우 부족하기 때문에 부문 C에 의해 점유되고 있는 공간을 월 ₩48,000의 임대율에 재임대할 수 있다고 정하자. 당신은 회사가 부문 C를 폐쇄해야 하는지 아니면 그 공간을 임대해야 할 것인지 어떤 방법을 조언하겠는가? 당신의 대답을 지지할 수 있는 계산근거를 보이시오.

11-6. 자가제조 또는 외부구입(Ⅰ)

강력 엔진 회사는 중장비에 사용되는 다양한 엔진을 제조하고 있다. 이 회사는 항상 모든 카뷰레타를 포함하여 엔진에 필요한 모든 부품들을 생산하여 왔다. 외부 공급업자가 강력 엔진 회사에 대해 한 종류의 카뷰레타를 생산하여 단위당 ₩35에 납품하겠다고 제안하여 왔다. 이 제안을 평가하기 위하여 강력 엔진 회사는 그 카뷰레타를 내부적으로 생산하는 데 소요되는 생산원가와 다음의 정보를 수집하였다.

	단위당	15,000단위/연
직접재료원가	₩14	₩210,000
직접노무원가	10	150,000
변동제조간접원가	3	45,000
추적가능한 고정제조간접원가	6*	90,000
배분된 고정제조간접원가	9	135,000
총원가	₩42	₩630,000

* 1/3은 감독자 급료, 2/3는 특별장비의 감가상각비(재판매가치는 없음)

요구사항

1. 현재 카뷰레타를 생산하는 데 사용되고 있는 시설이 어떠한 대체적 용도를 가지고 있지 못하다고 가정하면, 외부공급업자의 제안을 수락하여야 하는가?
2. 만약 그 카뷰레타를 외부 구입한다면 연간 ₩150,000의 공헌이익을 발생시키는 신제품을 생산할 수 있다고 가정하고, 외부공급업자의 제안을 받아들이겠는가?

11-7. 자가제조 또는 외부구입(Ⅱ)

하나로 회사는 자신의 생산라인에 투입할 목적으로 매년 부품 S-6을 30,000단위 제조하고 있다. 이 조업도 수준에서 부품 S-6의 단위당 원가는 아래와 같다.

직접재료원가	₩360
직접노무원가	1,000
변동제조원가	240
고정제조원가	900
개당 총원가	₩2,500

외부공급업자가 하나로 회사에 대해 개당 ₩2,100에 부품 S-6을 매년 30,000 단위를 제공하겠다는 제의를 해왔다. 만약 하나로 회사가 이 제의를 수락한다면, 현재 부품 S-6을 제조하는 데 사용되고 있는 시설들을 다른 회사에 연간 임대료 ₩8,000,000으로 임대할 수 있다. 그러나 하나로 회사는 비록 부품 S-6이 외부공급업자로부터 구입된다 할지라도 부품 S-6에 적용되고 있는 고정제조간접원가의 3분의 2가 계속 발생하리라는 것을 알고 있다.

요구사항

외부공급업자로부터의 제의의 수락에 따른 금액상의 유리 또는 불리함을 보이는 계산서를 작성하시오.

11-8. 자가제조 또는 외부구입(Ⅲ)

트라이 정유 회사의 회장인 이몽룡씨는 "본인의 견해는 우리가 드럼을 제조하는 것을 중지하고 외부공급업자의 제의를 수락해야 한다는 것입니다. 드럼 개당 ₩18의 가격이란 우리가 우리의 공장에서 드럼을 제조하는 것보다 개장 ₩5씩 덜 지불하게 될 것입니다. 우리는 연간 6만 드럼을 사용하기 때문에 연간 3십만 원을 절약할 수 있을 것입니다"라고 말하고 있다.

트라이사의 하나의 드럼을 제조하기 위한 현재의 원가가 아래에 주어져 있다(연간 60,000드럼을 기준함).

직접재료원가	₩10.35
직접노무원가	6.00
변동제조간접원가	1.50
고정제조간접원가	5.15
총원가	₩23.00

* 회사 일반간접비 ₩2.80, 감가상각비 ₩1.60, 감독자급료 ₩0.75

드럼을 자가제조 또는 외부구입할 것인지의 의사결정은 드럼을 생산하기 위해 현재 사용 중에 있는 장비가 완전히 노쇠하여 대체해야만 할 현 시점에 특별히 중요하다. 이 회사가 직면하고 있는 선택은 다음과 같다.

대안 1: 신 장비를 구입하고 계속하여 드럼을 제조한다. 그 장비는 ₩810,000에 달하며 6년의 내용연수를 갖는다. 잔존가치는 없다. 회사는 정액법에 의한 감가상각을 행한다.

대안 2: 6년 계약하에 드럼 개당 ₩18에 외부공급업자로부터 드럼을 구입한다. 신 장비는 현재 사용 중인 장비보다 매우 효율적이어서, 제조업자에 따르면 직접노무원가와 변동제조간접원가를 30% 절약하리라는 것이다. 드럼당 감독자급료(₩45,000/연)와 직접재료원가는 신장비의 구입에 의해 영향을 받지 않는다. 신 장비의 생산능력은 연간 90,000단위이다. 그 회사는 드럼을 생산하기 위해 현재 사용 중인 공간에 대한 어떠한 다른 용도를 갖고 있지 않다.

요구사항

1. 사장의 의사결정을 도와주기 위해 위에 주어진 두 개의 대안 각각에 대하여 총원가와 단위원가는 어떻게 되는지를 보여주는 분석명세서를 작성하시오. 매년 60,000개의 드럼이 필요하다고 가정하면, 당신은 사장에게 어떠한 방향의 조치를 권고하겠는가?
2. 위 1번 문제에서의 당신의 권고가 만약 회사의 연간 필요 드럼 개수가 (a) 75,000단위, (b) 90,000단위라면 동일하겠는가? 총계와 단위당 기준으로 제시된 원가를 가지고서 당신의 대답을 지지할 수 있는 계산서를 보이시오.
3. 당신은 회사가 의사결정을 내리기 전에 어떠한 요인들을 고려해야 한다고 권고하겠는가?

11-9. 제한된 자원의 사용

바로 회사는 3종류의 제품 A, B, C를 제조하고 있다. 각 제품의 단위당 판매가격, 변동비, 그리고 공헌이익은 다음과 같다.

	제 품		
	A	B	C
판매가격	₩180	₩270	₩240
(−)변동비			
직접재료원가	24	72	32
직접노무원가	97	86	140
변동제조간접원가	5	4	8
총변동비	126	162	180
공헌이익	₩54	₩108	₩60
공헌이익률	30%	40%	25%

동일한 원재료가 3가지 종류의 제품 모두에 사용되고 있다. 바로 회사는 수중에 단지 5,000kg의 재료만을 소유하고 있으며, 공급업자 공장의 스트라이크로 인해 수주 동안은 더 이상의 원재료를 구입할 수가 없을 것이다. 경영층은 잔존주문을 충족시키는 데 있어 어떠한 제품의 생산에 집중할 것인가

의 의사결정을 모색하고 있다. 단위당 재료원가는 ₩8/kg이다.

요구사항

1. 각 제품에 사용되는 kg당 재료에서 획득되는 공헌이익을 산출하시오.
2. 당신은 제품 A, B, C의 주문 중 이 회사가 다음 주에 어떠한 주문을 충족시켜야 할 것으로 권고하겠는가?

11-10. 결합제품의 판매 또는 추가가공

도리 회사는 결합공정 운영에 있어서 공통투입물로부터 3종류의 제품을 생산하고 있다. 결합공정원가는 분리점까지 총 ₩350,000에 이르고 있다. 이 회사는 이러한 원가를 분리점에서 총판매가치를 기준으로 결합제품에 배분하고 있다. 분리점에서의 단위당 판매가와 총 산출량은 아래와 같다.

제 품	판매가(kg당)	분기당 산출량
A	₩16	15,000kg
B	8	20,000kg
C	25	4,000kg

각 제품은 분리점 이후 추가가공될 수 있으며, 추가가공은 어떠한 특별한 설비도 필요로 하지 않는다. 추가가공 이후 분기당 추가가공원가와 단위당 판매가는 다음과 같다.

제 품	추가가공원가	판매가(kg당)
A	₩63,000	₩20
B	80,000	13
C	36,000	32

요구사항

1. 분리점에서 팔아야 할 제품은 어느 것이며, 추가가공해야 하는 제품은 어느 것인가?
2. 결합원가와 추가가공 결정문제와 관련하여 어떠한 일반원칙을 도출할 수 있는가?

11-11. 기존설비의 대체

서울 회사는 현재 사용 중에 있는 프린터를 대체하기 위해 강력하고 고속의 프린터의 구입을 고려 중에 있다. 두 기계에 관해 수집된 정보가 아래에 주어져 있다.

	현 프린터	고속 프린터
원가(취득)	₩20,000	₩30,000
누적감가상각비	6,000	–
현잔존가치	9,000	–
연간 추정운영원가	15,000	7,000
내용연수	5년	5년

요구사항

고속 프린터 구입의 순수한 유리함 또는 불리함을 보여줄 5년 기간을 포괄하는 계산내역을 작성하시오. 소득세는 무시하고 단지 관련원가만을 이용하시오.

11-12. 종합문제(Ⅰ)

나라라 에어라인 항공 회사에서는 수년 동안 이익이 감소하고 있다. 회사의 성과를 향상시키기 위한 노력으로 수익성이 없는 것으로 보이는 몇 개의 비행편의 폐지를 고려 중에 있다. 그러한 비행편에(482편) 대한 전형적인 손익계산서가 아래에 있다.

티켓판매수익(175석×40%(좌석점유율)×₩200(티켓가격))···	₩14,000	100%
(−)변동비용(1인당 ₩15)···	1,040	7.5%
공헌이익···	12,950	92.5%
(−)비행관련비용:		
승무원급료···		1,800
광고비···		750
항공기감가상각비···		1,400*
항공기연료···		6,800
책임보험료···		4,200
비행보조원급료···		500
도착지에서의 항공기 정박료···		150
화물적재 및 비행준비비···		1,700
도착지에서의 승무원과 보조원의 숙박비···		300
총비행비용		17,600
순손실		₩(4,650)

* 진부화에 기초함.

482편에 관한 추가적 정보는 다음과 같다.

① 비행승무원들은 고정연봉으로 지급받고 있으며, 반면에 비행보조원들은 비행횟수에 따라 지급받는다.
② 책임보험료의 1/3은 그 비행편의 도착지가 위험성이 높은 지역이라는 보험회사의 견해 때문에 482편에 대해 불리하게 평가된 특별부담금이다.
③ 항공기 정박료는 모든 공항에 있어 항공기에 부과되는 표준요금이다.
④ 화물적재와 비행준비 비용은 지상 승무원의 급료와 지상정비의 감가상각비의 배분액이다.
⑤ 만약 482편이 폐지될 때, 나라라 에어라인 회사는 이 노선을 다른 비행 노선으로 대체할 수 있는 어떠한 권한도 현재 가지고 있지 않다.

요구사항

1. 이용가능한 자료를 사용하여 482편 폐지가 이 항공사의 이익에 어떠한 영향을 미치는지를 보여주는 분석자료를 마련하시오.
2. 이 항공사의 계획담당 사원은 동 산업계의 평균 60%의 좌석점유율과 비교시 불과 50%의 좌석점유율안을 채우고 있기 때문에 비판을 받아 왔다. 계획담당 사원은 나라라의 평균 좌석점유율은 비행횟수를 약 10% 줄임으로써 상당히 개선될 수 있으나, 그렇게 하면 이익은 감소하게 될 것이라고 설명하고 있다.
   이러한 일이 어떻게 발생할 수 있는지 설명하시오.

11-13. 종합문제(Ⅱ)

특별한 언급이 없는 한, 다음의 각 사항은 독립적이다. 모든 경우에 있어서 당신의 대답을 지지할 수 있는 계산근거를 보이시오.

1. 어떤 상품판매 회사는 2개의 부서 A와 B를 가지고 있다. 그 회사의 최근 월간 손익계산서는 다음과 같다.

	합 계	A부서	B부서
매출액	₩4,000,000	₩3,000,000	₩1,000,000
(−)변동비	1,300,000	900,000	400,000
공헌이익	2,700,000	2,100,000	600,000
(−)고정비용	2,200,000	1,400,000	800,000
순이익(손실)	₩500,000	₩700,000	₩(200,000)

한 보고서는 부문 B에 부과된 고정비용(340,000)이 매몰원가이며, 비록 B부문이 폐지된다 해도 계속 발생되는 배분된 원가임을 지적하고 있다. 또한 부문 B의 폐지는 부문 A의 매출액을 10% 감소시킬 것이다. 만약 부문 B가 폐지된다면 전반적으로 이 회사의 손익에 어떠한 영향이 있겠는가?

2. 수년 동안 물주자 회사는 이 회사가 만들고 있는 농장트랙터에 설치하는 시동장치(Starter)들을 구입하여 왔다. 제품산출량의 감소로 인하여, 이 회사는 시동장치들을 자가 생산하는 데 사용할 수 있는 유휴(생산)능력을 가지게 되었다. 그러나 기술과장은 시동장치를 생산하는 데 소요되는 원가가 현 단위당 구매가격 ₩8.40을 훨씬 초과한다는 점을 지적하면서 이러한 움직임에 반대의 권고를 하고 있다.

	단위당	총 액
직접재료원가 ················	₩3.10	
직접노무원가 ················	2.70	
감독자급료 ···················	1.50	₩60,000
감가상각비 ···················	1.00	40,000
변동제조간접비 ··············	0.60	
임차료 ························	0.30	12,000
총원가 ······················	₩9.20	

시동장치의 생산을 감독하기 위해서는 1명의 감독관이 필요하다. 그러나 회사는 충분한 유휴 도구와 기계류를 가지고 있어 어떠한 신장비도 구입할 필요가 없다. 위의 임대료는 공장에서 이용되는 공간(면적)에 기준하고 있다. 공장의 총임대료는 기간당 ₩80,000이다. 시동장치를 만드는 데 있어 기간당 금액으로 표시된 유리함 또는 불리함을 보이는 계산근거를 작성하시오.

3. 와우 회사는 희귀광물인 자수정 1톤의 가공으로부터 여러 종류의 제품을 생산하고 있다. 원료와 가공원가는 톤당 총 ₩80,000에 이르며, 그 중 1/4은 제품 X에 배분가능하다.

자수정 1톤에서는 7천단위의 제품 X가 생산된다. 그 단위들은 분리점에서 개당 ₩9에 팔 수도 있으며, ₩9,500의 총 추가가공원가를 들여 개당 ₩12에 팔 수도 있다. 제품 X를 분리점에서 팔아야 하는지 또는 추가가공 하여야 하는지를 결정하시오.

4. 삼일 회사는 단일 제품을 생산하고 있다. 매년 이 회사의 정상조업

도 수준 60,000단위에서 본 제품의 단위당 생산판매원가는 다음과 같다.

직접재료원가	₩5.10
직접노무원가	3.80
변동제조간접원가	1.00
고정제조간접원가	4.20
변동판매관리비	1.50
고정판매관리비	2.40

정상판매 가격은 단위당 ₩21이며 회사의 생산능력은 연간 75,000단위이다. 회사는 우편판매 회사로부터 단위당 ₩14의 특별가격으로 1만5천 개의 주문을 받았으며, 이 주문이 정규매출 시장을 교란하지 않을 것이다. 만약 이 주문을 수락한다면, 연간 수익은 얼마나 증가 혹은 감소하겠는가?(본 주문이 회사의 총 고정비용을 변화시키지 않을 것이다.)

5. 위의 4.에 있는 자료를 참고하시오. 회사는 현 모델보다 현격하게 열위에 있는 지난해의 이월상품 1,000단위를 가지고 있다고 가정하시오. 이 단위들은 할인된 가격으로 정규판매망을 통해서만 팔릴 수 있다. 이러한 단위들의 최저 판매가격을 설정하는 데 있어서 관련된 단위당원가 수치들은 어떤 것이겠는가?

PART Ⅱ

경영관리

Chapter 12

종합예산과 변동예산

제 1 절 기업계획과 예산

1 기업계획의 의의

경영자는 기업을 운영하면서 항상 미래의 기업환경에 대한 예측을 하고, 장·단기적인 기업계획을 세운다. 즉, 경영학의 기본 틀인 Plan-Do-See-Feedback 순환 속의 Plan에 해당하는 작업이 기업계획을 수립하는 일이다. 기업계획이란 경영자가 자신이 계획한 내용을 종업원 및 기타 이해관계자에게 제시하여 공식적으로 표현한 것을 뜻하는데, 이러한 기업계획은 기업의 최고경영층에서 수립하는 전략적 계획(strategic plan)과 그 전략적 계획의 범위 내에서 중간 경영층이 수립한 중기계획(intermediate term plan), 중기계획을 기초로 작성되는 단기계획인 종합예산(master budget)으로 분류할 수 있다. 단기계획인 종합예산에 관해서는 본 장 제2절에서 보다 심도 있게 다루게 될 것이다.

2 예산의 의의와 종류

(1) 예산의 의의

예산(budget)이란 미래의 계획을 화폐가치로 계량화하여 나타낸 것을 말한다. 이러한 예산을 작성하는 행위를 예산편성(budgeting)이라 하고 예산을 통하여 기업활동을 통제하는 것을 예산통제(budgetary control)라고 한다.

예산편성을 전혀 해보지 않았거나 예산작성 절차를 통해 어떤 유익을 얻을 수 있는지를 경험해 보지 않은 관리자들은 예산편성을 시간낭비라고 속단할 때가 많다. 이런 관리자들은 예산편성이 어떤 때는 효과가 있을 수 있으나, 회사의 운영상황이 아주 복잡하다는 이유 때문에 또는 수많은 불확실성들 때문에 제기능을 다 못한다고 주장한다. 그러나 이렇게 주장하는 관리자들도 실제로는 계획에 깊이 간여하고 있는 것을(비록 비공식적이긴 하나) 볼 수 있다. 이들의 머리속에는 무엇을 달성할 것인가, 또 언제 그것을 달성할 것인가에 대한 생각이 자리잡고 있다. 그러나 이때의 문제점은, 이들의 생각이나 계획을 다른 사람들에게 전달할 수 있는 방법이 없는 경우 그들이 속한 회사가 원하는 바 목표를 달성할 수 있는 길은 오로지 우연에 의할 뿐이다. 요약하면, 예산이 없이도 회사가 추구하는 목표를 어느 정도 달성할 수는 있으나, 잘 짜여진 예산을 가지고 달성할 수 있는 수준의 성공은 기대할 수 없다.

예산편성이 가지고 있는 특징들 중의 하나는, 이것이 관리자들로 하여금 계획을 그들의 임무들 중에 가장 중요한 것으로 여기게 하는 점이다. 또한, 예산편성은 관리자들이 그들의 계획을 조직 전체에 명료하게 전달할 수 있는 수단을 제공해 준다. 예산이 사용되면 관리자가 무엇을 달성하기 원하는지 또 어떻게 달성하고자 하는지에 대해 누구도 의심을 품지 않게 된다. 예산이 갖고 있는 다른 이점들을 보면,

① 관리자들에게 그들의 계획을 공식화할 수 있는 길을 제공한다.
② 차후의 성과를 평가할 수 있는 기준이 되는 확실한 목표를 제공한다.
③ 잠재적인 문제점을 사전에 발견할 수 있게 한다.
④ 여러 부서의 계획과 목표를 통합함으로써 조직 전체의 활동을 조정하는

역할을 한다. 이렇게 함으로써 예산편성은 여러 부서의 계획과 목표가 조직 전체의 광범위한 목표와 일관성이 있는 것이 되도록 유도한다.

(2) 예산의 종류

화폐로 표현된 공식적 계획(formal plan of action expressed in monetary terms)인 예산 중 조직 전체에 대한 예산을 특히 종합예산(master budget)이라 한다. 종합예산은 기업 전체를 대상으로 작성한 예산이므로 하부 조직의 모든 예산이 종합예산에 포함되며, 종합예산이 결정되면 각 하부 단위의 경영자들은 이 예산에 기초하여 원재료의 구입시기, 기계의 작업시간과 판매원 할당과 같은 구체적인 활동 계획을 수립하게 된다. 한편, 종합예산은 하나의 고정된 조업도에 맞춰 편성되는 고정예산과 일정한 범위의 조업도에 맞춰 편성되는 변동예산으로 나눌 수 있다. 고정예산하에서는 모든 예산 수치가 어느 하나의 고정된 조업도에 맞춰 편성되므로, 실제 조업도 수준이 처음에 계획된 조업도 수준과 다르다면, 차이 분석과 비교에 아무런 의미가 없다는 단점이 있다. 반면, 변동예산은 고정예산처럼 단지 하나의 조업도에 맞춰 작성되는 것이 아니라 일정한 범위의 조업도에 맞추어 편성되고, 또한 실제 조업도가 변동할 것으로 예상될 때마다 유연하게 조정이 가능하므로, 만일 실제 조업도가 원래 계획했던 수준과 다른 수준에서 발생한다면, 관리자는 실제 결과와 비교하기 위해서 필요한 대로 새로운 예산을 편성할 수 있다는 장점이 있다.

(3) 예산편성절차

일반적으로 예산편성절차는 다음의 〈그림 12-1〉에 나타나 있는 단계를 거치며 진행된다.

〈그림 12-1〉에서 예산편성과 본부장(사업부장) 회의 단계는 여러 번 오르락내리락하며 그만큼의 조정을 거치는 것이 일반적이다. 이를 통해 각 사업부의 이해와 차이가 조정되어 궁극적으로 회사 전체의 균형잡힌 통합예산이 마련되는 것이다.

그림 12-1 예산편성절차

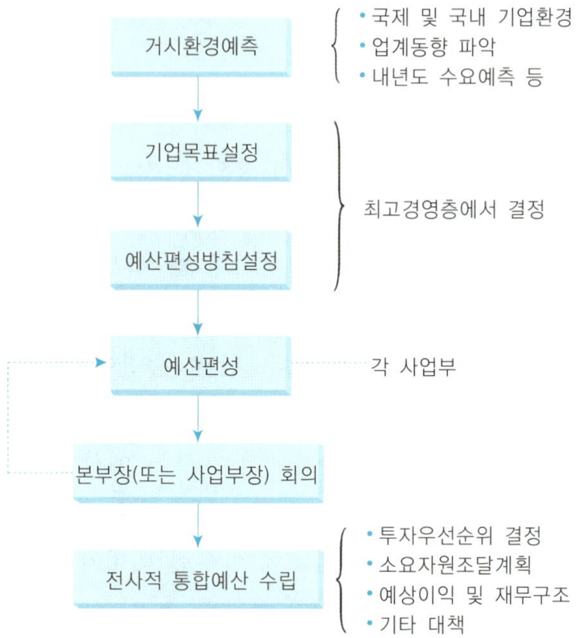

3 예산편성과 관련된 기타 개념

(1) 예산기간

토지, 건물, 또는 그 외의 자본재를 도입하기 위한 예산(흔히 자본예산[capital budget]이라 불리는 예산)은 향후 30년 또는 그보다 더 긴 기간을 다룬다. 이렇게 긴 예산의 뒷부분은 상당히 개략적이기는 하나 막상 설비가 도입되어야 할 때가 오면 이에 필요한 충분한 자금이 동원될 수 있게끔 관리자들을 준비할 수 있게 해준다. 시간이 지나면서 한때는 개략적이었던 자본재에 대한 계획이 점점 구체화되고 자본예산도 이에 따라 개선된다. 이와 같은 장기계획이 없으면, 기업은 자본재를 구입해야 되는 경우에 급작스레 봉착하게 되고, 결국은 필요한 자금이 없어 구입을 못하고 마는 수도 있다.

운영예산(operating budgets)은 대개 1년을 기준으로 작성된다. 1년이라는 기간은 회사의 회계연도와 일치하여야 하는데 이는 예산과 실적이 서로 비교될 수 있어야 하기 때문이다. 많은 기업들이 1년 예산을 분기별로 나누어 작성하는데, 이는 시간이 지남에 따라 예산자료들을 검토하며 재조정을 하는데 편리하기 때문이다.

이와 함께 "연속예산"(continuous or perpetual budgets)이 점차 관심을 끌고 있다. 연속예산도 12개월 동안의 기간을 다루나, 현재의 1개월이 끝나면 새로운 한 달을 예산에 포함시켜 항상 12개월의 예산이 유지되도록 예산을 작성한다. 예를 들어, 현재 1월부터 12월까지의 예산이 작성되어 있는데, 시간이 경과하여 1월이 끝나면 당해 연도 1월을 예산에서 탈락시키고 내년도 1월을 추가로 예산에 포함시켜 새로운 12개월의 예산을 유지하는 것이다. 연속예산의 장점은 관리자가 현재의 시점이 언제인가에 관계없이 현시점에서 앞으로 다가올 1년에 대한 계획과 목표에 늘 관심을 기울일 수 있다는 점이다. 다른 형태의 예산제도하에서는 시간이 지남에 따라 계획에 포함되는 기간이 점점 짧아지는 단점이 있다.

(2) 참여적 예산

어느 예산의 성공적 수행여부는 그 예산이 어떤 방법으로 만들어졌느냐에 크게 달려있다. 일반적으로 성공적인 예산프로그램은 〈그림 12-1〉에서 볼 수 있듯이 비용통제의 책임을 지고 있는 관리자에게 담당부서의 예산을 작성토록 하는 것이다. 이런 방식으로 예산을 작성하는 것이, 예산이 책정된 후에 이를 근거로 관리자의 행위를 통제하고자 할 때에 더욱 필요하다. 예산이 위에서 작성되어 관리자에게 이를 강요하게 되면, 이에 대한 협조나 생산성의 향상을 가져오기는커녕 반감과 거부반응을 유발시킬 수 있다.

그러나 관리자가 그들 자신의 예산을 스스로 작성하면, 그 예산은 관리자가 스스로 짐을 지는 특성을 갖게 된다. 이렇게 스스로 짐을 지는 예산, 즉 "참여적 예산"(participative budget)은 다음과 같은 장점들을 갖는다.

그림 12-2 예산자료의 초기흐름

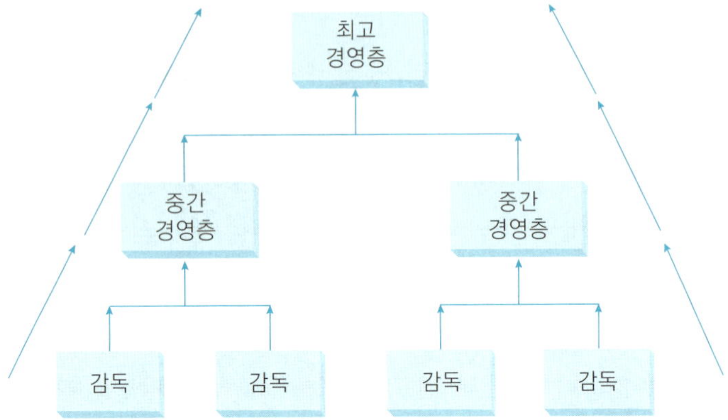

① 조직의 어느 수준에 위치한 개인이라도 그들의 전망과 판단이 최고 경영층으로부터 인정을 받는 한, 팀의 일원으로서 스스로를 인식하게 된다.
② 실제로 업무를 수행하는 자가 예산을 가장 잘 추정할 수 있는 위치에 있다. 그러므로 담당자가 작성한 예산은 더욱 정확하고 신뢰성이 높은 것이 된다.
③ 위에서 할당된 것을 달성하고자 하는 노력보다는 자기가 설정한 양을 달성하고자 노력하는 성향이 더 강하다.
④ 스스로 설정한 예산은 그 예정한 만큼의 목표를 달성하지 못했을 경우, 스스로 자기자신을 질책하는 독특한 형태의 통제 시스템을 가지고 있다. 예산이 위로부터 부과된 경우에는 예산이 애초부터 불합리하고 비현실적이어서 달성할 수가 없었다는 핑계를 유발하기 쉽다.

스스로 설정한 예산이 일단 작성되면, 이는 다른 사람에 의해 검토되는가? 이에 대한 답은 자명하다. 담당자에 의한 예산의 작성이 예산을 성공적으로 수행하는 데 매우 중요하지만, 담당자가 제시한 예산이 상위 경영층에 의해 아무런 의문 없이 받아들여지지만은 않는다. 점검이나 균형을 위한 조종 시스템이 존재하지 않으면, 스스로 설정하는 예산은 느슨한 예산이 되기 쉬우며 담당자에게 너무 많은 자유를 허용하게 된다. 이는 자칫 비능률과 낭비를 초래할 수 있다. 그러므로 예산이 확정되기 전에는 꼭 직속상관으로부터의 검토를 거쳐야 한다. 원안에 대한 조정이 필요한 경우에는 대상 항목에 대한 충분한 토의와 타협이 이루어져 이에 관련된 인원들이 다 동의할 수 있는 결론을 도출해야 한다.

결국, 예산을 작성하기 위해 조직의 모든 수준의 관리자들이 협동하는 것을 알 수 있다. 최고 경영층은 일반적으로 일상적인 비용들이나 비용의 자세한 측면들에 대해서는 잘 모르기 때문에 자세한 예산정보에 대해서는 부하직원들에게 의존하게 된다. 그러나 최고 경영층은 예산을 작성함에 있어 근간이 되는 조직 전체의 나아갈 방향을 제시해 주어야 한다. 마찬가지로 조직의 각 수준들도 그들 나름대로의 최선을 다함으로써 통합되고 일관성 있는 예산이 형성되도록 협력을 하게 되는 것이다.

(3) 예산과 인간관계적 고려사항

예산이 어느 수준의 관리자에 의해 인정되느냐 하는 것은, 그 조직의 ① 최고 경영층의 회사의 활동에 있어 예산의 중요성에 대한 인식정도, ② 최고 경영층이 예산자료를 사용하는 방법 등에 의해 결정된다. 예산프로그램이 성공적으로 수행되기 위해서는 조직의 중요한 위치에 있는 관리자의 예산프로그램에 대한 전폭적인 수용과 지지가 있어야 한다. 하위 또는 중간관리자가, 최고 경영층이 예산에 대해 미온적인 태도를 갖고 있다거나 또는 최고 경영층이 예산을 그저 필요악으로 생각하고 있다는 등의 느낌을 받게 되면, 그들도 예산에 대한 태도가 흐지부지될 것이다. 예산편성이란 힘든 작업이며, 최고 경영층이 이에 대해 열성을 보이지 않고 이를 따르려 하지 않으면 조직내의 다른 누구도 예산에 관심을 기울이지 않을 것이다.

예산프로그램을 집행함에 있어서 특히 중요한 것은, 최고 경영층이 예산자료를 어떤 특정 문제점에 대한 종업원의 책임소재를 파악하기 위하여 사용하여서는 안 된다는 점이다. 예산을 이러한 부정적인 목적으로 사용하면 협력이나 생산성의 향상보다는 적대감, 긴장, 불신 등으로 인해 기업의 분위기가 점차 악화될 것이다. 그러나 불행히도 연구자료들이 제시하는 것을 보면 실무에서는 예산자료를 종업원에 대한 압력의 수단으로 많이 사용하고 있음을 시사해주고 있다.

예산을 압력의 수단으로 사용하기보다 이를 긍정적으로 사용하면 목표의 설정이나 경영성과의 측정 또는 조직 내 문제점의 파악 등에 큰 효과를 거둘 수 있다. 종업원들이 예산에 대해 잘못 생각하고 있는 점들은 조직 내의 모든 계층에서 오랜 기간 동안 예산을 긍정적인 방향으로 사용하면 자연적으로 사라질 수 있다. 최고 경영층은 예산의 궁극적인 목적이 개인이나 기업의 목표를 효과적으로 달성하기 위한 하나의 도구임을 하위 관리자들에게 잘 인식시켜야 할 것이다.

경영자는 예산을 편성하고 시행하는 데 있어 행동과학적 측면이 매우 중요함을 인식하여야 한다. 관리자들이 인간적인 요소를 도외시하고 예산의 기능적인 측면만 강조하게 되면 예산의 편성이나 집행과정에서 많은 장애에 부딪치게 된다. 그러므로 최고 경영자는 예산이 종업원들에게 동기를 부여하고 구성원들 간의 노력을 조정하는 수단이라는 사실을 잊지 말아야 한다.

(4) 예산위원회

"예산위원회"(budget committee)는 예산프로그램에 관한 전반적인 정책설정과 예산을 작성함에 있어 요구되는 조정의 역할을 주로 담당한다. 이 위원회는 일반적으로 사장과, 판매, 생산, 구매를 책임지고 있는 부사장들 그리고 재무담당이사 등으로 구성된다. 조직의 하위 부서들 간에 일어날 수 있는 예산책정에 관련된 다양한 문제점들이나 갈등들이 이 위원회에 의해 해결된다. 또한 예산위원회는 최종 예산을 승인하며, 회사가 예산에 설정된 목표를 향해 잘 움직이고 있는지를 정기적인 보고를 통해 점검하기도 한다.

(5) 원점예산

"원점예산"(zero-based budget)이란 관리자들로 하여금 예산을 작성할 때, 담당부서의 활동이 처음 시작되는 것처럼 가정하고 예산을 짜도록 하는 방법이다. 과거의 예산액이나 실적액에 의존하여 예산을 수립하는 것이 아니라,

오히려 이들을 무시하고 원점에서 새로 예산을 설정하는 것이다. 이 방법은 어떤 원가도 계속적으로 발생하는 것으로 보지 않는다. 즉, 관리자는 회사가 매년 영업을 처음 시작하는 것으로 가정하고 각 활동에 사용될 모든 원가들의 타당성을 검토한다. 이렇게 함으로써 관리자는 담당부서의 활동을 중요성에 따라 우선 순위를 다시 매길 수 있고, 여기서 나온 평가에 따라 중요하지 않다고 판단되는 분야는 예산에서 제외시키게 된다.

원점예산은 주로 증분적인 방식으로 이루어지는 전통적인 예산편성 방식과는 다른 절차를 취한다. 즉, 전통예산하에서는 예산을 편성함에 있어서 관리자들은 지난기의 예산자료(또는 실적치)를 기초로 다음 기의 예상되는 상황을 고려하여 이에 증가시킬 부분(또는 감소시킬 부분)을 결정하고 이를 조정함으로써 다음 기의 예산을 수립한다. 이때, 관리자는 원점에서부터 예산편성 절차를 시작할 필요가 없으며, 기존에 있는 계획들 때문에 계속적으로 발생하는 비용들에 대해서는 타당성을 재검토하지는 않는다.

그러나 원점예산을 작성할 때에는, 관리자는 기업의 현재 상황을 놓고 백지상태에서, 마치 예산을 처음 만드는 것처럼 수립하게 된다. 좀 더 광범위한 관점에서 보면, 원점예산도 아주 새로운 개념은 아니다. 관리자들은 항상 부서에서 발생하는 비용들에 대한 철저한 검토를 주장하여 왔다. 전통예산과 원점예산의 다른 점은 단지 원점예산이 타당성을 검토하는 빈도가 잦다는 것에 불과하다. 원점예산은 타당성 검토가 매년마다 이루어져야 한다고 주장한다. 원점예산에 대해 비판적인 입장을 보이는 사람들은, 매년마다 예산에 대해 전면적인 재검토를 실시하는 것은 시간과 비용이 많이 소요되므로 비용과 수익의 측면에서 볼 때 바람직하지 못하다고 주장한다. 이들은 이러한 전면적인 검토는 매 5년 또는 그 이상의 기간을 주기로 이루어지는 것이 바람직하다고 본다. 또 다른 비판은, 매년마다 재검토를 실시하면 관리자들이 타성에 젖어 오히려 재검토 자체가 형식적인 절차가 되어버릴 위험 때문에 원점예산이 추구하고자 하는 바를 달성하지 못할 수도 있다는 것이다.

원점예산을 사용할 경우 원가에 대한 재검토가 얼마나 자주 수행되어야 할 것인가의 문제는 관리자 개개인의 판단에 달려 있다. 어떤 경우에는 매년마다 실시하는 것이 타당할 수 있고, 또 다른 경우에는 재검토에 드는 시간과 비용을 고려하여 몇 년만에 한 번씩 실시할 수도 있다. 재검토가 얼마만에 한 번씩 이루어지든 간에 원점에서부터의 예산편성 절차가 전체적인 예산 수립 과정에 있어 도움이 되며 중요한 한 부분이 된다는 것은 부인할 수 없다.

제 2 절 종합예산

1 종합예산의 의의

앞 절에서도 언급하였듯이 종합예산이란 조직 전체를 대상으로 하는 것이므로, 종합예산을 편성하기 위해서는 조직 내에 모든 부서(판매, 생산, 구매, 재무 등)에 대한 계획과 예산을 상호 연결시키고 조망할 수 있는 능력이 필수적이다. 종합예산의 편성 과정을 보다 체계적으로 이해하기 위해서 〈그림 12-3〉을 기초로 설명하기로 한다.

"판매예산"(sales budget)이란 다음 기에 예상되는 판매액에 대한 자세한 계획서이다. 판매예산은 금액과 수량으로 표시된다. 판매예산은 종합예산의 출발점이며 핵심이기 때문에 이를 가급적 정확하게 예측하기 위하여 많은 노력과 시간이 투입된다. 〈그림 12-3〉에서 볼 수 있듯이 종합예산의 모든 부분들이 판매예산에 기초하고 있기 때문에 판매예산이 엉성하게 작성되면 그 이후의 예산작성은 결국 시간 낭비가 되기 쉽다.

판매예산은 판매예측으로부터 시작된다. "판매예측"(sales forecast)은 예측을 하는 기업의 가능한 판매액뿐만 아니라 기업이 속해 있는 전체의 판매잠재력까지도 포함하는, 판매예산보다 폭넓은 개념이다. 판매예측을 할 때 고려하여야 할 요소들을 보면 다음과 같다.

① 과거의 판매량
② 가격정책에 대한 전망
③ 과거의 수요에 대한 미충족량

④ 시장조사연구 결과들
⑤ 일반적인 경제상황
⑥ 산업의 경제상황
⑦ GNP, 실업률, 가격, 개인소득 등과 같은 경제지표들의 동향
⑧ 광고 및 판매촉진 정책
⑨ 산업의 경쟁정도
⑩ 시장점유율

그림 12-3 종합예산의 구성요소

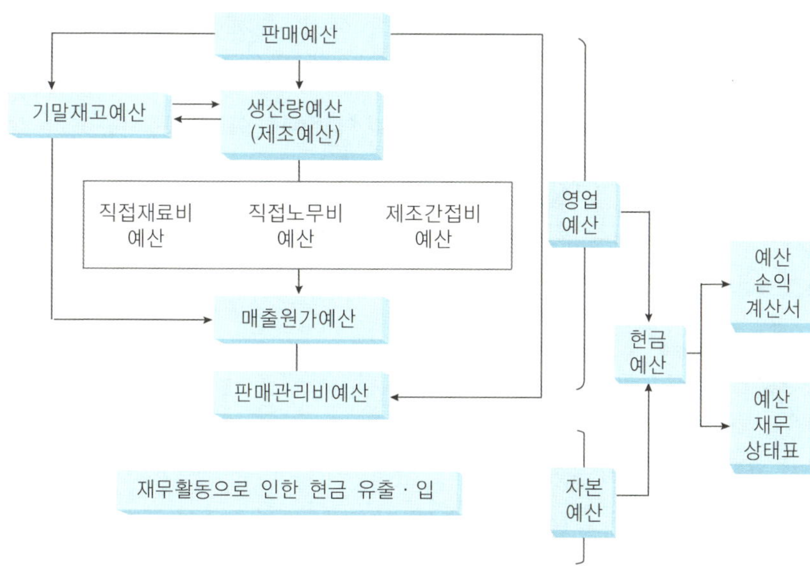

과거 몇 년간의 판매실적들이 판매예측을 준비하는 시발점으로 사용된다. 예측을 위해 관리자들은 과거 자료를 가격, 경쟁상황, 공급선의 유무, 일반적인 경제상황 등을 포함하는 여러 요인들과 함께 검토한다. 그 후, 예산기간 동안에 중요한 영향을 미칠 것으로 예상되는 요인들을 기초로 관리자는 미래에 대한 예측을 한다. 미래에 대한 예측은 불확실성이 많이 개입되기 때문에 이를 줄이기 위해 많은 양의 자료와 정보를 수집하는 것이 필요하며 자료와

정보의 중요성과 유용성을 평가하기 위해 조직의 모든 수준의 담당자들과의 심도있는 토론도 필요하다.

판매예측을 합리적으로 수행하기 위해 회귀분석, 추세 및 순환분석, 상관분석 등과 같은 통계적 기법들도 널리 사용되고 있다. 또 어떤 기업들은 이들이 속해 있는 산업이나 국가 전체의 상황을 예측하기 위해 스스로 매우 복잡한 경제적 모형을 개발, 사용하기도 한다.

판매예산이 작성되면 현재의 기말재고 수량과 기말재고 예산에 근거하여 생산량예산(제조예산)을 결정할 수 있으며, 이는 다시 직접재료비예산, 직접노무비예산, 제조간접비예산 등과 같은 예산들을 결정하는 기초가 된다. 그리하여 현재의 기말재고 수량과 기말재고 예산, 생산량 예산에 근거하여 매출원가예산을 편성한 뒤, 판매예산에 근거하여 결정된 판매관리비 예산을 고려하여 영업예산을 작성하게 된다. 한편, 영업예산의 작성을 통해서 편성된 이러한 자료와 기업의 재무활동에 기인하여 편성된 자본예산에 근거하여 현금예산이 편성되고, 궁극적으로 예산 손익계산서와 예산 재무상태표를 작성하는 데 이르게 된다.

2 종합예산의 편성

따로 작성되는 개별예산들이 결합되어 어떻게 종합예산이 구성되는가를 알아보기 위해 나그네 회사의 경우를 사용해 보자. 나그네 회사는 짚신 한 종류만을 생산 판매하는 회사이다. 매 해마다 나그네 회사는 다음과 같은 예산관계 자료들을 작성한다.

① 예상현금 유입액에 대한 정보를 포함한 판매예산
② 생산예산(상품매매회사의 경우는 구매예산)
③ 원재료 대금 지불을 위해 필요한 예상 현금유출액을 포함한 직접재료예산
④ 직접노무비 예산
⑤ 제조간접비 예산
⑥ 기말완제품재고 예산

⑦ 판매관리비 예산
⑧ 현금예산
⑨ 예산 손익계산서
⑩ 예산 재무상태표

20×3년도를 위한 위의 예산들이 〈표 12-1〉부터 〈표 12-10〉까지에 나타나 있다.

(1) 판매예산

판매예산은 종합예산을 작성하는 데 있어서의 시발점이다. 〈그림 12-3〉에서 살펴본 바와 같이 생산, 구매, 재고 및 비용들을 포함하는 종합예산의 거의 모든 항목들이 판매예산에 의해 큰 영향을 받는다.

판매예산은 다음 기에 판매될 것으로 예상되는 예상판매량에 단위당 판매가격을 곱하여 작성한다. 〈표 12-1〉은 20×3년도 나그네 회사의 판매예산을 분기별로 나누어 보여주고 있다. 이 표를 보면 다음 기에 계획 판매량은 100,000단위이며 3/4분기에 가장 많은 판매량을 계획하고 있음을 알 수 있다.

〈표 12-1〉 판매예산

① 예상매출액

	분기별				합계
	1	2	3	4	
예상판매량	10,000	30,000	40,000	20,000	100,000
단위당 판매가	× ₩20	× ₩20	× ₩20	× ₩20	× ₩20
	₩200,000	₩600,000	₩800,000	₩400,000	₩2,000,000

② 각 분기별 예상 현금유입액

	1	2	3	4	합계
매출채권, 12/31×0	₩90,000				₩90,000
1/4분기 판매(₩200,000)	140,000	₩60,000			200,000
2/4분기 판매(₩600,000)		420,000	₩180,000		600,000
3/4분기 판매(₩800,000)			560,000	₩240,000	800,000
4/4분기 판매(₩400,000)				280,000	280,000
	₩230,000	₩480,000	₩740,000	₩520,000	₩1,970,000

주: 각 분기의 판매액 중 70%는 당분기에 현금으로 회수되며, 나머지 30%는 다음 분기에 회수됨.

일반적으로 판매예산은 다음 기의 예상 현금유입액에 대한 계산을 동반하게 된다. 이 계산은 다음 기에 현금예산을 준비하는 데 도움이 된다. 예상 현금유입액은 전기의 판매 대금과 당기의 판매대금의 합이다.

(2) 생산량 예산

판매예산이 작성되고 나면, 다음 기에 필요한 생산량을 결정하기 위한 "생산량예산"(production budget)이 작성된다. 이 예산에서는 다음 기에 얼마만큼의 제품을 생산하여야 하는가를 결정하게 되는데, 이 목표생산량은 다음 기의 예산판매량에 다음 기말의 목표재고량을 가산한 후 이미 존재하고 있는 현재의 재고량을 차감하여 구한다. 따라서 다음 기의 목표생산량은 다음의 등식을 이용해 계산할 수 있다.

목표생산량 = 예상판매량 + 다음 기말목표재고량 - 기초실제재고량

〈표 12-2〉 생산량 예산

(단위: 켤레)

	분기별				합계
	1	2	3	4	
예상판매량	10,000	30,000	40,000	20,000	100,000
차기말 목표재고량*	6,000	8,000	4,000	3,000	3,000†
총필요량	16,000	38,000	44,000	23,000	103,000
기초재고량‡	(2,000)	(6,000)	(8,000)	(4,000)	(2,000)
목표생산량	14,000	32,000	36,000	19,000	101,000

* 다음 분기 예상판매량의 20%
† 추정량
‡ 전 분기의 기말재고량

〈표 12-2〉는 나그네 회사의 생산량 예산을 보여주고 있다.

위 등식에서 다음 기말 목표재고량에 대해 큰 관심을 두지 않는 경우가 있으나, 이에 대한 결정도 신중히 이루어져야 한다. 그 이유는 이것이 너무 높게 책정되면 불필요하게 많은 재고를 갖게 되므로 자금의 압박을 초래할 수 있고, 또 너무 낮게 책정되면 재고의 고갈을 초래할 수 있기 때문이다. 재고

의 고갈은 그 다음 기의 생산을 서둘러야 하는 상황을 야기시키고 또한 판매의 기회를 잃는 결과를 가져오기도 한다.

한편, 나그네 회사는 제조업체이므로 얼마만큼의 제품을 생산해야 하는지를 나타내는 생산량 예산을 작성하지만, 상품매매회사인 경우에는 생산량 예산 대신에 다음 기에 공급처로부터 얼마만큼의 제품을 구입하여야 할 것인가를 나타내어 주는 "상품구입예산"(merchandise purchases budget)을 작성한다. 상품구입예산의 형태는 아래에서 볼 수 있는 바와 같이 생산량 예산과 기본적으로 동일하나 생산량 대신에 상품구입량이 사용된다.

예상판매량 ································	××××
차기말 목표재고량 ································	××××
총필요량 ································	××××
(−)기초실제재고량 ································	××××
목표구입량 ································	××××

(3) 제조원가 예산

1) 직접재료비 예산

생산량 예산이 수립되면, 생산에 필요한 재료를 조달하기 위한 "직접재료비예산"(direct materials budget)이 작성되어야 한다. 다가오는 예산기간 중에 구입하여야 하는 직접재료의 양은, 차기중의 목표생산량을 생산하는 데 필요한 직접재료의 양에 차기말의 직접재료 목표재고량을 더한 후 현재 존재하는 직접재료의 기초재고량을 차감하여 계산한다. 직접재료 목표구입량을 계산하는 형식은 아래와 같다.

목표생산량의 생산에 필요한 직접재료의 양 ································	××××
차기말 직접재료 목표재고량 ································	××××
총필요량 ································	××××
(−)기초직접재료 재고량 ································	××××
직접재료 목표구입량 ································	××××

〈표 12-3〉은 나그네 회사의 직접재료 구입예산을 나타내 주고 있다. 이 예산은 먼저 직접재료의 목표구입량을 계산한 후 여기에 직접재료의 단위당 구입원가를 곱하여 금액을 계산하다.

〈표 12-3〉 **직접재료비 예산**

① 20×3년도 직접재료비 예산

	분기별				합계
	1	2	3	4	
제품의 목표생산량	14,000	32,000	36,000	19,000	101,000
제품단위당 직접재료 투입량(묶음)	× 5	× 5	× 5	× 5	× 5
생산에 필요한 양	70,000	160,000	180,000	95,000	505,000
(+)차기말 직접재료 목표재고량*	16,000	18,000	9,500	7,500	7,500
총필요량	86,000	178,000	189,500	102,500	512,500
(−)기초직접재료재고량	7,000	16,000	18,000	9,500	7,000
직접재료 목표구입량	79,000	162,000	171,500	93,000	505,500
직접재료비 예산(묶음당 ₩0.60)	₩47,400	₩97,200	₩102,900	₩55,800	₩303,300

* 다음 분기의 생산에 필요한 양의 10%

② 예상 현금지출액 명세서

매입채무, 12/31×0	₩25,800				₩25,800
1/4분기 구분(₩47,400)	23,700	₩23,700			47,400
2/4분기 구분(₩97,200)		48,600	₩48,600		97,200
3/4분기 구분(₩102,900)			51,450	₩51,450	102,900
4/4분기 구분(₩55,800)				27,900	27,900
총현금지출	₩49,500	₩72,300	₩100,050	₩79,350	₩301,200

주: 각 분기의 구입액 중 50%는 당분기에 현금으로 지급하여, 나머지 50%는 다음 분기에 지급함.

직접재료비 예산은 통상 원재료에 대한 대금지불에 필요한 예상현금지출 명세서를 동반한다. 이 명세서는 현금예산을 작성하는 데 도움이 된다. 원재료 대금지불은 전기에 들여온 원재료 대금과 예산기간 동안에 들여온 원재료에 대한 대금지불을 포함한다. 〈표 12-3〉에 나그네 회사의 예상 현금지출 명세서도 나타나 있다.

2) 직접노무비 예산

생산량 예산이 결정되면 "직접노무비 예산"(direct labor budget)도 수립된다. 목표생산량의 생산에 필요한 만큼 충분한 양의 노동시간을 확보하고 있는지를 알기 위하여 직접노무 총필요시간을 계산하여야 한다. 이렇게 예산기간 동안에 필요한 직접노무시간에 대한 양을 미리 파악함으로써 그에 따라 종업원의 추가고용이나 일시해고 등 직접노동력 수급계획을 최적으로 수립할 수 있다. 직접노무비 예산을 세우지 않는 기업의 경우에는 노동력 결핍이나 무계획적인 채용 또는 해고를 해야 하는 위험에 직면할 확률이 크다. 주먹구구식의 노동력 조달정책은 종업원들에게도 불안감과 비능률을 야기시키기 쉽다.

목표생산량의 생산에 필요한 직접노무시간을 계산하기 위해서는 그 기간에 생산될 완성품의 양에 제품 1단위를 생산하는 데 드는 직접노무시간을 곱한다. 일반적으로 제품의 생산에는 한 종류의 직접노무만이 투입되는 것이 아니라 다른 여러 종류의 직접노무(예를 들면, 조립, 검사, 포장 등)가 투입되는데, 이런 경우에는 투입되는 직접노무의 종류별로 필요시간을 파악해야 한다. 직접노무 종류별로 총필요시간을 구한 후 여기에 각각의 시간당 임률을 곱하여 직접노무비 예산을 완성하게 된다. 〈표 12-4〉는 나그네 회사의 직접노무비 예산을 보여준다.

〈표 12-4〉 직접노무비 예산

	분기별				합계
	1	2	3	4	
목표생산량	14,000	32,000	36,000	19,000	101,000
제품단위당 직접노무시간	× 0.8	× 0.8	× 0.8	× 0.8	× 0.8
직접노무 총필요시간	11,200	25,600	28,800	15,200	80,800
직접노무시간당 임률	×₩7.50	×₩7.50	×₩7.50	×₩7.50	×₩7.50
총직접노무비	84,000	192,000	216,000	114,000	606,000

3) 제조간접비 예산

"제조간접비 예산"(manufacturing overhead budget)은 직접재료나 직접노무 외에 생산에 투입되는 모든 다른 비용들에 대한 명세를 제공해야 한다. 이들 비용들은 예산편성 목적상 원가행태별로 분류되어야 하고, 각각에 대한 단위당 금액도 미리 설정되어야 한다. 이렇게 제조간접비들을 행태별로 구분하는 이유는 제조간접비가 각기 다른 원가행태를 갖는 다양한 비용들로 구성되어 있기 때문이다. 예를 들어, 변동제조간접비의 경우에는 그 총액이 어느 정도 생산량에 비례하여 증가하지만 준고정제조비 또는 고정제조간접비들은 생산량의 증감에 둔감함을 볼 수 있다.

제조간접비를 구성하는 비용들은 각기 다양한 원가행태를 가지므로 제조간접비에 대한 예산은 먼저 생산수준, 경영자의 판단, 장기 생산설비수준, 회사정책 등과 같이 제조간접비 예산에 영향을 미치는 요인들을 명확히 규정해 놓은 다음, 각 비용별로 적절한 요인을 대응시켜 예산을 작성하여야 한다. 그러므로 제조간접비에 대한 예산 수립과정은 직접재료비나 직접노무비에 비해 더 복잡하다.

〈표 12-5〉 제조간접비 예산

	분기별				합계
	1	2	3	4	
예산 직접노무시간	11,200	25,600	28,800	15,200	80,800
직접노무시간당 변동제조간접비	× 2	× 2	× 2	× 2	× 2
변동제조간접비 예산	₩22,400	₩51,200	₩57,600	₩30,400	₩161,600
고정제조간접비 예산	60,600	60,600	60,600	60,600	242,400
총제조간접비 예산	83,000	111,800	118,200	91,000	404,000
(−)감가상각비	15,000	15,000	15,000	15,000	60,000
간접비에 대한 현금지출	₩68,000	₩96,800	₩103,200	₩76,000	₩344,000

현금예산을 수립하는 데 이용하기 위해 제조간접비에 대한 현금지출예산이 작성된다. 여기서 한 가지 주의해야 할 사항은 감가상각비는 현금의 지출이 수반되지 않는 비용이라는 점이다. 그러므로 제조간접비 예산에 포함된

감가상각비는 예상 현금지출액을 계산하는 과정에서 제외되어야 한다.

나그네 회사의 변동제조간접비는 직접노무비당 ₩2이며, 매 분기마다의 고정제조간접비는 ₩60,600이고 이 중 ₩15,000이 감가상각비라 가정하자. 매 분기마다 발생되는 제조간접비를 그 분기에 현금으로 지급한다고 할 때 나그네 회사의 제조간접비 예산은 〈표 12-5〉와 같다.

(4) 매출원가 예산

〈표 12-1〉에서 〈표 12-5〉까지를 완성하고 나면, 완성품 단위당 예상원가를 계산할 수 있는 충분한 자료가 제공된다. 그리고 이를 이용하여 제품의 예상판매량에 대한 원가, 즉 "매출원가 예산"(cost of goods sold budget)을 산정할 수 있다. 나그네 회사의 경우, 완성품 단위당 원가를 직접재료비 ₩3, 직접노무비 ₩6, 그리고 제조간접비 ₩4을 합하여 ₩13이다. 따라서 20×3년도 매출원가 예산은 ₩1,300,000이 되며, 기말완제품재고 예상액은 ₩39,000이 된다. 이에 대한 자세한 내역이 〈표 12-6〉에 제시되어 있다.

〈표 12-6〉 **매출원가 예산**

항 목	수 량	비 용	총 액
완성품 단위당 예상원가			
직접재료비	5묶음	₩0.60/묶음	₩3
직접노무비	0.8시간	₩7.50/시간	6
제조간접비	0.8시간	₩5/시간*	4
			₩13
기말완제품재고 예상액			
기말완제품 재고량〈표 12-2〉		3,000	
단위당 생산원가		× ₩13	
기말완제품 재고액		₩39,000	
매출원가 예산			
예상판매량 〈표 12-1〉		100,000	
단위당 생산원가		× ₩13	
매출원가 예산		₩1,300,000	

* 404,000÷80,800시간=₩5

(5) 판매관리비 예산

"판매관리비 예산"(selling and administrative expense budget)은 예산기간 동안 제조활동 이외의 분야에서 발생할 것으로 예상되는 비용들을 종합한 것이다. 이 예산은 판매관리부문에서 비용에 대한 통제를 책임지고 있는 여러 사람들이 제출한 소액의 개별적인 예산들로 이루어진다. 비용항목의 수가 아주 많을 때는 판매기능과 관리기능을 분리하여 예산을 작성할 수 있다. 나그네 회사의 판매관리비 예산이 〈표 12-7〉에 나타나 있다.

〈표 12-7〉 **판매관리비 예산**

	분기별				합계
	1	2	3	4	
예상판매량	10,000	30,000	40,000	20,000	100,000
단위당 변동판매관리비	×₩1.80	×₩1.80	×₩1.80	×₩1.80	×₩1.80
변동판매관리비 예산	₩18,000	₩54,000	₩72,000	₩36,000	₩180,000
고정판매관리비					
광고비	40,000	40,000	40,000	40,000	160,000
임원봉급	35,000	35,000	35,000	35,000	140,000
보험료	–	1,900	37,750	–	39,650
재산세	–	–	–	18,150	18,150
총판매관리비	₩93,000	₩130,900	₩184,750	₩129,150	₩537,800

(6) 현금예산

〈표 12-2〉에서도 보았듯이, 현금예산은 앞의 여러 단계에서 도출된 자료들을 종합하여 작성하게 된다. 이 예산은 예상되는 현금유입 항목과 현금유출 항목에 대한 예산을 작성하는 것으로서, 기업의 지불능력이 있는지 여부를 확인하거나 현행 및 미래의 영업활동에 필요한 현금을 충분히 조달할 수 있는지 여부를 파악하는 데 매우 유용하다.

현금예산은 다음의 네 부분으로 구성된다.

① 현금유입란
② 현금유출란

③ 현금의 부족 또는 초과란
④ 현금의 조달 또는 상환란

현금유입란은 기초현금잔액에 예산기간 동안 기업에 유입될 것으로 예상되는 항목들을 더하여 이루어진다. 앞에서 얘기했듯이, 판매로부터의 현금회수가 그 주류를 이루고 있다.

〈표 12-8〉 **현금예산**

	관련표	분기별				합계
		1	2	3	4	
기초현금잔액		₩42,500	₩40,000	₩40,000	₩40,500	₩42,500
현금유입액:						
고객으로부터의 수금	1	230,000	480,000	740,000	520,000	1,970,000
총현금유입액		272,500	520,000	780,000	560,500	2,012,500
현금유출액:						
직접재료비	3	49,500	72,300	100,050	79,350	301,200
직접노무비	4	84,000	192,000	216,000	114,000	606,000
제조간접비	5	68,000	96,800	103,200	76,000	344,000
판매관리비	7	93,000	130,900	184,750	129,150	537,800
법인세	9	18,000	18,000	18,000	18,000	72,000
장비구입		30,000	20,000	–	–	50,000
배당		10,000	10,000	10,000	10,000	40,000
총현금유출액		352,500	540,000	632,000	426,500	1,951,000
현금의 초과(또는 부족)		(80,000)	(20,000)	148,000	134,000	61,500
현금의 조달 또는 상환						
조달(기초 시점에서)		120,000*	60,000	–	–	180,000
상환(기말 시점에서)		–	–	(100,000)	(80,000)	(180,000)
이자(연리 10%)		–	–	(7,500)†	(6,500)‡	(14,000)
총현금조달(상환)		120,000	60,000	(107,500)	(86,500)	(14,000)
기말현금잔액		₩40,000	₩40,000	₩40,500	₩47,500	₩47,500

* 회사의 최소 현금잔액 ₩40,000 포함.
† ₩100,000 × 10% × 3/4=7,500
‡ ₩20,000 × 10% × 1년+₩60,000 × 10% × 3/4=6,500

현금유출란은 예산기간 동안 예상되는 모든 현금지급 항목들로 구성된다. 여기에 해당되는 것들로는 원재료 구입비용, 직접노무비 지급, 제조간접비용, 판매관리비용, 자본설비의 구입 등이 있다. 그 외에도 법인세, 배당금 지급 등이 포함된다.

현금의 부족 또는 초과란은 총현금유입액과 총현금유출액의 차이를 나타내어 준다. 현금의 부족이 예상되면 은행이나 기타 금융기관으로부터 현금을 조달하여야 한다. 만일 현금 초과현상이 예견되면 이를 전기에 발생한 차입금 상환이나 단기투자에 이용할 수 있다.

현금의 조달 및 상환란은 예산기간 동안에 발생할 것으로 예상되는 자금의 조달 및 상환에 대한 자세한 내용을 제공해 준다. 여기에는 차입금에 대한 이자지급 명세도 포함된다.

예산과정을 통해서 현금필요액에 대한 세심한 계획이 세워져야 현금으로 인한 갑작스러운 문제점들을 미연에 방지할 수 있다. 현금 흐름에서 뜻하지 않게 발생하는 문제점만큼 기업에 타격을 주는 것도 없다. 그러므로 현금예산은 가능한 한 짧은 기간별로 작성하는 것이 바람직하다. 많은 기업들이 주별로 현금예산을 수립하는 것을 볼 수 있으며, 몇몇 대기업들의 경우에는 일별로 현금예산을 수립하는 경우도 있다. 그러나 대부분의 경우에는 월별 또는 분기별로 현금예산을 작성하는 것이 일반적이다. 20×3년도 나그네 회사의 현금예산이 〈표 12-8〉에 예시되어 있다.

(7) 예산 손익계산서

〈표 12-1〉에서 〈표 12-8〉까지의 자료를 가지고 예산 손익계산서를 작성할 수 있다. 이 예산 손익계산서는 예산 수립과정에 있어서 핵심적인 요소 중의 하나이다. 이것은 다가오는 예산기간 동안에 기업이 얼마나 수익성 있는 운영을 할 수 있을 것인가를 나타내 주는 표이다. 일단 작성되고 나면, 예산 손익계산서는 차후의 기업활동 성과를 측정하는 기준으로 사용된다

〈표 12-9〉는 나그네 회사의 20×3년도 예산 손익계산서를 보여준다.

〈표 12-9〉 **예산 손익계산서**

나그네 회사 (20×3년 회계연도)

	관련표	
매출(100,000켤레 @20)	1	₩2,000,000
(−)매출원가(100,000켤레 @13)	6	1,300,000
매출 총이익		700,000
(−)판매관리비	7	537,800
영업이익		162,200
(−)이자비용	8	14,000
법인세 차감적 이익		148,200
(−)법인세*		72,000
순이익		₩76,200

* 추정

(8) 예산 재무상태표

예산 재무상태표는 예산기간 말의 재무상태를 파악해 보기 위해 예산기간 초의 재무상태표를 시발점으로 하여 예산기간 동안의 영업결과에 대한 자료와 자산 및 부채 항목들의 변화를 가감하여 작성된다. 나그네 회사의 20×3년도 말 예산 재무상태표가 〈표 12-10〉에 나타나 있다. 〈표 12-10〉의 예산 재무상태표를 도출해 내기 위해 사용한 예산기간 초의 재무상태표는 아래와 같다.

재무상태표

나그네 회사 (20×2. 12. 31 현재)

자 산		
유동자산:		
현 금	₩42,500	
매출채권	90,000	
원재료 재고(7,000묶음)	4,200	
완제품 재고(2,000켤레)	26,000	
총유동자산		₩162,700
시설 및 장비:		
토 지	80,000	
건물 및 장비	700,000	

감가상각누계액	(292,000)	
총시설 및 장비		488,000
자산총계		₩650,700
부채 및 주주지분		
유동부채:		
매입채무(원재료)		25,800
주주지분:		
보통주(무액면)	₩175,000	
이익잉여금	449,900	
총주주지분		624,900
부채 및 주주지분 총계		₩650,700

〈표 12-10〉 예산 재무상태표

나그네 회사 (20×3. 12. 31 예상)

자 산		
유동자산:		
현 금	₩47,500[(1)]	
매출채권	120,000[(2)]	
원재료 재고	4,500[(3)]	
완제품 재고	39,000[(4)]	
총유동자산		₩211,000
시설 및 장비:		
토 지	80,000	
건물 및 장비	750,000[(5)]	
감가상각누계액	(352,000)[(6)]	
총시설 및 장비		478,000
자산총계		₩689,000
부채 및 주주지분		
유동부채:		
매입채무(원재료)		₩27,900[(7)]
주주지분:		
보통주(무액면)	₩175,000	
이익잉여금	486,100[(8)]	
총주주지분		661,100
부채 및 주주지분 총계		₩689,000

(1): 〈표 12-8〉로부터, (2): 〈표 12-1〉로부터 4/4분기 매출 중 30%, (3): 〈표 12-3〉으로부터 7,500묶음×

₩0.60=₩4,500, (4): 〈표 12-6〉으로부터, (5): ₩50,000만큼의 추가구입 포함, (6): 기초잔액 ₩292,000+20×3년도분 ₩60,000 〈표 12-5〉, (7): 4/4분기 매입액 중 50% 〈표 12-3〉, (8): ₩449,900+₩76,200(20×3년도 순이익)-₩40,000(배당, 〈표 12-8〉).

제 3 절 변동예산

1 변동예산의 의의

제1절의 2. "예산의 의의와 종류"에서도 잠깐 언급하였지만, 변동예산이란 보다 나은 계획과 통제를 위해 예산을 변동기준(flexible basis)에 의해 작성한 것을 의미한다. 앞 절에서 다룬 종합예산은 고정예산(static budget)방식으로 작성한 것이었다. 고정예산은 다음의 두 가지 특성을 가지고 있다.

① 단지 하나의 고정된 조업도에 맞추어 편성된다.
② 실제 결과는 늘 애초에 설정된 조업도에 근거하여 짜여진 예산과 비교된다.

반면에 변동예산(flexible budget)은 고정예산이 갖는 위의 두 가지 특성과는 다른 특성을 가지고 있다. 첫째로, 변동예산은 고정예산처럼 단지 하나의 조업도에 맞추어 작성되는 것이 아니므로 일정한 범위의 조업도 내에서 유연하게 조정이 가능하다는 점이고, 둘째로는 변동예산하에서는 실제조업도가 원래 계획했던 조업도 수준과 다르다고 할지라도 실제조업도하에서의 결과와 비교하기 위해서 필요할 때마다 실제조업도에 기준한 새로운 예산을 구성할 수 있다는 점이다. 이 때문에 이를 변동예산이라 부르고 있다.

2 변동예산과 고정예산의 차이점

고정예산과 변동예산의 차이점을 설명하기 위해 20×3년도 종합예산을 편성하면서 한 해 동안 25,000단위의 제품을 생산, 판매하기로 예산을 세운 대양 회사를 가상해보자. 더 나아가서 이 회사가 이 목표를 달성하지 못하고 실제로는 20,000단위만 생산, 판매하였다고 가정하자. 고정예산 방식이 사용되었다면 이 회사의 20×3년 동안 전체적인 성과는 〈표 12-11〉과 같이 나타날 것이다.

성과평가에 있어서 〈표 12-11〉의 손익계산서는 무엇이 문제인가? 이 손익계산서를 작성하는 데 사용된 고정예산 방식은 관리자의 책임을 조업도 통제(activity control) 측면과 비용통제(cost control) 측면으로 구별하지 못하고 있다는 데 중요한 단점을 갖고 있다. 조업도 통제는 판매 및 생산목표가 달성됐는가에 관련이 있다. 한편, 비용통제는 질적 표준은 유지하면서 판매와 생산이 가능한 한 최소의 비용으로 수행되었는가에 관련이 있다. 이 두 가지 통제들은 별개의 영역이므로 관리자가 직무를 얼마나 잘 수행했는가를 평가하는 데 있어 분리되어야 한다.

고정예산은 두 가지의 통제책임 가운데 조업도 통제의 효율적 수행여부를 결정하는 데에는 유용하다. 〈표 12-11〉의 자료를 다시 보자. 맨 윗줄의 자료는 한 해 동안의 판매활동을 보여준다. 이 자료는 조업도 통제가 제대로 안

〈표 12-11〉

손익계산서(고정예산)

대양 회사 (20×3년 회계연도)

	실적	종합예산	차이
생산 · 판매수량	20,000	25,000	5,000 불리
매출액	₩1,000,000	₩1,250,000	₩250,000 불리
변동비:			
직접재료비	307,000	350,000	43,000 유리
직접노무비	114,000	150,000	36,000 유리
변동제조간접비	71,000	75,000	4,000 유리
판매관리비	20,000	25,000	5,000 유리
총변동비	512,000	600,000	88,000 유리
공헌이익	488,000	650,000	162,000 불리
고정비:			
고정제조간접비	308,000	300,000	8,000 불리
판매관리비	150,000	150,000	-
총고정비	458,000	450,000	8,000 불리
순이익	₩30,000	₩200,000	₩170,000 불리

되었음을 잘 나타내 주고 있는 바, 회사가 계획한 매출량을 5,000단위만큼 달성하지 못했음을 보여준다.

이 계산서의 나머지 부분은 비용통제에 관한 자료들이다. 이 자료들은 사과와 오렌지를 비교하는 것처럼 거의 무의미한 자료들이다. 예를 들어, 변동비에 관련된 차이들이 모두 유리하게 나타나 있다는 사실에 주목하자. 이 사실만으로 대양 회사가 한 해 동안 변동비에 대한 통제를 잘 이행했다고 할 수 있겠는가? 그렇지 않다. 차이가 유리하게 나타난 이유는 종합예산은 25,000단위 수준에서 짜여진 반면, 실제 조업도 수준은 이에 훨씬 못 미치는 20,000단위에 그쳤기 때문이다. 비용통제의 관점에서 볼 때, 한 조업도 수준에서의 비용과 다른 조업도 수준에서의 비용을 비교한다는 것은 전혀 의미가 없는 것이다. 실제조업도가 계획된 조업도보다 낮은 수준에서 이루어지는 한 비용차이에 있어 유리한 결과는 당연한 것이다.

3 변동예산의 편성 및 운용

(1) 종합변동예산의 편성

변동예산 접근법의 기본 아이디어는 원가행태에 대한 분석을 통하여 특정 조업도 수준에 근거하기보다는 일정 범위의 조업도 수준에 대한 예산을 설정할 수 있다는 것이다. 변동예산을 작성하는 절차를 보면,

① 계획기간 중에 조업도가 움직일 것으로 예상되는 관련범위를 정한다.
② 원가행태별(변동, 고정, 혼합)로 관련범위 내에서 발생할 원가를 분석한다.
③ 원가를 행태별로 분류하여 변동비와 혼합비에 대하여 원가 방정식을 도출한다.
④ 원가 방정식을 이용하여 관련범위 내의 각 조업도 수준에서 변동비가 얼마나 될 것인가를 나타내는 예산을 작성한다.

이 절차를 보다 구체적으로 이해하기 위하여 대양 회사의 연간 판매량이 보통 15,000단위와 30,000단위 사이에서 변화하고, 관련범위 내에서의 원가행태에 대한 조사결과, 변동비에 대해서는 다음과 같은 관계가 밝혀졌다고 가

정하자.

비 용	변동비(단위당)
직 접 재 료 비	₩14
직 접 노 무 비	6
변 동 제 조 간 접 비	3
변 동 판 매 관 리 비	1

이 원가자료에 근거할 때, 대양 회사의 각 조업도 수준별 종합변동예산은 〈표 12-12〉와 같을 것이다.

〈표 12-12〉 **종합변동예산**

	원가방정식 (단위당)	판매량			
		15,000	20,000	25,000	30,000
매출액	₩50	₩750,000	₩1,000,000	₩1,250,000	₩1,500,000
변동비:					
직접재료비	14	210,000	280,000	350,000	420,000
직접노무비	6	90,000	120,000	150,000	180,000
변동제조간접비	3	45,000	60,000	75,000	90,000
변동판매관리비	1	15,000	20,000	25,000	30,000
총변동비	24	360,000	480,000	600,000	720,000
공헌이익	₩26	390,000	520,000	650,000	780,000
고정비:					
고정제조간접비		300,000	300,000	300,000	300,000
고정판매관리비		150,000	150,000	150,000	150,000
총고정비		450,000	450,000	450,000	450,000
순이익(손실)		₩(60,000)	₩70,000	₩200,000	₩330,000

(2) 변동예산의 운용

종합변동예산이 일단 작성되면 이는 다양한 용도를 갖는다. 기초에는 계획된 조업도수준에서의 예상수익과 비용 및 순이익을 결정하기 위한 토대로 사용된다. 대양 회사의 경우 20×3년도에 25,000단위를 팔 것으로 예산을 세웠다면, 변동예산을 이용함으로써 관리자는 이 조업도 수준에서의 예상수익과 예상비용을 쉽게 파악할 수 있다.

기말에는 실제 결과를 관련범위 내의 상응하는 예산수치와 손쉽게 비교할 수 있다. 예산이 유연성을 갖고 있기 때문에 실제 결과가 어느 조업도 수준에서 발생되었는가는 문제되지 않는다. 20×3년도에 대양 회사가 20,000단위밖에 생산·판매하지 못한 것을 가지고 설명하여 보자. 변동예산하에서는 회사의 성과가 〈표 12-13〉과 같이 비교될 것이다.

고정예산접근법에 의한 〈표 12-11〉과는 대조적으로 〈표 12-13〉은 조업도 통제와 비용통제를 분명하게 구별짓고 있다. 표의 맨 위 왼쪽의 판매량에 관한 자료는 한 해 동안의 판매목표가 달성되지 못했음을 나타내 준다. 한편 비용에 관한 자료들은 그 해에 팔린 20,000단위 수준에서 비용통제가 얼마나 잘 이루어졌는지를 보여준다.

〈표 12-13〉

손익계산서(변동예산)

대양 회사
예산상의 판매량: 25,000단위
실제판매량: 20,000단위
(20×3년 회계연도)

	실제판매량 20,000단위	20,000단위기준 예산액	차이
매출액	₩1,000,000	₩1,000,000	₩ –
변동비:			
직접재료비	307,000	280,000	27,000 불리
직접노무비	114,000	120,000	6,000 유리
변동제조간접비	71,000	60,000	11,000 불리
판매비 및 일반관리비	20,000	20,000	–
총변동비	512,000	480,000	32,000 불리
공헌이익	488,000	520,000	32,000 불리
고정비:			
고정제조간접비	308,000	300,000	8,000 불리
판매비 및 일반관리비	150,000	150,000	–
총고정비	458,000	450,000	8,000 불리
순이익	₩30,000	₩70,000	₩40,000 불리

이 표에 나타난 차이들은 앞의 고정예산접근법에서 나온 차이들과 상당히 다르다.

만일 실제판매량이 20,000단위가 아닌 19,800단위 같은 좀 복잡한 경우는 어떻게 되겠는가? 실제결과와 비교하기 위해 관리자는 19,800단위의 조업도에 해당하는 예산을 도출하는 데 변동예산 방정식을 사용할 것이다. 여기에 변동예산접근법의 강점과 동태적 특성이 있는 것이다. 단지 예산 방정식에 대입함으로써 관련범위 내에서의 어떤 조업도 수준에 대해서도 언제든지 예산을 도출해 낼 수 있다.

12 연습문제

12-1. 생산량 예산(Ⅰ)

복지 회사의 향후 4개월의 판매계획은 아래와 같다.

	판매량
4월	50,000단위
5월	75,000단위
6월	90,000단위
7월	80,000단위

이 회사는 이제 2/4분기의 생산예산을 수립하려고 한다. 과거의 경험으로 볼 때 기말재고수준이 다음 달 판매량의 10%가 되어야 한다. 3월의 기말재고는 5,000단위였다.

요구사항

2/4분기의 생산예산을 수립하시오. 예산편성에서 매달의 생산량과 분기 전체의 생산량을 계산하시오.

12-2. 생산량 예산(Ⅱ)

오성사는 장난감을 생산하여 소매 대리점들에 공급하고 있다. 회사 생산품 중의 하나인 Supermix는 한 단위 생산하는 데 재료 A를 3kg 필요로 한다. 이 회사는 20×3년 3/4분기에 필요한 재료량을 산정하고 있다. 3/4분기는 Supermix의 수요가 절정에 달하는 때이다. 생산과 판매가 큰 기복없이 이루어지도록 하기 위해 오성사는 다음과 같은 재고수준을 필요로 한다.

① 매월 말에 보유해야 할 완제품재고는 3,000단위에 다음 달 판매량의 20%를 더한 수량이어야 한다. 6월 30일의 완제품재고는 10,000단위로 계획되어 있다.

② 매월 말에 보유해야 할 원재료재고는 다음 달 생산에 필요한 원재료량의

50%이어야 한다. 6월 30일의 원재료재고량은 54,000kg으로 계획되어 있다.
③ 재공품재고는 보유하지 않는다.
향후 6개월간(20×3년)의 Supermix의 판매예산은 다음과 같다.

	판매예산(단위)
7월	35,000
8월	40,000
9월	50,000
10월	30,000
11월	20,000
12월	10,000

요구사항

1. 7월에서 10월까지의 Supermix의 생산계획을 수립하시오.
2. 위 1번에서 수립한 생산계획을 검토해 보시오. 이 회사가 7월과 8월에는 판매량보다 많이 생산하고, 9월과 10월에는 판매량보다 적게 생산하는 이유는 무엇인가?
3. 20×3년 7월, 8월, 9월에 구입해야 할 원재료 A의 양을 나타내는 예산을 작성하시오. 그리고 분기(3/4분기) 전체의 총량을 나타내는 예산도 작성하시오.

12-3. 재료구매량 예측

최근 인기를 얻고 있는 향수 "유혹"은 한 병당 musk oil 3온스를 필요로 한다. musk oil의 온스당 원가는 ₩150이다. 20×2년과 20×3년 1/4분기까지의 "유혹"의 예산생산량은 다음과 같다.

	20×2년				20×3년
	1분기	2분기	3분기	4분기	1분기
예산생산량(병)	60,000	90,000	150,000	100,000	70,000

musk oil은 향수원료로서 수요의 폭증에 따른 재고고갈에 대비하여 충분한 재고량의 확보가 필요하게 되었다. 이 때문에 매분기 말의 musk oil 재고량은 다음 기 생산소요량의 20%를 유지해야 한다. 약 36,000온스의 musk oil이 20×2년 1/4분기의 생산을 위해 준비되어 있다.

요구사항

musk oil의 재료구매예산을 20×2년의 분기별, 그리고 연간 총량으로 작성하시오. 예산의 맨밑에 매분기별 그리고 연간 총구매액을 계산해 보이시오.

12-4. 현금예산(I)

분기별 현금예산이 아래에 주어져 있다. 매분기 초에 최소한 ₩5,000의 현금 잔액이 있어야 한다.

(단위: 천 원)

	분기				합계
	1	2	3	4	
기초현금잔액	₩9	₩?	₩?	₩?	₩?
고객으로부터의 회수분	?	?	125	?	391
총가용현금	85	?	?	?	?
지불액:					
재고자산구입액	40	58	?	32	?
영업비	?	42	54	?	180
설비구입액	10	8	8	?	36
배당금	2	2	2	2	?
총지불액	?	110	?	?	?
지불에 필요한 양 외에 현금초과(부족)액	(3)	?	30	?	?
자금조달:					
차입금	?	20	–	–	?
상환(이자포함)*	–	–	(?)	(7)	(?)
총조달액	?	?	?	?	?
기말현금잔액	₩?	₩?	₩?	₩?	₩?

* 이자는 연간 총 ₩4,000이다.

요구사항

위 표에서 ?란을 메우시오.

12-5. 현금예산(II)

은빛 회사는 어버이날 선물로 인기있는 상품을 생산하고 있다. 물론 이 상품은 매년 5월달의 판매량이 제일 많다. 20×3년 2/4분기의 이 회사의 판매예산은 아래와 같다.

	4월	5월	6월	합계
판매예산	₩300,000	₩500,000	₩200,000	₩1,000,000

과거의 경험으로 볼 때, 매월 판매액의 20%는 판매당월에 회수되고 70%는 판매 다음 달에 회수된다. 나머지 10%는 판매 후 둘째 달에 회수된다. 대손액은 무시하기로 한다. 2월의 매출액은 ₩230,000, 3월의 매출액은 ₩260,000이었다.

요구사항

1. 2/4분기의 매출액에 대한 현금회수계획을 월별로 그리고 분기단위로 수립하시오.
2. 이 회사가 6월 30일자의 예상 재무상태표를 작성한다고 하자. 재무상태표 작성일 현재의 매출채권 금액을 계산하시오.

12-6. 현금예산(Ⅲ)

당신은 바다 회사의 20×3년 12월의 현금예산을 작성하도록 요청받았다. 회사의 운영과 관련된 정보가 아래에 제시되어 있다.

① 12월 1일의 기초현금잔액이 ₩40,000이다.

② 10월과 11월의 실제판매량과 12월의 예상판매량은 다음과 같다.

	10월	11월	12월
현금판매	₩65,000	₩70,000	₩83,000
외상판매	400,000	525,000	600,000

외상매출은 차후 3개월 동안 다음의 비율로 회수된다. 20%는 판매된 달에, 60%는 판매된 다음 달에, 18%는 판매 후 두 번째 달에, 2%는 회수불가능하다.

③ 12월의 재고구입액은 ₩280,000이다. 매월 재고구입액의 30%는 구입한 달에 지불한다. 11월의 재고구입에 대한 외상매입금 잔액은 ₩161,000인데 이 금액은 모두 12월에 지불될 것이다.

④ 12월의 판매비 및 일반관리비는 ₩430,000으로 책정되었다. 이 금액 중 ₩50,000은 감가상각비이다.

⑤ 12월에 원가 ₩76,000의 설비가 현금으로 구입될 것이다. 그리고 이 기간 동안 총 ₩9,000의 배당금이 지불될 것이다.

⑥ 이 회사는 최소 ₩20,000의 현금잔액을 유지해야 한다. 필요한 현금잔액을 유지하기 위해 거래은행으로부터의 자금 차입이 가능하다.

요구사항

1. 12월의 예상 현금 회수계획표를 작성하시오.

2. 12월의 재고구입액에 대해 공급자에게 지불할 예상현금지불 계획표를 작성하시오.
3. 12월의 현금예산을 작성하시오. 재무부문에 있어 12월 동안 필요한 은행차입금을 계산하시오.

12-7. 현금예산(Ⅳ)

봄여름 회사의 생산품은 매년 6월에 가장 많은 매출액을 기록한다. 이 회사는 20×3년 2/4분기의 판매예산을 다음과 같이 작성하였다.

	4월	5월	6월	합계
판매예산	₩600,000	₩750,000	₩900,000	₩2,250,000

이 회사는 2/4분기의 현금예산을 작성하는 중에 있는데 월별로 예상현금회수액을 결정해야 한다. 이를 위해 다음의 정보가 수집되었다.

매출액 회수:
- 70% 판매당월
- 20% 판매 한 달 후
- 8% 판매 두 달 후
- 2% 회수불능

이 회사는 고객이 판매당월에 대금을 지불했을 경우 2%의 현금할인을 해주고 있다. 2/4분기 초의 외상매출금 잔액은 ₩195,000이었는데, 이 가운데 ₩45,000은 2월 매출액 중 미회수분이고 ₩150,000은 3월 매출액 중 미회수분이다.

요구사항

1. 2월과 3월의 총매출액을 구하시오.
2. 2/4분기의 매출액에 대한 현금회수계획을 월별로, 그리고 분기단위로 작성하시오.

12-8. 현금예산(Ⅴ)

가을 회사는 매출액이 절정에 달하는 3/4분기를 맞이할 준비를 하고 있다. 이 회사는 3/4분기 동안 필요한 현금수요를 감당하기 위해 거래은행에 90일간 ₩40,000의 대출을 요청하였다. 가을 회사는 과거 대출금을 상환하는 데 어려움을 겪었기 때문에 은행의 대출담당자는 회사에 3/4분기의 현금예산의 제출을 요구하였다. 이 요구에 대하여 다음의 자료가 모아졌다.

① 3/4분기의 최초일인 7월 1일에 회사는 ₩44,500의 현금잔액을 가질 것이다.

② 지난 두 달(5월, 6월)의 실제매출액과 3/4분기의 예상매출액이 아래와 같다.

5월(실제)	₩250,000
6월(실제)	300,000
7월(예상)	400,000
8월(예상)	600,000
9월(예상)	320,000

과거의 경험으로 볼 때, 월간 매출액의 25%는 판매당월에 회수되고, 70%는 판매 다음 달에, 3%는 판매 둘째 달에 회수된다. 나머지 금액은 회수불가능이다.

③ 예상상품구입액과 3/4분기의 예상비용은 다음과 같다.

	7월	8월	9월
상 품 구 입	₩240,000	₩350,000	₩175,000
급 료	45,000	50,000	40,000
광 고 료	130,000	145,000	80,000
임 대 료	9,000	9,000	9,000
감 가 상 각 비	10,000	10,000	10,000

상품구입대금은 구매 다음 달에 전액 지불된다. 6월 30일의 구입상품에 대한 외상매입금(이 금액은 7월에 지불될 것이다)은 총 ₩180,000이다.

④ 7월 중에 원가 ₩10,000의 설비가 현금으로 구입될 것이다.

⑤ 현금예산을 준비함에 있어 ₩40,000의 대출이 7월에 이루어지고, 9월에 상환될 것이라고 하자. 대출금에 대한 이자는 총 ₩1,200이다.

요구사항

1. 7, 8, 9월의 월별 및 분기전체의 예상 현금회수계획을 수립하시오.
2. 3/4분기의 현금예산을 월별 및 분기 전체에 걸쳐 수립하시오.
3. 만약 회사가 매월 초 ₩20,000의 최소 현금잔액을 필요로 한다면 대출금은 계획대로 상환될 수 있을 것인가?

12-9. 변동예산

삼다도 회사의 제조간접비들에 대한 원가방정식은 아래와 같다. 이 원가방정식은 8,000에서 10,000시간 사이의 기계시간 내에서 유효하다.

간접비	원가방정식
소모품	기계시간당 ₩20
간접노무비	₩1,000,000 더하기 기계시간당 ₩25
수도광열비	기계시간당 ₩15
수선유지비	₩700,000 더하기 기계시간당 ₩10
감가상각비	₩800,000

요구사항

삼다도 회사의 간접비에 관한 1,000 기계시간마다의 변동예산을 작성하시오.

12-10. 종합문제

무지개 회사는 분기별로 종합예산을 수립하려 한다. 다음의 자료는 20×3년 1/4분기의 종합예산을 수립하는 데 필요해서 수집한 것이다.

① 전분기의 말인 20×2년 12월 31일 총계정원장의 계정잔액은 다음과 같다.

현 금	₩48,000
외상매출금	224,000
재 고 자 산	60,000
설 비 자 산(순액)	370,000
외상매입금	93,000
자 본 금	500,000
유 보 이 익	109,000
합 계	₩702,000

② 12월의 실제매출액과 차후 4개월의 예상매출액은 다음과 같다.

12월(실제)	₩280,000
1월	400,000
2월	600,000
3월	300,000
4월	200,000

③ 매출액의 20%는 현금거래이고 80%는 외상거래이다. 모든 외상매출의 회수조건은 n/30이다. 그러므로 외상매출액은 매출 다음 달에 회수된다. 12월 31일의 외상매출금은 12월 외상매출의 결과이다.

④ 이 회사의 매출총이익률은 40%이다.
⑤ 매월의 비용은 다음과 같이 짜여진다: 급료 ₩27,000, 광고비 ₩70,000, 출하운임: 매출액의 5%, 감가상각비 ₩14,000/월, 제경비 매출액의 3%.
⑥ 매월 말에 재고자산은 다음 달 매출에 필요한 물량의 25%만큼이 보유되어야 한다.
⑦ 매달의 재고자산 구입액의 50%는 구입 월말에 지불된다. 나머지 50%는 다음 달에 지불된다.
⑧ 2월 중에 회사는 새로운 복사기를 ₩1,700에 현금으로 구입할 것이다. 3월 중에 또 다른 설비가 ₩84,500에 현금으로 구입될 것이다.
⑨ 1월 중에 회사는 현금배당 ₩45,000을 시행할 것이다.
⑩ 회사는 최소 ₩30,000의 현금잔액을 유지해야 한다. 분기 중에 필요하게 될 모든 대출은 지방은행으로부터 항상 신용거래가 가능하다. 모든 대출은 월초에 행해지고 모든 상환은 월말에 이루어진다. 대출과 원금의 상환은 ₩1,000단위로 이루어진다. 이자는 원금상환시에만 지불된다. 이자율은 연 12%이다(월별로 이자를 계산하라).

요구사항

위의 자료를 이용하여 다음의 보고서를 완성하고 제1/4분기의 계획을 수립하시오.

1. 예상현금회수계획

	1월	2월	3월	분기
현금매출	₩80,000			
외상매출	224,000			
총현금회수액	₩304,000			

2. (a) 재고자산구입계획

	1월	2월	3월	분기
예산매출원가	₩240,000*	₩360,000		
(+)필요한 기말재고자산	90,000†			
합계	330,000			
(−)기초재고자산	60,000			
필요매입액	₩270,000			

* 1월 매출액에 대한 매출원가: ₩400,000×60%=₩240,000
† ₩360,000×25%=₩90,000

(b) 매입액에 대한 현금지불계획

	1월	2월	3월	분기
12월 매입	₩93,000			₩93,000
1월 매입(₩270,000)	135,000	₩135,000		270,000
2월 매입				
3월 매입				
총현금지불액	₩228,000			

Chapter 13

정상원가계산과 표준원가계산

제 1 절 정상원가계산

1 의 의

우리는 지금까지 실제원가계산에 의해 제품의 원가를 계산해 왔다. 실제원가계산은 직접재료비, 직접노무비, 제조간접비의 실제 발생액을 기준으로 제품원가를 계산하는 방법이다. 제품원가계산은 원가요소의 실제성 여부에 따라 실제원가계산, 정상원가계산, 표준원가계산으로 분류된다.

정상원가계산은 직접재료비, 직접노무비는 실제발생액을 이용하지만, 제조간접비는 회계연도 초에 결정된 제조간접비 예정배부율을 이용하여 제품원가를 계산하는 방법이다. 그리고 표준원가계산은 직접재료비, 직접노무비, 제조간접비 모두를 미리 설정해 놓은 표준원가를 이용하여 제품원가를 계산하는 방법이다.

5장, 6장에서는 실제원가계산을 중심으로 제품원가를 계산하였다. 본 장에서는 정상원가계산과 표준원가계산에 대해 알아보고자 한다. 특히 표준원가계산은 전통적 의미의 제품원가계산의 틀에서 벗어나 경영관리적 측면에 보다 유용한 원가계산방법이라 하겠다.

제품원가계산은 기업이 수행하는 생산활동의 성격에 따라 개별원가계산과 종합원가계산으로 나누어지는데, 정상원가계산은 개별원가계산을 적용하는 기업에, 표준원가계산은 종합원가계산을 적용하는 기업에 사용하는 것이 경영관리적 측면에서 볼 때 훨씬 유용하다.

2 정상원가계산의 개요

(1) 정상원가계산의 의의

제조간접비에 대한 원가를 계산함에 있어서 실제 제조간접비는 거의 사용되지 않는다. 그 이유는 실제 제조간접비는 해당 기간이 끝난 후가 아니면 얻을 수 없기 때문이다.

관리자는 제품에 대한 가격을 설정하기 위해서나 또는 마케팅 및 운영상의 의사결정을 위해 단위원가에 대한 자료를 수시로 필요로 하기 때문에, 단위원가를 알기 위해 기간이 끝날 때까지 기다린다는 것은 시기적으로 너무 늦다.

이러한 의사결정을 연말까지 연기한다는 것은(실제 제조간접비를 파악하기 위해), 경영에 효과적으로 대처하기 위한 조직의 능력을 약화시키는 결과를 초래한다. 따라서 의사결정을 위한 시의적절한 자료를 얻기 위하여, 대부분의 기업들은 연초에 총제조간접비, 그 해의 조업도 수준을 추정하고, 이 추정치들에 기초하여 제조간접비 예정배부율을 계산한다.

정상원가계산은 이와 같은 원가계산의 지연을 방지해 줄 뿐만 아니라 제품원가의 변동성을 보완하는 데 유용하다. 즉, 실제 발생된 제조간접비를 기준으로 제품에 배부한다면 각 제품에 배부되는 제조간접비가 조업도의 변화에 따라 크게 변동할 수 있는 단점이 있다.

따라서 정상원가계산은 이러한 실제원가계산의 단점들을 보완하기 위한 것으로 직접재료비와 직접노무비는 실제로 발생된 원가를, 제조간접비는 회계연도가 시작되기 전에 결정된 제조간접비 예정배부율을 이용하여 제품에 배부하는 원가계산제도이다.

(2) 제조간접비의 예정배부

제품의 단위원가를 결정하는 데 제조간접비도 직접재료비 및 직접노무비와 함께 고려되어야 한다. 그러나 제조간접비를 제품에 배부하는 것은 그리 쉽지 않다.

이에 대한 이유로서, 첫째, 제조간접비는 특정 제품이나 작업에 직접 대응시키기가 어렵다. 둘째, 제조간접비는 서로 상이한 변동비나 고정비들로 구성되어 있다. 기계에 치는 기름으로부터 생산감독자의 급료까지 그 종류도 다양하다. 셋째, 생산에 있어서 계절적인 변동이 심한 기업의 경우 실제 제조간접비에 의하여 제품원가를 계산하면 각 제품에 배부되는 제조간접비가 조업도의 변화에 따라 크게 변동하는 문제점이 발생한다.

이런 문제점들을 감안할 때, 제품단위에 제조간접비를 부과할 수 있는 거의 유일한 방법은 예정에 의한 배분일 것이다. 예정배부를 통해 제조간접비를 제품에 부과하기 위해서는 제조되는 모든 제품이나 제공되는 모든 서비스에 공통적으로 적용될 수 있는 조업도 기준이 선택되어야 한다.

이 기준이 선택되면 이에 근거하여 적정한 금액의 제조간접비가 제품이나 서비스에 부과될 수 있다. 여기서 중요한 것은 제조간접비의 배부가 작업들 사이에 공정하게 이루어지기 위해 알맞은 기준을 선택해야 한다는 점이다.

전통적으로 가장 널리 사용되는 조업도 기준들로는 직접노동시간과 직접노무비 등이 있으며, 기계시간과 생산단위 등도 자주 사용된다. 그러나 최근의 보고에 의하면 배부기준으로서 직접노동의 중요성이 점차 감소됨을 알 수 있는데 그 결과 배부기준이 직접노동으로부터 기계시간 같은 다른 기준으로 이전되는 경향이 있다.

조업도 기준이 일단 선정되면 앞에서 다루었듯이 당해 기간의 총제조간접비를 추정한다. 이와 같이 추정한 제조간접비 예산액을 조업도로 나누어 "제조간접비 예정배부율"을 구한다.

배부율에 "예정"이란 말이 붙는 이유는 당해 기간이 시작되기 전에 계산되며, 전적으로 추정된 자료에 기초하기 때문이다.

제조간접비 예정배부율을 계산하는 공식을 다시 한 번 요약하면 다음과 같다.

$$\text{제조간접비 예정배부율} = \frac{\text{추정 총제조간접비}}{\text{추정조업도(기계시간, 직접노동시간 등)}}$$

예를 들어, 어느 기업이 그 해의 총제조간접비를 ₩320,000, 총직접노동시간을 40,000시간으로 추정하였다고 가정하자. 이 기업의 해당 연도 제조간접비 예정배부율은 다음의 계산과 같이 직접 노동시간당 ₩8이 될 것이다.

$$\frac{₩320{,}000}{40{,}000\text{직접노동시간}} = ₩8/\text{직접노동시간}$$

어떤 작업이 완성되는 데 27시간의 직접노동시간이 소요되었다면, ₩216(27시간×₩8=₩216)의 제조간접비가 이 작업에 배부될 것이다.

(3) 공장전체 및 부문별 제조간접비 예정배부율

어떤 기업에 둘 이상의 제조부문이 있는 경우 제조간접비를 제품에 배부하는 방법에는 두 가지가 있다. 그 첫 번째 방법은 각 제조부문별로 제조간접비를 집계하고 각 제조부문에 가장 알맞은 배부기준에 의해 제조부문별로 서로 다른 제조간접비 배부율을 사용하여 배부하는 것이다.

그리고 두 번째 방법은 제조간접비를 각 제조부문별로 집계하여 배부하지 않고 공장 전체의 총제조간접비를 하나의 배부기준만을 사용하여 배부하는 것이다.

다음의 예제를 통하여 두 방법을 이해해 보자.

【예제 1】

(주)고려는 성북공장에 두 개의 보조부문 A, B와 두 개의 제조부문 X, Y가 있다. 보조부문 A는 다른 부문에 용수를 공급하고, 보조부문 B는 전력을 공급하고 있다.
다음은 (주)고려가 20×3년 초에 설정한 1년 동안의 예산자료이다.
① 20×3년 중 각 부문의 연간 예상사용량에 관한 자료는 다음과 같다.

	보조부문		제조부문		합계
	A	B	X	Y	
A	−	100㎥	200㎥	200㎥	500㎥
B	500kwh	−	150kwh	250kwh	900kwh

② 20×3년 초에 각 부문에서 발생하리라고 예상되는 제조간접비 및 기타자료는 다음과 같다.

	보조부문		제조부문		합계
	A	B	X	Y	
제조간접비	₩200,000	₩100,000	₩300,000	₩400,000	₩1,000,000
직접노동시간			1,000시간	1,500시간	2,500시간
기계시간			100시간	500시간	600시간

요구사항 1. 회사는 공장전체 제조간접비 배부율을 사용하며 직접노동시간을 기준으로 하여 제조간접비를 배부한다. 제조간접비 예정배부율을 구하시오.

2. 회사는 부문별 제조간접비 예정배부율을 사용하여 X부문에서는 직접노동시간을, Y부문에서는 기계시간을 기준으로 하여 제조간접비를 배부한다. 보조부문의 원가를 직접배분법에 의하여 제조부문에 배부할 경우 제조간접비 예정배부율을 구하시오.

≪풀이≫ 1. 공장전체 제조간접비 배부율을 사용할 경우
공장전체 제조간접비 예정배부율은

$$\frac{\text{공장전체 제조간접비 예산}}{\text{공장전체 조업도}} = \frac{₩1,000,000}{2,500\text{시간}} = \text{직접노동시간당 } ₩400$$

2. 부문별 제조간접비 배부율을 사용할 경우
(1) 보조부문 예산원가의 배분

	보조부문		제조부문	
	A	B	X	Y
배분전원가	₩200,000	₩100,000	₩300,000	₩400,000
A	(200,000)	-	100,000	100,000
B	-	(100,000)	37,500	62,500
배분후원가	₩ 0	₩ 0	₩437,500	₩562,500

(2) 부문별 제조간접비 예정배부율

$$\text{X부문: } \frac{\text{X부문 제조간접비 예산}}{\text{X부문 예정조업도}} = \frac{₩437{,}500}{1{,}000\text{시간}} = \text{직접노동시간당 } ₩437.5$$

$$\text{Y부문: } \frac{\text{Y부문 제조간접비 예산}}{\text{Y부문 예정조업도}} = \frac{₩562{,}500}{500\text{시간}} = \text{기계시간당 } ₩1{,}125$$

3 정상개별원가계산

(1) 의 의

정상원가계산은 앞에서도 언급했듯이 개별원가계산을 사용하는 기업에서 일반적으로 많이 사용된다. 개별작업별로 원가계산이 이루어지는 개별원가계산에서는 직접재료비와 직접노무비는 작업이 이루어질 때마다 작업원가표에 기록하고, 제조간접비는 선정된 조업도에 따라 각 작업에 배부한다.

제2장에서 보았듯이 기업이 개별원가계산을 실제원가하에서 적용하고 있다면 원가계산기간 말에 제조간접비를 집계하고 배부해야 하지만, 정상원가하에서는 회계연도 초에 결정된 제조간접비 예정배부율을 통하여 개별작업에 배부하면 되기 때문에 작업이 종료됨과 동시에 제품원가계산이 가능하다는 이점이 있다.

(2) 정상개별원가계산의 과정

정상원가계산하에서 개별원가계산은 아래와 같다.

첫째, 직접재료비와 직접노무비는 발생 시점에 즉시 각 작업에 배부한다. 둘째, 총제조간접비는 개별작업이 완료된 시점에 예정배부율을 이용하여 각 작업에 배부한다. 셋째, 기말에 제조간접비 실제발생액과 제조간접비 배부액과의 차이를 조정한다.

(3) 제조간접비 과대 또는 과소배부액의 처리

1) 과대 또는 과소배부의 발생

제조간접비 예정배부율이 당해 기간 시작 전에 설정되고, 또 전적으로 추정된 자료에 기초하기 때문에 재공품 계정에 배부된 제조간접비와 당해 기간 동안 발생한 실제 제조간접비는 거의 일치하지 않는다. 이렇게 재공품에 배부된 제조간접비와 당해 기간 동안 발생한 실제 제조간접비와의 차이를 "과대배부" 또는 "과소배부"된 제조간접비라 한다.

재공품에 배부되는 제조간접비는 제조간접비 예정배부율에 의해 결정되기 때문에 배부된 제조간접비와 실제 발생한 제조간접비와의 차이는 배부율을 계산하기 위해 사용되었던 추정치에 그 원인이 있었음을 알 수 있다. 예를 들어 설명하기 위해 제조간접비 예정배부율을 계산하는 공식을 다시 한 번 제시하면,

$$\text{제조간접비 예정배부율} = \frac{\text{추정 총제조간접비}}{\text{추정조업도(기계시간 등)}}$$

만약 이 공식에 사용된 추정 제조간접비나 추정조업도가 당해 기간의 실제 비용이나 실제 조업도와 다르다면 제조간접비 예정배부율은 부정확한 것으로 판명될 것이다. 그 결과는 당해 기간의 제조간접비 과소 또는 과대배부로 나타날 것이다. 예를 들어, 두 회사가 20×3년도에 대한 다음과 같은 추정자료를 마련했다고 가정하자.

제조간접비 예정배부율 산정기준	A회사	B회사
	기계시간	직접노무비
20×3년 추정 제조간접비	₩100,000(a)	₩120,000(a)
20×3년 추정 기계시간	50,000(b)	–
20×3년 추정 직접노무비	–	₩80,000(b)
제조간접비 예정배부율, (a)÷(b)	기계시간당 ₩2	직접노무비의 150%

20×3년 동안 각 회사의 실제 제조간접비와 실제조업도가 다음과 같다고 또한 가정하자.

	A회사	B회사
실제 제조간접비	₩99,000	₩128,000
실제 기계시간	48,000	–
실제 직접노무비	–	88,000

각 회사의 경우, 실제 비용과 조업도가 제조간접비 예정배부율을 계산하는데 사용된 추정치들과 다른 것을 알 수 있다. 이 때문에 초래된 제조간접비의 과소 또는 과대배부액을 계산하면 아래와 같다.

	A회사	B회사
실제 제조간접비	₩99,000	₩128,000
20×3년 동안 재공품에 배부된 제조간접비:		
48,000 실제 기계시간×₩2	96,000	
₩88,000 실제 직접노무비×150%		132,000
과소(과대)배부된 제조간접비	₩3,000	(₩4,000)

A회사의 경우, 재공품에 배부된 제조간접비(₩96,000)가 그해 동안의 실제 제조간접비(₩99,000)보다 적은 것을 알 수 있다. 따라서 제조간접비가 과소배부되었다. 또한 원래 추정되었던 A회사의 제조간접비(₩100,000)는 이 계산에 직접적으로 관련되기보다는 ₩2이라는 제조간접비 예정배부율을 통해 영향을 미치고 있음을 알 수 있다.

B회사의 경우는 재공품에 배부된 제조간접비(₩132,000)가 같은 기간의 실제 제조간접비(₩128,000)보다 크므로 제조간접비 과대배부의 상황이 된다.

2) 과소 또는 과대배부된 제조간접비의 처리

기말에 제조간접비 계정에 남게 되는 과소 또는 과대배부된 잔액은 어떻게 처리되어야 할 것인가? 일반적으로 다음의 두 가지 방법 중 하나로 처리한다.

① 매출원가에 차감한다.

② 재공품, 완제품, 매출원가 계정들에 이 계정들의 기말잔액에 비례하여 배분한다(어떤 기업에서는 재공품, 완제품, 매출원가 계정들에 배분하되, 각 계정의 기말잔액에 포함되어 있는 제조간접비 배부액을 기준으로 배분하기도 한다. 이 방법은 특히 각 작업에 부과된 제조간접비 금액이 서로 크게 다를 때, 훨씬 정확한 원가배분 방법이 된다).

i) 매출원가에 가감하는 방법: 대부분의 기업들이 과소 또는 과대배부된 제조간접비를 매출원가에 가감시켜 처리하는데 이는 이 방법이 배분하는 방법보다 간단하기 때문이다.

ii) 계정들에 배분하는 방법: 과소 또는 과대배부된 제조간접비를 재공품, 완제품, 매출원가에 배분하는 방법은 과소 또는 과대배부된 제조간접비 전체를 매출원가에 대체 마감하는 방법보다 더 정확하다. 그 이유는 이 방법은 제조간접비 예정배부율 계산시 추정의 오류가 없었다고 가정할 때 각 계정에 기록되었을 제조간접비 금액으로 수정해 주기 때문이다. 배분방법이 매출원가 계정에서 처리하는 방법보다 이론상 더 정확하다 할지라도 배분절차에 따른 시간소비와 실시상의 어려움으로 인하여 실무에서는 이 방법을 별로 사용하지 않고 있다. 많은 기업들이 배분을 통한 제품원가 계산상의 정확성이 배분에 따르는 추가노력에 비해 별 가치가 없으며, 특히 금액이 작은 경우에는 더욱 그렇다고 느끼기 때문이다.

아래의 예제를 통하여 과대 또는 과소배부된 제조간접비 처리에 대하여 자세히 알아보자.

【예제 2】

(주)고려는 직접노동시간을 기준으로 제조간접비를 예정배부하고 있다. 회사는 연초에 연간 제조간접비를 ₩1,000,000, 직접노동시간을 2,000시간으로 예상하였다.

20×3년 1월 중 작업번호 #201, #202, #203인 세 가지 작업을 시작하여 작업 #201, #202가 완성되었다. 세 가지 작업에 대한 1월 중의 원가자료는 다음과 같다.

	#201	#202	#203
직접재료비	₩150,000	₩150,000	₩200,000
직접노무비	200,000	100,000	100,000
직접노동시간	100시간	50시간	50시간

20×3년 1월 중 제조간접비 발생액은 ₩120,000이었다. 그리고 1월 중에 #201이 판매되었다.

요구사항 1. 제조간접비를 예정배부하여 각 작업별 제조원가를 구하시오.
2. 제조간접비 배부차이를 구하시오.
3. 제조간접비 배부차이를 아래의 각 방법에 따라 조정하는 회계처리를 하시오.
(a) 매출원가 조정법
(b) 관련계정별 비례배분법

≪풀이≫ 1. (a) 제조간접비 예정배부율 $=\frac{\text{₩}1{,}000{,}000}{2{,}000\text{시간}}=$직접노동시간당 ₩500

(b) 제조간접비의 예정배부 및 작업별 제조원가

	#201	#202	#203
직접재료비	₩150,000	₩150,000	₩200,000
직접노무비	200,000	100,000	100,000
제조간접비	50,000	25,000	25,000
계	₩400,000	₩275,000	₩325,000

2. 과소배부액=₩120,000 − ₩100,000=₩20,000
3. (a) 매출원가 조정법

(차) 매 출 원 가	20,000	(대) 제조간접비	20,000

(b) 총원가 비례배분법

	총원가	배분비율	배분액
재공품(#203)	₩325,000	32.5%	₩6,500
제품(#202)	275,000	27.5%	5,500
매출원가(#201)	400,000	40%	8,000
계	₩1,000,000	100%	₩20,000

(차)		(대)	
재 공 품	6,500	제조간접비	20,000
제 품	5,500		
매 출 원 가	8,000		

제 2 절 표준원가계산

1 의 의

원가를 통제하고자 할 때, 관리자는 두 가지 형태의 의사결정을 한다. 지불가격에 대한 결정과 사용량에 대한 결정이 그것이다. 기업의 목적을 달성하기 위해, 관리자는 제품의 품질을 일정한 수준으로 유지하면서 가장 낮은 가격을 지불하고자 노력한다. 또한, 관리자는 제품의 품질은 손상시키지 않으면서 가능한 한 최소한의 자원을 사용하려고 노력한다. 가격이나 수량에 대한 통제가 제대로 이루어지지 못하면 초과비용이 들게 되고 기업의 수익성을 악화시키는 결과를 초래하게 된다.

그러면, 관리자들은 어떻게 지불가격이나 사용수량을 통제하는가? 발생되는 거래를 하나씩 면밀히 조사할 수도 있겠으나, 이는 관리자의 귀중한 시간을 비능률적으로 사용하는 것밖에 안 된다. 이 통제목적을 위해 사용하는 것이 바로 표준원가이다.

2 표준원가-예외에 의한 관리(management by exception)

표준이란 성과를 측정할 수 있는 기준 또는 모범으로 정의할 수 있다. 표준은 우리의 일상생활에서도 자주 접할 수 있다. 특정 대학에 입학하고자 하는 학생은 학력 측정의 표준이 되는 수학능력시험에서 어느 수준 이상의 점수를 얻어야 한다. 우리가 매일 접하는 음식도 청결함과 영양가의 표준에 따라 제조된다. 표준이란 말은 관리회계에서도 널리 쓰이는데, 여기서 말하는 표준이란 제품을 제조하거나 용역을 제공하는 데 사용된 투입물의 가격과 수량에 관련되어 있다.

가격과 수량에 대한 표준은 관리자에 의해 각 원가요소별(직접재료비, 직접노무비, 제조간접비)로 설정된다. 수량표준은 제품 1단위를 생산하거나 용역 1단위를 제공하는 데 사용되어야 할 노무시간이나 원재료와 같은 원가요소가 얼마나 투입되어야 하는가를 말해준다. 가격표준은 노무시간이나 원재료에 대한 비용이 얼마이어야 하는가를 말해준다. 실제 투입량과 실제 원가가 표준과 비교되고, 이들이 표준을 기초로 관리자가 설정해 놓은 통제한계 내에서 발생하고 있는지를 가늠하게 된다. 실제 수량이나 원가가 표준을 근거로 설정된 통제한계 내에서 발생하면 관리자는 이에 대해 특별한 주의를 기울이지 않으나, 이들이 통제한계를 벗어나는 예외적인 경우에는 이에 대한 특별한 주의를 기울임으로써 관리자로 하여금 시간과 노력을 보다 효율적으로 사용하게 해 준다. 이 과정을 흔히 "예외에 의한 관리"라 한다.

3 표준원가의 설정

표준원가를 설정한다는 것은 과학적인 과정이라기보다는 기술적인 과정이라고 볼 수 있다. 이를 설정하기 위해서는 투입물의 가격과 수량에 대해 책임을 지고 있는 모든 사람들의 결집된 사고와 경험이 요구된다. 제조업체의 경우를 보면, 관리회계 담당자, 구매 담당자, 제품개발 담당자, 생산 감독자, 라인 관리자 등이 여기에 관련된다.

표준원가의 설정은 과거의 자료와 경험을 세밀히 분석하는 데서부터 시작된다. 과거의 여러 조업도 수준에 따라 원가자료를 수집, 정리하는 데 관리회계 담당자가 기여할 수 있는 바가 크다. 그러나 미래에 대한 표준은 단순히 과거자료의 반영이어서는 안 된다. 이 과거 자료는 경제환경의 변화, 수요 공급의 특성 그리고 기술의 진보 등에 따라 적절히 수정, 보완되어야 한다. 또한 과거자료에는 비효율적인 관리 때문에 발생된 원가도 포함되어 있을 수 있으므로 이에 대한 수정도 이루어져야 한다. 과거자료는 단지 미래를 예측하는 데 도움을 준다는 면에서 가치가 있음을 관리자는 잘 인식하여야 한다. 표준이란 미래의 효율적인 영업활동을 반영하는 것이어야지 비효율적인 과거를 반영하여서는 안 된다.

(1) 이상적 표준과 실제적 표준

표준은 항상 달성할 수 있어야 하는가, 어느 때에만 달성가능하여야 하는가, 또는 너무 빠듯하여 사실상 불가능한 수준으로 설정되어야 하는가? 이에 대한 관리자들 간에 여러 의견이 있을 수 있으나 대개 이상적인 표준과 실제적인 표준의 두 가지로 분류된다.

1) 이상적 표준

이상적 표준이란 가장 최선의 상황에서 달성될 수 있는 수준을 말한다. 이 표준은 기계고장이나 작업중단을 허용하지 않으며, 가장 숙련되고 능률적인 종업원이 끊임없이 최고의 노력을 기울여 해낼 수 있는 수준이다.

그러나 이상적 표준을 사용하는 기업은 거의 없다. 많은 관리자들이 이상적 표준은 가장 부지런한 작업자까지 실망시킬 우려가 있다고 느낀다. 더구나, 이상적 표준을 사용할 경우, 표준과 실제와의 차이가 무의미해질 때가 많다. 이때의 차이는 관리자들이 관심을 갖는 비정상적인 비능률뿐만 아니라 정상적인 비능률까지를 포함하기 때문이다.

2) 실제적 표준

실제적 표준은 "빠듯하기는 하나 달성가능한" 표준이라 정의할 수 있다.

이 표준은 기계의 고장이나 종업원의 휴식시간 등을 허용하며, 작업에 투입된 평균적인 작업자가 합리적인 수준의 능률로써 달성할 수 있는 수준을 나타낸다. 이 표준으로부터 생기는 차이는 통상 기대할 수 있는 비능률의 범위를 벗어난, 관리자의 주의가 요망되는 사항임을 신호해 주기 때문에 관리자에게 매우 유용한 정보가 된다.

(2) 직접재료비 표준의 설정

앞에서 언급한 대로, 관리자는 투입물의 가격과 수량에 대해 따로 표준을 세운다. 직접재료의 "단위당 표준가격"은 매입할인을 고려한 최종 배달된 가격을 반영하여야 한다. 예를 들어, 재료 A의 kg당 표준가격은 다음과 같이 결정될 수 있다.

재료 A의 kg당 표준가격

구입가격(최상품, 500kg 구입시)	₩360
운임(공급업체로부터 트럭으로)	44
하역 및 취급	5
(−)매입할인	(9)
kg당 표준가격	₩400

직접재료의 "단위당 표준수량"은 완제품 1단위당 투입되는 재료의 양을 정상공손이나 감손 또는 정상적인 비능률을 고려하여 결정한다. 제품 1단위당 투여되는 재료 A의 표준수량은 아래와 같이 결정될 수 있다.

제품 1단위당 투입되는 재료 A의 표준수량

재료명세서 기준 필요량(kg)	2.7
정상공손 및 감손(kg)	0.2
불량가능성	0.1
제품 1단위당 표준수량(kg)	3.0

가격과 수량에 대한 표준이 일단 결정되면 재료 A에 대한 완제품 단위당 표준원가가 다음과 같이 계산된다.

3.0kg×₩400=₩1,200/단위

이 ₩1,200은 대상제품의 표준원가표에 한 항목으로서 표시된다.

(3) 직접노무비 표준의 설정

직접노무의 가격 및 수량표준은 노무임률과 노무시간으로 표시된다. 직접노무의 "시간당 표준임률"은 직접적인 임금뿐만 아니라 복리후생비와 투입된 노동과 관련된 다른 비용들도 포함하여야 한다. 다음과 같은 계산이 가능할 수 있다.

시간당 기본임금	₩1,000
복리후생비(기본임금의 30%)	300
기타 노동에 관련된 비용	100
직접노무시간당 표준임률	₩1,400

많은 기업들이 표준원가의 설정을 간편하게 하기 위하여 실제로는 종업원마다 연공서열 등의 이유로 임률이 다름에도 불구하고 동일한 부서 내에 있는 종업원에 대해 동일한 하나의 표준임률을 설정한다. 이렇게 함으로써 표준원가의 사용이 간편해지고, 부서 내 종업원들의 활동을 관리자가 관찰하기가 용이하다.

단위당 표준 직접노동시간은 제품 1단위를 생산하는 데 드는 노동시간으로서 가장 설정하기 어려운 표준이다. 이를 설정하는 한 가지 접근방법은 제품에 수행되는 작업을 여러 가지의 기본 동작들(예를 들면, 뻗기, 밀기, 돌리기 등)로 나누는 것이다. 이렇게 나누어진 기본 동작들의 표준시간을 측정하고 이들을 합산하여 제품 1단위당 표준노동시간을 결정한다. 또 다른 방법은 산업공학자로 하여금 시간연구와 동작연구를 기초로 하여 특정작업에 드는 시간을 재도록 하는 것이다. 앞에서도 언급하였지만 표준시간을 설정할 때 종업원의 휴식시간, 기계고장으로 인한 작업정지시간 등을 고려하여야 한다. 표준시간 설정을 위한 다음과 같은 계산이 나올 수 있다.

단위당 기본 노동시간 ………………………………	1.9(시간)
휴식 및 개인시간 ………………………………	0.1
기계고장 및 소제에 필요한 시간 ………………	0.3
불량가능성 ………………………………	0.2
제품단위당 표준노동시간 ………………………	2.5

일단 임률과 시간에 대한 표준이 결정되면 제품단위당 표준노무비는 다음과 같이 계산된다.

2.5시간×₩1,400=₩3,500/단위

이 ₩3,500도 직접재료 표준과 함께 대상제품의 표준원가표에 표시된다.

(4) 변동제조간접비 표준의 설정

직접노무비와 마찬가지로, 변동제조간접비의 가격과 수량의 표준은 간접비율과 시간으로 표시된다. 여기서 간접비율이란 미리 설정된 제조간접비율 중 변동비 부분을 말하며, 시간은 제품단위당 제조간접비를 배부하는 데 기준이 되는(예를 들어, 기계시간 또는 직접노무시간 등) 것을 말한다. 예를 들어, 미리 설정된 제조간접비율 중 변동비 부분이 ₩300이고, 제품단위당 간접비가 직접노무시간을 기준으로 배부된다면, 제품단위당 표준 변동제조간접비는 다음과 같다.

2.5시간×₩300=₩750/단위

(5) 고정제조간접비 표준의 설정

변동제조간접비 표준과 마찬가지로 고정제조간접비 표준 역시 설정가능한데 고정제조간접비는 조업도의 변동과는 관계없이 원가총액이 변동하지 않고 고정적으로 발생하는 제조간접비이다. 따라서 고정제조간접비 예정(표준) 배부율은 연초에 설정한 예산액을 기준조업도로 나누어 구해진다.

예를 들어, 미리 설정된 고정제조간접비 예산액이 ₩1,200,000이고 기준조업도가 6,000시간이라면 고정제조간접비 표준배부율은 ₩200이고 제품 단위당 간접비가 직접노무시간을 기준으로 배부된다면 제품단위당 표준 고정제조간접비는 아래와 같다.

2.5시간×₩200=₩500/단위

이제까지 설정한 표준들을 종합하면, 우리가 가상하고 있는 회사의 제품 1개당 표준원가표는 〈표 13-1〉과 같을 것이다. 단위당 표준원가가 표준수량 또는 시간에 표준가격 또는 임률을 곱하여 계산되는 것에 다시 한 번 유의하자.

〈표 13-1〉 **표준원가표**

투입물	(1) 표준수량 또는 시간	(2) 표준가격 또는 임률	(3) 표준원가 (1)×(2)
직접재료	3.0kg	₩400	₩1,200
직접노무	2.5시간	1,400	3,500
변동제조간접비	2.5시간	300	750
고정제조간접비	2.5시간	200	500
단위당 총표준원가			₩5,950

4 차이분석의 일반모형: 재료비와 노무비

표준을 가격과 수량의 두 종류로 구분하는 한 가지 이유는 구입가격에 대한 통제와 사용수량에 대한 통제가 일반적으로 서로 다른 시점에서 행해지기 때문이다. 원재료의 예를 들면, 구입가격에 대한 통제는 구매시점에서 행해진다. 반면에, 사용수량에 대한 통제는 구매시점으로부터 몇 주 또는 몇 달 후가 될 수 있는 생산시점에서 행해진다. 또한, 구입가격과 사용수량에 대한 통제는 일반적으로 서로 다른 관리자의 책임하에 있기 때문에 구분하여 측정되어야 한다. 앞에서 강조한 바와 같이 자기의 통제하에 있지 않은 비용에 대해서 관리자에게 책임을 지워서는 안 된다. 차이분석을 통하여 성과평가를 하고자 하는 경우에는 차이의 책임소재에 따라 차이가 귀속되어야 하기 때문에 이런 이유에서도 가격과 수량의 차이를 구분할 필요가 있다.

(1) 가격 및 수량차이

관리자는 가격과 수량의 두 원가요소를 구별해 주며 또 차이분석의 기초를 제공해 주는 일반모형을 사용함으로써 원가를 가격면과 수량면으로 분리하여 통제할 수 있다. "차이(variance)"란 표준(가격 및 수량)과 실제(가격 및 수량)와의 괴리를 말한다. 여기서 소개할 모형은 변동비들에 대한 모형으로서, 가격차이와 수량차이를 분리해 주며 이 두 가지의 차이가 어떻게 계산되는가를 보여준다. 변동비들에 대한 일반모형을 그림으로 요약한 것이 〈그림 13-1〉이다. 참고로 고정제조간접비에 대해서는 뒤에서 특별히 언급할 것이다.

그림 13-1 차이분석의 일반모형

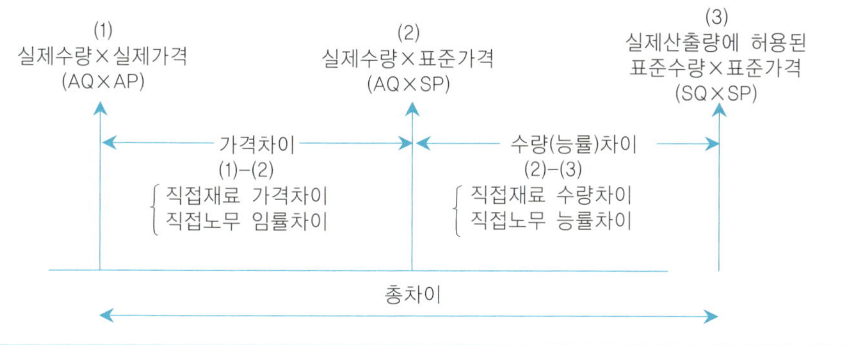

〈그림 13-1〉에서 세 가지를 주목해야 한다. 첫째, 각 원가요소마다 부르는 명칭은 다소 다르지만 직접재료비, 직접노무비, 변동제조간접비의 세 가지 변동비들에 대한 가격차이와 수량차이를 이 모형을 통해 계산할 수 있다. 가격차이가 직접재료의 경우는 직접재료비 가격차이, 직접노무의 경우는 직접노무비 임률차이, 변동제조간접비의 경우는 변동제조간접비 소비차이로 불린다.

둘째, 가격차이도 불리기는 서로 다르게 불리더라도 직접재료, 직접노무,

변동제조간접비에 상관없이 동일한 방법으로 계산된다. 이는 수량차이도 마찬가지이다.

셋째, 차이분석이란 실질적으로 투입-산출 분석이다. 여기서 투입이란 직접재료, 직접노무, 변동제조간접비가 사용된 실제 양을 말하며, 산출이란 실제 산출량을 생산하는 데 허용된 표준수량(또는 표준시간)을 말한다. 허용된 표준수량 또는 허용된 표준시간(standard quantity allowed or standard hours allowed)이란 일정기간 동안 생산된 제품의 양에 사용되어야 할 직접재료, 직접노무, 변동제조간접비의 액수를 의미한다. 이 금액은 작업의 능률여하에 따라서 실제로 사용된 양보다 크거나 작을 수 있다. 이 일반모형을 근거로 가격 및 수량차이에 대해 자세히 알아보자.

(2) 직접재료비 차이

직접재료비 차이를 계산하기 위한 예로 〈표 13-1〉에 포함된 직접재료의 표준원가에 대한 자료를 사용하여 보자. 〈표 13-1〉에서 보면 우리가 가상하고 있는 회사의 제품 1단위당 직접재료의 표준원가는

3kg×₩400=₩1,200

이다. 6월 한 달 동안 이 회사에서는 6,500kg의 재료를 운임 및 제비용, 물량에 대한 할인 등을 다 감안하여 kg당 ₩380에 사들여 왔다고 가정하자. 사들여 온 재료 전부가 2,000개의 제품을 생산하는 데 사용되었다. 6월달의 가격과 수량차이를 계산하면 〈그림 13-2〉와 같다. 실제가격이나 수량이 표준가격이나 수량을 초과하면 이는 불리한 차이(unfavorable variance)이고, 실제가격이나 수량이 표준보다 작으면 이는 유리한 차이(favorable variance)이다.

1) 재료의 가격차이

재료의 가격차이는 사들여 온 재료에 대해 실제로 지불한 금액과 표준에서 설정한 금액과의 차이를 말한다. 〈그림 13-2〉에 나타난 가격차이는 다음의 식으로 표시될 수 있다.

그림 13-2 차이분석-직접재료

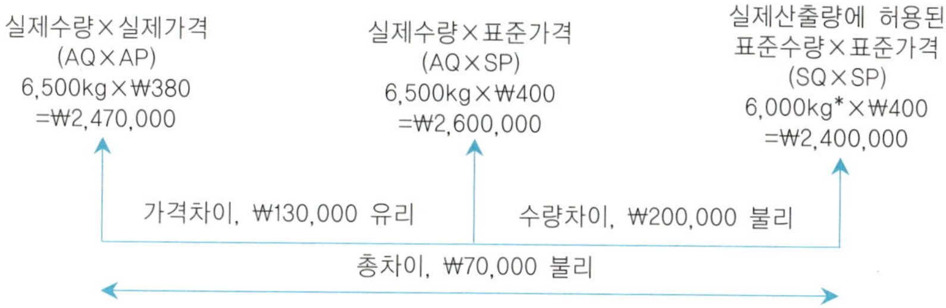

* 2,000개×3kg/개=6,000kg

가격차이=(AQ×AP)−(AQ×SP)
=AQ(AP−SP)

이 식을 이용하여 가격차이를 계산해 보면,

6,500kg×(₩380−₩400)=₩130,000 유리

〈그림 13-2〉의 값이나 공식으로 구한 값이나 물론 같다.

한편, 직접재료비 가격차이는 구입하는 시점에서 계산할 수도 있고, 위에서 살펴본 바와 같이 사용하는 시점에서 계산할 수도 있다. 표준원가의 목적 중 하나가 원가통제이므로 관리목적상 구입하는 시점에서 가격차이를 계산하는 것이 더 좋다고 할 수 있다.

이 경우 사용시점에서 계산하는 가격차이와 구별하기 위하여 직접재료 구입가격차이라는 용어를 사용한다. 한 가지 주의할 것은 직접재료 구입가격차이를 구입수량을 기초로 계산한다고 해서 직접재료비 수량차이의 계산근거와 바뀌는 것은 아니다. 따라서 직접재료 수량차이는 사용수량을 근거로 계산한다.

위 예에서 한 달 동안 회사가 7,000kg의 재료를 kg당 ₩380에 사들여 왔다고 가정하고 직접재료 가격차이를 구입시점에서 분리한다면 직접재료비 구입가격차이는 아래와 같다.

구입가격 차이=(AQ×AP)-(AQ×SP)
=AQ(AP-SP)
=7,000kg×(₩380-₩400)
=₩140,000 유리

2) 재료의 수량차이

재료의 수량차이는 실제 생산에 사용된 재료의 양과 설정된 표준수량과의 차이를 나타낸다. 이 차이는 재료의 물리적인 사용을 다루는 것이기는 하지만, 이의 측정은 〈그림 13-2〉에서와 같이 금액으로 표시된다. 재료의 수량차이를 계산하는 공식은,

수량차이=(AQ×SP)-(SQ×SP)
=SP(AQ-SQ)

이 식을 이용하여 수량차이를 계산해 보면,

₩400×(6,500-6,000kg)=₩200,000 불리

이 값은 물론 〈그림 13-2〉에서의 값과 같다.

(3) 직접노무비 차이

직접노무비 차이를 계산하기 위한 예로 〈표 13-1〉에 포함된 직접노무의 표준원가 자료를 사용해보자. 이 표에 따르면 제품 1단위에 드는 직접노무의 표준원가는

2.5시간×₩1,400=₩3,500

이다. 6월 한 달 동안 투입된 직접 노동시간은 총 4,500시간이었다고 가정하

자. 여기에 들어간 총비용은 ₩6,435,000으로 시간당 평균으로는 ₩1,430이었다. 2,000단위의 제품을 생산한 6월달의 직접노무비 임률차이와 능률차이를 계산하면 〈그림 13-3〉과 같다.

그림 13-3 차이분석-직접노무비

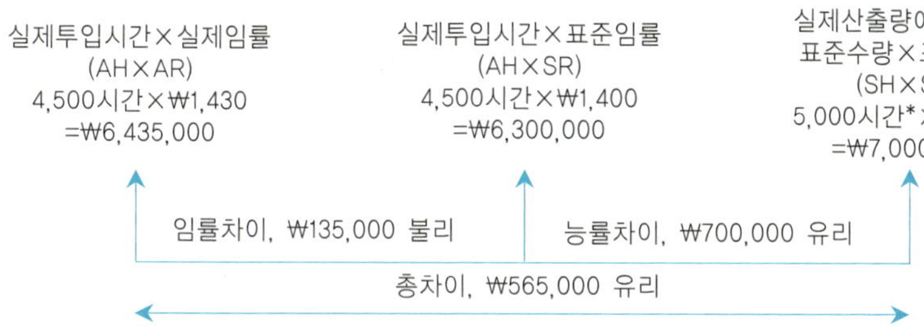

* 2,000단위×2.5시간=5,000시간

1) 노무비 임률차이

앞에서 설명한대로 직접노무의 가격차이는 통상 노무비 임률차이라 부른다. 이 차이는 직접노무자에게 지급되는 시간당 평균임률이 표준에서 벗어난 모든 차이를 측정한다. 〈그림 13-3〉에 나타난 노무비 임률차이는 다음의 식으로 표시될 수 있다.

$$\text{임률차이} = (AH \times AR) - (AH \times SR)$$
$$= AH(AR - SR)$$

이 식을 이용하여 임률차이를 계산해 보면,

4,500시간×(₩1,430−₩1,400)=₩135,000 불리

2) 노무비 능률차이

통상 노무비 능률차이라고 불리는 직접노무의 수량차이는 직접노동시간의 생산성을 측정하는 것이다. 직접노동시간의 생산성을 증대시키는 것이 단위

당 생산비를 줄이는 데 가장 중요한 요소이기 때문에 경영층에서 가장 관심을 갖는 것이 노무비 능률차이이다. 〈그림 13-3〉의 노무비 능률차이는 다음과 같은 식으로 나타낼 수 있다.

능률차이=(AH×SR)-(SH×SR)
=SR(AH-SH)

이 식을 이용하여 능률차이를 계산해 보면,

1,400×(4,500시간-5,000시간)=₩700,000 유리

5 가격 및 수량차이의 그래프 분석

가격차이와 수량차이를 계산하는 방법 때문에 구매부서와 생산부서 간에 문제가 발생할 수 있다. 왜 그런가는 이 두 가지의 차이들을 그래프로 나타내 봄으로써 잘 파악할 수 있다. 이를 위해 제품 한 단위를 제조하는 데 4kg의 재료 X를 사용하는 기업의 예를 들어보자. 지난 기간 동안에 이 회사는 재료 X를 4,000kg 사용하여 950단위의 제품을 생산하였다. 차이계산에 필요한 자료들과 이에 따른 계산, 또 이를 그래프로 나타낸 것이 〈그림 13-4〉에 나타나 있다.

재료 X에 관한 자료:
kg당 표준가격 .... ₩800
kg당 실제가격 .... ₩875
950단위를 생산할 때 필요한 표준수량 3,800kg
(4kg×950단위)
950단위를 생산하면서 사용한 실제수량 4,000kg
재료 X에 관한 차이분석:
재료의 가격차이=AQ(AP-SP)

=4,000kg(₩875−₩800)
=₩300,000 불리
재료의 수량차이=SP(AQ−SQ)
=₩800(4,000kg−3,800kg)
=₩160,000 불리

그림 13-4 가격 및 수량차이의 그래프 분석

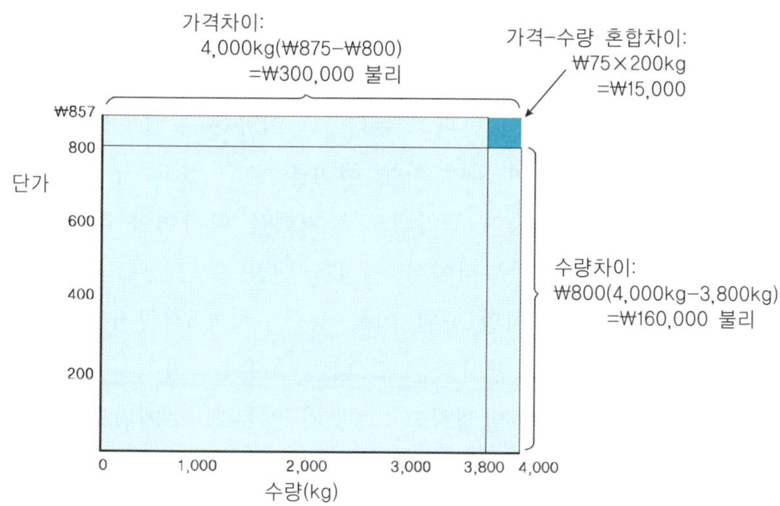

앞에서 얘기한 구매부서와 생산부서 간의 문제란 〈그림 13-4〉의 오른쪽 윗부분에 진하게 표시된 부분이다. 계산상으로나 그림으로나 이 부분은 가격차이에 포함되어 있으나 보다 정확히 얘기하자면 가격-수량 혼합차이(price-quantity mixed variance)이다. 구매담당자는 이 구석에 위치한 ₩15,000의 가격-수량 혼합차이를 자기 책임으로 돌리는 데 대해 불공평하다고 주장할 것이다. 왜냐하면 이 부분의 차이는 단지 생산담당자가 재료를 비효율적으로 사용했기 때문에 발생한 차이인 까닭이다. 만약 생산담당자가 표준에서 허용한 양만큼의 재료 3,800kg을 사용하여 생산했었더라면 200kg의 추가재료는 애초에 사들여 오지 않았을 것이며, 결국 ₩15,000의 차이도 발생하지 않았을 것이기 때문이다. 구매담당자는 이 ₩15,000의 차이를 구매부서가 아니라 생산부서에 부과시켜야 한다고 주장할 것이다.

여기서 한 가지 염두에 두어야 할 것은 위와 같은 분쟁은 가격차이와 수량차이가 동시에 계산될 때에 일어날 수 있다는 점이다. 그러나 보다 현실적인 상황은 가격차이는 재료가 구입되는 시점에서 계산되고 수량차이는 그보다 뒤인 재료가 사용되는 시점에서 계산된다는 것이다. 이렇게 두 차이가 계산되는 시점이 서로 다를 때, 구매담당자가 재료가 얼마나 효율적으로 사용되었나를 거론한다는 것은 바람직한 일이 아니다.

또, 두 차이가 동시에 계산된다 하더라도 가격-수량 혼합차이는 역시 가격차이의 일부분으로 포함되어야 한다고 본다. 그 이유는 구매부서는 생산에 필요하면 어떤 재료라도 사들여 와야 하는 책임을 맡고 있고, 구입되는 재료는 이미 정해진 표준가격에 준하여 구입되도록 최선을 다하여야 하기 때문이다. 앞에서도 언급하였듯이, 생산부서에서 일정을 잘못 수립하여 생긴 긴급구매 등으로 인해 발생된 가격차이일 때만 이를 생산부서에 책임지워야 한다.

혼합차이를 가격차이에 포함시키는 또 다른 이유는, 가격차이가 일반적으로 외부의 요인으로 인하여 발생하고, 그렇기 때문에 구매담당자가 노력을 기울인다 하더라도 그 차이를 감소시키는 데 별 영향을 주지 못한다는 점이다. 반면에 능률차이는 생산관리자가 기울이는 노력여하에 따라 불리한 차이를 억제시킬 수 있는 여지가 있다. 즉, 양자의 통제가능성 면에서 차이가 있다는 사실이다. 따라서 비교적 통제 가능한 능률차이를 순수하게 유지하기 위해 가격-수량 혼합차이는 가격차이의 순수성을 조금 상실하더라도 가격차이의 일부로 포함시키는 것이다.

6 차이분석과 예외에 의한 관리

차이분석과 성과보고서는 예외에 의한 관리(management by exception)라는 개념을 실행하는 수단이 된다. 쉽게 얘기해서, 예외에 의한 관리란 조직 내의 어떤 부분이 계획대로 추진되지 않을 때 관리자의 주의를 그곳으로 환기시켜야(또는 집중시켜야) 한다는 것을 뜻한다. 관리자의 시간이란 한정되어 있는 것이고, 그렇기 때문에 매시간이 효과적으로 사용되어야 하며, 차질이나 문제점이 없이 잘 돌아가는 조직부분을 관리하는 데 시간과 노력이 낭비되어서는 안 된다.

이 장에서 논의된 예산이나 표준들은 경영진의 "계획"을 나타낸다. 모든 것이 순조롭게 진행된다면 원가나 비용들이 정해진 예산이나 표준 안에서 발생될 것이다. 이렇게 순조롭게 진행되는 만큼에 대해서 관리자는 그의 시간과 노력을 다른 곳에 사용할 수 있게 된다. 그러나 실제 원가와 수익이 예산과 어긋나게 진행되는 만큼에 대하여는 "예외"가 발생되었다는 신호가 관리자에게 전달되게 된다. 결국 예외는 애초에 설정된 예산이나 표준으로부터 차이가 발생되었다는 사실을 통해 관리자에게 제공되는 것이다.

이 시점에서 생각해 보아야 할 중요한 질문은 "모든 차이들이 관리자의 주의를 요구하는 예외들로 간주되어야 하는가?"하는 것이다. 그러나 모든 차이를 예외로 간주하였다가는 사소한 차이까지도 신경을 써야 하고, 그러다가는 관리자로서 해야 할 다른 일들은 처리할 수 없게 될 것이기 때문에 이에 대한 대답은 물론 "아니오"이다. 여기서 제기되는 문제는 발생되는 차이들 중 어떤 차이가 예외적인 차이로 여겨져야 하느냐는 점이다. 이에 대한 답을 제공해 주는 몇 가지의 차이 평가기준들을 살펴보고자 한다.

(1) "예외"를 결정하는 기준들

실제로 발생한 비용이나 수익이 예산과 정확히 일치한다는 것은 거의 불가능한 일이다. 예산을 아무리 신중하게 편성한다 하더라도 실제비용이나 수익의 발생에 영향을 미치는 모든 변수들을 고려할 수는 없으므로, 어느 기간을 불문하고 모든 예산 수치들이 실제 수치들과 비교해 볼 때 유리한 형태이건 불리한 형태이건 차이가 발생하기 마련이다. 이 차이들 중 어떤 차이에 주의를 기울여야 할 것인지 관리자들은 어떻게 결정하는가? 이에 대한 답으로 실무에서 일반적으로 사용되는 중요성, 발생의 계속성, 통제 가능성, 항목의 속성 등 네 가지의 차이 평가기준들을 들 수 있다.

1) 중요성(materiality)

관리자의 입장에서는 금액상 중요한 차이에만 관심을 갖는 것이 보통이다. 중요한 차이와 중요하지 않은 차이를 구분하기 위하여 기업에서는 종종 예산으로부터 5% 이상 벗어난 차이는 중요한 것으로 간주한다는 식의 기준을 설정한다. 여기서 예산은 "초과"하는 것이 아니라 예산을 "벗어난다"라고 한 것에 주의하자. "벗어난다"는 표현을 한 것은 관리자는 예산을 초과하는 차이뿐만 아니라 예산에 못 미쳐 발생하는 차이에도 관심을 기울이기 때문이다. 그 이유는 예산보다 낮은 수준의 비용지출도 예산을 초과하여 지출된 비용만큼 수익성에 중요한 영향을 미치기 때문이다. 예를 들어, 광고비에 대한 예산이 10억 원으로 책정된 상황에서 8억 원만 사용되었다면, 이 유리한 소비차이가 기업의 제품에 대한 불충분한 판매촉진의 결과를 가져와 이익에 악영향을 줄 수 있다.

일반적으로 "예산으로부터 5% 이상되는 차이"와 같은 기준은 차이의 중요성을 판단하는 데 충분하지 못하다. 그 이유는 어떤 비용에서의 2% 차이는 다른 비용에서의 10% 차이보다도 이익에 많은 영향을 미칠 수 있기 때문이다. 그러므로 기업들은 비율기준에 최소 절대금액 기준을 보조기준으로서 사용하기도 한다. 즉, 어떤 차이가 비율기준으로 볼 때는 중요한 차이가 아니더라도 기존에 설정한 최소 절대금액 기준을 초과하는 금액이면 중요한 차이로 간주한다. 예를 들면, 차이가 예산에서 5% 이상 벗어났거나, 그 금액이 ₩1,000,000을 넘으면 중요한 것으로 보는 것 등이 있을 수 있다.

2) 발생의 계속성(consistency of occurrence)

어떤 차이가 비율기준과 금액기준을 초과하지는 않는다 할지라도, 이 허용한계에 근접하는 차이가 여러 기간에 걸쳐 꾸준히 발생하는 경우에는 관리자의 주의가 요청된다. 이런 경우에는 예산이나 표준이 이미 오래된 것이 되어 현 상황의 통제에 부적합하기 때문일 수도 있고, 비용통제에 대한 자세가 느슨해졌기 때문일 수도 있다. 이런 현상에 대해 관리자는 표준이나 예산을 조정하는 것이 타당하다고 판단되면 새로운 정보를 반영하여 낡은 표준과 예산을 조정함으로써 전체적인 이익계획을 개선하도록 노력해야 한다.

3) 통제 가능성(ability to control)

어떤 비용항목들은 관리자가 통제할 수 없는 것일 수가 있다. 이런 비용들에 대해서는 금액상 중요한 차이가 발생하더라도 관리자의 대응행위가 취해지지 않는 것이 보통이다. 예를 들어, 전력요율이나 세율은 기업내부에서 통제할 수 있는 것들이 아니기 때문에 요율의 인상으로 인한 차이에 대하여는 관리자의 주의가 크게 기울여지지 않는다. 그러나 이러한 차이들도 정보목적을 위해서 차이분석 보고서에 포함된다.

4) 항목의 속성(nature of the item)

장기적인 이익가능성 측면에서 볼 때, 어떤 원가항목들은 항목의 속성상 다른 원가항목들보다 훨씬 더 중요한 경우가 있다. 일례로 광고비를 들 수 있다. 위에서도 언급했듯이 예산보다 낮은 수준의 광고비를 사용하는 것이 당장은 유리한 차이를 가져다 주지만 미래의 매출에 역효과를 미쳐 약간의 광고비 절약과는 비교가 안 되는 수익의 감소를 초래할 수 있다. 또 다른 예로 수선유지비를 들 수 있는데, 수선유지 활동을 예산보다 적게 수행하면 단기적으로는 유리한 차이를 얻게 되겠지만, 이것은 미래의 기계고장회수와 미래의 수선유지비를 증가시키게 하고, 결국은 생산성과 능률의 하락을 초래할 수 있다. 이처럼 광고비나 수선유지비 같은 항목은 그 속성상 다른 항목들보다 중요하므로 차이의 중요성 여부를 결정하기 위한 기준을 다른 항목에 비해 엄격히 설정하여 철저하게 관리하는 것이 필요하다.

7 표준원가의 장·단점

(1) 장 점

① 앞에서도 언급했듯이 표준원가를 사용함으로써 예외에 의한 관리를 실시할 수 있다. 원가가 표준에서 설정된 범위 내에서 발생하면 관리자의 특별한 주의가 필요하지 않다. 그러나 원가가 표준에서 설정된 범위를 벗어나는

경우에는 "예외"로 간주되어 관리자의 주의를 끌게 되는 것이다. 예외에 의한 관리는 관리자로 하여금 시간을 보다 효율적으로 쓸 수 있게 해준다.

② 표준원가는 현금조달 계획과 원재료를 포함한 재고자산 구입계획을 쉽게 수립할 수 있게 한다. 특정 생산량을 달성하기 위한 재료구입 계획 및 자금예산을 수립하고자 하는 경우, 제품단위당 재료사용량 및 가격에 대한 표준이 설정되어 있으면 필요한 재료의 양과 자금소요액을 구할 수 있다.

③ 표준이 "합리적"인 수준으로 설정된 경우에는, 종업원들로 하여금 비용과 시간에 높은 관심을 갖게 해주고 결국 조직 전체의 경제성과 효율성을 제고시켜 준다. 또, 표준원가 시스템과 성과급 시스템을 결합시켜 운용할 수도 있다.

④ 표준원가제도는 원가통제의 책임을 지고 있는 사람의 성과를 표준과 실제를 비교하여 평가할 수 있게 하는 "책임회계"를 수행하는 데 도움을 준다.

(2) 단 점

① 표준과 실제의 차이들 중, 어떤 것이 중요한 차이이고 어떤 것이 중요치 않은 차이인지를 구별하는 데 어려움이 따를 수 있다(이 문제를 극복하는 방법은 이 장 앞부분에서 다루었다).

② 특정 수준 이상의 차이, 즉 중요한 차이에만 초점을 맞추면 원가의 변화추세 등과 같은 다른 유용한 정보들을 초기 분석단계에서는 발견하지 못할 수도 있다.

③ 관리자의 성과평가가 예외의 원칙에 따라 이루어지면, 하급자는 부정적인 예외는 감추거나 아예 보고하지 않으려 할 것이다. 또한 하급자들은 자신들이 책임지고 있는 원가를 잘 통제하였다거나 절감하였다는 등의 긍정적인 결과에 대해서는 적절한 보상을 받지 못하면서도, 허용된 원가표준을 초과하여 부정적인 차이를 낸 경우에는 엄중한 대가를 치르게 된다는 피해의식을 가질 우려가 있다. 즉, 일을 잘 처리해낸 경우에 대한 긍정적인 보상이 미약한데서 오는 하급자들의 사기저하의 문제점이 있다.

④ 예외에 의한 관리기법은 감독자들에게도 좋지 않은 영향을 미칠 수 있

다. 감독자들은 문제점이 존재하는 곳에만 관심을 기울이게 되기 때문에 모든 작업에 대한 철저한 검토를 제대로 하지 못하고 있다고 느끼게 된다. 또, 감독자들은 자신들이 하급자들에 대해 항상 비판적이고, 하급자들을 계속적으로 감시하고 억압한다는 느낌을 가지게 될 수도 있다. 이런 것들이 감독자들의 사기에 부정적인 영향을 주게 된다.

이러한 잠재적인 문제들은 기업으로 하여금 표준원가 시스템을 실시할 때에는 상당한 주의가 따른다는 것을 잘 말해주고 있다. 관리자들의 입장에서 부정적인 면보다는 긍정적인 면, 또 성과가 좋은 것들을 인정해주고 고무시켜 주는 것은 매우 중요하다고 하겠다.

8 표준원가에 대한 예제

도고회사는 하나의 제품을 생산하고 있다. 제품 단위당 표준원가를 보면,

직접재료: 6kg이 들며 kg당 ₩50	₩300
직접노무: 1.8시간에 시간당 ₩1,000	1,800
변동제조간접비: 1.8시간에 시간당 ₩500	900
고정제조간접비: 1.8시간에 시간당 ₩400	720
단위당 표준원가	₩3,720

6월 중 2,000단위가 생산되었으며, 실제 발생된 비용을 보면,

구입된 재료: 18,000kg @₩60	₩1,080,000
생산에 투입된 재료: 14,000kg	–
직접노무: 4,000시간 @₩975	3,900,000
변동제조간접비 발생액	2,080,000
고정제조간접비 발생액	1,250,000
기준조업도	3,500시간

* 재료 가격차이는 구입 시점에서 계산한다.

(1) 직접재료비 차이

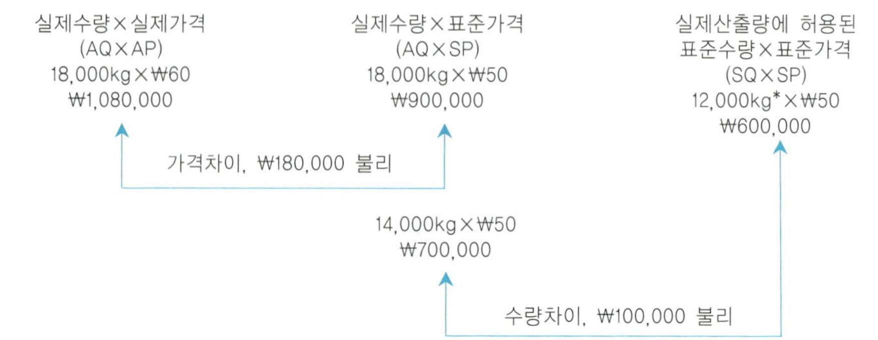

구입된 재료의 양(18,000kg)과 생산에 사용된 재료의 양(14,000kg)이 서로 다르기 때문에 총차이는 계산할 수 없다.

* 2,000단위×6kg=12,000kg

수식을 통한 차이들의 계산은,

재료비 가격차이=AQ(AP－SP)
=18,000kg×(₩60－₩50)
=₩180,000 불리
재료비 수량차이=SP(AQ－SQ)
=₩50×(14,000kg－12,000kg)
=₩100,000 불리

가격차이는 구입된 재료 전체의 양(18,000kg)에 대하여 계산된 반면에, 수량차이는 생산에 실제로 투입된 양(14,000kg)에 대해서만 계산된 것에 유의하자. 이렇듯 가격차이는 구입된 모든 재료에 대하여 계산하고, 수량차이는 구입된 재료 중 그 기간 동안에 생산에 투입된 양만을 대상으로 계산하는 것이 일반적이다. 그러므로 구입은 되었으나 생산에 아직 투입되지 않은 4,000kg의 재료에 대한 수량차이는 실제 생산에 투여되는 미래의 기간에 계산될 것이다.

(2) 직접노무비 차이

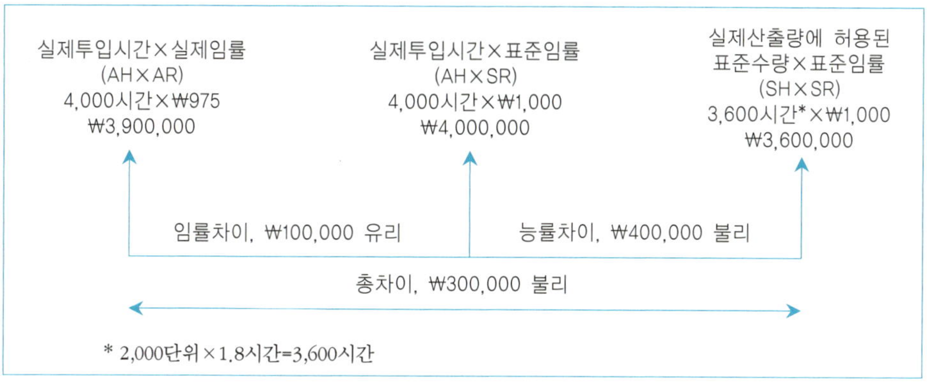

수식을 통해 계산하면,

노무비 임률차이=AH(AR－SR)

=4,000시간×(₩975－₩1,000)

=₩100,000 유리

노무비 능률차이=SR(AH－SH)

=₩1,000×(4,000시간－3,600시간)

=₩400,000 불리

13 연습문제

13-1. (주)고려는 개별원가계산제도를 사용하는 제조업체이다. 제조간접원가는 기계시간에 따라 배분된다. 20×3년 초에 회사의 경영자는 이 해에 ₩190,000의 제조간접원가와 80,000시간의 기계사용이 있을 것으로 추정했다.

요구사항

1. 20×3년의 제조간접원가 예정배부율을 계산하여라.
2. 이 해에 75,000의 기계사용시간과 아래와 같이 제조간접원가와 재공품 계정에 원가가 발생하였다고 가정하라.

	제조간접원가			재공품	
수선유지비	21,000	?	(직접재료비)	710,000	
간접재료비	8,000		(직접노무비)	90,000	
간접노무비	60,000		(제조간접비)	?	
소모품비	32,000				
보험료	18,000				
감가상각비	45,000				

   제공품 계정에 배부되어야 할 제조간접원가를 계산하고 빈 칸을 채우시오.
3. 제조간접원가 과대배부액 또는 과소배부액을 계산하고 제조간접원가 T계정의 잔액을 계산하고, 이 계정을 마감하는 분개를 하시오.

13-2. 20×3년 3개의 회사에 대한 추정원가 자료가 아래와 같이 주어져 있다.

	회사		
	X	Y	Z
직접노동시간	80,000	45,000	60,000
기계시간	30,000	70,000	21,000
직접노무비	₩400,000	₩290,000	₩300,000
제조간접비	536,000	315,000	480,000

제조간접비 예정배부율은 3사가 다음과 같은 기준에 따라 계산하고 있다.
X: 직접노동시간, Y: 기계시간, Z: 직접노무비

요구사항

1. 20×3년의 각 회사에서 사용된 제조간접원가 예정배부율을 계산하시오.
2. X회사에서 20×3년에 3개의 작업을 하고 있다고 가정하라. 각 작업에 대한 직접노동시간은 다음과 같다.

   #418: 12,000시간, #419: 36,000, #420: 30,000시간

   회사는 재공품 계정에 제조간접원가를 얼마나 배부해야 하는가?
   제조간접원가 실제 발생액이 ₩530,000이라면 제조간접원가를 과대배부한 것인가, 과소배부한 것인가?

13-3. (주)고려는 개별원가계산제도를 사용하는 제조회사이다. 회사는 제조간접원가를 예정배부율에 따라 배부하는데 A부문은 기계시간 기준으로 B부문은 직접노무원가 기준으로 예정배부율을 계산하고 있다.
20×3년 초에 경영자는 아래와 같이 추정하였다.

	부문	
	A	B
직접노동시간	12,000	60,000
기계시간	70,000	8,000
직접노무원가	₩130,000	₩420,000
제조간접원가	602,000	735,000

작업 205는 8월 1일에 시작하여 8월 10일에 끝났다. 회사의 원가자료에는 이 작업에 대해 다음과 같이 기록되었다.

	부문	
	A	B
직접노동시간	30	85
기계시간	110	20
직접노무원가	₩470	₩332
제조간접원가	290	680

요구사항

1. 부문 A, B에서 사용된 제조간접원가 예정배부율을 각각 계산하시오.

2. 작업 205에 배부된 제조간접원가를 계산하시오.
3. 작업 205의 총비용은 얼마가 될 것인가? 만약 이 작업이 50개의 제품을 생산한다면 단위당 원가는 얼마인가?
4. 20×3년의 회계연도 동안 수행된 모든 작업에 대한 실제원가가 아래와 같다는 것이 밝혀졌다.

	부문	
	A	B
직접노동시간	10,000	62,000
기계시간	65,000	9,000
직접노무원가	₩108,000	₩436,000
제조간접원가	570,000	750,000

20×3년 말에 각 부문에 과대배부 또는 과소배부된 간접원가는 얼마인가?

13-4. (주)고려는 20×3년 말에 ₩100,000의 제조간접비 과대배부액이 발생하였다. 20×3년 말 각 계정의 구성내용은 다음과 같다.

	재공품	제품	매출원가
직접재료비	₩50,000	₩50,000	₩300,000
직접노무비	20,000	70,000	210,000
제조간접비 배부액	30,000	60,000	210,000
계	₩100,000	₩180,000	₩720,000

요구사항

다음의 각 방법에 의하여 초과배부된 제조간접비를 비례배분하고 분개를 하시오.

1. 매출원가조정법
2. 총원가 비례배분법
3. 원가요소별 비례배분법

13-5. Zoom이라는 상업용 크리닝 화합물을 생산하고 있다. Zoom 한 단위의 생산에 필요한 직접재료원가와 표준은 다음과 같다.

	표준수량(시간)	표준가격(임률)	표준원가
직접재료원가	4.6kg	₩2.50/kg	₩11.50
직접노무원가	0.2시간	₩12/시간	₩2.40

이번 달에 다음의 활동이 기록되었다.

① 20,000kg의 재료를 kg당 ₩2.35로 구입하였다.

② 구입된 모든 재료는 4,000단위의 Zoom생산에 사용되었다.

③ 총 750시간의 직접노무시간에 총 ₩10,425의 총노무원가가 기록되었다.

요구사항

1. 이번 달의 직접재료원가의 가격차이와 수량차이를 계산하시오.
2. 이번 달의 직접노무원가의 가격차이와 능률차이를 계산하시오.

13-6. (주)연세는 "나와 함께"라는 소형녹음기를 생산한다. 이 회사는 원가통계를 위한 표준을 사용하고 있다. 하나의 "나와 함께"에 설정된 노무표준은 다음과 같다.

표준시간	시간당 표준임률	표준원가
18분	₩12	₩3.60

8월 중에 5,750시간의 직접노동시간이 20,000단위의 "나와 함께"를 생산하는데 투입되었다. 총직접노무원가는 ₩73,600이었다.

요구사항

1. 20,000단위의 "나와 함께"의 생산에 소요된 표준직접노무원가는 얼마인가? 표준원가와 발생원가와의 차이는?
2. 직접노무원가의 가격차이와 능률차이를 계산하시오.

13-7. (주)이화는 자동차 수리점인데 노동시간과 노무원가를 통제하기 위하여 표준을 이용한다. 자동차의 정비를 위한 표준노무원가는 다음과 같다.

작업	표준시간	표준임률	표준원가
자동차정비	2.5	₩9	₩22.50

지난주 자동차정비에 소비된 시간에 대한 기록이 유실되었다. 그러나 현장감독자는 지난주 50번의 정비작업이 행해졌음을 기억해 내고, 회계과장은 정비작업에 관련된 다음 차이분석 자료를 기억해 냈다.

노무비 가격차이	₩87(유리)
총노무비 차이	₩93(불리)

요구사항

1. 지난주 정비작업에 투입된 실제 노동시간을 계산하시오.
2. 지난주 정비작업에 지불된 실제 시간당 임률을 계산하시오.

13-8. (주)고려는 산업적 용도로 사용되는 다양한 화학적 제품을 생산한다. "환상"이라 불리는 물질은 촉매로 이용된다. 이 회사는 다음과 같이 "환상"에 대해 표준원가를 설정하고 있다.

	표준수량	표준가격(임률)	표준원가
직접재료원가	2.5g	@₩20/g	₩50
직접노무원가	1.4시간	@₩12.50/시간	17.50
변동제조원가	1.4시간	@₩3.50/시간	4.90
고정제조원가	1.4시간	@₩2.50/시간	3.50
			₩75.90

20×3년 9월 중에 다음과 같은 활동이 "환상"의 생산과 관련하여 발생했다.

① 12,000g의 재료가 ₩225,000에 구입되었다.

② 월초에 재료의 기초재고는 없었으며, 월말에 2,000g의 재고가 남아있다.

③ "환상"생산을 위하여 35명의 기술자를 고용하였는데, 9월 중에 각각의 기술자는 시간당 ₩12의 임률로 평균 160시간을 작업하였다.

④ 9월 중의 3,750단위의 "환상"이 생산되었다

⑤ 9월의 기준조업도는 6,000시간이고 고정제조간접원가 실제발생액은 ₩13,000이다.

이 회사의 경영자는 "환상"의 생산에 관련된 활동의 능률을 알고 싶어 한다.

요구사항

1. "환상"의 생산에 사용된 재료에 대하여
   (a) 가격차이 및 수량차이를 계산하시오.
   (b) 재료는 장기구매계약을 체결하기 원하는 공급자로부터 구입하였다. 당신은 이 회사가 계약을 체결해야 한다고 추천하는가? 설명하시오.
2. 직접노무원가에 대해
   (a) 임률차이와 능률차이를 계산하시오.
   (b) 과거에는 35명의 기술자를 20명의 숙련기술자와 15명의 조수로 구성하였다. 9월 중에 회사는 원가절감을 위해 15명의 숙련기술자와 20명의 조수로 교체하는 시도를 하였다. 이런 새로운 기술

자 구성을 계속하도록 추천하겠는가? 설명하시오.

13-9. (주)고려는 다수의 제품을 생산한다. 이 생산품 중 하나의 제품과 관련된 표준은 다음과 같다.
20×3년 8월의 실제원가도 표시되어 있다.

	표준원가	실제원가
직접재료:		
표준: m당 ₩150에 3.6m	₩540	
실제: m당 ₩160에 3.5m		₩560
직접노무원가:		
표준: 시간당 ₩900에 1.8시간	₩1,620	
실제: 시간당 ₩870에 1.9시간		₩1,653
변동제조간접원가:		
표준: 시간당 ₩250에 1.8시간	₩450	
실제: 시간당 ₩230에 1.9시간		₩437
고정제조간접원가:		
표준: 시간당 ₩200에 1.8시간	₩360	
실제발생액		₩2,200,000

이번 달의 실제 생산수량은 6,000단위이고, 제조간접원가는 직접노동시간에 기초하여 제품에 배부된다. 또한 기준조업도는 10,000시간이다.

요구사항

8월의 다음 차이를 계산하시오.

1. 직접재료원가의 가격차이와 수량차이
2. 직접노무원가의 임률차이와 능률차이

Chapter 14

분권화와 성과평가

이 장에서는 책임회계에 대해 자세한 고찰을 해 봄으로써 성과보고에 대한 우리의 지식을 넓혀보고자 한다. 앞 장들에서 배운 여러 가지 보고서들이 어떻게 하나의 종합적인 보고시스템으로 합쳐지는지를 보이기 위해 책임회계 개념을 사용하려 한다. 이 과정에서 성과보고 기법을 회사 전체에 대한 것으로 연장하고, 또한 최고경영자의 성과를 평가하는 방법을 제시하고자 한다. 그리고 비교적 최근에 많이 사용되는 경제적 부가가치와 균형성과표를 살펴보고 분권화에 따른 문제를 대리인 이론을 통해 알아보고자 한다.

제 1 절 책임회계

책임회계는, 조직이란 단지 공통의 목표를 위하여 일하는 개인들의 집단이라는 개념에 그 중심이 있다. 개인이 그의 임무수행에 있어 보다 더 많은 협조를 받을수록 조직은 그것이 정해 놓은 목표에 도달할 가능성이 더 높다. 앞 장들에서 보았듯이, 책임회계는 조직에서 비용이나 수익에 대해 통제권한을 가진 각 개인을 대상으로 그의 관리기능에 대한 책임과 권한이 명확히 규정되고 성과가 측정되며, 그 결과가 조직 상부에 보고되는 분리된 책임중심점으로 인식하는 제도이다. 즉, 책임회계에서는 특정 비용(수익)의 발생에 대해 누가 책임을 질 것인가를 명확히 규정하고 그 책임자로 하여금 비용과 수익의 관리를 효율적으로 수행할 수 있게 하기 위하여 자료를 집계한다. 책임회계의 개념이 새로운 것은 아니며, 이 개념을 널리 실행하게 된 것은 최근의 일이지만, 통제 및 효율적인 운영방식에 대한 관리자들의 필요에 부응하여 더욱 부각되고 있다.

1 책임회계제도의 시행

책임회계제도가 어떻게 시행되는지에 대한 이해를 넓히기 위해 푸른들 회사의 관련된 자료를 생각하여 보자. 푸른들 회사는 다양한 제품을 생산하는 경영이 다각화된 벌판 회사의 서부지역에 속한 한 회사이다. 푸른들 회사의 부분적인 조직도가 〈그림 14-1〉에 나타나 있다.

이 조직도에 근거한 다른 자료가 다음 페이지의 표에 제공되어 있다.

그림 14-1 조직도-푸른들 회사

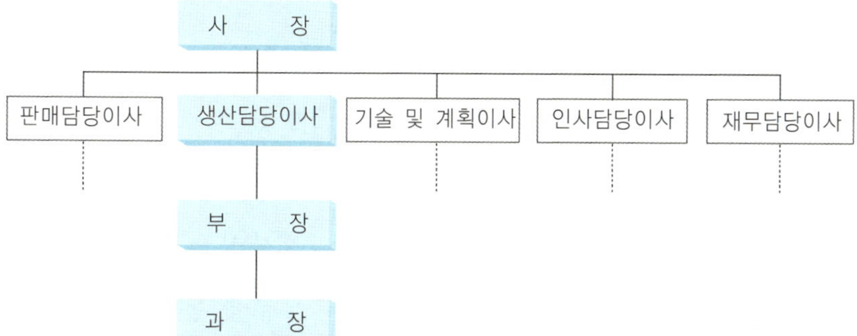

〈표 14-1〉

푸른들 회사

책임회계에 대한 개관

사장이 받는 보고서:

사장이 받아보는 성과보고서는 회사 전체에 대한 자료가 요약된다. 차이에 대한 자료가 제공되기 때문에 사장 자신이나 그의 부하의 시간이 어디에 집중되어야 하는지를 결정하려면 필요에 따라 차이를 회사조직에 따라 추적할 수 있다.

	예산	실적	차이
책임중심점:			
판매담당이사……	×	×	×
생산담당이사……	₩26,000	₩29,000	₩3,000불리
기술 및 계획이사	×	×	×
인사담당이사……	×	×	×
재무담당이사……	×	×	×
	₩54,000	₩61,000	₩7,000불리

생산담당이사:

각 생산부서의 성과가 요약되어 생산담당이사에게 제공된다. 생산담당이사에게 보고된 자료들이 요약되어 윗 단계의 책임자에게 전해진다.

	예산	실적	차이
책임중심점:			
전달부서…………	×	×	×
조립부서…………	×	×	×
완결부서…………	₩11,000	₩12,500	₩1,500불리
포장부서…………	×	×	×
	₩26,000	₩29,000	₩3,000불리

완결부서 담당자:

각 과장들의 성과가 요약되어 부장에게 제공된다. 이는 다시 부서별로 요약되어 생산담당이사에게 전해진다.

	예산	실적	차이
책임중심점:			
표면처리…………	×	×	×
배선작업…………	₩5,000	₩5,800	₩800불리
검사작업…………	×	×	×
	₩11,000	₩12,500	₩1,500불리

배선담당과장:

각 과장들은 담당과의 성과보고서를 받는다. 이 성과보고서들은 다시 요약되어 윗 단계 책임자(부장)에게 전해진다.

	예산	실적	차이
변동비:			
직접재료…………	×	×	×
직접노무…………	×	×	×
제조간접비………	×	×	×
	₩5,000	₩5,800	₩800불리

책임회계를 뒷받침하는 개념은 조직의 모든 부문에 동일하게 적용되겠지만 여기에서는 〈그림 14-1〉의 조직도 그림에서 색칠해진 부분을 강조하여 설명하고자 한다. 이 부분은 기업의 생산활동에서의 책임관계를 나타내고 있다. 책임의 연결이 과장에서부터 시작하여 조직의 윗부분으로 올라가며, 위

로 올라갈수록 전반적인 책임이 그 아래 단계보다 더 커지고 있다. 위로 올라갈수록 책임의 한계가 넓어지는 것을 회계자료를 통해서도 볼 수 있는데, 〈표 14-1〉이 이를 보여주고 있다.

〈표 14-1〉은 책임회계제도에서의 보고체계에 대한 조감을 제공해 주고 있다. 성과보고서가 제일 밑에서 시작하여 위로 올라가며, 각 관리자는 자신의 성과에 대해서뿐만 아니라 책임의 연결상 자기 밑의 관리자들에 대한 성과보고도 받게 되는 것을 알 수 있다. 책임체계의 밑에서부터 시작하여 그 윗 단계들로 올라가면서 보고서들이 각 수준의 관리자들에 의해 어떻게 이용되는지를 살펴보기로 하겠다.

2 정보의 흐름

〈표 14-1〉에 나타난 책임회계제도는 네 단계의 책임수준으로 구성되어 있다. 책임단계의 수는 각 회사마다 조직구조와 필요에 따라 다르다.

(1) 책임의 네 번째 수준

네 번째 또는 제일 낮은 책임수준은 배선작업을 감독하는 과장의 수준이다. 과장에 대한 성과보고서는 앞에서 다룬 성과보고서와 비슷하다. 이 보고서에는 재료·노무·제조간접비들의 예산과 실적, 그리고 차이에 대한 자료가 나타난다. 이 보고서에 포함된 정보는 상세한 차이분석과 함께 부장에게 전달된다.

(2) 책임의 세 번째 수준

세 번째 책임수준은 배선과장뿐만 아니라 이 부서에 속한 다른 과장들까지도 감독하는 완결부서의 부장이다. 〈표 14-1〉에서 볼 수 있듯이 부장은 부서 내의 각 작업부문으로부터 요약된 자료를 받는다. 만약 부장이 이 요약보고서 상에 나타난 차이(배선작업의 ₩800 불리한 차이 같은)의 원인에 대해 알고 싶을 경우 그는 상세하고 개별적인 부문 성과보고서를 참조할 수 있다.

(3) 책임의 두 번째 수준

두 번째 책임수준은 생산부서의 모든 활동에 대해 책임을 지는 생산담당이사이다. 〈표 14-1〉에 나타나 있듯이 완결부서에 대해 성과보고서상 요약된 총액은 다른 부서의 성과보고서에 요약된 총액과 함께 생산담당이사에게 보고된다. 이렇게 요약된 총액뿐만 아니라, 생산담당이사는 각 부서별 세부적인 성과보고서와 부서 내의 각 작업별 세부적인 성과보고서도 함께 받아 보게 된다. 이렇게 여러 보고서들을 이용함으로써 생산담당이사는 원가통제상의 핵심적인 문제에 쉽게 접근할 수 있다. 이것이 바로 앞 장들에서 설명한 예외에 의한 관리를 행하는 것이다. 각 성과보고서에 예산으로부터 차이가 생긴 분야를 부각시킴으로써 생산담당이사는 자신의 시간과 노력뿐만 아니라 부장들과 과장들의 시간과 노력이 어디에 투여되는 것이 가장 바람직한지를 알 수 있는 것이다.

(4) 책임의 첫 번째 수준

회사의 사장은 모든 비용과 수익에 대해 궁극적인 책임을 진다. 따라서 그가 받는 성과보고서에는 회사의 모든 수준의 활동 및 분야에 대해 요약되어야 한다.

사장은 그에게 제공되는 성과보고서의 모든 책임수준들에 대한 세부사항을 요구할 수 있다. 또는 사장은 보다 전반적인 결과에만 관심을 갖고, 보다 상세한 자료에 대한 검토는 생산담당이사나 부장과 같은 낮은 책임수준의 관리자에게 맡길 수도 있다. 따라서 제도 자체가 신축적으로 운영될 수 있고, 관련 관리자의 필요나 관심에 따라 제공되는 자료가 확대되거나 축소될 수 있다.

책임회계제도가 없는 상황에서는, 관리자들은 자기들의 부하들이 책임지고 있는 영역에서뿐만 아니라 자기 자신의 책임영역에 대해서도 무엇이 어떻게 돌아가고 있는지 알기가 힘들다. 오늘과 같이 경쟁이 치열한 경영환경에서는 비용통제가 얼마나 잘 되고 있는지를 잘 모르고서는 수익성 있는 운영을 유지하기가 어렵다.

3 책임회계의 확장

앞에서 언급했듯이 푸른들 회사는 벌판 회사의 서부지역에 속한 한 회사이다. 〈그림 14-2〉는 푸른들 회사가 벌판 회사 조직의 어디에 위치하는지를 잘 보여준다.

그림 14-2 벌판 회사의 조직-책임회계 개념의 확장

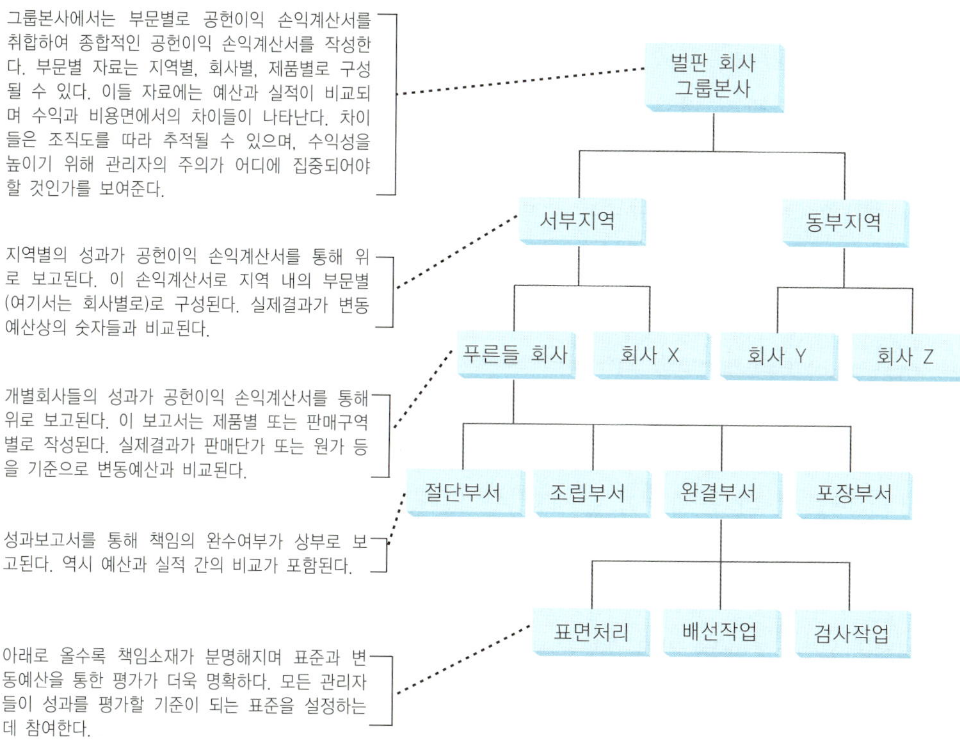

이 그림은 책임회계의 보다 확장된 상황을 나타내고 있다. 이 그림을 보면 개별회사의 성과를 지역담당에게 보고하기 위해, 또 지역별 성과를 본사에 보고하기 위해 공헌이익 손익계산서가 사용되고 있음을 알 수 있다.

본사에서는 회사 전체의 전반적인 성과를 평가하기 위해 모든 자료들이

다양한 부문별로 요약된다(〈그림 14-2〉 참조). 공헌이익 손익계산서에는 수익과 비용의 예산으로부터의 차이들이 나타나 있기 때문에, 각 책임수준의 관리자들은 어디에서 이익목표가 달성되지 못했는지를 확실히 알아볼 수 있다. 각 회사별, 지역별 공헌이익 손익계산서가 작성되고 이들은 다시 그룹수준으로 통합된다.

4 분권화와 부문보고

효율적인 운영을 하기 위해서, 관리자는 하나의 손익계산서에 제공되는 회사 전체의 포괄적 정보보다는 훨씬 많은 양의 이용가능한 정보를 갖고 있어야 한다. 왜냐하면 이러한 보고서는 회사 전체의 전반적인 운영에 대한 요약을 제공하는 것에 불과하므로 관리자로 하여금 조직 내에 존재하고 있을지도 모르는 문제점들을 발견할 수 있는 자세하고도 충분한 정보를 내포하고 있지 못하기 때문이다. 예를 들어, 어떤 제품라인들은 다른 라인들이 이익을 내지 못하는 가운데서도 이익을 내고 있고, 어떤 판매원들은 다른 판매원들보다 더 효율적이며, 어떤 판매지역은 판매배합이 잘못되어 있거나 판매기회를 간과하고 있으며, 어떤 생산부서는 생산능력이나 자원을 비효율적으로 사용하고 있다는 등의 문제들이 존재할 수 있다. 이러한 문제들을 파악하기 위해 관리자는 하나가 아닌 여러 개의 손익계산서를 필요로 하며, 또한 이들은 회사의 부문들에 초점을 맞춰 작성되도록 설계되어야 한다. 이런 형태의 손익계산서를 작성하는 것을 "부문보고"(segmented reporting)라 한다.

"부문"(segment)은 관리자가 이에 대한 비용이나 수익자료를 따로 구하고자 하는 조직 내의 어떤 부분이나 활동으로 정의될 수 있다. 부문의 예로는 판매지역, 개개 점포나 대규모 소매점, 서비스센터, 제조부서나 공장, 판매부서, 개별제품라인 등이 있다. 부문활동의 결과를 나타내기 위해 관리자는 어떻게 손익계산서를 작성하여야 하는가? 앞으로 설명되는 바와 같이, 이러한 보고서들은 주로 공헌이익접근법을 사용하여 작성된다. 이 형태로 작성된 보고서는 관리자에게 있어 조직의 부분들뿐만 아니라 회사 전체의 운영을 분석하는데 없어서는 안 될 중요한 자료가 된다.

(1) 부문보고서의 여러 수준

부문보고서는 같은 조직 안에서도 상이한 활동수준에 따라 여러 형태로 달리 작성될 수 있다. 〈표 14-2〉는 세 가지 수준의 부문보고서가 널리 사용되는 형태를 보여주고 있다. 이 표를 보면 회사 전체의 자료가 먼저 사업부문별로 나뉘어진 것을 알 수 있다. 그리고 나서 두 번째 사업부서가 제품별로 분할되고, 더 나아가서 제품라인 중의 하나인 일반형이 판매지역별로 세분되어 있다.

여기서 발견할 수 있는 것은, 하나의 부문보고서에서 다른 것으로 옮아감에 따라 회사의 좀 더 작은 부분을 볼 수 있게 된다는 점이다. 이 방식이 부문보고에 널리 사용되는 접근방법이다. 관리자의 필요에 따라 첫 번째 사업부서도 두 번째 사업부서와 같이 더 작은 분야로 세분될 수 있고 이를 통해 회사 운영의 모든 측면과 수준에 대해 자세한 분석을 할 수 있게 된다.

〈표 14-2〉와 같은 일련의 보고서를 통해 관리자는 큰 혜택을 얻을 수 있다. 각 부문의 결과와 이의 동향을 주의깊게 검토해 봄으로써 관리자는 회사 전체에 대한 상당한 통찰력을 얻을 수 있고, 이런 보고서가 없었다면 알 수 없었을 새로운 기회나 취할 행위를 발견할 수도 있는 것이다.

(2) 비용의 부서에 대한 배분

앞에서도 언급한 바와 같이 내부사용을 위한 부문보고서는 주로 공헌이익 방식을 따라 작성된다. 이들 보고서를 작성함에 있어서도 전형적인 공헌이익 형태의 보고서를 작성하는 요령을 취하고 있으나 하나의 예외가 존재한다. 바로 고정비를 취급하는 방식이 그 예외에 해당한다. 〈표 14-2〉에서 부문보고서상의 고정비가 추적가능한 부분과 공통부분의 두 부분으로 나뉘어졌음에 주목하자. 여기에서 보면 단지 추적가능한 고정비만이 여러 부문에 부과된 것을 알 수 있다. 고정비가 어느 부문에 직접적으로 추적가능하지 않으면, 공통비로 취급되어 부문과는 관계없이 분리되어 처리되고 있다. 그러므로 공헌이익접근하에서는 비용이 조직의 어느 부문에 결코 인위적으로 배분되지 않는다.

요약하면, 회사의 여러 부문에 비용을 배분하는 데 있어 공헌이익접근법은 다음의 두 가지 지침을 따른다.

① 원가행태에 따른 배분(변동비 또는 고정비)

② 관련부문에 대한 직접적인 추적가능성 여부에 따른 배분

이제 〈표 14-2〉의 여러 부분을 좀 더 깊이있게 다루어 보자.

(3) 매출과 공헌이익

부문보고서를 작성하기 위해서는 매출에 대한 기록을 조직 전체에 대해서뿐만 아니라 개별부문에 대해서도 가지고 있어야 한다. 〈표 14-2〉에 나타난 바와 같이 매출액에서 관련 변동비용을 빼고 나면 각 부문별 공헌이익이 계산된다.

앞 장들에서 강조했듯이 공헌이익은 관리자에게 매우 유용한 자료인데, 특히 매출의 증감이 순이익에 미치는 영향을 판단하는 데 유용하다. 매출규모가 증가하거나 감소함에 따라 이것이 순이익에 미치는 영향은, 판매량의 변화에 단위당 공헌이익을 곱하거나 또는 판매액의 변화에 공헌이익률을 곱해줌으로써 쉽게 계산될 수 있다. 부문별 보고서는 위와 같은 계산을 제품별, 부서별, 또는 지역별로 할 수 있는 능력을 관리자에게 가져다 줌으로써 취약한 부문은 폐쇄하고 강한 부문은 더욱 발전시키는 데 필요한 정보를 제공한다.

여기서 잊지 말아야 할 중요한 점은 공헌이익은 기본적으로 단기계획을 위한 전술적 수단이라는 것이다. 그러므로 이것은 생산능력의 일시적인 이용, 특별주문의 수락여부, 단기적인 생산라인의 증가 등과 관련된 의사결정에 특히 유용하다. 단기적 의사결정에는 보통 변동비와 수익만이 고려되는데, 이것이 바로 공헌이익을 둘러싸고 있는 요소들이다. 부문공헌이익과 부문공헌이익률을 주의깊게 검토함으로써 관리자는 각 부문의 공헌이익을 극대화할 수 있는 단기의사결정을 내릴 수 있으며 이는 결국 조직전체의 수익성에 대한 결정이 되는 것이다.

〈표 14-2〉 **부문 손익계산서**

사업부서별

	회사 전체	부문	
		사업부서 1	사업부서 2
매출	₩500,000	₩300,000	₩200,000
(−)변동비:			
변동매출원가	180,000	120,000	60,000
기타 변동비	50,000	30,000	20,000
총변동비	230,000	150,000	80,000
공헌이익	270,000	150,000	120,000
(−)추적가능고정비	170,000	90,000	80,000*
부서별 이익	100,000	₩60,000	₩40,000
(−)공통고정비	25,000		
순이익	₩75,000		

사업부서 2의 제품라인별

	사업부서 2	부문	
		고 급 형	일 반 형
매출	₩200,000	₩75,000	₩125,000
(−)변동비:			
변동매출원가	60,000	20,000	40,000
기타 변동비	20,000	5,000	15,000
총변동비	80,000	25,000	55,000
공헌이익	120,000	50,000	70,000
(−)추적가능고정비	70,000	30,000	40,000
제품라인별 이익	50,000	₩20,000	30,000
(−)공통고정비	10,000		
부서별 이익	₩40,000		

사업부서 2 일반형의 판매지역별

	일 반 형	부문	
		내 수	수 출
매출	₩125,000	₩100,000	₩25,000
(−)변동비:			
변동매출원가	40,000	32,000	8,000

기타 변동비 ………………	15,000	5,000	10,000
총변동비 …………………	55,000	37,000	18,000
공헌이익 ………………………	70,000	63,000	7,000
(−)추적가능고정비 ……………	25,000	15,000	10,000
판매지역별 이익 ………………	45,000	₩48,000	₩(3,000)
(−)공통고정비 …………………	15,000		
제품라인별 이익 ………………	₩30,000		

* 이 추적가능고정비가 사업부서 2의 제품라인별로 나뉘면서 ₩70,000의 추적가능고정비와 ₩10,000의 공통고정비로 나누어지는 것을 유의하자. 이에 대한 이유에 대해서는 뒤에서 설명될 것이다.

(4) 고정비의 중요성

공헌이익의 유용성을 강조하는 것이 마치 고정비는 중요하지 않다는 것으로 여겨져서는 안 된다. 고정비는 어느 조직에서나 매우 중요하다. 공헌이익 접근법이 의미하고 있는 바는 상이한 목적에는 상이한 원가가 필요하다는 것이다. 어떤 목적을 위해서는 변동비와 수익만 가지고도 관리자의 욕구에 부응할 수 있고, 또 다른 목적을 위해서는 고정비까지도 포함시켜야 할 때가 있다.

비용을 고정비와 변동비로 분리하는 것은 관리자들에게 이들 비용이 다르게 통제되어야 하며, 또한 이 차이를 장기뿐만 아니라 단기계획을 세우는데 있어 항상 염두에 두어야 한다는 점을 강조하기 위해서이다. 더구나 공헌이익접근법에서 고정비들을 공헌이익 밑에 한데 묶어 분류하는 것은, 순이익은 고정비를 충당하고 난 다음에야 발생될 수 있다는 점을 강조하기 위함이다. 이것은 또한 고정비가 다 회수된 다음에는 추가로 팔리는 각 단위의 공헌이익만큼씩 순이익이 증가한다는 것을 강조하고 있다. 이러한 모든 개념들이 관리자의 내부적인 계획목적에 유용하다.

(5) 추적가능고정비 및 공통고정비

"추적가능고정비"(traceable fixed costs)는 특정부문에 귀속될 수 있고, 그 부문이 존재함으로써 발생되는 고정비로 정의될 수 있다. "공통고정비"(common fixed costs)는 어떤 특정부문에 귀속시킬 수 없고 그보다는 전반적인 영업활동 때문에 발생되는 고정비로 정의될 수 있다. 공통고정비를 부문들에 배분하기 위해서는 매출액과 같은 아주 임의적인 기준에 따라 배분할 수밖에 없다. 공통비는 또한 간접비로 알려져 있다.

추적가능고정비의 예로는 특정 부서를 위해서 지출한 광고비, 부문관리자의 급료, 특정부문에서 사용할 목적으로 구입한 건물이나 설비의 감가상각비 등을 들 수 있다. 공통고정비의 예들은 회사 이미지 광고(이를 통해 여러 부문이 혜택을 입는다), 최고 경영자의 보수, 여러 부문이 공동으로 사용하는 설비의 감가상각비 등이 있다.

1) 추적가능고정비의 분류

부문별 손익계산서를 작성함에 있어서 어떤 관리자들은 추적가능고정비를 임의적인 것과 기본적인 것으로 분류하기도 한다. 임의적인 고정비는 관리자의 직접적인 통제하에 있지만, 기본적인 고정비는 관리자로서는 이의 발생여부에 거의 영향력을 행사하지 못하는 비용이다. 그러므로 추적가능고정비를 두 종류로 분류하는 것이 회사로 하여금 부문관리자의 성과와 장기투자로서의 부문의 성과를 구별할 수 있게 해준다.

어떤 경우에는 위와 같은 성과에 대한 구분이 매우 중요하다. 예를 들어, 어떤 관리자는 낡은 공장을 갖고 있는 사업부서나 또는 관리자의 통제 밖에 있는 기본적인 고정비를 떠맡고 있는 사업부서에 배치될 수가 있다. 이런 경우에 이 관리자에 대한 성과평가가 단순히 부문전체가 산출해낸 이익을 기준으로 이루어진다면 이는 불공평한 평가가 된다. 그보다는 이런 상황에서는 임의적 고정비가 기본적 고정비와 분리되어 부문의 공헌이익으로부터 따로 차감되어야 한다. 임의적 고정비를 빼고 난 나머지 금액(때로 '부문성과이익'이라고도 불린다)이 부문관리자의 성과를 평가하는 기준으로 사용되어야 한다. 이렇게 하는 것이 부문관리자에 의해 통제될 수 있는 모든 비용들을 빼고난 후의 부문에 의해 산출된 이익을 나타내주기 때문에 유효한 성과측정이 된다. 이후에 기본적 고정비는 '부문성과이익'으로부터 차감되고, 당해 기간의 부문전체이익이 결정된다.

2) 공통고정비

공통고정비는 부문들에 배부되는 것이 아니라 회사 전체의 순이익을 도출하기 위해 단순히 총금액에서 차감된다(〈표 14-2〉와 〈표 14-3〉 참조). 관리회계 담당자의 입장에서 볼 때 공통비를 여러 부문에 배분하는 것은 부문보고서의 유용성을 감소시키는 결과를 가져온다. 왜냐하면 자의적 배분이 성과평가의 기준을 형성하여야 할 부문별 추적가능비용들에 대한 관심을 희석시키기 때문이다.

더구나 공통고정비를 부문들 사이에 배분하려는 시도는 의사결정을 오도할 수 있는 자료를 야기시키거나 부문수익과 부문이익 사이의 중요한 관계를 흐리게 할 수도 있다. 공통고정비의 자의적 배분은 어떤 부문이 이에 속한 추적가능비용들을 훨씬 상회하는 수익을 내면서 회사 전체의 수익성에 상당한 공헌을 하고 있음에도 불구하고 종종 수익성이 없는 부문인 것처럼 나타나게 하는 결과를 초래하기도 한다. 이러한 경우에는 배분된 비용이 잘못된 부문폐쇄 및 이로 인한 회사 전체의 이익감소를 초래할 수도 있다.

3) 추적가능고정비의 파악

추적가능고정비는 해당부문에 부과되는 반면, 공통고정비는 그렇지 않기 때문에 추적가능고정비와 공통고정비를 구분하는 것이 부문보고에 있어 매우 중요하다. 주지하다시피, 실무에서는 어떤 비용이 추적가능한 것으로 구분되어야 할지 공통비용으로 구분되어야 할지를 결정하기 어려울 때가 종종 생겨난다. 이에 대한 하나의 지침으로 널리 사용되는 방법으로 어떤 부문이 없어진다고 가정할 때 이와 함께 없어질 비용들만을 추적가능한 비용으로 취급한다는 것이 있다. 예를 들어, 〈표 14-2〉의 사업부서 1이 영업을 중단한다면 이 부서의 관리자는 더 이상 필요치 않을 것이다. 즉, 관리자가 그 부서와 함께 사라져버리게 되므로 그가 받는 보수는 그 부서의 추적가능고정비로 분류되어야 할 것이다. 한편, 회사의 사장은 사업부서 1이 문을 닫더라도 계속 존재할 것이다. 그러므로 그의 보수는 두 부서에 공통으로 걸리는 고정비이다. 동일한 논리를 다르게 표현하면, 한 부문이 생김에 따라 추가로 발생되는 비용만이 추적가능비용으로 취급되어야 한다는 것이다.

어떤 비용들은 추적가능비용과 공통비용의 중간쯤에 위치하고 있기 때문에 적절한 분류를 위해 신중한 판단이 요구될 때가 있다. 이때 중요한 것은 임의적으로 배분해 버리려는 생각을 억제하는 일이다. 관리적인 측면에서 볼 때 공통비를 임의적으로 배분하는 것은 부문의 장기수익성을 평가하는 기준으로서의 부문이익에 대한 가치를 떨어뜨릴 수 있기 때문이다.

(6) 추적가능비용이 공통비용으로 될 수 있음

하나의 부문보고서에는 추적가능한 고정비였을지라도 이 부문이 더 작은 부문들로 세분되었을 때 공통비가 되는 경우도 있다. 그 이유는 임의적인 배분없이 하나의 비용이 세분화되는 데는 한계가 있기 때문이다. 부문이 더욱 세분화될수록 공통비용의 수는 늘어난다.

이는 아래 표를 통해 알 수 있다. 부문이 사업부서별로 나뉘어졌을 때, 사업부서 2는 ₩80,000의 추적가능고정비를 가지고 있음을 볼 수 있다. 그러나 사업부서 2 내에서 부문을 제품라인별로 좁혀가면, 이 중 ₩70,000만이 추적가능비용으로 구분된다. 다른 ₩10,000은 이들 제품라인의 공통비용이 됨을 알 수 있다.

	회사 전체	부 문	
		사업부서 1	사업부서 2
공헌이익	₩270,000	₩150,000	₩120,000
(−)추적가능고정비	170,000	90,000	80,000

	사업부서 2	부 문	
		고 급 형	일 반 형
공헌이익	₩120,000	₩50,000	₩70,000
(−)추적가능고정비	70,000	30,000	40,000
제품라인별 이익	50,000	₩20,000	₩30,000
(−)공통고정비	10,000		
부서별 이익	₩40,000		

추적가능고정비 ₩10,000이 사업부서가 제품라인별로 나뉘어지면서 왜 공통비로 되는가? 그 ₩10,000이 사업부서 2의 공장건물에 대한 감가상각비라고 생각해 보자. 우리가 이 사업부서 전체를 얘기할 때 이 감가상각비는 추적가능한 비용이지만, 두 개의 제품라인이 같은 건물을 사용한다면 제품라인의 입장에서는 공통적인 비용이 된다. 이 감가상각비의 두 제품라인에 대한 배분은 임의적 기준에 의할 수밖에 없다. 이것을 피하기 위해 사업부서 2가 제품라인들로 분할될 때 건물에 대한 감가상각비를 공통비용으로 취급하는 것이다.

사업부서가 제품라인별로 세분된 후에도 추적가능고정비로 남는 ₩70,000은 임의적이 아닌 방법으로 제품라인에 직접 연관시킬 수 있는 금액들로 구성되어 있다. 예를 들어, 이 ₩70,000은 고급형 모델의 판매촉진에 ₩30,000, 일반형 모델의 판매촉진에 ₩40,000이 지출된 광고비일 수도 있다. 제품라인에 대한 광고비는 임의적인 배분을 할 필요없이 각 제품라인에 할당될 수 있기 때문에, 사업부서를 전체로 놓고 볼 때나 개별 제품라인별로 볼 때나 모두 추적가능비용으로 취급되는 것이다.

(7) 부문이익

〈표 14-2〉로부터 "부문이익"(segment margin)은 부문의 공헌이익으로부터 그 부문의 추적가능고정비를 차감함으로써 얻을 수 있음을 발견할 수 있다. 이 금액은 부문에 관련된 모든 비용을 감당하고 난 후, 조직의 공통비 회수와 더 나아가서 조직의 이익에 도움이 될 수 있는 액수를 나타낸다. 부문이익은, 이를 계산함에 있어 단지 부문에 귀속될 수 있는 비용들만이 사용되었기 때문에, 부문의 장기수익력을 가늠할 수 있는 가장 좋은 척도로 간주된다. 만일 장기적으로 어떤 부문이 그 자체의 비용을 감당하지 못한다면, 그 부문은 (다른 부문의 매출에 필수적인 부문이 아닌 한) 존속되지 말아야 한다. 〈표 14-2〉에서 보면, 하나의 판매지역(수출)이 부문손실을 내고 있는 것을 알 수 있다. 이는 그 부문이 자체의 비용을 감당하지 못하고 있으며, 이로 인해 회사 전체의 이익에도 기여하지 못하고 있음을 뜻한다. 사실상 이 부문은 자

체의 손실을 다른 부문의 이익으로 충당하고 있으며, 조직 전체의 이익을 삭감시키고 있는 것이다.

의사결정의 관점에서 보더라도, 생산시설의 변경, 장기가격정책, 부문투자수익률 등과 같은 장기적 고려나 성과면에 관련된 의사결정에 부문이익이 가장 유용하다. 이와는 대조적으로, 공헌이익은 특별주문에 대한 가격결정, 단기적 판매촉진을 통한 기존 생산시설의 이용 등과 같이 단기에 관련된 의사결정에 가장 유용하다.

이 점을 강조하기 위해 〈표 14-3〉의 자료를 참조하자. 이 표에서 제품별로 나누어진 손익계산서를 볼 수 있다. 여기에서 보면 세 개의 제품 모두가 각각에 관련된 비용들을 다 회수하고 부문이익을 내고 있음을 알 수 있다.

〈표 14-3〉 **제품별로 나누어진 손익계산서**

	회사 전체		제 품 들					
			A		B		C	
매출	₩100,000	100%	₩30,000	100%	₩50,000	100%	₩20,000	100%
(-)변동비	46,000	46	9,000	30	25,000	50	12,000	60
공헌이익	54,000	54	21,000	70	25,000	50	8,000	40
(-)추적가능고정비	30,000	30	15,000	50	10,000	20	5,000	25
제품별 부문이익	24,000	24	₩6,000	20%	₩15,000	30%	₩3,000	15%
(-)공통고정비	15,000	15						
순이익	₩9,000	9%						

어느 제품이 회사의 입장에서 최선의 제품인가? 그 답은 보는 관점에 따라 다를 수 있다. 장기적 성과면에서는 B제품이 가장 좋은 제품이다. 이 제품은 매 기간마다 ₩15,000의 부문이익을 내고 있는데, 그 자체만으로도 회사 전체의 공통고정비를 충당할 수 있다. B제품의 부문이익률 또한 가장 높은데 (30%), 이는 전반적인 비용이 매출액에 비해 낮다는 것을 나타낸다. 따라서, 부문이익 자료가 보여주듯이 장기적 성과측면에서 B제품이 회사의 가장 좋은 제품이다.

그러나 단기적 효과나 단기적 생산시설 이용면에서는 B제품보다 A제품을 관리자는 선호할 것이다. 그 이유는 A제품의 공헌이익률이 더 높기 때문이다. B제품의 공헌이익률은 50%인데 반하여 A제품의 공헌이익률은 70%이다. 따라서 A제품은 주어진 매출액 증대에 대해 더 큰 공헌이익을 가져다 줄 것이다.

물론 이러한 형태의 단기의사결정을 내림에 있어 관리자는 이용가능한 생산능력, 시장의 포화정도, 광고비 단위당 생성해낼 수 있는 매출액 등과 같은 다른 요인들도 함께 고려해야 한다. 그러나 다른 요인들이 동일하다면, 단기 판매촉진결정이나 생산설비이용결정 등에 있어 관리자는 고정비를 회수하는 데 가장 많은 공헌이익을 낼 수 있는 제품들에 관심을 집중시킬 것이다.

요약하면 부문의 장기성과를 평가하는 데 있어 관리자는 부문이익과 부문이익률에 주목할 것이다. 그러나 단기의사결정(2주 동안의 판매촉진활동 같은)에 있어서는 투입된 노력에 비추어 가장 큰 공헌이익을 가져다 주는 부문을 찾을 것이다. 전형적으로 이는 가장 높은 공헌이익률을 갖는 부문이 될 것이다.

(8) 총매출의 다양한 분류

좀 더 자세한 정보를 얻기 위하여, 회사는 총매출을 여러 다른 부문별 조합들로 분류하기도 한다. 예를 들어, 어떤 회사는 총매출을 다음의 세 가지 다른 방법으로 나타낼 수 있다. (1) 부서별에 따른 분할, (2) 제품라인에 따른 분할, (3) 매출이 일어나는 지역에 따른 분할, 각 경우에 있어 부문별 매출의 합은 회사의 총매출이 되며, 부문별 조합의 차이는 관리자가 회사 전체를 단지 여러 다른 각도에서 볼 수 있게끔 해주는 효과가 있다. 이런 식의 부문보고는, 마치 아름다운 경치를 여러 다른 시각에서 볼 때 다른 시각에서는 볼 수 없었던 새로운 면을 볼 수 있게 되는 것과 같은 관점을 갖게 된다. 이런 식으로 총매출이 분류된 후, 많은 회사들은 우리가 〈표 14-2〉에서 본 바와 같이, 또 〈그림 14-3〉에 도표 형태로 설명되는 바와 같이 분류된 부문들을 더욱 세분한다. 컴퓨터의 이용도가 높아짐에 따라 이런 정도의 분류는 오늘날 거의 모든 회사들이 손쉽게 실행하고 있다.

그림 14-3 부문보고의 도표식 설명-울산 자동차 회사

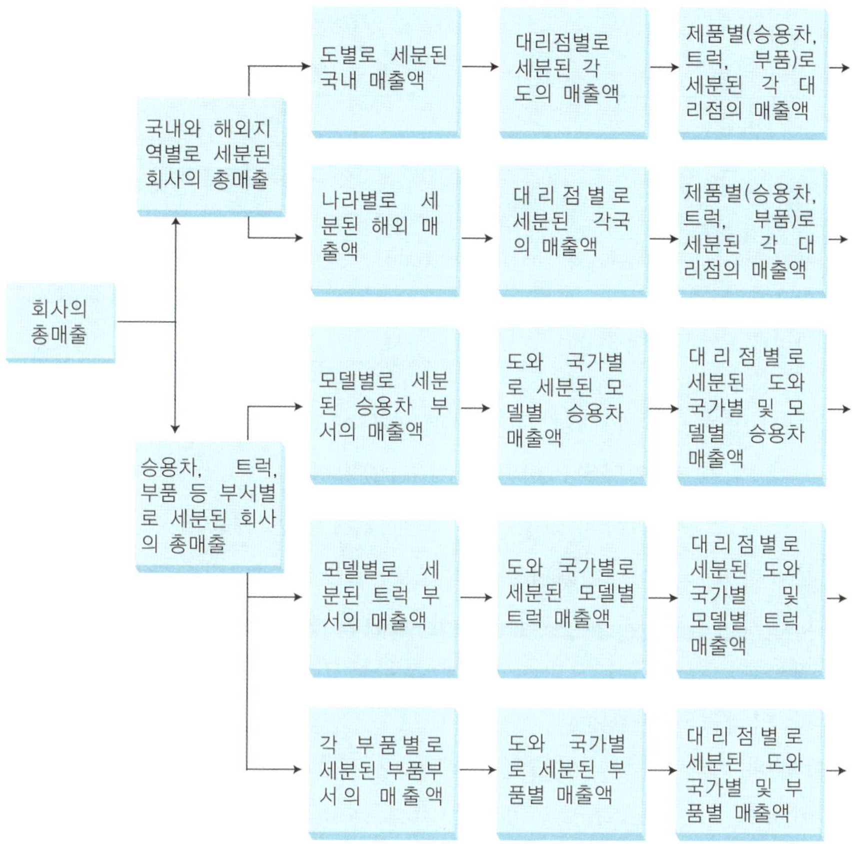

총매출이 하나 이상의 차원들로 어떻게 세분되는지를 설명하기 위해, X와 Y의 두 제품을 중부와 남부 두 지역에 팔고 있는 연변회사의 예를 들어보자. 제품과 판매지역별 원가 및 수익자료들은 다음과 같다.

1. 단위당 판매가격, 변동비 및 공헌이익:

	제 품	
	X	Y
단위당 판매가격	₩10	₩6
단위당 변동비	6	4
단위당 공헌이익	₩4	₩2

2. 2013년의 매출량:

	판매지역		총 매 출
	중 부	남 부	
제품 X의 매출	3,000	7,000	10,000
제품 Y의 매출	6,000	9,000	15,000

3. 2013년에 발생된 고정비:

	제 품		판매지역	
	X	Y	중 부	남 부
고정생산원가	₩8,000	₩6,000	–	–
고정판매비	–	–	₩12,000	₩10,000
고정관리비	2,000	1,500	2,200	2,300

아울러, 이 회사는 2013년 동안 어떤 부문에서도 직접적으로 부과할 수 없는 ₩9,000의 고정 일반관리비를 가지고 있었다.

〈표 14-4〉는 이 회사의 2013년도 총매출을 우선 제품별 그리고 판매지역별로 분류하여 보여주고 있다. 표를 보면 제품별로는 비슷한 수익성을 갖고 있으나 판매지역별로는 그렇지 못함을 발견할 수 있다. 남부지역이 중부지역보다 훨씬 더 수익성이 크다. 이렇게 부문보고서는 관리자의 관심이 집중되어야 할 영역을 나타내준다.

요약하면, 부문보고는 회사로 하여금 스스로를 여러 각도에서 바라볼 수 있는 기회를 제공한다. 비용 및 수익성에 대한 자료가 생성될 수 있는 몇몇의 관점들을 들어보면 다음과 같다.

① 부서별
② 회사별
③ 점포별
④ 서비스 센터별
⑤ 제품 또는 제품라인별
⑥ 판매원별
⑦ 판매지역별
⑧ 전국의 지역별
⑨ 국내 및 국외별

〈표 14-4〉 제품별 및 판매지역별로 세분된 총매출

제품별로 나타낸 총매출

	회사 전체	제품	
		X	Y
매출	₩190,000	₩100,000	₩90,000
(−)변동비:	120,000	60,000	60,000
공헌이익	70,000	40,000	30,000
(−)추적가능고정비:			
생산비	14,000	8,000	6,000
관리비-제품들	3,500	2,000	1,500
총추적가능고정비	17,500	10,000	7,500
제품별 부문이익	52,500	₩30,000	₩22,500
(−)공통고정비:			
판매비-지역들	22,000		
관리비-지역들	4,500		
일반비	9,000		
총공통고정비	35,500		
순이익	₩17,000		

판매지역별로 나타낸 총매출

	회사 전체	판매지역	
		중 부	남 부
매출	₩190,000	₩66,000*	₩124,000*
(−)변동비:	120,000	42,000†	78,000†
공헌이익	70,000	24,000	46,000
(−)추적가능고정비:			
생산비-판매지역들	22,000	12,000	10,000
관리비-판매지역들	4,500	2,200	2,300
총추적가능고정비	26,500	14,200	12,300
지역별 부문이익	43,500	₩9,800	₩33,700
(−)공통고정비:			
생산비	14,000		
관리비-제품들	3,500		
일반관리비	9,000		
총공통고정비	26,500		
순이익	₩17,000		

	회사 전체	판매지역	
		중 부	남 부
*판매지역별 매출:			
제품 X 단위당 ₩10………	₩100,000	₩30,000	₩70,000
제품 Y 단위당 ₩6…………	90,000	36,000	54,000
총매출………………………	₩190,000	₩66,000	₩124,000
†판매지역별 변동비:			
제품 X 단위당 ₩6…………	₩60,000	₩18,000	₩42,000
제품 Y 단위당 ₩4…………	60,000	24,000	36,000
총변동비…………………	₩120,000	₩42,000	₩78,000

주지하는 바와 같이 이들 부문들은 다시 여러 부분들로 분리될 수 있다. 부문을 설정할 수 있는 경우의 수는 회사의 필요성에 따라 상당히 다양할 수 있는 것이다.

5 투자, 이익, 비용중심점들

분권화된 조직에서는 〈그림 14-4〉에 나타난 벌판 회사의 경우와 같이 책임회계제도가 책임중심점들을 기준으로 설계된다. 책임중심점들에는 투자중심점, 이익중심점, 그리고 비용중심점 등이 있는데 각기 조직상의 특정 책임영역을 뜻한다.

(1) 책임중심점

책임중심점이란 조직 내의 비용발생, 수익창출 또는 투자재원의 사용 등에 대한 통제가 이루어지는 곳을 말한다. 이러한 중심점은 개인일 수도 있고, 과, 부, 개별회사, 부문 또는 전체 조직 자체일 수도 있다.

(2) 비용중심점

비용중심점은 비용발생에 대해서만 통제를 행하는 중심점이다. 비용중심점은 수익창출이나 투자재원의 사용에 대해서는 통제를 행할 필요가 없다. 여기서는 비용절감 및 원가의 극소화를 주된 목표로 삼는다.

그림 14-4 벌판 회사의 투자중심점, 이익중심점, 비용중심점

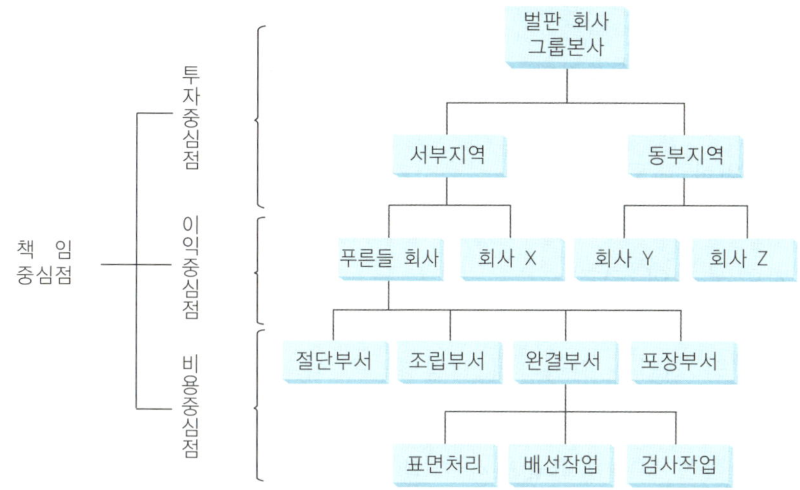

(3) 이익중심점

비용중심점과는 달리 이익중심점은 비용과 수익 모두에 대해 통제를 행한다. 푸른들 회사는 제품의 생산뿐만 아니라 판매에 대해서도 책임을 지기 때문에 벌판 회사 조직상의 이익중심점이다. 비용중심점과 마찬가지로 이익중심점도 투자재원의 사용에 대해서는 통제하지 않는다.

(4) 투자중심점

투자중심점이란 비용 및 수익뿐만 아니라 투자재원의 사용에 대해 통제도 행하는 조직상의 책임중심점이다. 벌판 회사의 본사 최고경영층은 투자중심점의 좋은 예이다. 최고 경영진들은 생산 및 판매에 대한 궁극적인 책임을 질 뿐만 아니라, 생산과 판매를 수행하기에 적절한 시설투자와 영업에 필요한 적절한 운전자본을 유지해야 하는 책임도 지고 있다. 조직의 한 부분이 공장시설 및 기계, 외상매출금, 재고자산, 새로운 시장에의 침투 등에 대한 투자에 통제를 행할 수 있을 경우 이는 투자중심점이라 할 수 있다. 푸른들

회사도 이러한 목적을 위한 투자에 대해 통제권한을 갖는다면 투자중심점이 될 수 있다. 그러나 보다 일반적으로 대부분의 투자 의사결정이 지역본부나 본사에서 결정되기 때문에 푸른들 회사는 조직 내의 이익중심점이다.

현실에서는 이익중심점과 투자중심점의 구분이 모호할 경우가 있는데, 이익중심점이 두 가지 모두를 지칭하기 위해 사용되기도 한다. 우리는 이 둘을 위에서 논의한 대로 구분하여 사용하기로 한다.

6 경영성과의 측정

책임회계의 개념은 관리자의 책임영역을 설정하고 그들의 경영성과가 어떻게 평가될 것인가를 결정하는 데 도움을 주므로 매우 중요하다.

비용중심점은 설정된 표준원가를 얼마나 잘 지켰나를 나타내 주는 성과보고서를 통해 평가된다. 이익중심점은 수익 및 비용목표를 기준으로 한 공헌이익 손익계산서를 통해 평가된다. 투자중심점도 공헌이익 손익계산서로 평가되지만, 일반적으로 투자된 자금으로부터 얻은 투자수익률(rate of return)을 가지고 평가된다. 다음 절에는 투자중심점의 경영성과 측정방법으로서 투자수익률에 대해 논의하고자 한다.

제 2 절 경영성과 측정을 위한 투자수익률

투자중심점, 이익중심점, 비용중심점 등의 개념이 발전된 것은 회사조직체의 급속한 분권화의 결과라고 볼 수 있다. 앞에서 언급했듯이 분권화된 조직 내에서는 관리자들이 자신의 책임영역 내의 업무를 수행함에 있어 많은 자율을 갖고 있다. 이러한 자율권이 너무 커서 어떤 경우에는 이익중심점들이나 투자중심점들이 사실상 별개의 사업체처럼 보이며, 각각의 관리자들이 자신의 독립적인 회사를 운영하는 것과 같은 의사결정 권한을 갖기도 한다. 이러한 자율성을 가지고, 관리자들은 서로간에 자기부문의 실적이 회사 내에서 "최고"가 되도록 치열한 경쟁을 벌이기도 한다.

이러한 경쟁은 특히 생산라인 확장을 위한 자금의 배분문제나 새로운 제품라인을 확보하는 일일 때 더욱 치열하다. 본사의 최고 경영진들은 새로운 투자자금이 생겼을 때 이것을 누구에게 배분하며, 또 이미 각 투자중심점의 관리하에 맡겨진 자금을 어느 투자중심점이 가장 수익성 있게 사용했는지를 어떻게 결정할 수 있겠는가? 이러한 판단을 위해 가장 널리 쓰이는 방법은 투자중심점의 관리자들이 그들이 관리하는 자산에서 창출한 투자수익률을 측정하는 것이다. 이는 투자수익률(return on investment: ROI) 공식으로 산출할 수 있다.

1 투자수익률 공식

투자수익률 공식에 담긴 의미를 이해하기 위해 〈그림 14-5〉의 자금흐름을 참조하자. 그림에서 볼 수 있듯이, 회사가 처음 설립될 때, 현금은 주식발행(CS)과 회사채의 발행 및 기타 장기부채(LTL)를 통해 조달된다. 이 자금의 일부는 여러 가지 고정자산(FA)과 기타자산(OA)들의 취득에, 또 다른 부분은 매일매일의 운영자금에 사용된다.

그림의 자금흐름모형 중 "운영"부분을 보면, 금액이 자금에서 빠져나가면서 재고자산에 투자되고 있다. 이 재고가 팔려나가면서 매출채권이 발생하고 이는 차후에 고객들로부터 회수된다. 회수된 금액은 원래 이것의 출처였던 자금의 창고로 들어가 영업의 한 순환주기가 끝난다. 이렇게 되돌아오는 금액에는 상품을 구입한 고객이 원가 위에 추가로 지불한 금액이 포함되어 있다. 따라서 판매자의 수익성은 매출이익률(margin)이라고 불리는 이러한 추가적 금액에 의해 어느 정도 측정될 수 있다.

그러나 회사의 수익성은 다른 요인에 의해서도 영향을 받는 것을 볼 수 있다. 시스템에 투입된 현금이 영업 순환주기를 거치면서 추가적인 현금유입을 가져오는 것을 알 때, 우리는 일정기간 동안 될 수 있는 한 현금이 시스템을 거쳐 지나가는 횟수를 "회전율"(turnover)이라 한다. 따라서 회사의 수익성 또는 "투자수익률"(return on investment: ROI)은 매출이익률(시스템을 한 주기 돌면서 추가로 얻어지는 현금유입)에 회전율(일정기간 동안 현금이 시스템을 거쳐 지나가는 횟수)을 곱한 것이다. 여기서 투자수익률 공식을 다음과 같이 나타낼 수 있다.

$$투자수익률 = 매출이익률 \times 회전율$$

그림 14-5 자금흐름모형

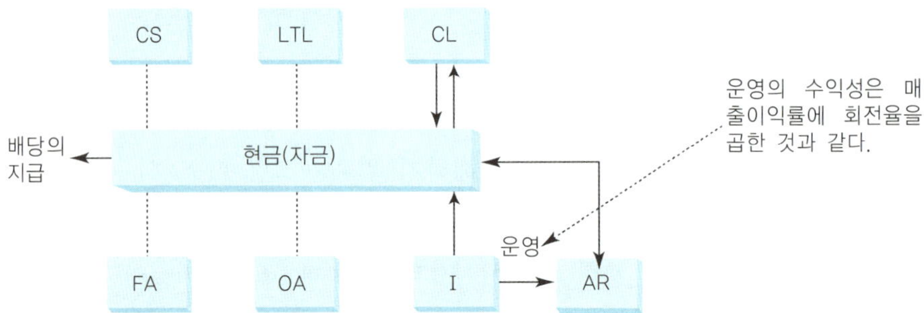

CS: 자본금, LTL: 장기부채, FA: 고정자산, OA: 기타 자산,
CL: 유동부채, I: 재고자산, AR: 외상매출금

2 수익률의 요소들

투자수익률 공식에 대한 이해를 바탕으로, 매출이익률과 회전율을 구성하고 있는 요소들에 대해 검토해 보자.

$$매출이익률 = \frac{순영업이익}{매출액} \qquad 회전율 = \frac{매출액}{평균영업자산}$$

그러므로,

$$\text{투자수익률} = \frac{\text{순영업이익}}{\text{매출액}} \times \frac{\text{매출액}}{\text{평균영업자산}}$$

과거에는 관리자들이 매출이익률에만 관심을 가지고 자산의 회전율은 무시하는 경향이 있었다. 어느 정도까지는 매출이익률이 관리자의 성과평가에 의미있는 척도가 될 수 있다. 그러나 이것만으로는 관리자 책임 중의 중요한 분야인 영업자산에의 투자관리 측면을 간과하게 된다. 영업자산에의 과다한 투자는 과다한 영업비용과 마찬가지로 수익성을 둔화시킨다. 투자수익률 공식의 중요한 장점 중의 하나가 관리자로 하여금 비용, 매출총이익률, 그리고 매출량에 대한 통제뿐만 아니라 그가 책임지고 있는 영역에 대한 영업자산에의 투자에 대한 통제도 하게끔 유도하는 점이다.

미국의 듀폰(Du Pont) 회사는 관리자의 성과평가에서 매출이익률과 회전율의 중요성을 동시에 인식한 최초의 기업이었다. 그 이후 몬산토(Monsanto) 회사 등 다른 대기업들도 투자수익률 공식을 성과평가에 도입하였으며, 이제는 투자수익률이 투자중심점의 관리자 성과평가에 있어 가장 훌륭한 측정방법으로 인식되고 있다. 투자수익률 공식은 관리자들의 책임분야에 대한 여러 측면을 하나의 수치로 함축해 주기 때문에, 경쟁적 위치에 있는 다른 투자중심점 및 동일 산업 내의 다른 기업과 성과를 비교하는 데도 유용하다.

3 순영업이익과 영업자산

투자수익률 공식에서 매출이익률을 계산함에 있어 순이익 대신에 순영업이익이 사용되었다. "순영업이익"(net operating income)은 지급이자와 법인세를 차감하기 전의 이익을 말한다. 투자수익률을 계산할 때 순이익 대신 순영업이익을 사용하는 이유는 분자에 사용되는 숫자가 분모에 사용되는 숫자와 일관성을 가져야 한다는 점 때문이다. 공식의 회전율 부분을 보면 분모에 영업자산이 사용되고 있다. 그러므로 일관성을 위해 매출이익률 부분에서도 순영업이익을 사용한다.

"영업자산"(operating assets)에는 현금, 외상매출금, 재고자산, 고정자산 및 현재 생산활동을 위해 기업이 보유하고 있는 기타 모든 영업용 자산이 포함된다. 그러나 미래에 공장부지로 사용할 목적으로 현재 보유하고 있는 토지 등은 투자수익률의 계산시 분모에 포함시키지 않도록 주의하여야 한다. 투자수익률의 계산에는 기초영업자산과 기말영업자산의 평균치를 사용하는 것이 일반적이다.

4 고정자산: 순장부가액 또는 취득원가

투자수익률을 계산하는 데 있어 중요한 고려사항 중의 하나가 영업자산에 포함되는 고정자산의 금액이다. 예를 통해 문제를 설명하기 위해 재무상태표에 다음과 같이 고정자산을 보고한 회사를 가정해 보자.

고정자산	₩3,000,000
(−)감가상각누계액	900,000
순장부가액	₩2,100,000

투자수익률을 계산할 때 어떤 고정자산 금액이 영업자산에 포함되어야 하는가? 한 방법은 취득원가에서 감가상각누계액을 차감한 고정자산의 순장부가액(net book value)만 포함시키는 것이다(위의 예에서 ₩2,100,000). 두 번째 방법은 감가상각누계액을 무시하고 취득원가(gross cost)를 포함시키는 것이다(위의 예에서 ₩3,000,000). 이 두 가지 방법은 영업 자산금액이나 투자수익률 계산에서 매우 다른 결과를 가져옴에도 불구하고 실무에서 모두 사용된다.

영업자산 계산에서 순장부가액만 포함시키는 것에 대한 찬반 논의는 다음과 같다.

순장부가액을 찬성하는 입장

① 이는 재무상태표에 고정자산 항목이 보고되는 방법과 일치된다(즉, 취득원가에서 이제까지의 감가상각누계액을 차감한 금액).
② 투자수익률 계산시 분자인 순영업이익을 계산하는 방법과 일관성이 있다. 즉, 분자와 분모에 감가상각비가 일관성 있게 모두 차감된다.
③ 특정 투자중심 내에서 기간별 성과비교가 공정하게 이루어진다. 즉, 시간이 경과함에 따라 고정자산의 효율이 떨어지는 경향을 반영해 줌으로써 신기계와 구기계 사이의 비교를 가능하게 해준다.

순장부가액을 반대하는 입장

① 이는 시간이 경과함에 따라 자산이 노후화되면서 누적된 감가상각누계액만큼 순장부가액이 점차 작아지므로 투자수익률이 증가하게 된다.
② 새로운 장비를 구입하면 투자수익률에 큰 악영향을 미치므로, 오래되고 낡은 장비의 교체를 지연시키며 어렵게 한다.

반면에 취득원가를 영업자산 금액으로 인식하는 방법에 대한 장단점은 아래와 같다.

취득원가를 찬성하는 입장

① 자산의 사용연수나 상각방법 등의 요인이 투자수익률에 미치는 영향을 제거할 수 있다.
② 관리자들로 하여금 투자수익률에 대한 영향을 고려하지 않고 오래되고 낡은 설비를 교체할 수 있게 한다.
③ 투자중심점들 상호간의 성과비교가 보다 의미있게 이루어질 수 있다.

취득원가를 반대하는 입장

① 감가상각을 무시한다는 점에서 손익계산서와 재무상태표 등과 일관성이 없다.
② 고정자산의 보유에 필연적으로 수반되는 감가상각을 무시하기 때문에, 동일한 자산에 대하여 효율이 높은 새 것이었을 때의 투자액과 효율이 떨어진 이후 시점의 투자액이 서로 동일시되어 특정 투자중심점 내에서의 기간별 성과평가가 공정하게 이루어지지 못한다.

관리자들은 위의 사항들을 고려함에 있어서 일관성을 가장 중요한 사항으로 간주한다. 이는 대부분의 기업들이 투자수익률을 계산할 때 순장부가액 접근법을 사용하는 데서도 알 수 있다. 이 책에서도 특별한 지시가 없는 한 순장부가액 접근법을 사용하고자 한다.

제 3 절 투자수익률의 증대방안

투자수익률에 의해 평가될 때, 관리자는 세 가지 방법으로 수익성을 향상시킬 수 있다.

1. 매출액의 증가
2. 비용의 감소
3. 영업자산의 감소

이 세 가지 방법 각각으로 어떻게 수익률이 증대될 수 있는지 예를 들어 보기 위해 어느 투자중심점의 다음과 같은 자료를 가정하자.

순영업이익	₩10,000
매출액	100,000
평균영업자산	50,000

이 투자중심점의 투자수익률은 다음과 같다.

$$
\begin{aligned}
\text{ROI} &= \frac{\text{순영업이익}}{\text{매출액}} \times \frac{\text{매출액}}{\text{평균영업자산}} \\
&= \frac{10,000}{100,000} \times \frac{100,000}{50,000} \\
&= 10\% \times 2 \\
&= 20\%
\end{aligned}
$$

앞에서 언급한 바와 같이, 투자수익률을 증가시키기 위해 관리자는 ① 매출액을 증가시키거나, ② 비용을 줄이거나, ③ 영업자산을 감소시켜야 한다.

▶ 방법 1: 매출액의 증가

위의 예에서 관리자가 매출액을 ₩100,000에서 ₩110,000으로 증가시킬 수 있다고 가정하자. 또 더 나아가서 우수한 원가통제나 또는 대부분의 원가가 고정비이기 때문에, 순영업이익이 더욱 급격히 증가하여 ₩10,000에서 ₩12,000으로 증가했다고 가정하자. 영업자산은 일정하다.

$$\begin{aligned} ROI &= \frac{12,000}{110,000} \times \frac{110,000}{50,000} \\ &= 10.91\% \times 2.2 \\ &= 24\% \end{aligned}$$

▶ 방법 2: 비용의 감소

관리자가 비용을 ₩1,000만큼 줄일 수 있어서 순영업이익이 ₩10,000에서 ₩11,000으로 증가했다고 가정하자. 매출액과 영업자산은 일정하다.

$$\begin{aligned} ROI &= \frac{11,000}{100,000} \times \frac{100,000}{50,000} \\ &= 11\% \times 2 \\ &= 22\% \end{aligned}$$

▶ 방법 3: 영업자산의 감소

관리자가 영업자산을 ₩50,000에서 ₩40,000으로 감소시킬 수 있었고, 매출액과 순영업이익은 일정하다고 가정하자.

$$\begin{aligned} ROI &= \frac{10,000}{100,000} \times \frac{100,000}{40,000} \\ &= 10\% \times 2.5 \\ &= 25\% \end{aligned}$$

ROI의 값을 증가시키는 이 세 가지 방법들에 대한 명확한 이해가 투자중심점의 효율적인 경영에 있어 매우 중요하다. 각 방법들을 좀 더 자세히 살펴보기로 하자.

1 매출액의 증가

ROI 공식을 보면, 매출액은 매출이익률의 분모와 회전율의 분자에 모두 나타나기 때문에 이를 증가시키는 것은 투자수익률의 증가와 감소를 동시에 가져오므로 무의미하다고 판단할 가능성도 있다. 물론 매출액을 약분해버릴 수도 있으나 그렇게 하지 않은 데는 두 가지 이유가 있다. 첫째, 매출액을 약분하여 순영업이익과 영업자산만을 이용하여 투자수익률을 계산하면 투자수익률이 매출이익률과 회전율 두 변수의 함수라는 사실이 간과되게 된다. 둘째, ROI 공식에서 매출액을 약분하여 제거시키면 매출액의 변화가 조직의 매출이익률과 회전율에 미치는 영향을 파악할 수 없다. 좀 더 자세히 설명하면, 일반적으로 변동비는 매출액에 비례하여 변동하지만 고정비는 그렇지 않기 때문에 변동비와 고정비를 합한 총원가는 매출액에 비례하여 변하지 않는다. 대개의 경우 매출액이 증가하면 순영업이익은 매출액의 증가율보다 더 큰 비율로 증가하게 되고, 매출이익률도 증가하게 된다. 이런 요인이 방법 1에서 매출이익률이 10%에서 10.91%로 증가하게 된 이유이다.

또한, 매출액과 영업자산이 같은 비율로 변화하지 않는 경우에는 매출액의 변화가 회전율에 영향을 미친다. 위의 방법 1을 예로 들면, 매출액은 ₩100,000에서 ₩110,000으로 증가하였으나 영업자산은 변화가 없었다. 그 결과 회전율은 2에서 2.2로 증가하였다. 요약하면, 매출액의 변화는 매출이익률과 회전율에 모두 영향을 미치므로 투자수익률을 증대시키고자 노력하는 관리자는 매출액의 증대에 노력하여야 한다.

2 비용의 감소

수익성을 증가시키고 투자수익률을 높이는 방법 가운데 가장 널리 사용되고 있는 방법은 비용의 감소, 즉 원가절감을 도모하여 조직의 군더더기를 제거하는 것이다. 수익성이 악화되는 경우 관리자가 가장 먼저 검토하는 것이 비용측면이다. 특히 재량적 고정비의 절감이 우선적으로 검토되며, 비용의 감소를 위해 여러 프로그램이 축소되거나 기각된다. 비용절감에 대한 극심한 압박을 받는 회사는 구성원들에게 원가절감에 대한 주의를 강하게 심어주기 위해 커피 휴식시간도 없애는 경우도 있다.

변동비를 줄이는 가장 일반적인 방법은 보다 싼 값의 원재료를 투입하는 것이다. 다른 방법은 가능한 많은 공정을 자동화시키는 것인데 특히 대량생산의 경우에 유효하다.

3 영업자산의 감소

대부분의 관리자들이 매출액, 영업비용, 영업이익률에는 세심한 주의를 기울이지만, 영업자산의 통제에 대해서는 그 중요성을 인식하지 못한 채 지나치고 있는 경향이 있다. 그러나 관리자의 성과평가에 ROI 접근법을 채택한 회사의 경우에는, 투자중심점 관리자의 첫 번째 반응을 자기부문의 영업자산에 대한 투자를 적정규모로 축소시키는 것이었다. 그 이유는 물론 영업자산에의 과다한 투자는 자산회전율과 투자수익률에 악영향을 미치기 때문이다. 관리자들이 영업자산에 대한 투자를 감소시키는 것은 조직의 다른 부문에 사용할 수 있는 자금이 생성되게 하는 효과도 있다.

투자중심점의 관리자들이 영업자산을 통제하는 방법에는 어떤 것들이 있겠는가? 한 방법은 노후화되었거나 과잉으로 보유하고 있는 재고들을 처분하는 것이다. 컴퓨터를 통해 가능해진 계속기록법과 통계적 기법에 의한 재고통제가 재고의 변화를 계속적으로 추적할 수 있게 해줌으로써 이러한 측면에 커다란 도움을 준다. 다른 방법은 외상매출금의 회수기간을 단축시키는 것이다. 고객들에게 은행의 온라인 계좌 번호를 알려줌으로써 고객들이 직접 대금을 입금시키게 하는 것도 외상매출금 처리 속도를 높이는 방법이 된다. 외상매출금에 대한 투자규모를 감소시킴으로써 자산회전율을 증가시킬 수 있다.

4 배분된 비용 및 자산의 문제

벌판 회사와 같이 분권화된 조직에서는 본사를 운영하는 데 발생된 비용을 각 부문에 배분하는 것이 일반적이다. 이 경우 본사운영 비용이 부문의 투자수익률 계산에 포함되어야 하는지에 대해 매우 미묘한 문제가 발생한다.

한편에서는, 배분된 비용이 본사에서 각 부문으로 제공한 서비스의 가치를 나타낸다고 볼 수 있기 때문에 투자수익률 계산에 포함되어야 한다고 본다. 다른 한편에서는, 본사의 운영비용에 대해 부문관리자는 전혀 통제권이 없으며 또한 제공되는 서비스의 가치를 측정한다는 것이 너무 모호하며 정확히 누구를 위한 서비스였다고 가려내기도 어렵기 때문에, 투자수익률 계산에 포함되지 말아야 한다고 주장한다.

최소한 투자수익률 계산에서 임의적인 배분은 배제되어야 한다. 임의적 배분이 이루어지면 특정 부문에 유리 또는 불리한 편견이 생길 위험이 있기 때문이다. 비용배분은 본사가 없었더라면 부문 스스로 해결했어야 할 서비스를 본사가 존재하기 때문에 제공받았던 직접적인 서비스의 대가에 대해서만으로 한정되어야 한다. 즉, 한 부문에 배분되는 비용은 부문 스스로가 해결했더라면 발생했을 비용을 초과해서는 안 된다.

이 기준은 본사의 자산을 각 부문으로 배분할 때도 마찬가지로 적용된다. 특정 자산이 한 부문에 명확하고 추적가능한 효용을 제공하지 않는 한, 회사 전반적인 영업에 관련된 자산은 부문의 투자수익률을 계산함에 있어 부문 영업자산에 포함되어서는 안 된다. 앞에서와 마찬가지로 어떠한 형태의 임의적 배분(매출액 기준에 의한 배분과 같은)도 배제되어야 한다.

5 ROI에 대한 비판

투자수익률이 성과평가에 널리 이용되고 있긴 하지만, 전혀 문제가 없는 것은 아니다. 이 방법은 다음과 같은 비판을 받고 있다.

① ROI는 장기 수익성보다는 단기성과를 강조하는 경향이 있다. 현 수준의 ROI를 유지하기 위해 관리자는 수익성이 있는 투자기회를 기각하기도 한다. 즉, 투자중심점의 관리자는 회사 전체의 최저 필수수익률보다 높은 수익률을 제공하는 양호한 투자안이라 하더라도, 만일 그 투자안의 수익률이 자기 투자중심점의 평균 투자수익률보다 낮은 경우에는 이를 거부하게 되므로 회사 전체적으로는 준최적화밖에 달성할 수 없게 되는 일도 발생한다. 준최적화(suboptimization)란 개별 중심점의 입장에서는 최적의 의사결정이지만 그 의사결정이 조직 전체의 관점에서는 최적이 아닌 경우를 말한다.

② ROI를 사용하여 성과를 평가하면 자본예산 분석기법에 의한 성과평가와 서로 상충된 결과를 초래할 수 있다.

③ ROI는 기본 고정비의 존재 때문에 부문관리자가 완전히 통제할 수 없는 수치이다. ROI에 대한 통제 불가능성이 관리자 자신의 성과와 투자부서로서의 부문성과와의 구별을 어렵게 한다.

이런 문제점들을 극복하기 위해 어떤 회사들에서는 성과평가를 ROI에만 의존하지 않고 여러 기준을 사용하기도 한다. 여기에 사용되는 다른 기준들에는 다음과 같은 것들이 있다.

시장점유율의 증가	재고자산 회전율
생산성의 증가	신제품 개발
이익금액	새로운 분야로의 진출
외상매출금 회전율	

이렇게 여러 기준을 사용함으로써 ROI만을 사용할 때보다 관리자의 성과에 대한 보다 구체적인 이해를 얻을 수 있다.

④ 하나의 기업이 여러 개의 투자중심점으로 구성되어 있고 각 투자중심점의 사업내용이 각기 다른 경우에는 ROI를 이용한 투자중심점 간의 성과비교가 무의미한 것이 될 수도 있다. 또, 각 투자중심점의 처한 환경이 서로 다를 수 있으므로 성과를 측정할 때에는 각 투자중심점이 안고 있는 위험요소를 고려해야 하는데 ROI법은 이를 무시하고 있다. 만일 이러한 사실을 무시하고 투자수익률을 단순비교하여 성과를 평가하면 일부의 부문관리자들로부터 반발을 받게 될 것이다.

6 잔여이익의 개념

앞의 논의에서, 투자중심점의 목표는 영업자산으로부터의 수익률을 극대화하는 것으로 가정하였다. 투자중심점의 성과평가에 많이 사용되는 또 다른 방법으로서 "잔여이익" 개념에 초점을 맞춘 접근법이 있다. "잔여이익"(residual income)이란 투자중심점이 사용하는 영업자산으로부터 그 중심점이 획득하여야 하는 최저 필수수익률을 초과하는 순영업이익을 말한다. 성과평가를 위해 잔여이익이 사용될 경우, 이때의 목표는 ROI 수치의 최대화가 아니라 잔여이익 금액을 최대화하는 것이다.

비교가능한 두 부문의 다음 자료를 참고하자.

	성과평가방법	
	수익률 (A부문)	잔여이익 (B부문)
평균영업자산 ········	₩100,000(a)	₩100,000
순영업이익 ········	₩20,000(b)	₩20,000
ROI, (b)÷(a)	20%	
최저 필수수익률을 15%로 가정 (15%×₩100,000) ········		15,000
잔여이익 ········		₩5,000

B부문은 ₩5,000의 잔여이익이 발생했다. B부문관리자의 성과는 이 잔여이익이 매년 얼마나 커졌냐 작아졌냐에 따라 평가된다. 잔여이익이 클수록 부문관리자의 성과평가가 높은 등급을 받게 된다.

7 동기부여와 잔여이익

성과평가시 잔여이익법을 사용하는 목적은 투자중심점의 관리자로 하여금 투자수익률의 극대화를 위해서가 아니라 기업 전체의 잔여이익 극대화를 위해서 노력하도록 하는 동기를 부여하기 위해서이다. 앞에서도 언급한 바와 같이 투자수익률을 기준으로 하여 투자중심점 관리자의 성과를 평가하면 그 관리자는 기업전체의 관점에서 볼 때 분명히 유리한 투자안임에도 불구하고 이를 부당하게 기각하는 오류를 범할 수 있다. 그러나 잔여이익을 기준으로 하여 투자중심점 관리자의 성과를 평가하는 경우에는 투자자금에 여유가 있는 한 최저 필수수익률을 초과하는 투자안을 투자중심점의 관리자가 모두 채택하게 되므로 투자중심점과 회사 전체의 잔여이익을 동시에 극대화시킬 수 있다. 예를 들어 설명하기 위해, 위에 나온 각 부문들에 18%의 투자수익률을 가져다 주는 ₩25,000이 소요되는 투자기회가 제시되었다고 가정하자. 부문 A의 관리자는 이미 20%의 수익률을 달성하고 있기 때문에 이 투자기회를 기각할 것이다. 만일 18%의 투자수익률을 가져오는 새 투자안을 받아들일 경우 그의 전체 ROI는 아래와 같이 감소할 것이기 때문이다.

	현 재	새 투자안	합 계
평균영업자산(a)	₩100,000	₩25,000	₩125,000
순영업이익(b)	₩20,000	₩4,500	₩24,500
ROI, (b)÷(a)	20%	18%	19.6%

관리자는 투자된 자산에서 얻을 수 있는 최대의 투자수익률에 의해 성과평가가 행해지기 때문에 현재의 ROI를 감소시키는 어떠한 투자안에 대해서도 투자를 꺼려할 것이다. 그는 그가 기각하는 투자안이 회사 전체적으로는 이익이 될 수 있을지라도, 그가 평가받는 기준에 따라 생각하고 행동하게 될 것이다.

반면, B부문의 관리자는 새로운 투자안을 받아들이려고 할 것이다. 그 이유는 이 관리자는 투자수익률을 최대화시키는 것보다는 잔여이익의 최대화에 관심이 있기 때문이다. 투자안이 최저 필수수익률인 15%보다 큰 수익률을 제공하기만 하면 이는 그의 총잔여이익을 증가시키므로 매력적인 투자안으로 받아들여질 것이다. 18%의 수익률을 가져다 주는 새 투자안은 아래에서 볼 수 있는 바와 같이 잔여이익 증가에 도움이 된다.

	현 재	새 투자안	합 계
평균영업자산	₩100,000	₩25,000	₩125,000
순영업이익	₩20,000	₩4,500	₩24,500
최저 필수수익률 15%	15,000	3,750	18,750
잔여이익	₩5,000	₩750	₩5,750

따라서 새 투자안을 받아들임으로써 B부문의 관리자는 부문전체의 잔여이익을 증가시키며 그 자신의 관리자로서의 성과도 향상시킬 것이다. 투자안을 받아들임으로써 부문 전체의 ROI가 낮아진다는 사실은 성가평가가 ROI가 아닌 잔여이익에 의해 이루어지므로 중요하지 않다. 관리자와 회사 전체의 이익이 15%를 기준으로 그 이상의 수익률을 제공하는 모든 투자기회를 수용함으로써 극대화될 수 있다.

8 부문비교와 잔여이익

잔여이익법을 사용한다고 해서 투자중심점의 수익성 평가에 대한 문제가 모두 해결되는 것은 아니다. 잔여이익법의 사용으로 인해 발생하는 가장 큰 문제점은 각기 다른 규모의 투자중심점들의 성과를 직접적으로 비교할 수 없다는 점이다. 왜냐하면, 잔여이익을 기준으로 성과를 평가하는 경우 규모가 큰 투자중심점이 규모가 작은 투자중심점에 비하여 상대적으로 유리하게 평가되기 때문이다. 즉, 투자수익률이 동일한 경우에도 규모가 큰 투자중심점은 규모가 작은 투자중심점보다 더 큰 잔여이익을 내게 되는데, 이것은 규모가 큰 투자중심점의 관리자가 보다 나은 경영을 했기 때문이 아니라 단지 규모가 컸기 때문이다.

예를 들어 부문 A와 부문 B의 잔여이익을 다음과 같이 계산해 보자.

	부문 A	부문 B
평균영업자산(a)	₩1,000,000	₩250,000
순영업이익	₩120,000	₩40,000
최저 필수수익률: 10%×(a)	100,000	25,000
잔여이익	₩20,000	₩15,000

A부문이 B부문보다 좀 더 큰 잔여이익이 발생하였지만 A부문의 영업자산은 ₩1,000,000으로서 B부문의 ₩250,000보다 훨씬 크다. 즉, A부문의 보다 큰 잔여이익은 보다 나은 경영에 의해서가 아니라 규모가 크기 때문에 발생한 것으로, 오히려 규모가 작은 B부문의 경영이 훨씬 더 나았다고 볼 수 있는데 이는 A부문에 비해 25% 정도밖에 안 되는 영업자산으로 A부문과 거의 비슷한 규모의 잔여이익을 얻었기 때문이다.

제 4 절 EVA와 BSC

우선 이번 절에서는 제3절에서 살펴본 투자수익률에 대한 비판에 대응하여, 과거 잔여이익이라고 불리던 경제적 부가가치(economic value added: EVA)를 살펴보고자 한다. 또한 재무적 측정치를 사용하는 성과보고기법들의 단점을 보완하여 비재무적 요소를 첨가한 균형성과표에 대하여 살펴보도록 하자.

1 경제적 부가가치(Economic Value Added: EVA)

(1) 배경과 의의

1980년대 들어 미국을 중심으로 M&A가 일반화됨에 따라 '시장가치의 극대화'가 새로운 핵심 경영과제로 대두되었다. 이러한 상황에서 장기적인 현금창출 능력이 시장가치를 산정하는 가장 합리적인 기준으로 정착되고 있다. 미국에서는 이미 당기순이익보다 순현금흐름이 주가와 더 밀접한 관계가 있음이 실증되면서 현금흐름에 대한 관심이 고조되고 있다. 따라서 회계정보를 현금흐름 중심으로 조정한 경제적 부가가치가 나타나게 된 것이다.

미국의 스턴&스튜어트(Stern & Stuart)사에 의해서 개발된 경제적 부가가치(EVA)란 사업에 필요한 자원의 제공자(투자자)에게 그들이 제공한 자원이 기회비용 이상의 수익을 창출하였는가를 현금흐름에 기초하여 분석하는 기법으로 현금 중시, 영업 중시, 주주이익 중시라는 세 가지 관점을 도입한 개념이다. 현금 중시란 기업의 진정한 수익력은 순현금(net cash)을 창출하는 능력이라는 관점을 의미한다. 영업 중시란 기업의 수익은 비영업적인 재무활동이나 자산투자가 아닌 영업활동에서 발생한다는 관점을 반영하고 있고, 주주이익 중시란 투자자가 요구하는 최소한의 수익을 넘어서는 성과를 거둘 때 기업의 영속적인 자본조달과 성장이 가능하다는 관점이 반영된 것이다.

EVA는 세후 영업이익에서 자본비용을 차감한 수치로서 개념이 간단하고 명확하다. 기존의 순이익은 금융권이나 외부에서 조달한 타인자본에 대한 자본비용만을 감안하여 계산되고 자기자본에 대한 자본비용은 고려되지 않는다. 반면 EVA는 주주가 주식을 취득하면서 투자한 자금에 대한 이자비용을 계산하고 있다. 그래서 EVA는 기업이 진정으로 실현한 부가가치를 측정하는 지표라고 할 수 있다.

투자수익률처럼 경제적 부가가치도 이익을 창출하기 위해 필요한 투자수준에 따라 이익을 상대적으로 평가한다. 그러나 투자수익률과는 달리, 경제적 부가가치는 경영자들이 투자원가보다 큰 수익을 낼 수 있는 투자를 거절하지 않도록 한다. 예를 들어, 자본비용이 10%이고 12%의 수익률을 가진 투자기회에 직면하고 있는 경영자의 경우 이 프로젝트가 ₩100,000,000의 투자를 필요로 한다면, 이 프로젝트의 경제적 부가가치는 ₩2,000,000[₩100,000,000×(12%−10%)]가 될 것이다. 따라서 경영자의 성과평가기법으로 경제적 부가가치가 사용된다면, 이 경영자는 이 투자기회를 수락할 것이다. 또한 경제적 부가가치 기준하에서 경영자들은 경제적 부가가치를 가능한 한 증가시키기 위해 필요하다고 생각되는 모든 조치를 취한다.

EVA는 재무제표상 표시되는 당기순이익이 자기자본에 대한 기회비용을 나타내지 않고, 당기순이익과 해당 사업이 창출하는 현금흐름이 서로 다르게 나타남에 따라 당기순이익보다 현금흐름을 중시하는 기업경영기법의 변화가 반영되면서 최근 큰 관심을 갖게 된 경영분석 방법이다. 하지만 EVA의 기초가 되는 투하자본과 영업이익을 산출하기 위해서는 수정해야 할 항목이 많이 있다.

(2) 경제적 부가가치의 계산과 증대 방안

1) 경제적 부가가치의 계산

EVA의 기본 개념은 간단 명료하지만 계산과정이 매우 복잡하고 어려워서 실제로 활용하려면 상당한 준비과정이 필요하다. 세후 영업이익을 계산하기 위해서는 손익계산서를 현금 기준의 손익계산서로 변환시켜야 한다. 또한 자본비용을 계산하기 위해서 타인자본과 자기자본을 구분하여 각각 자본비용을 계산해야 한다. EVA를 정확하게 계산하려면 최소 20개에서 최대 164개의 계정과목 조정이 필요한 것으로 알려져 있다. 그래서 국내에서 EVA를 최초로 도입한 포철의 경우 2년이나 걸려 외부 전문가의 경영자문을 통하여 EVA 관리 체제를 구축하였다.

기업가치는 크게 두 부분으로 구성되는데, 기업의 가치는 투하자본과 이를 이용하여 미래에 벌어 들일 수 있는 모든 초과이익(즉 자본비용보다 초과하여 얻을 수 있는 이익: excess earnings)의 현재가치의 합으로서 표시할 수 있다. 즉, 기업가치(V)는,

V=투하자본+모든 미래초과이익의 현재가치 [식 14-1]

로 표시가 된다.

사업에 필요한 자금을 자본시장에서 조달하며 이를 투자사업에 효율적으로 운용하여 최대한 이익을 얻으려는 기업이 자본(자기자본과 타인자본 포함)을 제공한 투자자에게 투자자본에 대한 기회비용(즉 자본비용)을 지불하고 남

는 진정한 이익인 초과이익을 현금흐름 중심으로 조정한 개념을 흔히 경제적 부가가치(Economic Value Added: EVA)라고 한다.

EVA는 한 기간의 초과이익 개념으로서 다음과 같이 간략히 표시할 수가 있다.

EVA=세후 조정된 영업이익－가중평균자본비용×투하자본 [식 14-2]

여기서 세후영업이익이 사용되는 이유는 기업의 고유 영업활동에서 창출된 순가치의 증가분만을 고려하기 때문이다. 전체 기업가치를 고려함으로 인해 자본비용은 타인자본비용과 자기자본비용을 포함하기 때문에 이자비용을 차감하기 전 영업이익이 사용되었다. 세후영업이익은 투하자본을 투하자본이익률로 곱한 액수이므로 위 등식을 다시 표현하면

EVA=투하자본×(투하자본이익률－가중평균자본비용) [식 14-3]

투하자본(Invested Capital: IC)
=순운전자본+고정자산+기타 영업자산
투하자본이익률(Return on Invested Capital: ROIC)
=세후영업이익÷투하자본
가중평균자본비용(Weighted Average Cost of Capital: WACC)
=자기자본비용×(자기자본÷총자본)+세후타인자본비용×(타인자본÷총자본)

이다. 예를 통해 계산과정을 알아보도록 하자.

고려주식회사의 손익자료와 재무상태자료가 아래와 같이 주어지고 세후이자비용이 10%, 자기자본비용이 15% 그리고 법인세율은 50%일 때, 고려주식회사의 경제적 부가가치를 구해보도록 하자.

손익계산서		재무상태표			
영업이익	₩1,000	자산	₩5,000	부채	₩1,000
이자비용	(100)			자본	4,000
세전이익	900		₩5,000		₩5,000
법인세	(450)				
세후순이익	₩450				

우선 가중평균자본비용(Weighted average cost of capital: WACC)을 구해야 한다. 고려주식회사의 가중평균자본비용은 (1,000÷5,000)×10%+(4,000÷5,000)×15%=0.14이다. 이에 따라 EVA를 구해보면

영업이익	₩1,000
법인세	(450)
세후영업이익	550
총자본(5,000×0.14)	(700)*
경제적 부가가치(EVA)	₩(150)

* 이자비용: 100, 자기자본비용: 600

이 경우 고려주식회사 경영자의 성과평가지표로서 경제적 부가가치를 사용한다면, 경영자들은 채권자와 주주들이 요구하는 기대수익률에 미달하는 투자를 함으로써 기업의 가치를 감소시켰으므로 문책을 당하게 될 것이다.

한편 [식 14-3]에서 순수한 영업활동의 성과를 반영하는 투하자본이익률(ROIC)이 재무활동의 결과를 나타내는 가중평균자본비용(WACC)보다 높을수록 보다 많은 가치가 창출(즉, 양의 EVA 창출)되는 것을 알 수 있다. 그리고 ROIC가 WACC를 능가하는 한 투하자본의 규모가 클수록 EVA가 크다는 사실을 보여준다. 반면에 ROIC가 WACC에 미치지 못할 경우에는 투하자본의 규모가 커질수록 EVA가 더욱 줄어드는 것을 보여주고 있다.

그러므로 과거의 독과점 경제하에서 안정적인 수익률을 보장받았을 때에는 기업규모가 클수록 EVA가 증대되었으나, 현재의 상황처럼 수익률이 떨어질 경우에는 규모가 클수록 EVA가 더욱 감소되는 결과가 초래될 수 있다.

2) EVA 증대 방안

〈그림 14-6〉은 기업가치의 결정요인을 EVA의 구성요소를 바탕으로 표시하고 있다. 기업은 매출을 증대하고 생산과 판매과정에서 발생하는 각종 원가를 최소화하는 등 손익계산 관련 항목을 관리함으로써 영업부문의 수익성을 확보하여야 함은 물론이며, 아울러 운전자본과 고정자산 등 재무상태표상의 좌변항목들에 대한 효율적 관리로 투하자본의 생산성을 높여야 한다. 또

한 재무상태표의 우변항목에서의 합리적인 자금조달로 최적자본구조를 달성하여 자본비용을 절감하도록 노력해야 할 것이다.

무엇보다도 중요한 사실은 내일의 성장이 오늘의 투자에 따라 좌우되기 때문에 가치창조를 위해서 경영자는 의사결정시 장기적 안목을 갖춰야 한다. 가령 연구개발투자는 장기적 성장을 위해서는 필수적인 요소임에도 불구하고 당장에는 이익을 창출하지 못하고 오히려 수익률을 낮추므로 이러한 투자를 게을리하는 경향이 있다. 그러나 이러한 미래 지향적인 투자에서는 흔히 초창기의 EVA는 음(-)의 가치를 가지게 되나 미래의 EVA는 양(+)의 가치를 가지므로 궁극적으로 양(+)의 MVA(이후 언급되는 EVA 관련 개념임)를 구현하여 기업가치를 증대시킬 수가 있다. 마찬가지로 거액의 장기투자안은 투자초기에 음(-)의 현금흐름이나 EVA를 초래하더라도 전반적으로 투자가치가 양호하다면 장기적 관점에서 투자할 수 있도록 유도되어야 한다.

그림 14-6 EVA 구성요소

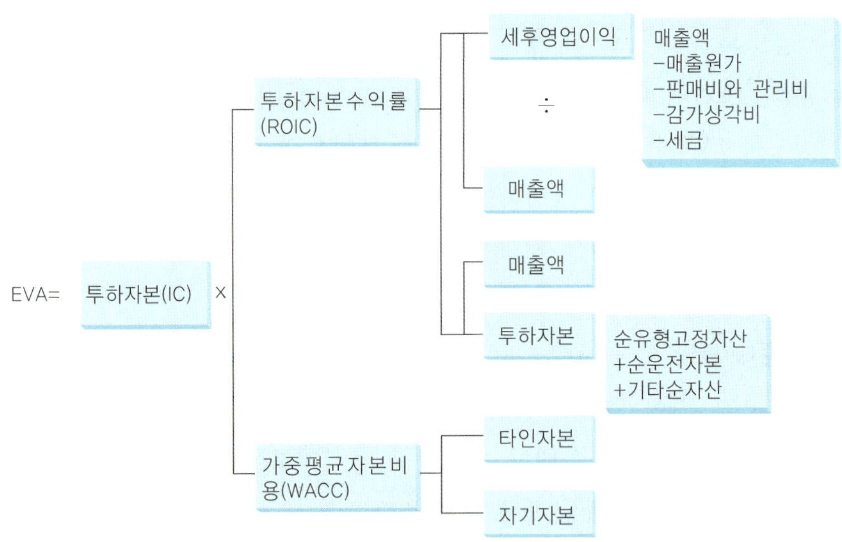

(3) EVA와 MVA

시장부가가치(market value added: MVA)는 시장에서 형성된 기업가치에서 주주와 채권자의 실제 투자액을 차감한 금액이다. 주가는 미래의 모든 예상 현금흐름을 반영하므로, 〈그림 14-7〉에서 나타내는 것처럼 효율적 시장에서는 모든 미래의 초과이익, 또는 경제적 부가가치(EVA)의 현재가치의 합계가 MVA로 나타나게 된다. 그러나 MVA는 미래 여러 기간에 대한 예상 초과이익의 할인가로서 주식시장의 영향을 받는 반면에, EVA는 매기의 초과이익을 나타내므로 경영관리분야에서는 단기성과지표인 EVA가 더욱 유용한 수단으로 각광을 받고 있다.

그림 14-7 EVA와 MVA의 관계

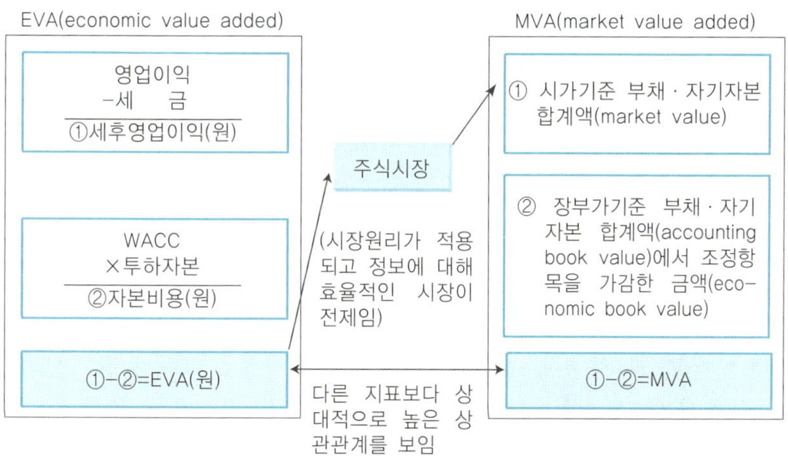

(4) 경제적 부가가치의 평가

EVA는 흔히 매기간 계산되기 때문에 경영자로 하여금 너무 단기에 성과를 나타낼 수 있는 의사결정에 치중하고 있다는 비판이 있다. 그러한 예로서 연구개발비 등을 줄이고 마케팅비용이나 교육비 등에 투자를 소홀히 한다는 비판이 있어 왔다. 그러나 EVA는 전통적인 회계정보들의 단점인 단기성과지표로서의 한계점과 이익분식의 가능성을 방지하기 위하여 많은 경우 현금흐름 위주로 고쳐졌기 때문에 당기순이익의 경우보다 '단기적인 측정 성격'이 훨씬 낮은 편이다.

한편 임직원의 보수결정기준으로 EVA 성과측정지표를 사용하게 되면, 경영자의 보수를 주주와 같은 입장에서 결정할 수 있기 때문에 소유와 경영의 분리에서 발생하는 대리인 문제(agency problem)를 해결하는 실마리가 될 수 있다. 주주가 기업경영을 전문경영인에게 맡기면 경영자는 주주의 이익보다 자신의 이익을 우선시하려는 유인을 가질 수 있는데, EVA 성과측정지표를 사용함으로써 주주와 경영자의 이해관계를 일치시킬 수 있다는 것이다. 더 나아가 EVA목표를 경영진의 스톡옵션제와 연계시킴으로써 주주위주 경영의 실천이 가능해지는 것이다.

성과평가방법으로서 EVA가 가지는 장점을 종합해 보면 다음과 같다.

- 경제적 부가가치는 주주와 경영자의 이해관계를 동일하게 하여 종업원들로 하여금 소유자처럼 생각하고 행동하도록 만든다.
- 기업의 성공은 지속적인 경제적 부가가치의 증진을 요구하므로 계속적인 개선 노력에 잘 부합된다.
- 다른 영업성과 측정치들보다 시장가치와 더 밀접한 상관관계를 갖는다.
- 경제적 부가가치의 개선 목표는 투자자의 기대와 직접 연계된다.
- 보너스 은행*과 사전에 책정된 개선 목표를 사용함으로써 장기성과에 초점을 맞추게 한다.
- 성과측정, 의사결정, 보상 및 의사소통의 공통된 "언어"를 제공한다.

* 다섯 번째에서 언급된 보너스 은행의 개념은 특히 흥미롭다. 성과가 경제적 부가가치 목표를 초과하는 경우, 모든 보너스의 2/3가 보너스 은행에 누적되어 경영자들이 미래에도 경제적 부가가치 목표를 달성하는 경우에만 보너스가 지급된다. 성과가 목표에 미달하면, 보너스는 음수가 되어 보너스 은행에서 차감된다. 이 보너스 은행은 명목적인 단기 성과와 보상을 장기적으로 변화시킨다.

하지만 실무적으로는 EVA를 계산하는 것이 어렵기 때문에 EVA에 대한 기업관계자들의 의견은 찬성과 반대가 반반이다. 실무적 계산의 어려움을 보여주는 예로서 EVA 경영컨설팅회사인 Stern & Stuart사가 고객의 재무제표를 수정하기 위해 준비한 체크리스트에는 164개 항목에 달하는 수정사항이 열거되어 있다(그러나 대부분 기업의 경우 수정해야 할 항목은 20항목 정도이고, 실제 수정은 이 중에서 몇 개 항목에 불과하다). 즉, 개념이 좋기는 하지만 계산 준비작업이 너무 복잡하고 또한 자의적인 요소가 많아서 계산하는 사람의 입장에 따라 약간 다른 결과가 나온다는 것이 반대하는 사람들의 논지이다. 그러나 찬성하는 사람들은 비록 EVA 계산이 어렵지만 일단 개략적인 계산방법을 이용하여 도입한 뒤 서서히 고쳐 나간다면 효과적으로 EVA를 이용할 수 있다는 것이다. EVA를 도입한 미국기업들도 정확한 공식보다는 자체적으로 개발한 간단한 방식으로 계산한다는 점에서 기업에서는 EVA의 도입을 준비해야 할 것으로 전망된다. 일단 EVA 관리 체제가 완성되면 정확한 성과평가 및 보상이 가능해질 것이기 때문이다.

한편 기업에서 EVA를 사전관리지표로 도입하기 위해서는 사업부별로 자산, 자본을 분리하는 독립채산제의 실시와 함께 전산시스템의 구축이 필수적이다. EVA목표를 달성하려면 영업이익을 증대시켜야 하고 자본투입의 효율성을 최우선적으로 고려해야 하므로 사업구조는 점차 건실하게 전환될 수 있을 것이다.

AT&T사는 회사 전체를 최소한의 사업단위로 분할하여 각 사업단위별 사업가치를 측정하는 데 EVA를 사용하고 있다. 각 사업단위별로 자본과 비용을 분할하여 독자적인 재무제표를 작성하도록 하고 EVA목표를 부여하여 책임경영을 유도하고 있다.

2 균형성과표(Balanced ScoreCard: BSC)

ROI의 단점을 보완한 EVA와 같은 지표도 과거의 성과를 반영하는 재무적 측정치에 근거하고 있기 때문에 여전히 현재와 미래의 경영성과 또는 기업가치를 나타내는 데 한계가 있다는 비판이 제기되기도 한다. 하버드대학교의 캐플란(Kaplan) 교수와 성과측정 전문가인 노튼(Norton)은 재무적 성과측정에 따른 한계점을 극복할 수 있는 대안으로 “균형성과표”(balanced scorecard:

BSC)라는 평가방법을 제시하였다.

BSC라는 이름은 장기적 목표와 단기적 목표 간, 재무적 측정지표와 비재무적 측정지표 간, 후행지표와 선행지표(lagging and leading indicators) 간, 그리고 성과에 대한 외부적인 시각과 내부적인 시각 간에 균형이 잡혀 있음을 반영하고 있다.

(1) 균형성과표의 의의

기존의 재무적 측정지표들은 향후 기업경쟁력의 핵심인 무형자산의 가치를 반영하는 데 한계가 있다. 지식사회, 정보화사회의 도래로 향후 기업의 성패는 무형자산의 우수성에 따라 판가름난다고 할만큼 지식이나 핵심역량 같은 무형자산의 중요성이 더욱 커지고 있다. 그러나 기존의 재무적 지표에 근거한 성과측정만으로는 무형자산의 객관적 평가가 매우 어렵기 때문에 균형성과표에서는 성과측정 과정에 다양한 비재무적 지표를 추가하여 현재와 미래의 성과 및 가치를 평가하려는 것이다.

기업이 장기적으로 수익성 있는 성장을 지속하려면, 시장에서 높은 이익과 성장을 얻을 뿐 아니라, 제품과 서비스가 고객의 기대를 능가해야 하며, 이를 위해 필요한 업무프로세스가 효율적이고, 종업원의 의욕과 직무만족을 개발 촉진시킬 수 있어야 할 것이다. 이렇게 균형성과표는 재무적 관점뿐 아니라 고객관점, 내적 경영관점, 학습과 성장관점이라는 네 가지 측면을 균형 있게 고려하여 평가하자는 것이다. 그리하여 재무적 요소와 비재무적 요소를 고르게 반영하여 기업의 과거성과를 측정하고, 현재와 미래의 기업가치를 평가하려는 데에 목적이 있다. 이 성과표는 조직의 주목적에 대한 성과와 원인을 동시에 고려함으로써 성과측정의 균형을 이룬다.

(2) 균형성과표의 구성요소

불행하게도, 전통적인 단기 재무성과 측정치들은 기업의 역량과 무형자산의 개선으로부터 오는 가치의 증가는 측정하지 않는다. 더 문제가 되는 것은 기업이 무형자산에 대한 지출을 줄일 때에도 단기 재무성과는 개선될 수 있다는 것이다.

균형성과표는 이러한 재무측정 및 재무통제 시스템에서의 결함을 보완한다. 〈그림 14-8〉에서 보는 바와 같이 균형성과표는 과거 성과의 재무적 측정치뿐만 아니라 고객, 기업 내부공정 그리고 학습과 성장의 세 가지 관점에서 새로운 측정치를 제공한다. 이러한 네 가지 관점은 균형성과표의 기본틀이다.

그림 14-8 균형성과표

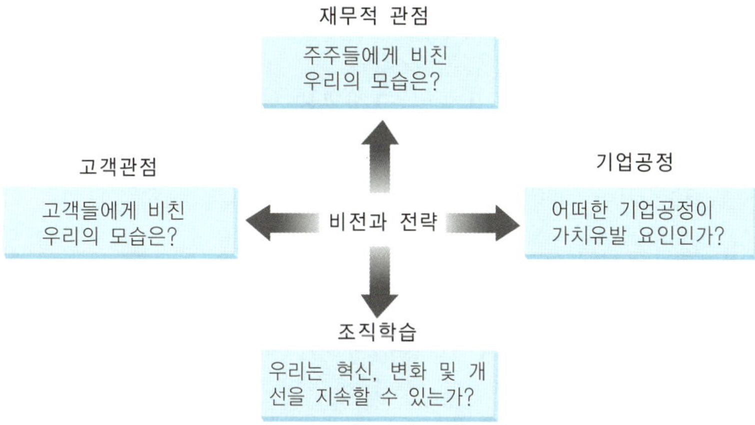

source: Robert S. Kaplan and David P. Norton, "Using the Balanced Scorecard as a Strategic Management System." *Harvard Business Review*(January-February, 1996).

1) 재무적 관점(사후적 재무성과 측정치)

달성된 성과를 재무적 측정지표들을 이용하여 정량화된 수치로 표현하는 것이 가장 효과적이기 때문에 재무적 관점을 유지하고 있다. 대표적인 재무적 측정지표로는 투자수익률, 매출액, EVA, 수익성 등을 들 수 있는데, 이러한 지표들은 회사의 상품과 서비스에 대한 주주의 기대를 반영한다. 나머지 세 가지 관점은 궁극적으로 재무적 지표를 달성하기 위한 원동력이라고 할 수 있다.

2) 고객관점

균형성과표의 고객 관점은 각 사업단위가 경쟁하게 될 고객과 세분화된 시장을 구별하고, 목표시장에서의 성과측정치를 결정하는 것이다. 고객 관점은 잘 구성되고 수행된 전략의 성공적인 결과를 나타내는 고객만족, 고객유지, 새로운 고객획득, 고객 수익성, 목표시장에서의 시장점유율 및 고객점유율과 같은 핵심 측정치를 포함한다. 이러한 핵심적인 고객관점의 측정치 개선을 가져오는 짧은 리드타임, 적시 납품 또는 새로운 제품과 서비스의 수를 포함할 수도 있다.

3) 기업내부공정 관점

기업내부공정 관점에서 경영자는 고객과의 관계를 향상시키고 기업의 재무 목표를 달성시키는 데 가장 큰 영향을 줄 수 있는 내부공정에 대한 측정치를 강조한다. 기업 내부공정의 예가 있는 〈그림 14-9〉를 보자.

① 혁신공정: 현재와 미래 고객들의 새로운 욕구를 충족시키기 위해서 완전하게 새로운 제품과 서비스를 만들어 냄.

② 운영공정: 현재 고객에게 현재의 제품과 서비스를 효율적으로 확실하고 신속하게 전달함.

③ 판매 후 서비스공정: 판매 후 고객들의 관심에 신속하게 주의를 기울일 뿐만 아니라 현장 서비스 및 기술지원을 통해 고객들을 만족시킴.

그림 14-9 기업내부공정의 관점

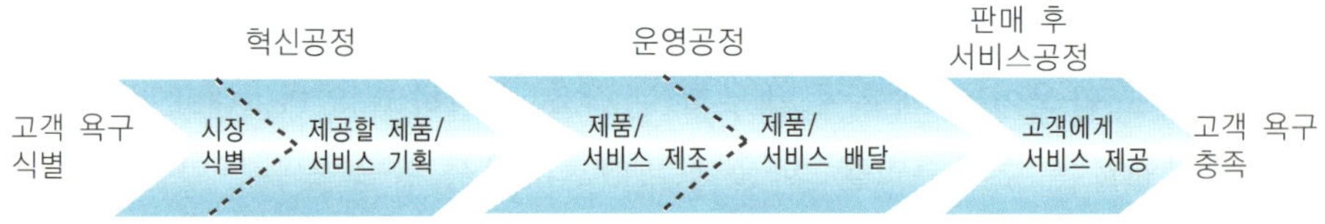

source: Robert S. Kaplan and David P. Norton, *The Balanced Scorecard: Translating Strategy into Action*(Harvard Business School Press: Boston, Mass., 1996), Chapter 5.

4) 학습과 성장 관점

학습과 성장 관점에서는 앞의 세 가지 관점에서 설정한 목표를 성취하는 데 필요한 조직의 학습과 성장역량을 측정하는 것이다. 여기에는 직원의 역량, 정보시스템 역량, 조직 역량 등의 세 가지 영역이 존재하며, 각 영역별로 장기적인 성장과 가치창조를 위해 필요한 세부적인 측정지표들을 개발한다. 즉 효율적인 업무 프로세스를 개발하여 고객만족과 재무적 성과를 지속적으로 달성하기 위해서는 종업원의 높은 의욕과 능력이 필요하다. 따라서 종업원의 직무만족, 직무 생산성 등에 영향을 미치는 요인, 예컨대 직무에 대한 몰입이나 직무개선에 참여 정도, 창의성과 혁신 수준 등의 평가기준을 관리하려는 것이다.

요약하면, 균형성과표는 경영전략을 일련의 균형잡힌 관점에 의하여 목표와 성과측정치로 변화시킨다. 재무적 관점에서의 단기 성과뿐만 아니라 균형성과표는 뛰어난 미래의 재무 및 경쟁성과를 창출하는 데 중요한 요소들을 측정한다. 기업의 최고경영자는 현재와 미래 고객들을 위해서 그들의 사업단위가 어떻게 가치를 창출하는지, 그들이 어떻게 내부역량을 구축하고 개선시켜야 하는지, 그리고 미래성과를 향상시키기 위해서 필요한 인적자원과 시스템에 대한 투자를 어떻게 해야 하는지를 측정하기 위해서 성과기록표를 이용한다.

(3) 균형성과표에 대한 평가

BSC는 하나의 측정 시스템 이상으로 간주된다. 이 새로운 측정 시스템을 활용하여 기존 혹은 신규 전략들을 조직 내에 충분히 전달시키고 그 전략에 따라 조직을 재편성할 수 있다. 그러기 위해서는 새로운 측정 시스템이 원가절감과 저가경쟁에 초점을 맞춘 과거 단기적인 시각에서 벗어나 고객들에게 그들의 요구사항에 맞춘 부가가치가 있는 제품이나 서비스를 제공해야 하고, 그럼으로써 성장 기회를 창출할 수 있는 시각으로 전환시키는 역할을 담당해야만 한다. 이에 따라 기업들은 성과측정지표들과 조직의 전략을 통합시키는 것에 가장 큰 역점을 두어야 한다. 우리의 기업들도 균형성과표를 통하여 재무적 지표뿐만 아니라 다양한 비재무적 지표들을 통하여 기업의 비전과 전략을 연계시켜야 할 것이다.

하지만 균형성과표 역시 완전무결한 방법은 아니다. 먼저 균형성과표의 여러 측정지표 중 비재무적 지표에 대해서는 여전히 객관적 측정이 어렵다는 문제가 남는다. 그리고 비재무적 지표와 궁극적인 경영성과지표인 기업가치 간의 연계성이 미흡하다. 가령 고객만족 극대화 전략의 추구가 기업의 가치창출에 얼마나 기여하는지 명확히 알 수는 없다. 또한 계량지표를 포함한 각종 지표가 난무할 경우 자칫 가치극대화라는 단일지표로 취합하는 데 어려움이 있을 수 있다.

그리고 균형성과표는 정형화된 측정수단을 제공해 주지는 못한다. 따라서 균형성과표를 적용하려면 우선 자사의 기존 평가시스템을 분석하고, 비전과 전략에 부합하는 독자적인 균형성과표 적용 모델을 개발하는 것이 선행되어야 하며, 각 지표의 측정 및 계산 방법을 결정하여야 한다.

제 5 절 대리인 이론

제3절 7. 동기부여와 잔여이익에서 기술한 바와 같이 투자중심점의 관리자가 그에게 권한을 부여한 사람의 이해에 따르지 않고 주어진 성과평가방법(예에서는 ROI)에 따라 자신에게 유리한 의사결정을 하게 될 위험이 항상 존재하게 된다. 비단 관리회계에서뿐만 아니라 다른 분야에서도 많이 이용되고 있는 정보경제학, 특히 그 중에서 대리인 이론을 이해하고 관리회계에서 이용되고 있는 분야를 설명하여 분권화에 따른 쟁점들을 설명하고자 한다.

1 대리인 이론의 배경과 가정

대리인 이론의 관점에 의하면, 기업의 존재란 투입자원 소유자들 사이의 계약관계(contractional relations with the input owners)를 통하여 창설되고 기능하는 것이다. 이러한 계약의 형태는 일반적으로 위탁-수탁의 관계로 맺어지며, 이때 위탁자는 수탁자에게 일정한 의사결정권한을 위임함으로써 주인(principal)과 대리인(agent)의 관계에 있게 된다. 이러한 일반적인 대리관계는 크게 감독자-작업자, 소송의뢰인-변호사, 환자-의사의 관계와 같은 고용주-고용인(employer-employee)의 관계, 자동차보험, 의료보험 등과 같은 물적 자본의 소유주-이용자(owners-users)의 관계 등에서 찾을 수 있다. 하지만 관리회계의 연구범위에서 보는 대리관계는 최고경영층과 부문관리자, 감독자와 작업자의 관계인 고용계약관계가 관심의 초점이 된다.

대리인 이론의 가장 기본적인 전제는 주인과 대리인이 모두 합리적 경제인(rational economic person)이며, 모두 스스로의 이익(self-interest)에 따라 행동한다는 것이다. 대리인은 주인으로부터 위임된 행동을 하는 노력을 제공함으로써 그에 대한 대가로 일정한 보상을 받게 되고, 따라서 주인은 그 사업으로 인한 성과에서 대리인에 대한 보상을 지급한 후의 잔여분을 향유하게 된다.

주인과 대리인 사이의 계약은 일종의 고용계약으로 볼 수 있으며, 이 계약에서의 기본적인 문제는 대리인의 최적행동(노력제공)이 반드시 주인의 입장에서 최선이 아니라는 것이다. 이러한 문제는 각자 이용할 수 있는 정보불균형(information asymmetry)에서 기인하는 문제이다. 따라서 대리인 문제의 초점은 어떻게 성과를 분배하며, 성과측정을 위해 어떤 정보시스템을 선택하는 것이 최적의 결과를 가져올 것인가에 대한 문제로 좁혀진다.

2 정보불균형의 문제

대리인 모형에 있어 주인과 대리인이 미래에 대한 예상을 공유하고, 주인이 대리인의 노력을 직접 관찰할 수 있다면, 주인과 대리인은 정보를 균등하게 가지는 정보균형(information symmetry)의 상태에 있게 되어 단일인의 정보경제학모형(single person information economics model)과 유사하게 된다. 하지만, 일반적으로 대리인 이론에서는 주인과 대리인이 정보를 균등하게 가지지 않고, 주인이 대리인의 노력을 직접적으로 관찰할 수 없는 정보불균형(information asymmetry)의 상황만을 검토하게 된다. 이러한 정보불균형의 상태에서는 대리인으로 하여금 주인이 원하지 않는 행동선택의 동기를 주는 문제가 발생하며, 이러한 문제는 도덕적 해이(moral hazard)의 문제와 역선택(adverse selection)의 문제로 나타난다.

(1) 도덕적 해이의 문제

만일 주인이 대리인의 노력을 직접 관찰할 수 없으면, 대리인의 노력을 다른 대용물(surrogate), 예컨대 노력의 산물을 측정하여 나타내는 회계정보 등으로부터 추론하여야 한다. 이러한 경우 대용측정치와 대리인이 제공한 노력 사이에 불확실성이 존재할 수 있고 대리인은 고용계약에 협정된 것과는 다르게 행동하여 고의적으로 태만하게 되는 유인을 가질 수 있는 것이다. 이러한 문제를 도덕적 해이의 문제라고 한다.

(2) 역선택의 문제

만일 대리인이 의사결정을 하는 시점에 이용할 수 있는 모든 정보를 주인이 접근할 수 없다면, 주인은 제공된 노력이 대리인이 알고 있는 정보를 기준으로 하여 적절히 선택된 것인지, 아니면 고의적으로 태만한 것인지 알 수가 없다. 일반적 상황에서 대리인은 주인보다 의사결정상황에 관하여 더 많은 정보를 가지게 되며, 대리인은 주인이 원하는 것보다 다른 행동을 성공적으로 선택하기 위하여 개인적 정보(private information)를 왜곡전달할 유인을 가지게 된다. 즉 대리인은 주인에게 고의적으로 왜곡된 정보를 전달하면서 자기에게 최선이 되는 행동을 선택하게 되는데, 이러한 문제를 역선택의 문제라고 한다.

이러한 도덕적 해이와 역선택의 문제는 모두 정보불균형, 즉 주인과 대리인이 가진 정보의 양이 다름에 따라 발생하는 문제이다. 관리회계에서 다루는 대리이론은 고용계약에서의 정보, 특히 회계정보의 역할을 연구하는 것이다. 즉, 도덕적 해이와 역선택의 문제로부터 발생하는 손실을 극소화함으로써 효율을 증진하고자 하는 것이다.

3 관리회계에서의 적용영역

(1) 책임회계(Responsibility Accounting)

관리회계에서 전통적으로 중요시되고 있는 책임회계라는 개념은 개인의 업적평가시 그가 통제하는 요소에 의해서만 평가되어야 한다는 것을 의미한다. 바꾸어 말하면, 모든 회계자료(원가, 수익, 자산 등)는 그것을 책임지고 있는 사람의 관점에서 집계되어야 하며 또한 그것에 의해서만 평가되어야 한다는 것이다. 그러나 대리인 이론에서는 상반되는 연구결과를 제시하고 있다. 대리인의 노력수준을 관찰할 수 있는 모형에서도 최적 보상함수(업적평가)는 위험배분의 필요성 때문에 대리인이 책임질 수 없는 외생적 상황에 의해서 영향을 받게 된다.

만일 대리인이 통제가능한 업적에 의해서만 평가된다면, 그는 위험에서 보호되므로 마치 위험중립형인 것처럼 의사결정을 함으로써 위험회피형인 주인의 효용을 극대화시키지 못할 것이다. 따라서 대리인에 대한 보상계약은 성과(task-performance)와 여건적 상태실현(state realization)의 둘 모두를 기준으로 결정하게 된다.

대리인 이론의 관점에서 보면, 전통적인 책임회계에서 대리인의 평가를 대리인이 통제가능한 성과에만 기준하여 평가하는 것은 너무 협소한 개념이며, 통제 불가능한 요소를 포함하는 전체적 성과를 기준으로 평가하는 것이 파레토 최적의 시스템이 될 수 있다는 것이다.

(2) 예산기준보상제도

예산은 관리회계상의 유용한 도구로 많이 이용된다. 예산기준보상제도란 주주와 경영자, 최고경영자와 부문관리자, 관리자와 작업자 등의 관계를 대리관계로 보고, 대리인에 대한 보상계획을 예산을 기준으로 정하는 제도를 말한다. 즉 예산의 달성 또는 미달을 기준으로 보상을 정하는 것이다.

(3) 참여예산

참여예산(participative budgeting)이란 대리인 스스로 자기성과의 평가기준이 될 예산의 편성에 참여하는 것이 허용되는 것을 말하며, 이는 본질적으로 기업 내 예산편성과정 중의 협상과 의사전달과정으로 볼 수 있다. 대리인 이론에서는 참여예산을 참여 그 자체보다 주인과 대리인 사이의 의사전달에 초점을 맞추어, 그러한 참여가 파레토최적을 가져오는지 관심을 가지게 된다. 즉, 참여예산의 가치는 바로 정보전달(information transmission)에 있다는 점을 강조한다.

14 연습문제

14-1. 기상 회사의 두 부문에 대한 자료는 다음과 같다.

	부 문	
	남 부	북 부
매 출	₩4,000,000	₩7,000,000
평 균 영 업 자 산	2,000,000	2,000,000
순 영 업 이 익	360,000	420,000
토 지, 공 장, 비 품	950,000	800,000

요구사항

1. ROI를 이용하여 각 부문의 수익률을 계산하시오.
2. 자료로부터 어느 부문의 경영자가 더 나은 성과를 얻고 있으며, 그 이유는 무엇인가?

14-2. 다음 도표에서 유실된 자료를 추정하시오.

	부 문		
	A	B	C
매 출	₩?	₩11,500,000	₩?
순 영 업 이 익	?	920,000	210,000
평 균 영 업 자 산	800,000	?	?
이 익 률	4%	?	7%
회 전 율	5	?	?
R O I	?	20%	14%

14-3. 헐렁 회사는 A, B 두 부문을 갖고 있다. 두 부문으로부터 추출된 자료는 다음과 같다.

	부 문	
	A	B
매 출	₩3,000,000	₩9,000,000
순 영 업 이 익	210,000	720,000
평 균 영 업 자 산	1,000,000	4,000,000

요구사항

1. 각 부문의 ROI를 계산하시오. 필요하다면, 소수 둘째자리까지 계산하시오.
2. 회사는 잔여이익법에 의해 성과를 평가하고 최저 필수수익률은 15%임을 가정하여, 각 부문의 잔여이익을 계산하시오.
3. B부문의 잔여이익이 크다는 사실이 경영을 더 잘 수행하였음을 나타내는 것인가? 설명하시오.

14-4. 제품을 생산하여 외부시장에 판매하는 부문의 월간 보고서에서 발견된 세 가지 부담은 아래와 같다. 부문 성과는 ROI 기법에 의해 평가된다. 다음 중의 어느 것이 책임회계의 개념과 일치하는가? 간단하게 그 근거를 설명하시오.

① 본사의 일반 영업비용에 관한 부담(부문 매출액의 10%).

② 타부문으로부터 구입한 상품의 대금. 이 대금은 경쟁적 시장가격에 기초한다.

③ 전산시설 이용의 부담. 이 부담은 실제 전산부문 연간비용과 기업 전체의 이용에 비례된 비율로 각 부문에 배분된다.

14-5. 아래 표의 유실된 자료를 추정하시오.

	회 사		
	A	B	C
매 출	₩9,000,000	₩7,000,000	₩4,500,000
순 영 업 이 익	?	280,000	?
평 균 영 업 자 산	3,000,000	?	1,800,000
R O I	18%	14%	?
최저필수수익률			
백 분 비	16%	?	15%
금 액(₩)	?	320,000	?
잔 여 이 익	?	?	90,000

14-6. 세 기업의 매출 및 영업자료는 다음과 같다.

	회사		
	A	B	C
매출	₩12,000,000	₩14,000,000	₩25,000,000
평균영업자산	3,000,000	7,000,000	5,000,000
순영업이익	600,000	560,000	800,000
주주지분	1,500,000	2,900,000	3,000,000
최저필수수익률	14%	10%	16%

요구사항

1. 각 회사의 ROI를 계산하시오.
2. 각 회사의 잔여이익을 구하시오.
3. 각 회사가 수익률 15%의 투자기회를 가졌다고 가정하자.
   (a) ROI에 의해 성과가 측정된다면 어떤 회사가 이 투자기회를 받아들일 것인가, 아니면 거부할 것인가? 그리고 그 이유는?
   (b) 잔여이익에 의해 성과가 측정된다면 어느 회사가 이 투자기회를 받아들일 것인가, 아니면 거부할 것인가? 그 이유는?

14-7. ROI: 성과의 비교에 관한 문제

동일 회사 내의 세 부문에 대한 비교자료는 다음과 같다.

	회사		
	A	B	C
매출	₩600,000	₩500,000	₩?
순영업이익	84,000	70,000	?
평균영업자산	300,000	?	1,000,000
수익률	?	?	3.5%
회전율	?	?	2
ROI	?	7%	?

요구사항

1. ROI를 수익률과 회전율로 나누어 분석하는 데 어떤 이점이 있는가?
2. 위의 미완성 정보를 채우시오. 자료의 범위 내에서 세 부문의 성과를 평가하시오. ROI 증진을 위해 구체적인 조언을 하시오.

14-8. ROI와 잔여이익에 관한 문제

봉우리 회사는 5개의 독립적 부문을 가진 분권화된 조직이다. 부문은 투자자산에서 산출되는 수익기준으로 평가되며, 가장 높은 ROI를 기록한 부문

경영자에게 연말에 보너스가 주어진다. 최근 연도의 사무용품 부문의 영업 결과는 다음과 같다.

매 출	₩10,000,000
(−)변동비	6,000,000
공헌이익	4,000,000
(−)고정비	3,200,000
순영업이익	₩800,000
부문영업자산	₩4,000,000

회사는 전년도에 전체적으로 15%의 ROI를 기록했다. 사무용품 부문은 ₩ 1,000,000의 자산투자를 요구하는 새 생산라인을 설치할 기회를 갖고 있다. 연간 새 생산라인의 수익과 비용은 다음과 같다.

매 출	₩2,000,000
변동비	매출의 60%
고정비	₩640,000

요구사항

1. (a) 최근 연도의 사무용품 부문의 ROI를 계산하고, 새 생산라인이 설치될 경우의 ROI도 계산하시오.
   (b) 이 부문의 경영자로서 새 생산라인을 수락, 거부할 것인가? 설명하시오.
2. 봉우리 회사의 사장으로서, 사무용품 부문이 새 생산라인을 수용하기를 원하는가, 아니면 거부하길 원하는가? 설명하시오.
3. 회사는 부문의 최소 필수ROI를 12%로 설정하고 있음을 가정하고, 또 성과는 잔여이익에 의해 평가된다고 가정하자.
   (a) 최근 연도의 사무용품 부문의 잔여이익을 구하시오. 그리고 새 생산라인이 추가될 경우의 잔여이익도 구하시오.
   (b) 이런 상황하의 사무용품 부문의 경영자로서, 새 생산라인을 수용할 것인가, 거부할 것인가? 설명하시오.

14-9. ROI분석에 관한 문제

전년도의 마당쇠 회사 손익계산서는 다음과 같다.

	총 계	단위당
매 출	₩4,000,000	₩80.00
(−)변 동 비	2,800,000	56.00
공 헌 이 익	1,200,000	24.00
(−)고 정 비	840,000	16.80
순 영 업 이 익	360,000	7.20
(−)법 인 세	108,000	2.16
순 이 익	₩252,000	₩5.04

회사는 연중 평균 ₩2,000,000의 영업자산을 갖고 있다.

요구사항

1. ROI 공식을 이용하여 회사의 ROI를 계산하시오.

 다음의 질문들에 관해, 아래에 기술된 사건의 결과로서 수익률과 회전율이 증가, 감소, 변하지 않는지 설명하고, 새 ROI를 계산하시오. 각 질문을 독립적으로 고려하고, 위 1.의 원래 ROI 계산에 사용된 자료를 가지고 시작하시오.

2. 재고구매 통제에 컴퓨터를 이용함으로써, 회사는 평균 ₩400,000의 재고를 줄일 수 있다. (이 여유자금은 단기 부채상환에 쓰인다.)
3. 회사는 저렴한 원자재를 이용함으로써 연 ₩32,000의 비용을 절감할 수 있다.
4. 회사는 사채를 발행하여 기계와 장비 ₩500,000을 구입할 수 있다. 사채의 이자는 매년 ₩60,000이다. 매출액은 변하지 않고 이 신기계와 장비가 연 ₩20,000의 비용을 절감케 한다.
5. 판매사원의 노력의 결과로, 매출이 20% 증가했다. 영업자산은 변함없다.
6. ₩40,000의 장부가치를 가졌던 못 쓰게 된 재고는 재판매가 불가능하므로 손실로 처리되었다.
7. 회사는 보통주 일부를 매입하여 소각하기 위해 외상매출금 회수대금 ₩200,000을 사용하였다.

Chapter 15

대체가격의 결정

제 1 절 개 요

1 대체가격의 의의

기업 규모가 점점 커지고 기업을 둘러싼 환경이 복잡해지면서 각 기업은 집권화된 조직 형태보다는 사업부제와 같은 분권화된 조직 형태를 취하게 된다. 그런데 이렇게 분권화된 조직 내부에서는 각 사업부 간에도 거래가 발생할 수 있는데 이러한 거래를 내부 대체거래라고 한다. 또한 내부 대체거래에서는 재화나 용역을 공급하는 사업부와 수취하는 사업부가 있게 되는데, 공급하는 사업부를 공급부서라고 하고 수취하는 사업부를 구매부서라고 한다. 공급부서와 구매부서 사이에 대체거래가 발생할 경우 대두되는 중요한 문제는 바로 어떤 대체가격(transfer price)이 설정되어야 하는가라는 것이다. 즉 분권화된 조직에서는 각 사업부가 이익중심점(profit center)을 형성하게 되고, 대체가격이 얼마로 결정되는가라는 문제는 바로 각 사업부가 얼마의 이익을 낼 수 있는가라는 문제로 직결되므로 내부 대체거래에서 가장 중요한 문제는 대체가격인 것이다.

2 대체가격의 필요성

수직적으로 결합된 어떤 회사에 다음과 같은 세 부문이 있다고 가정하자.

① 채광부문, ② 처리부문, ③ 가공부문

채광부문에서는 원료를 채굴하여 이를 처리부문으로 이전한다. 선별 및 처리과정을 거친 광물을 처리부문은 가공부문으로 넘겨준다. 가공부문에서는 선별된 광물로 완제품을 제조해낸다.

이 예를 보면, 한 회사 내에 재화가 두 곳에서 부문 간에 이전되는 것을 알 수 있다. 이들 재화의 이전에 어떤 가격을 부과하여야 하는가? 판매부문에 "이익"이 가미되도록 가격이 설정되어야 하는가? 단지 누적원가만이 가격수준이 되어야 하는가? 또는 다른 어떤 수준에서 결정되어야 하는가? 어떤 가격을 대체가격으로 선택할 것인가의 문제는 각 부문이 이의 생산물을 사내 다른 부문에 공급할 수 있을 뿐만 아니라 외부에도 공급할 수 있기 때문에 간단한 문제가 아니다. 또, 공급부서가 부과하는 가격은 구매부서에게는 원가가 되기 때문에 대체가격이 높을수록 구매부서의 수익률은 낮아지게 된다. 따라서 구매부서는 대체가격이 가능한 낮기를 바랄 것이며, 반면에 공급부서는 가능한 높기를 원하며 심지어는 외부 고객에게 부과하는 "시장가격"을 대체가격으로 부과하기도 한다.

짐작할 수 있는 바와 같이 부문 간 대체가격의 결정문제는 결코 쉬운 문제가 아니며 종종 투자중심점 관리자들 간에 치열한 논쟁을 불러일으키기도 한다. 하지만 회사 내의 여러 부문들에 대한 성과평가를 위해 자료가 준비되려면 어쨌든 대체가격은 설정되어야 한다.

제 2 절 대체가격의 선택 기준

대체가격의 결정은 각 사업부에게는 중요한 문제가 되므로, 실제 내부 대체거래가 있을 때 대체가격의 결정에는 일정한 선택 기준이 있어야 한다. 만약 각 사업부가 조직 전체의 이익에 관계없이 사업부의 이익 극대화에만 매달릴 경우 거래가 불가능하게 되어 조직 전체적으로는 손실이 발생할 수도 있지만, 사업부의 이익 여부에 따라서 성과평가를 받게 되는 사업부 경영자는 사업부에 손실을 발생시키면서 대체거래를 할 수는 없는 입장이 된다. 이러한 점에서 각 사업부에는 어느 정도의 자율성을 부여할 것인가라는 점도 중요하게 대두되는 것이다. 이러한 대체가격의 선택 기준에 대해서 좀 더 자세하게 알아보도록 하자.

1 목표일치성 기준

목표일치성(goal congruence) 기준이란 대체가격을 결정할 때 각 사업부의 이익뿐만 아니라 기업 전체의 이익을 극대화해야 함을 나타내는 기준이다. 사업부 경영자의 입장에서는 사업부의 경영에 대한 성과평가를 최고경영자로부터 받아야 하므로 자신이 맡고 있는 사업부의 이익극대화를 위해 노력을 하게 되는데, 대체가격의 결정도 마찬가지의 입장에서 결정하게 된다. 그러나 사업부의 입장만 고려한 결정은 자칫 회사 전체의 관점에서는 바람직하다고 여겨지는 대체거래가 사업부 경영자에 의해 거부됨으로써 회사 전체의 관점에서 최적화를 달성하지 못하는 준최적화(suboptimization) 현상을 초래할 수도 있게 되는 것이다. 그러므로 회사의 최고경영자가 내렸을 의사결정과 동일한 의사결정을 사업부 경영자가 할 수 있게 하려면 그만큼의 동기부여가 이루어져야 함을 알 수 있다. 즉 목표일치성 기준은 대체가격이 동기부여 수단으로서의 역할을 수행하는지를 평가하는 기준이 된다.

이러한 목표일치성 기준에 의한 의사결정은 회사 전체의 관점에서 보면 결국 자가제조할 것인가 또는 외부구입할 것인가의 의사결정과 동일한 것이다. 대체할 경우 기업전체의 입장에서는 자가제조와 같은 것이고, 대체하지 않을 경우는 기업 외부에서 구입하는 경우와 같은 것이므로 이 두 가지 경우의 이익을 비교하여 대체여부를 결정하는 것이 바로 목표일치성에 부합하는 의사결정이 되는 것이다. 이때 주의하여야 할 것은 대체가격은 기업 전체의 입장에서 보면 상쇄될 성질의 것이므로 중요하지 않다는 것이다.

다음과 같은 간단한 예를 살펴보자.

예 1 고려 주식회사는 분권화된 사업부 맥스와 미니가 있으며 이들 사업부는 이익중심점으로 운영된다. 사업부 맥스의 경영자는 다음과 같은 의사결정 문제에 직면해 있다.

① 사업부 미니로부터 제품 Q를 단위당 100원에 구입하여 약간의 추가가공을 거친 후 외부에 판매한다. 단위당 외부판매가격은 150원이며, 추가가공에는 10원의 변동비가 필요하고, 사업부 미니는 제품 Q를 생산하는데 단위당 90원의 변동비만이 소요된다.
② 외부의 안암 주식회사에서 100원에 제품 Q를 구입하여 똑같은 추가가공을 거친 후 같은 가격에 외부에 판매할 수 있다.

사업부 맥스의 경영자는 사업부 미니로부터 구입하든지 외부에서 구입하든지 간에 자신의 사업부가 획득할 수 있는 단위당 이익은 40원이므로 차이가 없다. 그러나 고려 주식회사 전체의 입장에서는 두 사업부 간에 대체를 할 경우는 50원의 단위당 이익(=150−90−10)을 획득할 수 있지만, 외부에서 구입할 경우는 40원의 단위당 이익(=150−100−10)을 얻을 수 있으므로 당연히 대체거래를 하는 것이 유리한 것이 된다. 여기서 두 사업부 간의 대체가격인 100원은 회사 전체의 입장에서 고려할 대상이 아님을 알 수 있는데, 대체가격은 구매부서인 맥스 사업부의 입장에서는 구입가격이 되지만, 공급부서인 미니 사업부의 입장에서는 공급가격이 되어 회사 전체의 입장에서의 이익을 계산할 때 상쇄되기 때문이다.

이제 목표일치성의 관점에서 구체적으로 대체가격이 어떻게 결정되는지 알아보도록 하자. 위에서 살펴본 바와 같이 목표일치성의 관점에서는 회사 전체의 최적 의사결정을 그대로 유지시켜 주는 대체가격이 바로 최적 대체가격이 되는 것이다. 회사 전체의 최적 의사결정이 외부에서 구입하는 것임에도 불구하고 두 사업부 간에 대체를 하게 된다면 이때의 대체가격은 목표일치성에 부합되지 않는 것이 된다.

우선 공급부서의 관점에서는 대체거래에 따른 증분원가와 외부판매의 포기 등에 따른 기회원가를 합한 가격 이상을 받아야 한다. 공급부서에 유휴설비가 존재한다면 대체를 위한 생산에 따른 증분원가 이상만 받을 수 있으면 되지만, 만약 현재 생산이 최대조업도하에서 이루어지고 있기 때문에 외부판매를 포기해야 한다면 그에 따라 상실되는 공헌이익이라는 기회원가가 발생하기 때문에 증분원가에 기회원가까지 합한 가격 이상을 구매부서로부터 받아야 할 것이다.

또한 구매부서의 관점에서는 외부구입가격과, 대체되는 제품을 구입하지 못함으로 인해 최종 제품을 생산하지 못하여 상실되는 이익 중, 작은 금액 이상을 지불하려고 하지 않을 것이다. 여기서 최종 제품을 생산하지 못하여 상실되는 이익이란 구매부서의 입장에서 중간 제품을 구입하여 추가가공한 후의 최종 판매가치에서 추가가공원가를 차감한 것을 의미한다. 만약 구매부서가 회사 외부에서 부품을 구입하려면 단위당 ₩1,000이 필요한데, 그 부품을 구입하여 완제품을 충분히 제조하여 외부에 판매했을 경우 최종판매가치는 ₩1,500이며 추가가공원가는 ₩700이어서 단위당 공헌이익이 ₩800밖에 되지 않는다면 구매부서는 대체거래시 ₩800 이상을 지불하려고 하지 않을 것이므로 최대 구입가격은 ₩800이 되는 것이다. 그러므로 구매부서의 입장에서는 두 가지 금액 중 작은 금액이 내부대체에 따른 최대 구입가격이 된다. 결국 공급부서에서는 비싸게 팔수록 좋은 것이므로 최소한 받아야 할 한도가 존재하게 되고, 구매부서의 입장에서는 싸게 살수록 좋은 것이므로 최대한 줄 수 있는 한도가 존재하게 된다는 것을 알 수 있다. 이러한 최소한도와 최대한도 내에서 대체가격이 결정되면 기업 전체의 입장에서는 대체거래를 하는 것이 유리하지만, 그렇지 않으면 대체거래를 하지 않고 공급부서는 외부에 판매하고 구매부서는 외부에서 구입하는 것이 기업 전체의 이익을 극대화하게 된다.

2 성과평가 기준

분권화된 조직에서 각 사업부 경영자는 자신의 경영 실적에 대해 회사의 최고경영자로부터 성과평가를 받게 된다. 그러므로 각 사업부 경영자는 내부대체거래에 대한 의사결정에 있어서도 이러한 점을 고려할 수밖에 없다. 즉 대체가격이 공정하게 설정되지 않으면 사업부 경영자의 성과평가에 불리하게 작용할 수 있게 되고, 사업부 경영자의 불만과 불신을 조장하여 의욕을 상실시킬 뿐만 아니라 결국에는 분권화의 목적을 달성하지 못하게 된다. 이러한 점에서 성과평가 기준에 따르면 대체가격의 공정성 확보가 중요한 문제가 되는 것이다. 그렇다면 공정한 성과평가를 위한 대체가격은 어떤 것이어야 하는가? 일반적으로는 내부대체거래의 대상이 되는 제품의 시장가격으로 대체가격을 설정하면 공정하게 인식할 것이다. 즉 내부대체거래를 함으로 인해 각 사업부가 회사 전체에 공헌하는 정도를 정확하게 측정하는 것을 공정성이라고 한다면, 각 사업부의 공헌도를 가장 잘 측정하는 대체가격은 결국 시장가격이 될 것이기 때문이다. 여기서 각 부서의 공헌도를 어떻게 나타낼 수 있을까? 공급부서의 공헌도는 구매부서가 회사 외부에서 구입할 경우에 지불해야 할 외부구입가격에서 중간제품 생산시의 증분원가를 차감한 값이 된다. 예를 들면, 구매부서가 중간제품 Q를 외부에서 구입하려면 100원을 지불하여야 하는데 공급부서에서 증분원가 60원을 들여서 생산했다면 공급부서는 40원만큼 회사 전체의 이익에 기여한 것이 된다. 반면에 구매부서의 공헌도는 중간제품을 가공한 후의 최종제품의 판매가격에서 구매부서에서의 추가가공원가를 차감하여 얻은 이익에서 공급부서가 중간제품을 그대로 판매했더라면 획득할 수 있었던 순이익을 차감함으로써 구할 수 있다. 예를 들어, 구매부서에서의 추가가공원가는 50원이고 최종제품의 판매가격은 150원이며, 공급부서가 중간제품 Q를 외부로 그대로 판매했더라면 60원의 이익을 얻을 수 있었다고 하자. 공급부서가 중간제품을 외부에 그대로 판매했더라면 60원의 이익을 얻는데 그치지만 내부대체거래를 하여 구매부서가 100원의 이익(=150-50)을 획득했다면 회사 전체로 보아서는 40원의 추가이익(=100-60)

을 얻을 수 있도록 구매부서가 공헌한 것이 되는 것이다. 결국 공정한 대체가격은 이러한 공급부서와 구매부서의 회사 전체 이익에의 공헌도를 공정하게 평가할 수 있는 것이어야 함을 알 수 있는데, 이러한 기준을 만족시키는 것은 중간제품의 시장가격이라는 것이다. 중간제품의 시장가격에서 크게 벗어나는 대체가격은 공급부서나 구매부서의 공헌도를 왜곡하여 보여주기 때문에 올바르게 성과평가를 받지 못한 부서 경영자는 이와 같은 대체가격에 불만을 품게 될 것이며, 결국 회사 전체의 장기적인 성과 향상에 부정적인 영향을 미치게 되는 것이다.

3 자율성 기준

대체가격의 결정이나, 내부판매를 할 것이냐 아니면 외부판매로 나갈 것이냐의 결정에 있어 어느 정도까지의 부문에 자율권을 부여할 것인가라는 문제가 자주 거론된다. 즉, 비록 최적의사결정이 아닌 준최적의 의사결정을 내릴 가능성이 있다 할지라도 부문관리자에게 의사결정의 완전한 자율성을 보장해주는 제도와, 비록 부문의 자율성을 침해할지라도 부문관리자에게 회사 전체의 관점에서 최적이 되는 의사결정을 내리도록 중앙부서에서 지시하는 제도 중 어느 것을 선택할 것인가 하는 문제이다. 예를 들어, 공급부서에 유휴생산시설이 있는 상태에서 각 사업부 관리자들이 대체가격에 대해 합의하지 못하는 경우에 최고경영자는 이에 개입하여 이를 강제적으로 해결해야 하는가?

물론 사업부 관리자들 간의 이러한 분쟁을 조정하려는 노력은 항상 경주되어야 할 것이다. 그러나 사업부의 자율성을 보장하려면 사업부 관리자들이 특정 대체가격에 대해 합의하도록 강요해서는 안 된다는 것이 최고경영자들의 일반적인 견해이다. 즉, 대체가격에 관한 분쟁에서 특정 사업부의 관리자가 자신의 견해를 끝까지 주장함으로 인해 최적 대체가격이 결정되지 못한다 하더라도 사업부 관리자의 주장을 존중하여야 한다는 것이다. 이는 사업부의 자율성을 보장하기 위해 회사가 지불해야 하는 대가인 것이다. 상황이 어렵다고 하여 최고경영자가 개입하여 어떤 의사결정을 강요하면 그 회사는 중요하지 않은 의사결정이나 책임만을 사업부에 위임한 사실상의 중앙집권적 조직이라 할 수 있을 것이다. 간단히 말해서 각 사업부문이 독립적인 이익중심점으로서뿐만 아니라 자율적인 사업부 단위로 간주되기 위해서는 사업부 관리자가 경영에 관한 권한을 가지고 있어야 한다.

특정 부문이 계속적으로 잘못된 의사결정을 하면 그 결과가 그 부문의 수익률에 반영될 것이므로 그 부문의 관리자는 결국 자기부문의 성과를 개선하여야 할 필요가 있다는 것을 발견할 것이다. 그렇더라도 부문관리자 자신이 난처한 상황으로 빠지게 되는 것 자체까지도 분권화 개념이 성공적으로 운용되기 위해서는 존중되어야 한다. 여러 사업부들로 구성된 대규모 기업들 중에서 비교적 성공한 기업들은 엄격히 통제된 중앙집권적 경영보다 사업부의 자율성을 보장해 주는 독립적 이익중심점으로서 경영하고 있는 기업이 훨씬 더 많다. 물론 사업부 관리자의 개인적 고집, 불화 등으로 인하여 준최적화가 야기되는 경우도 종종 발생하지만 이는 자율성을 보장해 줌으로써 얻어지는 동기부여 측면의 효익을 위해 지불해야 하는 최소한의 대가인 것이다.

제 3 절 대체가격의 결정방법

1 원가에 의한 대체

많은 기업들이 부문 간의 재화이전에 공급부문의 이익요소를 배제한 누적원가를 사용하고 있다. 이렇게 결정된 대체가격은 변동비들만으로 결정되거나, 고정비까지 포함하여 대체할 때까지 누적된 전부원가를 기준으로 결정된다. 이 원가접근법을 통한 대체가격 결정이 단순하기는 하나 몇 가지 중요한 결점을 갖고 있다. 다음의 예를 살펴보자.

예 2 여러 부문들로 구성된 회사에, 여러 정부하청 업체들에 의해 부속품으로 사용되는 계전기를 생산하는 계전부문이 있다고 가정하자. 계전기는 ₩12의 변동제조비가 소요되며 ₩20에 판매된다. 계전기 1개당 1시간의 직접노동시간이 소요되며, 부문의 연간 생산능력은 50,000개이다.

이 회사에는 모터부문도 있다. 이 부문에서는 계전기가 부품이 되는 모터를 개발했는데 여기에 들어가는 계전기는 계전부문에서 현재 생산되는 계전기와는 다른 것이다. 필요한 계전기를 조달하기 위해 모터부문은 두 개의 대안을 가지고 있다.

① 연간 50,000개를 주문한다는 조건으로 외부 공급자로부터 개당 ₩15에 구입한다.
② 새로운 계전기를 회사의 계전부문에서 제조할 수 있다. 새로운 계전기를 제조하기 위해서는 계전부문의 모든 생산능력이 소요되므로 계전부문은 기존의 계전기 생산을 중단해야 한다. 기존의 계전기와 마찬가지로 새 계전기의 생산에도 단위당 1시간의 직접 노동시간이 소요되며, 변동제조비는 단위당 ₩10이다.

계전기 외에 모터 한 단위당 ₩25의 추가적 변동비가 들며, 모터의 단위당 판매가격은 ₩60이다.

계전부문이 현재의 제품생산을 포기하고 모터부문을 위해 새로운 계전기를 생산해야 하는가, 아니면 현재의 제품을 계속 생산하고 모터부문으로 하여금 외부에서 새로운 계전기를 구입하도록 해야 하는가? 우선, 모터부문이 외부 공급자로부터 개당 ₩15에 새로운 계전기를 공급받고, 계전부문은 기존의 계전기를 계속 생산한다고 가정하자. 이 결정이 각 부문과 회사 전체에 미치는 영향을 파악하기 위해 〈표 15-1〉의 윗부분(대안 1)에 부분적인 손익계산서가 제시되어 있다. 이 대안이 받아들여질 경우 각 부문은 양의 공헌이익을 갖게 되고, 회사 전체로도 연간 ₩1,400,000의 공헌이익을 낼 수 있음을 알 수 있다.

두 번째로 모터부문이 새로운 계전기를 계전부문으로부터 이 부문의 단위당 변동비인 ₩10을 주고 내부적으로 구입한다고 가정하자. 이는 계전부문으로 하여금 현재의 외부거래를 중단하게 만든다. 표면적으로는 이 결정이 계전기의 변동비가 기존 계전기의 ₩12에 비해 ₩10밖에 되지 않고, 모터부문이 계전부분 이외에는 계전기를 외부공급자로부터 단위당 ₩15에 구입할 수밖에 없다는 사실 때문에 좋은 의사결정인 것처럼 보인다. 그러나 〈표 15-1〉의 아래 부분(대안 2)을 보면 이런 착각은 즉시 사라진다. 이 대안은 회사 전체의 공헌이익을 연간 ₩150,000이나 감소시킴을 알 수 있다.

〈표 15-1〉 원가로 부문 간 대체가격을 설정할 때의 영향

대안 1: 모터부문은 단위당 ₩15에 새로운 계전기를 외부 공급자로부터 구입하고, 계전부문은 기존의 계전기를 계속 생산 · 판매한다.

	연간 50,000단위		회사 전체
	계전부문	모터부문	
매출액(계전기당 ₩20, 모터당 ₩60)	₩1,000,000	₩3,000,000	₩4,000,000
(−)변동비(계전기당 ₩12, 모터당 ₩40*)	600,000	2,000,000	2,600,000
공헌이익	₩400,000	₩1,000,000	₩1,400,000

대안 2: 모터부문이 계전부문으로부터 계전부문의 단위당 변동비인 ₩10의 대체가격에 새로운 계전기를 구입한다. 이에 따라 계전부문은 기존의 외부거래를 중단한다.

	계전부문	모터부문	회사 전체
매출액(계전기당 ₩10, 모터당 ₩60)	₩500,000	₩3,000,000	₩3,000,000‡
(−)변동비(계전기당 ₩10, 모터당 ₩35†)	500,000	1,750,000	1,750,000‡
공헌이익	₩ -0-	₩1,250,000	₩1,250,000
대안 2가 채택될 경우 회사 전체의 공헌이익 감소			₩150,000

* ₩15(외부구입가격, 계전기당)+₩25(기타 변동비)=₩40(모터당)
† ₩10(내부대체가격, 계전기당)+₩25(기타 변동비)=₩35(모터당)
‡ ₩500,000의 내부매출은 제외되었다.

여기에 원가기준 대체가격 결정의 결점이 있다. 원가기준 대체가격 결정은 부문 간의 대체가 언제는 이루어져야 하고 언제는 이루어지지 말아야 하는지를 알려주는 장치가 없기 때문에 회사 전체로 보았을 때 역기능적인 의사결정을 초래할 수 있다. 앞의 경우는 대체가 이루어지지 말아야 하는 경우이다. 계전부문은 기존의 계전기를 정부 계약업자들에게 공급하고, 모터부문은 새로운 계전기를 외부 공급업체로부터 구입해야 한다. 이것은 〈표 15-1〉의 손익계산서 자료를 보면 자명하지만, 여러 개의 생산부문이 관련될 경우 결론을 내리기가 모호해질 수 있다. 따라서 원가에 의한 대체가격 결정이 이루어질 경우 회사 전체의 수익에 악영향이 있을 수 있으며 이런 사실을 관리자가 모르고 넘어갈 수 있다.

〈표 15-1〉에는 원가에 기초를 둔 대체가격 결정의 또 다른 결점이 나타나 있다. 이익을 내는 단 하나의 부문은 외부고객에게 제품을 판매하는 최종 사업부문이다. 다른 부문들은 그들이 투여한 노력에도 불구하고 이익이 발생하지 않는다. 따라서 투자 수익률이나 잔여이익에 의한 성과평가가 불가능하다.

원가를 기초로 한 대체가격 결정의 또 다른 중요한 결점은 공급부문이 원가통제를 수행하게끔 동기부여를 제공하지 못한다는 데 있다. 한 부문의 원가가 다른 부문으로 그대로 이전될 때 누구도 원가를 통제하겠다는 동기를 갖지 않게 된다. 즉, 실제원가를 기초로 대체가격을 결정하면 공급부문에 비능률이 있는 경우에 이 비능률이 그대로 구매부문에 전가되며, 그 결과 최종 구매부문(제품을 외부에 판매하는 최종 사업부문)은 그 이전단계의 여러 부문들에 의해 누적된 비능률을 모두 부담하게 되어 경쟁업자에 비해 수익성이 상대적으로 낮게 나타난다. 경험적으로 볼 때, 대체시점에서 원가에 대해 일정한 형태의 경쟁적 압력을 가하지 않으면 낭비와 비능률은 거의 불가피하게 발생한다.

이러한 결점들에도 불구하고 원가기준 대체가격 결정은 널리 사용된다. 이 방법의 옹호자들은 이해하기 쉬운 점과 사용에 편리함을 높게 평가한다. 대체가격이 원가를 기초로 결정되려면 실제원가보다는 표준원가를 기초로 한 금액을 대체가격으로 설정하는 것이 바람직하다. 그렇게 하는 것이 최소한 한 부문의 비능률을 다른 부문으로 이전시키는 것을 막을 수 있기 때문이다.

참 고 대체가격의 계산의 일반공식

부문 간의 적정한 대체가격을 계산하는 작업의 시발점으로 관리자들이 사용할 수 있는 일반공식이 존재한다. 이 공식에 의하면, 대체가격은 대체되는 제품의 단위당 변동비에 외부판매를 포기함으로 인해 공급부문이 잃어버린 단위당 공헌이익을 합한 금액이어야 한다. 공식은 다음과 같이 나타낼 수 있다.

대체가격=단위당 변동비+잃어버린 외부판매로부터의 단위당 공헌이익

이 공식을 앞의 자료에 적용해 보면, 계전부문이 새로운 계전기에 부과해야 할 적절한 대체가격은,

대체가격 = ₩10(새 계전기의 변동비)
+₩8(외부판매를 포기함으로 인해 잃어버린 공헌이익: ₩20의 판매가-₩12의 변동비)
=₩18(단위당)

이렇게 도출된 대체가격을 놓고 볼 때, 모터부문은 계전기를 외부로부터 단위당 ₩15에 구입할 수 있기 때문에 부문 간 대체가 이루어지지 말아야 한다는 것이 관리자들에게 명백해진다. 이 대체가격은 관리자들로 하여금 올바른 의사결정을 내리게 해주며, 이익에 악영향을 미치지 않도록 해준다.

여기서 두 가지 더 명심하여야 할 사항들을 지적하고 넘어가야 할 것이다. 첫째, 공급부서는 외부고객에게 판매할 때와 최소한 동일한 수익을 얻기 위해 공식에 의해 계산된 만큼의 대체가격은 받고자 할 것이기 때문에, 공식에 의해 결정된 가격은 항상 대체가격의 하한을 나타낸다. 어떤 조건들하에서는(차후에 논의되겠지만), 대체가격이 공식에서의 가격보다 크기도 하지만, 이보다 작을 수는 없다. 공식의 금액보다 작게 되면 공급부문과 회사 전체가 손실을 보게 된다. 둘째, 공식에 의한 대체가격은 경쟁적인 시장조건에 기준하여 계산된 것이다. 다음에서는 시장가격에 기초한 대체가격 결정 문제에 대해 논의해 보자.

2 시장가격에 의한 대체

(1) 일반적 고려사항

경쟁적 "시장가격"(market price: 공개시장에서 형성된 가격)은 대체가격을 결정하는 데 있어 최선의 방법으로 여겨지고 있다. 그 이유는 시장가격의 사용이 이익중심점 개념과 잘 조화되며, 조직의 여러 수준에서 이익을 기초로 한 성과평가가 가능하기 때문이다. 시장가격을 대체가격으로 사용하면 최종 판매부서만 이익을 내는 것이 아니라 모든 부문이 자신의 노력에 따른 이익을 보고할 수 있다. 시장가격 접근법은 또한 부문관리자가 내부 대체거래를 해야 하는 경우와 하지 말아야 하는 경우를 구분하는 데 도움을 주며, 일상적 업무에서 발생하는 대체거래 상의 제반문제에 대해 최적의 의사결정을 내리도록 유도한다.

시장가격 접근법은 고도로 분권화된 조직에 적합하다고 볼 수 있다. 고도로 분권화된 조직이란 부문관리자들이 충분한 자율성을 갖고 의사결정을 하여 각 부문이 자신의 이익에 책임을 지는 사실상의 독립된 사업체로 간주될 수 있는 경우를 말한다. 이와 같이 시장가격을 대체가격으로 사용하는 데 있

어 그 바탕이 되는 이념은 각 부문들이 별개의 독립된 기업처럼 행동하고 공개시장에서 객관적으로 거래를 수행하는 경쟁적 시장 환경을 조성한다는 데 있다. 대체가격이 실제 시장상황을 반영하는 만큼 부문 영업결과가 경영성과 평가의 훌륭한 기준을 제공해 준다.

시장가격 접근법이 갖는 또 다른 장점을 생각해 보자. 내부 대체거래는 회사의 제품이나 서비스가 디자인, 품질, 성능 및 가격면에서 외부의 제품이나 서비스보다 좋거나 같아야 이루어질 수 있으며, 납기일정도 잘 맞아야 한다. 이러한 조건들이 충족되는 한, 구매부서는 손해를 보지 않으며 공급부서는 회사의 이익에 공헌한다. 구매부서도 보다 나은 품질관리, 계속적인 공급에 대한 확신, 적시납품과 같은 보이지 않는 혜택을 누릴 수 있다.

앞의 공식 외에도 부문 간의 대체거래에 시장가격을 사용할 경우에는 다음과 같은 몇 가지 지침을 따라야 한다.

① 구매부문은 공급부문이 외부시장가격에 내부적으로 판매하고자 할 경우 이를 구매하여야 한다.
② 공급부문이 외부시장가격보다 높게 받을 경우, 구매부문은 외부시장에서 구입할 수 있는 권한이 있어야 한다.
③ 공급부문도 제품을 내부대체하지 않고 외부시장에 판매할 수 있는 권한이 있어야 한다.
④ 대체가격에 대해 부문 간 일치를 보지 못할 때 이를 해결하기 위한 공정한 위원회가 설립되어야 한다.

(2) 중간제품시장이 존재할 경우

모든 회사나 부문이 똑같은 시장여건에 처해 있는 것은 아니다. 어떤 경우에는 자매부문이 공급부문의 유일한 고객일 때도 있다. 또 다른 경우에는 공급부문의 제품 전체 또는 일부에 대해 중간제품시장(intermediate market)이 존재하기도 한다. 따라서 중간제품시장이 존재하는 경우, 각 사업부는 제품을 중간제품시장에서 외부고객에 팔거나 사내의 다른 부문에 대체하거나 어느 것이든 자유롭게 선택할 수 있다. 이 단원에서는 중간제품시장이 존재할 경우의 대체가격 문제를 다루어 보자.

망설임 회사의 사업부 A는 중간제품을 생산하여 이를 사업부 B에 대체하거나 외부시장에 판매할 수 있다고 가정하자. 각 사업부의 제품단위당 수익 및 비용은 아래와 같다.

사업부 A		사업부 B	
중간제품의 외부판매가격	₩25	최종제품의 외부판매가격	₩100
변동비	15	사업부 A로부터의 대체가격 (또는 외부구입가격)	25
		추가가공원가	40

두 사업부 간에 대체거래가 이루어지기 위해서는 대체가격이 얼마로 결정되어야 하는가? 이 경우 그 해답은 간단하다. 대체가격은 ₩25이 되어야 한다. 이 가격은 사업부 A가 외부시장에 판매할 때 얻을 수 있는 금액인 동시에 사업부 B가 외부시장의 공급업자로부터 구입한다고 할 때 지불해야 하는 금액이기도 하다.

대체가격=단위당 변동가격+잃어버린 외부판매로부터의 공헌이익
=₩15+(₩25 − ₩15)
=₩25

그림 15-1 시장가격에 의한 대체: 중간제품시장이 존재할 경우

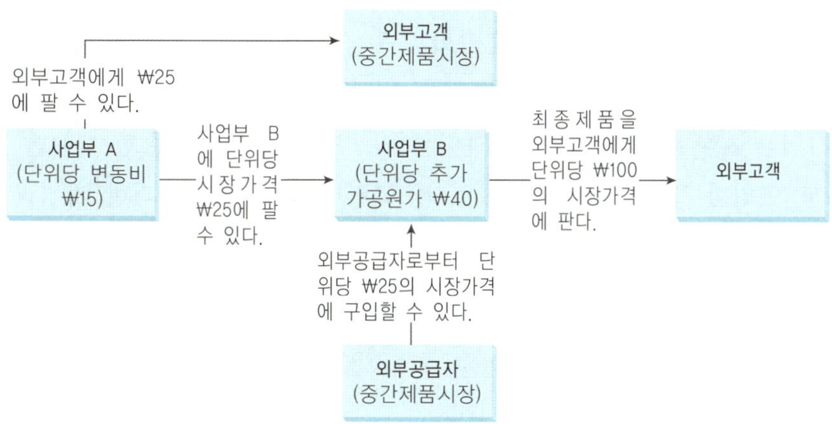

두 사업부가 당면한 선택이 〈그림 15-1〉에 나타나 있다. 사업부 A가 사업부 B로부터 단위당 ₩25의 대체가격을 받는 한 모든 제품을 기꺼이 내부대체하려 할 것이다. 사업부 B에 판매하는 데 있어 사업부 A는 외부에 ₩25에 판매하는 것과 동일한 결과를 갖게 될 것이다. 마찬가지로, 외부공급자의 가격이 ₩25 이하로 내려가지 않는 한 사업부 B는 사업부 A에 그 가격을 지불하려고 할 것이다. 따라서 ₩25의 시장가격은 두 사업부 모두 받아들일 수 있는 대체가격이 될 수 있다. 이 가격에 대체가 이루어진 결과는 다음과 같다.

	사업부 A	사업부 B	회사 전체
단위당 판매가	₩25	₩100	₩100
단위당 추가가공원가	15	40	55
단위당 대체가격	–	25	–
단위당 공헌이익	₩10	₩35	₩45

회사 전체의 실현된 공헌이익은 단위당 ₩45이다. ₩25의 중간제품 시장가격을 사내대체에 적용함으로써 회사는 공헌이익 중 사업부 A의 노력에 의해 발생한 부분과 사업부 B의 노력에 의해 발생한 부분을 구분할 수 있다. 이러한 자료는 투자 수익률이나 잔여이익을 사용하는 경영성과 평가에서 훌륭한 기준을 제공한다.

(3) 중간제품시장에서의 가격변화

앞에서 우리는 중간제품시장에서 완전한 가격균형이 이루어진다고 가정하고, 사업부 B는 사업부 A에서 부과되는 ₩25의 가격으로 필요한 제품을 시장에서도 구입할 수 있다고 가정하였다. 그러나 실제로는 완전한 가격균형이 늘 존재하는 것은 아니며, 여러 가지 이유 때문에 가격인하를 실시하는 몇몇의 공급자들에 의해 균형이 깨지게 된다. 앞의 예로 돌아가서, 외부공급자가 사업부 B에게 사업부 A에서 부과하는 일반 시장가격 ₩25보다 낮은 ₩20의 가격으로 공급할 것을 제의했다고 가정하자. 사업부 B는 이 외부의 제안을 받아들여야 할 것인가, 아니면 사업부 A가 사업부 B에 계속 공급하기 위해

가격을 ₩20으로 낮추어야 하는가? 이에 대한 답은 판매부서인 사업부 A에 유휴 생산능력이 있느냐 없느냐에 달려 있다.

1) 판매부서가 완전조업도 상태인 경우

판매부서인 사업부 A가 완전조업도하에 있는 경우에 사업부 B에게도 내부대체를 하기 위해서는 외부판매를 포기해야 한다. 이런 상황에서의 대체가격은 앞에서와 같은 방법으로 계산된다.

대체가격=단위당 변동비+잃어버린 외부판매로부터의 공헌이익
=₩15+(₩25의 외부판매가－₩15의 변동비)
=₩15+₩10
=₩25

위의 공식에 의해 계산된 가격은 판매부서가 최소한 외부고객에 판매할 경우와 같은 만큼의 수익을 얻을 수 있게끔 대체가격 계산 공식이 만들어졌기 때문에 대체가격의 하한가를 나타낸다. 그러므로 사업부 A는 사업부 B에 판매하기 위한 가격을 ₩20으로 낮추어서는 안 된다. 사업부 A가 가격을 인하할 경우 단위당 ₩5의 공헌이익을 잃게 되며, 사업부 A 자신뿐만 아니라 회사 전체에도 악영향을 미치게 된다.

요약하면, 판매부서가 내부판매를 위해 외부판매를 포기해야 하는 경우에는 대체가격 결정에 기회비용을 반드시 고려해야 한다. 공식에서 볼 수 있는 바와 같이 이 기회비용은 외부판매를 포기함에 따라 잃게 되는 공헌이익이다. 대체가격이 이러한 기회비용과 변동 판매비를 보상할 만큼 충분히 높지 못하면, 대체는 이루어지지 말아야 한다.

2) 판매부서에 유휴 생산능력이 있는 경우

판매부서에 유휴 생산능력이 있는 경우에는 상황이 바뀌게 된다. 이런 상황하에서는 판매부서의 기회비용이 이 유휴 생산설비를 어떻게 사용하느냐에 따라 0이 될 수도 있다. 기회비용이 0이 되더라도 많은 관리자들은 시장가격에 근거하여 결정되어야 한다고 주장한다. 다른 관리자들은 기회비용이 0이거나 0에 가까운 유휴설비에 대해서는 대체가격이 협상에 의해 시장가격

보다 낮은 곳에서 결정되어서 구매부서나 판매부서 모두 사내거래로부터 이익을 볼 수 있도록 해야 한다고 주장한다.

판매부서에 유휴 생산능력이 있는 경우에는 판매부서가 변동비 이상의 가격을 받을 수 있는 한 모든 부서가 내부대체 거래를 함으로써 외부구입보다 이득을 볼 수 있다. 앞의 예를 가지고 이를 증명해보자. 앞에서와 마찬가지로 외부 공급자가 사업부 B에 필요한 제품을 ₩20의 가격으로 공급할 것을 제의해 왔다고 가정하자. 동시에 사업부 A는 사업부 B의 필요량 모두를 공급해 줄 수 있는 유휴능력이 있으며, 현재 시장가격인 ₩25에 외부시장에의 추가 판매가능성이 없는 것으로 가정하자. 공식을 사용해 보면 사업부 A와 사업부 B 사이의 대체가격은 다음과 같다.

대체가격=단위당 변동비+잃어버린 외부판매로부터의 공헌이익
=₩15+₩0
=₩15

앞에서 언급한 대로 ₩15은 대체가격의 하한을 나타낸다. 실제로 대체가격은 이 ₩15과 사업부 B가 외부구입시 지불할 시장가격인 ₩20 사이의 어느 곳에서나 설정될 수 있다. 이런 상황에서는 아래와 같이 대체가격의 범위가 형성된다.

₩15 ←—— 대체가격 범위 ——→ ₩20

최소대체가격 최대대체가격

판매부문인 사업부 A가 가격인하를 꺼려할 경우, 사업부 B의 필요량을 공급하기 위해 가격을 ₩20으로 낮추도록 종용되어야 하는가? 이에 대한 답은 '아니오'이다. 앞에서 제시한 지침은 판매부문이 내부대체를 꼭 해야 한다는 면에서 나온 것은 아니다. 제품단위당 ₩20을 받기보다는 사업부 A는 이의 유휴설비를 보다 수익성이 있는 제품의 생산에 돌리거나 그대로 놀리는 것을 선호할 수도 있는 것이다.

만일 사업부 A가 외부경쟁자와 같은 수준인 ₩20으로 가격인하를 하지 않을 경우, 그래도 사업부 B는 ₩25을 지급하면서 제품을 내부조달하도록 강요되어야 하는가? 이에 대한 답도 역시 '아니오'이다. 앞에서 제시한 지침이 시사하고 있는 바는 판매부문이 가격을 외부 시장가격 수준으로 낮추려 하지 않을 경우 구매부문은 가장 최선의 가격으로 외부에서 자유롭게 구매할 수 있다는 점이다. 그러나 판매부문에 유휴설비가 있고 동시에 구매부문이 외부공급자로부터 제품을 구입할 경우, 판매부문 및 회사 전체는 물론이고 구매부문에까지도 "준최적화"(suboptimization)의 결과를 초래하게 된다. 앞의 예에서, 만약 사업부 A가 ₩20에 사업부 B에 공급하는 것을 거절할 경우, 사업부 A 및 회사 전체적으로 단위당 ₩5의 잠재적 공헌이익을 상실하게 된다(₩20−₩15=₩5). 간단히 말하면, 공급부문에 유휴설비가 존재할 경우 공급자와 구매자가 모두 받아들일 수 있는 가격이 협상을 통하여 타결되어 대체가 내부적으로 성립될 수 있도록 모든 노력을 기울여야 한다.

3 협상 시장가격에 의한 대체

대체가격이 시장가격보다 낮은 것이 정당화될 수 있을 때가 있다. 예를 들면, 판매비 및 일반관리비가 사내대체의 경우 훨씬 낮거나 거래규모가 수량할인을 받을 수 있을 만큼 큰 경우이다. 또한, 앞에서 보았듯이 판매부문에 유휴설비가 존재할 경우 시장가격보다 낮은 가격이 정당화될 수 있다. 이러한 상황에서는 특정한 "협상 시장가격"(negotiated market price)이 적절한 대체가격이 될 수 있다. 여기서 협상 시장가격이란 상황을 적절히 고려하여 판매부문과 구매부문이 합의한 가격을 말한다.

협상 시장가격이 가장 널리 사용되는 경우는 중간제품에 대한 시장이 존재하지 않거나 시장가격을 알 수 없는 경우일 것이다. 예를 들어, 특정 사업부가 필요로 하는 중간제품을 외부시장으로부터는 구입할 수 없고, 따라서 내부에서만 생산되어야 하는 경우이다. 이런 상황에서는 구매부문과 회사 내의 공급부문 간에 대체가격에 대한 협의가 이루어져야 하는데 이때의 대체가격은 공급부문이 새로운 사업을 시작하기에 충분한 수준이어야 한다. 이럴 때 대체가격이 어떻게 결정되는지를 알아보기 위해 다음의 자료를 참조하자.

> Y부서는 특수부품을 필요로 하는 새로운 제품을 개발하였다. 회사 내의 X부서는 이 특수부품을 만들 수 있는 기술과 기계를 보유하고 있다. Y부서는 X부서에 이 특수부품을 연간 5,000개를 생산할 때 드는 단위당 가격에 대한 견적을 요청했다.
>
> Y부서는 이 부품을 생산하는 데 ₩8의 단위당 변동비가 들 것으로 판단하였다. 그러나 이 특수부품을 생산하려면 X부서는 기존에 생산하던 A제품의 생산을 연간 3,500단위만큼 줄여야 한다. A제품의 단위당 판매가는 ₩45이고 단위당 변동비는 ₩25이다. 특수부품에 대해 X부서는 Y부서에 얼마의 대체가격을 제시해야 하는가? 공식에 의하면 다음의 결과를 얻는다.
>
> 대체가격=단위당 변동비 + 잃어버린 외부판매로부터의 공헌이익
>
> 잃어버린 단위당 공헌이익:

A제품의 판매가	₩45
A제품의 변동비	25
A제품의 공헌이익	20
판매를 포기한 A제품 수량	×3,500
잃어버린 총공헌이익	₩70,000

$$\frac{\text{₩70,000의 A제품으로부터 잃어버린 공헌이익}}{\text{Y부서를 위해 제조될 5,000개의 부품}} = \text{₩14의 부품단위당 잃어버린 공헌이익}$$

∴ 대체가격=₩8의 변동비+₩14의 잃어버린 공헌이익
=₩22/부품

그러므로 X부서에서 제시하는 대체가격은 부속품단위당 ₩22보다 작아서는 안 된다. X부서가 이 특수부품 판매를 통해 자기부서의 이익을 늘리기 원한다면 이보다 높은 가격을 제시할 것이나 ₩22보다 낮은 가격을 제시하면 안 되는데, 만일 더 낮은 가격을 제시하면 회사 전체의 이익에 악영향을 미

치기 때문이다. ₩22이라는 가격이 Y부서의 입장에서 만족할 만한 가격이 아닐 경우에는 외주를 통한 부품조달을 해야만 할 것이다.

만약 위의 예에서 X부서에 유휴생산능력이 존재할 경우에는 어느 값이 대체가격이 되어야 하느냐가 모호해진다. 대체가격의 하한선은 변동비인 ₩8이 될 것이다. 그러나 어느 부서도 단순히 변동비만 회수하기를 원하지는 않을 것이므로 실제 대체가격은 부서관리자들의 협상결과에 따라 ₩8보다 커질 것이다. 이런 상황에서 판매부서는 대체가격을 구매부서에 제시할 때 원가에다 목표이익액을 가산해서 제시하는 것이 일반적이다.

제 4 절 대체가격에 대한 예제

1 상황 1

우물 회사에는 다음과 같은 표준 밸브를 제작 판매하는 밸브부문이 있다.

생산능력	100,000단위
중간제품시장에서의 판매가격	₩30
단위당 변동비	16
단위당 고정비(생산능력 기준)	9

이 회사에는 또 위의 밸브를 이용하여 펌프를 제작하는 펌프부문도 갖고 있다. 펌프부문은 해외공급자로부터 연간 10,000 단위의 밸브를 단위당 ₩29에 조달하고 있다.

요구사항

1. 밸브부문에 충분한 유휴설비가 있어 펌프부문의 모든 수요를 충족시킬 수 있다고 가정할 때, 두 부문 간 대체가격은 얼마가 되어야 하는가?
2. 밸브부문이 생산한 제품 전량을 외부시장에 팔 수 있다고 가정

할 때, 두 부문 간 대체가격은 얼마가 되어야 하는가? 또는 이 가격에서 대체가 이루어질 수 있는가?

3. 밸브부문이 생산한 제품 전량을 외부시장에 팔 수 있으며 사내 대체를 할 경우에는 판매비의 절감으로 인해 ₩3의 변동비를 줄일 수 있다고 가정하자. 두 부문 간 대체가격은 얼마가 되어야 하는가?

≪풀이≫ 1. 밸브부문에 유휴설비가 존재하기 때문에 펌프부문에 대체한다고 해서 외부판매를 포기할 필요가 없다. 그러므로 대체가격 공식에 대입하면 다음의 결과를 얻는다.

대체가격=단위당 변동비 + 잃어버린 외부판매로부터의 공헌이익
=₩16 + ₩0
=₩16

그러나 위의 대체가격 ₩16은 밸브부문의 변동비만을 회수하는 최소한의 가격을 나타낸다. 실제 대체가격은 ₩16과 펌프부문의 외부구입시 지불해야 하는 ₩29 사이에서 결정될 것이다. 따라서 대체가격은 부문 간 협상결과에 따라 결정되겠지만 대체가격의 범위는 ₩16과 ₩29 사이이다.

2. 밸브 부문이 생산하는 모든 제품을 외부 시장에 팔고 있기 때문에 펌프 부문에 대체하기 위해서는 그만큼 외부판매를 포기해야 한다. 대체가격 공식을 적용하면 다음과 같다.

대체가격=단위당 변동비 + 잃어버린 외부판매로부터의 공헌이익
=₩16 + ₩14*
=₩30
(* ₩30의 판매가 − ₩16의 변동비 = ₩14의 공헌이익)

펌프부문은 외부에서 단위당 ₩29에 밸브를 구입할 수 있으므로 두 부문 간의 대체는 이루어지지 않을 것이다.

3. 대체가격 공식을 적용하면 다음과 같다.

대체가격=단위당 변동비+잃어버린 외부판매로부터의 공헌이익
=₩13*+₩14
=₩27
(* ₩16의 변동비－₩3의 회피가능 변동비=₩13)

이 경우도 ₩27(하한)과 ₩29(펌프부문의 외부구입 가격)의 대체가격 범위가 존재하게 된다.

2 상황 2

상황 1의 자료를 참조하자. 펌프부문은 밸브부문에서 공급해 주어야 할 연간 20,000개의 특수밸브를 필요로 한다고 가정하자. 이 특수밸브를 제조하여 배달하는 ₩20의 변동비가 밸브부문에 발생한다. 또 이 특수밸브를 제조하기 위해서는 밸브부문의 일반밸브 생산을 반으로 줄여야 한다(즉, 일반밸브의 생산을 100,000단위에서 50,000단위로 줄여야 한다). 현재 밸브부문은 생산하는 일반밸브를 전량 외부시장에 판매하고 있다.

요구사항 만약 밸브부문이 펌프부문을 위해 특수밸브를 생산하기로 할 경우 얼마의 대체가격을 부과해야 하는가?

≪풀이≫ 20,000단위의 특수밸브를 생산하기 위해 밸브부문은 외부에 공급하던 일반밸브 50,000단위의 생산을 포기해야 한다. 50,000단위의 일반밸브로부터 잃어버린 공헌이익은,

50,000개×₩14=₩700,000

이 잃어버린 공헌이익을 20,000개의 특수밸브에 배분하면,

$$\frac{\text{₩700,000의 잃어버린 공헌이익}}{\text{20,000개의 특수밸브}} = \text{₩35}$$

이 금액을 대체가격 공식에 대입하여 특수밸브 단위당 대체가

격을 구하면 다음과 같다.

대체가격 = 단위당 변동비 + 잃어버린 외부판매로부터의 공헌이익
= ₩20 + ₩35
= ₩55

따라서 밸브부문이 일반밸브를 외부시장에 계속 공급할 경우와 동일한 이익을 얻기 위해서는 특수밸브 단위당 ₩55의 대체가격을 부과해야 한다. 밸브부문이 이익을 증가시키기 위해서는 단위당 ₩55 이상의 가격을 부과할 수도 있으나, 현재의 이익 수준을 유지하기 위해서는 최소한 ₩55은 부과해야 한다.

15 연습문제

15-1. (주)고려는 분권화된 두 개의 사업부 X와 Y가 있다. 최근 몇 년 동안 사업부 X는 사업부 Y로부터 단위당 ₩75의 가격으로 연간 1,000단위의 제품을 구입하여 왔다. 사업부 Y가 단위당 가격을 ₩100으로 인상하려는 계획을 세우고 있기 때문에 사업부 X는 이 제품을 외부공급자로부터 단위당 ₩75에 구입하고자 한다.

사업부 Y의 원가는 다음과 같다.

변동비	단위당	₩70
고정비	연간	₩15,000

만일 사업부 X가 외부공급자로부터 구입한다면, 사업부 Y가 이 제품을 제조하는 데 이용하고 있는 설비는 유휴설비가 된다. 다음 각 요구사항은 상호 독립적이다.

요구사항

1. 회사 전체의 관점에서 볼 때, 사업부 X는 사업부 Y로부터 단위당 ₩100의 가격으로 구입하여야 하는가, 또는 외부로부터 단위당 ₩75에 구입하여야 하는가?
2. 재료비 및 노무비의 상승으로 사업부 Y의 단위당 변동비가 ₩80이 되었다면 회사 전체의 관점에서 사업부 X는 사업부 Y로부터 구입하여야 하는가?
3. 사업부 Y는 최대조업도 수준(1,000단위)에서 생산하여 단위당 ₩90에 외부에 판매하고 있다. 그런데 사업부 X의 경영자가 단위당 ₩75에 판매해 줄 것을 제의해 왔다면 사업부 Y의 경영자는 이를 수락할 것인가? 만약 내부대체거래를 한다면 회사 전체의 관점에서 손익에 미치는 영향은 얼마인가? 사업부 X의 단위당 추가가공원가는 ₩10이다.

15-2. 봉우리 회사에는 사업부 P와 사업부 Q가 있다. Q사업부는 휴대용 전화기를 제조하고 있는데, 필요한 부품은 P사업부로부터 구입할 수도 있고 외부의 공급업자로부터 구입할 수도 있다. Q사업부에서 필요로 하는 연간 부품 소요량은 10,000개이며, P사업부에서 생산하는 부품과 관련된 자료는 다음과 같다.

연간 최대조업도	25,000개
단위당 변동제조원가	₩3,000
연간 고정비	₩1,500,000
단위당 외부판매가격	₩4,000

요구사항

1. 다음의 독립적인 상황하에서 P사업부의 단위당 최소 대체가격을 구하라.
   (a) P사업부의 외부판매량이 15,000개이고 설비의 대체적인 용도가 없는 경우
   (b) P사업부의 외부판매량이 15,000개이고 유휴설비를 외부에 임대한다면 연간 ₩100,000의 임대수익을 얻을 수 있는 경우
   (c) P사업부의 외부수요가 25,000개인 경우
   (d) P사업부의 외부수요가 20,000개이고 유휴설비의 대체적인 용도가 없는 경우
2. Q사업부는 단위당 ₩500의 추가가공비를 투입하여 고급형 휴대전화기를 생산할 수 있다. 이 고급형 휴대전화기를 단위당 ₩5,000에 판매할 수 있다면 Q사업부가 지불할 수 있는 대체가격의 상한선은 얼마인가? 부품의 외부시장가격은 ₩4,000이다.

15-3. 모나리자 회사는 남성용 향수만을 제조 판매하는 회사이다. 이 회사에는 향수를 생산하는 사업부와 향수병을 생산하는 사업부가 있다. 향수병사업부는 현재 80%의 조업도 수준에서 생산하고 있으며, 향수사업부에 대체하는 것 외의 외부 판매는 일체 하지 않는다. 향수병사업부는 향수사업부에 1병당 ₩100에 대체하고 있으며, 향수병의 생산과 관련된 원가는 다음과 같다.

1병당 변동제조원가	₩65
1병당 고정제조간접원가 배부액	₩25
	₩90

최근에 설립된 향수병 전문생산업체인 향기나 회사는 최근 1병당 ₩80에 향수병을 공급하겠다는 제의를 향수사업부에 해왔다. 향수병사업부의 고정제조간접원가는 향수병 생산여부에 관계없이 계속 발생한다.

요구사항

1. 목표일치성 기준으로 판단할 때 이 제의를 수락해야 하는가? 올바른 의사결정을 유도하는 대체가격의 범위를 제시하시오.
2. 당신이 향수사업부의 경영자라면 이 제의를 수락하겠는가? 설명하시오.
3. 향수병사업부의 입장에서 이 제의를 분석하시오.

15-4. (주)동원식품은 감자스낵을 생산, 판매하고 있는데 감자생산부, 스낵생산부로 구성되어 있다. 감자생산부는 최신 농법을 도입하여 감자를 생산하고 있으며 스낵생산부에 연간 500kg을 생산하여 대체하고 있다. 스낵생산부는 이렇게 제공받은 감자 500kg으로 감자스낵 1,000kg을 생산하여 2kg 단위로 상자에 넣어 상자당 ₩600에 도매상에 판매한다. 다음은 각 사업부의 원가 자료이다.

감자생산부:	감자 1kg당 변동비	₩20
	감자 1kg당 고정비	40
스낵생산부:	감자스낵 1kg당 변동비	₩60
	감자스낵 1kg당 고정비	40

고정비는 1년 동안 생산될 감자 500kg과 감자스낵 1,000kg에 근거하여 계산되었다. 회사는 생산된 모든 감자를 외부로 판매하지 않고 내부대체하고 있는데, 비슷한 감자스낵을 생산하고 있는 타회사들은 강원도의 감자조합으로부터 kg당 ₩120에 감자를 구입하고 있다.

요구사항

1. 생산된 감자스낵이 모두 판매되었다면 회사 전체의 영업이익은 얼마인가?
2. 최고경영자는 대체가격 결정 방법을 다음의 세 가지 방법 중에서 결정하려고 한다. 다음 각각의 방법하에서 대체가격을 구하시오.
   (a) 변동비의 200%
   (b) 전부원가의 150%
   (c) 시장가격

3. 회사는 각 사업부 영업이익의 5%에 해당하는 상여금을 사업부 관리자에게 지급한다. 지급될 상여금과 각 사업부 관리자가 선호할 방법을 제시하고 대체가격의 공정성이라는 관점에서 각각의 방법에 대해서 논하시오.

15-5. 미래주식회사의 사업부 K는 부품 Q를 생산하여 매월 평균 12,000단위를 외부 시장에 판매한다. 부품 Q와 사업부 K에 관한 자료는 다음과 같다.

부품 Q의 외부판매가격	단위당	₩1,000
변동제조원가	단위당	600
변동판매관리비	단위당	60(외부판매시)
		30(내부대체시)
사업부 K:		
고정비	매월	₩2,510,000
순자산		10,000,000
월간 최대조업도		15,000단위
목표투자수익률		14%

사업부 Y는 매월 1,000단위의 부품 Q를 이용해 제품 P를 생산하고 있다. 사업부 Y가 외부 공급업자에게서 부품 Q를 구입하려면 단위당 ₩800을 지불해야 한다. 두 사업부의 경영자는 완전한 자율성을 갖고 있으며, 사업부의 성과평가는 투자수익률(ROI)에 의한다.

요구사항

1. 사업부 K가 외부에만 부품 Q를 판매한다면 몇 개를 판매해야 목표투자수익률을 달성하는가?
2. 사업부 Y의 경영자는 사업부 K의 경영자에게 단위당 ₩800에 1,000단위를 대체할 것을 제의했으나, K의 경영자는 아래와 같은 계산을 해보고는 이를 거절했다. 대체가격이 원가에도 못 미친다고 생각했기 때문이다.

변동제조원가	₩600
변동판매관리비	₩30
고정비배부액	₩193.08(₩2,510,000÷13,000단위)
합 계	₩823.08

사업부 K가 사업부 Y의 제의를 받아들여 현재의 생산수준인 매월 12,000단위를 초과하여 생산하려면 추가적인 투자가 필요하며 이로 인해 순자산은 ₩1,500,000만큼 증가한다. 사업부 K의 경영자의 입장에서 최적 의사결정은 무엇인가?

3. 제품 P에 대한 외부수요가 대폭 증가하여 사업부 K가 사업부 Y에게 15,000단위의 부품 Q를 판매한다고 할 때 다음을 구하시오.
   (a) 사업부 Y의 입장에서 지급하고자 하는 최대대체가격
   (b) 사업부 K의 입장에서 받고자 하는 최저대체가격
4. 부품 Q의 외부시장 판매가격과 내부대체가격이 모두 ₩1,100이라고 가정하자. 사업부 Y가 외부에서 구입하는 가격과 기타 자료는 변함이 없다. 이때 회사 전체의 관점에서 최적의사결정은 무엇인가?

15-6. (주)비전은 가전제품만을 전문적으로 생산하는 회사이다. (주)비전에 있는 여러 사업부 중 甲사업부는 TV를 생산하여 판매하고 있는데, 여기에 필요한 브라운관을 지금까지 단위당 ₩70에 외부에서 구입하여 왔다. (주)비전에는 브라운관을 생산하는 乙사업부가 있으나 甲사업부가 필요로 하는 모델과 조금 다르기 때문에 대체하지 않고 외부에만 판매하고 있다. 甲사업부 경영자는 현재 ₩400인 TV의 단위당 판매가격을 5% 인하하여 2,400단위의 판매량을 증가시킬 것을 고려하고 있다. 현재에도 유휴설비가 충분하기 때문에 추가적인 설비투자는 필요없다. 甲사업부 경영자는 이와 함께 지금까지 외부에서 구입해 오던 브라운관을 乙사업부로부터 구입할 것도 고려하고 있다. 乙사업부의 입장에서는 생산시설의 변경 없이도 甲사업부에서 필요로 하는 브라운관을 생산할 수 있는데, 이렇게 하면 변동제조원가는 단위당 ₩1.5이 적게 들고 판매비가 발생하지 않는다. 甲사업부 경영자는 乙사업부 경영자로부터 모든 브라운관을 단위당 ₩50에 구입하기를 원한다. 甲사업부의 내년 예산손익계산서는 다음과 같으며, 이 손익계산서는 판매량 15,000단위에 기초한 것이다.

	단 위 당	총 액
매 출	₩400	₩6,000,000
제조원가		
브라운관	70	(1,050,000)
기타 재료	37	(555,000)
직접노무비	30	(450,000)
변동제조간접비	45	(675,000)
고정제조간접비	32	(480,000)

매출총이익	186	2,790,000
영업비		
변동판매비	18	(270,000)
고정판매비	19	(285,000)
고정관리비	38	(570,000)
순이익	111	1,665,000

乙사업부의 내년 예산손익계산서는 다음과 같다. 이는 甲사업부를 고려하지 않은 64,000단위의 판매량을 기초로 하여 작성된 것이다. 乙사업부의 최대조업도는 75,000단위이다.

	단 위 당	총 액
매출	₩100	₩6,400,000
제조원가		
원재료	12	(768,000)
직접노무비	8	(512,000)
변동제조간접비	10	(640,000)
고정제조간접비	11	(704,000)
매출총이익	59	3,776,000
영업비		
변동판매비	6	(384,000)
고정판매비	4	(256,000)
고정관리비	7	(448,000)
순이익	42	2,688,000

요구사항

1. 甲사업부가 단위당 ₩50에 브라운관을 내부대체 받을 수 없는 상황이라고 하자. 이때에도 TV의 가격을 5% 인하하여야 하는가?
2. 위 요구사항과는 관계없이 甲사업부는 17,400단위의 브라운관을 필요로 한다고 하자. 다음 물음에 답하시오.
   (a) 乙사업부의 입장에서 단위당 ₩50에 브라운관을 공급하여야 하는가?
   (b) 회사 전체의 입장에서는 乙사업부가 甲사업부에게 단위당 ₩50에 브라운관을 공급하는 것이 바람직한가?
3. 17,400단위 대체시 甲사업부의 최대대체가격과 乙사업부의 최저대체

가격을 구하시오.

15-7. 사운드 회사의 오디오 부문은 오디오 제품에 폭넓게 사용되는 스피커를 생산한다. 스피커의 매출, 비용자료는 다음과 같다.

유통시장의 단위당 판매가격	₩60
단위당 변동비	42
단위당 고정비(생산능력기준)	8
생산능력	25,000

사운드 회사는 부품의 하나로서 스피커를 사용하는 Hi-Fi 부문을 설립했다. Hi-Fi 부문은 연 5,000개의 스피커를 필요로 한다. Hi-Fi 부문은 다른 스피커 생산자로부터 5%의 수량할인도 가능한 개당 ₩60의 제안을 받았다.

요구사항

1. 오디오 부문은 유통시장의 고객에게 연 20,000개의 스피커를 판매하고 있음을 가정하자. Hi-Fi 부문에 판매를 시작하고, 각 부문이 독립적 투자중심점이라면, 당신이 추천할 만한 대체가격은 얼마인가? 그리고 그 이유는?
2. 오디오 부문은 외부 유통시장의 고객에게 생산된 스피커 모두를 판매한다고 가정하자. 이 변화가 위의 대체가격에 영향을 줄 것인가? 설명하시오.

15-8. 아래의 각 사례에서 부문 X는 외부시장에 제품을 판매하든가, 또는 생산목적을 위해 이를 필요로 하는 부문 Y에 판매할 수 있다고 가정하시오.

	사례	
	A	B
부문 X:		
생산능력	200,000	200,000
외부시장에 판매된 개수	200,000	160,000
외부시장에의 판매가격	₩90	₩75
단위당 변동비	70	60
단위당 고정비	13	8
부문 Y:		
생산에 필요한 수량	40,000	40,000
외부공급자로부터의 구입가격	₩86	₩74

요구사항

1. 사례 A의 자료에 관해, 단위당 변동비 ₩3이 내부판매에서는 회피가 능하다고 가정하시오.
   (a) 대체가격 공식을 이용하여 부문 X가 부문 Y에 부과해야 하는 대체가격을 결정하시오.
   (b) 대체가 두 부문 사이에 이루어질 것인가? 설명하시오.
2. 사례 B의 자료에 관해, 두 부문 사이의 판매가 이루어질 수 있는 대체가격의 범위는 무엇인가?(필요시 대체가격 공식 사용)

15-9. 바람 회사는 종이제품 생산에 이용되는 나무펄프를 생산하는 펄프부문을 운영하고 있다. 톤당 펄프와 관련된 수익과 비용은 다음과 같다.

판매가격		₩70
(−)비용:		
변동비	₩42	
고정비(5,000t 생산기준)	18	60
순이익		₩10

바람 회사는 종이상자를 생산하는 소규모의 회사를 인수했다. 이 인수된 회사는 이익중심점으로서 바람의 한 부문이 될 것이다. 새로이 설치된 상자부문은 연 5,000톤의 펄프를 톤당 ₩70(추가로 5% 수량할인 가능)에 외부공급자로부터 구입하고 있다. 바람의 사장은 대체가격이 수용가능할 경우, 상자부문이 펄프부문에서 펄프를 구입하길 원하고 있다.

요구사항

※ 아래의 1.~4.에 대하여, 펄프부문은 모든 펄프를 ₩70의 정상가격에 외부시장에 판매할 수 있음을 가정하자.

1. 상자부문이 펄프부문으로부터 연 5,000톤의 펄프를 구입한다면, 어떤 대체가격이 설정되어야 하는가? 그 이유는?
2. 1.에서의 계산에 관해, 대체가격의 최소한도와 최대한도는 얼마인가? 이 경우 최대한도의 가격은 관련성이 있는가?
3. 펄프부문이 현재 상자부문이 외부공급자에 지불하는 가격을 수용하고, 매년 상자부문에 5,000톤의 펄프를 판다면, 펄프부문, 상자부문, 회사 전체에 미치는 영향은 어떠한가?
4. 펄프의 외부시장가격이 톤당 ₩70이라면, 펄프부문이 ₩70 이하로

상자부문에 판매할 이유가 있는가? 설명하시오.

※ 아래의 5.~8.에 대해, 펄프부문이 공시된 ₩70으로 외부시장에 연 40,000톤밖에 판매하지 못함을 가정하자.

5. 상자부문이 매년 펄프부문으로부터 5,000톤의 펄프를 구입한다면, 어떤 대체가격이 설정되어야 하는가? 그 이유는?
6. 상자부문의 외부 공급자가 가격을 톤당 ₩59로 인하했음을 가정하자. 펄프부문은 이 가격을 받아들여야 하는가? 펄프부문이 ₩59의 가격에 못 맞춘다면 이는 회사 전체의 이익에 어떤 영향을 미치겠는가?
7. 위 6.에 관해, 펄프부문이 ₩59의 가격을 거부한다면, 상자부문은 회사 전체의 이익을 위해 더 높은 가격으로 펄프부문으로부터 구매해야 하는가?
8. 위 6.에 관해, 경직된 경영 정책 탓으로 상자부문은 매년 톤당 ₩70의 가격에 5,000톤의 펄프를 펄프부문으로부터 구입할 것이 요구됨을 가정하시오. 회사 전체의 이익에 미치는 영향은 무엇인가?

Chapter 16

목표원가와 제품수명주기원가

목표원가란 기업이 경쟁업체와의 경쟁을 통해 수익을 실현하는 가운데 시장에 계속 머물러 있거나 새로이 진출할 수 있도록 해주는 장기추정원가(Estimated long-run cost)로 정의된다. 목표원가는 추정판매가격(시장가격)에서 목표이익을 차감함으로써 결정되므로 표준기술 및 공정을 전제로 추정된, 소위 현실적으로 달성가능한 원가(추정 또는 견적원가)보다는 낮은 것이 일반적이다.

목표원가계산은 제품의 수명주기 전반에 걸친 원가분석을 토대로 목표원가에 맞추기 위한 제품계획 및 설계단계에서 원가절감을 주목적으로 하는 점에서 원가기획과 관련을 갖는다. 따라서 목표원가계산은 제품수명주기원가계산의 일종이라고 할 수 있다.

이러한 목표원가계산(Target costing)의 개념을 목표원가계산의 의의, 목표원가계산의 특징, 목표원가계산의 설정방식 및 설정에 관련된 제 문제, 목표원가의 실행절차, 목표원가의 달성방법, 목표원가계산의 적용례, 목표원가 달성을 위한 조직 등으로 나누어 살펴보도록 하겠다. 본 장의 후반부에서는 제품수명주기원가에 대해 논의하고자 한다.

제 1 절 목표원가계산의 의의

1 목표원가계산의 정의

목표원가계산이란, 기업의 적정한 목표이익을 실현하면서 경쟁에서 우위를 차지할 수 있게 해주는 장기추정원가인 목표원가를 설정하는 것이다. 즉 전통적으로 기업이 가격을 결정할 때 내부적인 원가분석을 바탕으로 적정한 이익을 가산하여 가격을 결정하는 것에 반해, 목표원가계산의 개념은 시장에서의 정보수집을 토대로 목표시장에서 받아들일 가격을 먼저 구한 다음에 역으로 이 가격에서 목표이익을 차감한 후에 허용원가, 즉 목표원가를 구하는 시장지향적인 방식을 따르게 된다.

예상판매가격 − 목표이익=목표원가(허용원가)

이 목표원가계산은 제품기획단계, 목표원가설정단계, 원가개선활동단계의 과정을 따라 실행된다. 제품기획단계에서는 고객의 욕구를 충족시킬 수 있는 제품을 기획하고, 목표원가설정단계에서 제품기획을 바탕으로 가치공학(value engineering: VE) 등을 이용하여 바람직한 수준의 목표원가를 설정한다. 목표원가가 설정되고 나면, 마지막으로 생산부문을 중심으로 원가개선활동을 수행한다. 원가개선활동에서는 지속적으로 원가실적과 목표치를 비교하여 문제점을 파악하고 개선조치를 강구하여 피드백을 제공한다. 이러한 과정으로 이루어지는 목표원가계산은 단순한 원가계산과정이 아니라 원가절감기법으로서 일본의 Y. Kato는 다음과 같이 정의하고 있다.

"목표원가계산은 품질·신뢰성·고객욕구를 유지하면서 제품기획·연구개발·생산의 표준화단계에서 원가절감의 모든 아이디어를 검토함으로써 신제품의 수명주기원가의 절감을 목표로 하는 활동이다."

2 목표원가계산의 생성배경

목표원가계산은 자동차, 전기기구 및 기계산업 등에서 처음으로 활용되기 시작하였다. 목표원가계산 개념의 부각에 결정적인 역할을 한 것으로는 제품 라이프 사이클의 단축과 소비자욕구의 다양성에 기초한 다품종 소량생산으로의 변화 두 가지를 들 수 있다.

즉, 과거 20~30년 전처럼 소수의 표준화된 제품의 대량생산형태가 주를 이루었을 때에는 원가관리의 초점을 주로 생산공정에 두게 마련이었으며 제품기획 및 디자인단계에서의 원가관리는 그다지 중요성을 갖지 않았다. 그러나 소비자의 욕구변화와 더불어 도래한 제품수명주기의 단축은 자연히 제조 이전의 원가관리의 중요성을 높이게 되었다.

제 2 절 목표원가계산의 특징

1 목표원가계산 과정상의 특징

광의의 목표원가계산은 회사의 중장기 이익계획이 포함되나 협의의 목표원가계산은 고객의 욕구를 만족시키는 제품을 기획하고, 그 제품의 목표판매가격과 목표원가를 달성하는 과정의 두 가지 과정으로 구분할 수 있다.

이러한 두 과정에 의해 실행되는 목표원가계산은 다음과 같은 특징을 가진다.

① 목표원가계산은 제품개발 및 설계단계에서 적용된다. 따라서 생산단계에서 적용되는 표준원가시스템과는 차이가 있다.
② 목표원가계산은 전통적인 관점의 원가통제를 위한 관리방법이 아니지만 그 목표는 원가를 절감하는 것이다.
③ 목표원가계산의 과정에서 여러 가지의 경영과학기법이 이용된다. 목표원가계산의 관리대상은 제품개발과 설계단계를 포함하기 때문이다.

④ 목표원가계산은 소품종 대량생산체제보다 다품종 소량생산체제에 더 적합하다.
⑤ 목표원가계산의 실행에는 많은 부문의 협동이 필요하다.

2 표준원가계산과의 비교

목표원가계산은 목표(goal)가 될 원가를 설정하고 그것을 달성하려는 점에서 표준원가계산과 유사하지만 표준원가계산에 의한 원가관리는 생산현장의 기술기반시스템(technology-driven system)인 데 반해, 목표원가계산에 의한 원가관리는 시장기반시스템(market-driven system)이라고 볼 수 있다. 즉 목표원가계산이 개발된 일본기업의 경우 제2차 세계대전 후 매우 어려운 시장상황에서 시장조건을 여건으로 받아들이면서 내부적으로 기술문제의 해결을 통해 시장과 고객의 욕구를 만족시키려고 하였던 데 반해, 미국 기업의 경우는 상대적으로 무한히 큰 시장을 가지면서 기술적으로 표준화된 제품을 대량생산하여 시장을 관리할 수 있었던 것이다. 그러나 오늘날에는 미국 기업조차도 엄청난 글로벌 경쟁에 직면하여 더 이상 표준원가가 효과적인 원가관리방식이 되고 있지 않음을 느끼고 있다.

표준원가계산이 주로 생산과정에서의 원가절감을 목표로 하는 원가시스템인 데 비해, 목표원가계산은 제품의 품질수준을 유지하면서 제품수명주기원가의 절감을 목표로 한다는 점에서 더욱 포괄적인 원가절감 프로그램이라고 할 수 있다.

구체적인 비교를 하면 다음과 같다.

① 표준원가계산은 제조과정에 적용되지만, 목표원가계산은 제품기획 및 설계과정에서 적용된다. 따라서 목표원가계산은 표준원가계산보다 생산공정의 초기단계에서 실시되는 원가관리기법이다.
② 표준원가계산은 원가통제를 위한 도구로서 개별작업의 능률향상을 목표로 추구하지만, 목표원가계산은 원가기획이나 원가절감의 도구로서 원가절감·품질향상·수익성 향상·서비스 개선 등과 같은 기업목적을 효과적으로 달성하는 데 그 목적이 있다.

③ 표준원가계산에서는 생산과 기술의 측면을 강조하므로 표준설정의 방법이 시장상황에 의해 영향을 받지 않기 때문에 판매부서의 협력이 표준원가계산의 운용에 필수적이라고 할 수 없지만, 목표원가계산은 생산과 기술의 측면만이 아니라 시장상황과의 관계를 중요한 요소로 고려한다. 기술적 합리성을 우선적인 기준으로 하여 설정되는 표준원가와는 달리 목표원가는 경제적 합리성을 우선적으로 고려하여 설정된 원가목표로서, 종합적인 이익계획의 견지에서 설정되는 예산의 성질을 가지고 있다.

제 3 절 목표원가의 설정

1 목표원가의 산정방법

제품별 목표원가의 설정방법에는 여러 가지가 있으나 여기에서는 그 중 대표적이라고 생각되는 두 가지 방법에 대해 살펴보도록 하겠다. 첫째는 누적법이며, 둘째는 공제법이라고 불리는 것이다.

(1) 누 적 법

완전한 신제품을 개발하는 경우란 실제로는 그렇게 많지 않다. 현행제품을 기초로 해서 신기능을 추가한다거나 새로운 설계사상을 투입한 경우가 일반적이다. 이런 유형의 신제품개발에는 현행제품에 관한 상세한 원가자료와 함께 지금까지의 제품개발·제조과정에서 경험한 문제와 그것을 해결할 수 있는 아이디어가 포함되어 있다. 따라서 현행제품의 원가(on-going costs)를 출발점으로 하여, 신규로 추가되는 기능실현에 필요한 원가를 추가하고 제거되는 기능의 원가와 배제할 수 있는 원가동인에 관한 원가를 공제하면 신제품(기존 제품의 수정제품)의 달성가능 목표원가를 계산할 수 있다. 이렇게 해서 목표원가를 계산하는 방법이 누적법이다. 누적법을 그림으로 표현하면 〈그림 16-1〉과 같다.

그림 16-1 누적법에 의한 목표원가의 산정

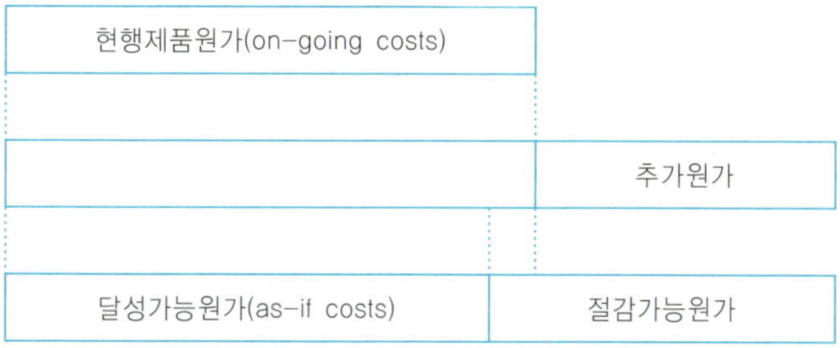

누적법을 이용한 경우에는 현행제품을 변형시킨 신제품에 어떠한 원가상승 요인이 있으며, 그 영향에 따라 어느 정도의 원가상승이 있는가를 합리적으로 추정하지 않으면 안 된다. 또 어떠한 원가인하의 방법이 있으며 그러한 방법을 실시한 경우에 어느 정도의 원가인하를 기대할 수 있는가도 추정하여야만 한다.

이러한 작업에서 특히 중요한 것은 현행제품이 개발·제조된 환경이 신제품의 그것과는 다르다는 것을 충분히 인식해서 환경변화가 원가상승과 원가인하에 어떻게 영향을 미치는가를 분석하는 것이다. 많은 기업에서 현행제품과 신규 개발제품의 기능의 차이를 주목해서 단순한 누적법이 이용되고 있으나, 환경변화에 따른 차이도 고려되어야만 합리적인 목표원가를 추정할 수 있을 것이다.

(2) 공 제 법

정확히 산정된 달성가능 목표원가가 차기제품에서 실현될 수 있으면 그것만으로도 대폭적인 원가절감이 가능하다. 그러나 현행제품을 기준으로 한 원가절감에는 한계가 있다. 그것은 누적법에서는 직접원가만의 절감이나 개별제품수준의 원가절감에 그치기 쉽기 때문이다. 목표원가를 달성하더라도 장기적인 이익목표를 달성하지는 못할 수도 있는 것이다.

누적법의 약점을 보완하고 목표이익을 달성하기 위한 방법으로 제시된 것이 목표원가를 중장기계획과 연계시켜 목표원가를 이익계획으로부터 유도하는 공제법이다. 공제법에 의하면 목표원가계산의 정의에서 설명한 바와 같이 예상판매가격에서 목표이익을 차감하여 구해진다. 이를 그림으로 나타내면 〈그림 16-2〉와 같다.

그림 16-2 공제법에 의한 목표원가의 산정

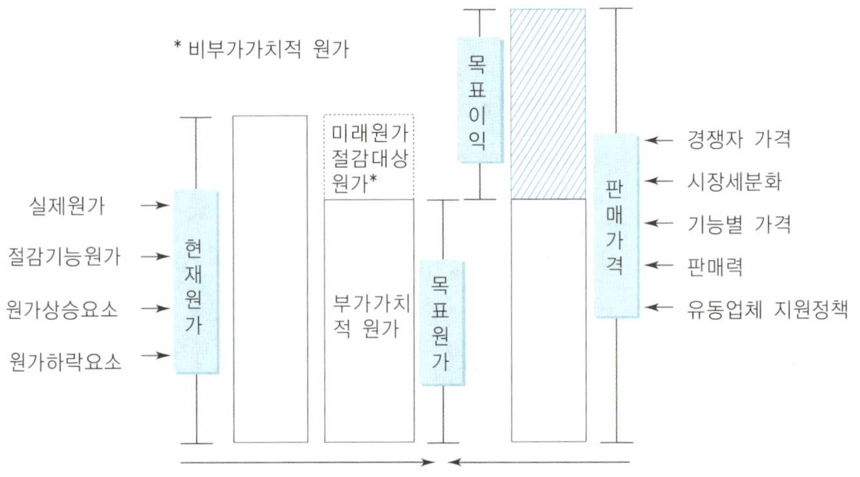

이 방법하에서 목표원가는 개별제품원가를 기초로 하여 누적법으로 산정되는 것이 아니고 중장기계획에서 정해진 예상매출액과 달성희망액을 각 제품에 할당한 것을 기초로 산정된다. 이렇게 산정된 목표원가는 통상 달성가능한 원가보다도 낮은 것이 된다.

공제법의 적용은 원가기획에 있어서 변혁이라고도 할 수 있는 큰 비약을 가져다 주었다. 원가기획 대상원가는 제조변동비에서부터 제품수명주기원가까지 확대된다. 비록 제조원가의 일부가 증대한다 해도 그것이 매출액 향상에 연결되고 목표이익을 획득할 수 있다면 괜찮다는 사고방식도 가능하게 되었다. 즉 원가기획에서 벗어나 이익기획으로 발전된 것이다.

그러나 원가기획을 장기에 걸쳐 실시하고 세련도가 높은 원가기획시스템을 가진 기업일수록 목표원가를 공제법이 아닌 누적법으로 산정하는 경향이 있는 것에 주목할 필요가 있다. 원가기획이 세련됨에 따라 제조 이전단계에서도 원가절감의 여지가 없어지게 되고, 공제법으로 목표원가를 산정해도 그것은 사실상 달성불가능한 것이 된다. 그래서 누적법에 목표원가가 다시 사용되는지도 모른다.

중장기계획에서 이끌어낸 이익목표에는 보통의 경우 '기대'가 들어 있는 관계로 그것을 기초로 해서 산정되는 목표원가는 대단히 엄격한 것이 되기 쉽다. 너무 엄격한 목표는 원가기획에 종사하는 사람들에게 받아들여지지 않을 위험성이 있다. 목표원가가 미달성된 경우에는 예상매출을 대폭 상회하지 않는 한 목표이익도 달성될 수 없다. 이러한 것이 반복되면 원가기획활동의 실행이 약해질 뿐만 아니라 중장기 이익계획이라는 기업경영 방침의 규범성까지 상실하게 될지도 모른다.

이러한 점을 고려해서 실무에서는 누적법과 공제법의 절충방식, 즉 누적법으로 구해지는 원가와 공제법에 의한 원가를 종합해서 실제의 목표원가를 계산하는 경우가 많다.

제 4 절 목표원가의 세분할당

목표원가가 산정되면 그것들을 여러 가지 관점에서 세분화할 필요가 있다. 단순히 목표원가를 총괄해서 관리하는 것만으로는 실제로 원가절감을 달성할 수 없기 때문이다. 목표원가는 우선 제품별로 세분화시킨다. 목표원가의 달성 책임단위에 구체적인 목표원가 수치를 부여하기 위해 각 제품마다 목표원가는 기능별, 부문별, 구조별, 원가요소별, 그리고 개발설계담당자별 등으로 쪼개진다. 많은 기업에서 '목표원가의 세분할당'이라는 용어가 사용되고 있다. 이 용어는 책임단위별로 세분화된 목표원가는 반드시 달성되어야 한다는 것을 의미하고 있다.

부문별이나 제품구조별의 목표원가의 세분, 다시 설계담당자별 세분은 대략적 목표를 부문이나 개인의 명확한 목표로서 제시하는 기능이 있다. 단순히 원가를 절감하라는 명령만으로는 효과가 적다. 목표가 부여되어야 비로소 그것에 도전하는 것이 가능하게 된다. 원가요소별 목표원가의 세분은 상세설계단계나 생산준비단계에서의 대체안의 착상, 신공법의 검토, 공정설계의 개선 등을 촉진해서 제품기술면에서의 원가의식 고양에 도움을 준다. 그리고 제조단계에서의 원가유지활동을 실시할 때 관리지표가 되는 원가표준의 설정에도 공헌한다.

제품목표원가는 이렇게 여러 단계로 세분된다. 기능분석은 제품개발 후기단계에서도 자주 이용되고 있지만 제품개발 초기단계에서 적용하는 것이 필수적이다. 부문별, 제품구조별, 설계담당자별 등의 목표원가세분은 기본설계나 구상설계단계에서 실시될 필요가 있다.

세분할당의 구체적인 내용은 다음과 같다.

1 기능별 세분할당

제품의 개발단계에서는 원칙적으로 기능별 할당이 부품별 할당에 앞서서 이루어지지 않으면 안 된다. 소비자가 요구하는 사항에 적합한 제품을 개발하는 경우 제품을 기능의 집합이라고 생각하는 점에서부터 출발한다. 만약 먼저 부품별 전개가 실시되면, 기존의 부품을 근거로 개발이 이루어지게 되므로 새로운 발상이 일어나기 어렵게 된다.

그리고 기능별로 목표원가를 정하면 부문별, 담당자별 목표원가 할당을 둘러싸고 자주 발생하는 문제를 해결하는 것에 공헌할 수도 있다.

제품을 일단 기능으로 분해하고, 각각의 기능에 대해서 고객이 어느 정도의 가치를 인정하는가라는 관점에서 산정된 기능별 목표원가의 달성이 부문의 테두리를 넘는 전사적 목표로 되는 것이다. 많은 기업에서 목표원가의 기능별 분해가 부품별, 제품구조별에 앞서 이루어지는 것은, 원가기획의 실시에 있어서 일어날 가능성이 있는 부문 간의 갈등과 담당자의 불만을 해소하는 것이 의도되어 있다고 생각할 수 있다.

또 기능근거(base)의 보고에 따라 목표원가와 개개 관리자의 책임과 연계가 명확하게 되고, 새로운 책임회계시스템의 기초를 제공할 수 있다는 지적도 있다. 목표원가의 분해과정에서 자가제조와 외주, 제조방법 등도 결정되며, 이 경우에도 목표원가의 분해가 기존의 지식을 근거로 해서 이루어지면 새로운 발상의 가능성이 줄어들게 된다.

이상을 요약하면 기능별 세분할당법이란 당해 제품을 구성하는 기능에 대해서 원가목표를 세분할당하는 방법이다. 이렇게 기능별 세분할당법은 기능을 체계적으로 그룹화하고, 이것에 대해서 원가목표의 세분할당을 실시하는 것이다. 우선 기능분야를 명확히 하고 이어서 그 기능을 평가하고, 이것에 정책적인 수정을 가하고, 그 평가치에 의거해서 목표원가를 세분할당하는 것이 기능별 세분할당법의 일반적인 진행방식이다. 기능평가를 할 때의 관점은 항상 사용자측에서 판단해서 고객지향의 평가를 실시하지 않으면 안 된다.

2 구조별 세분할당

제품이 대규모이며 복잡하거나 또는 개발설계자에 대해 당해 제품이 신규성이 강한 것일수록 구상의 원점에 입각해서 생각할 필요가 있다. 그리고 이러한 이유 때문에 일반적으로 원가목표를 기능분야별로 세분할당하는 방법을 채택하고 있다. 그러나 이러한 이유가 그렇게 중요하지 않은 경우나 시간적 제약이 강한 경우에 있어서는 원가목표를 기능분야별로 세분할당하지 않고, 단지 구조별로 세분할당해도 좋을 때가 있다. 이것이 여기에서 말하는 구조별 세분할당이다. 이 방법도 세분화될수록 몇 가지 방법으로 분류할 수 있으며 일반적인 것은 다음과 같다.

개발설계하는 제품의 구성을 크게 구분해서 각각의 중요성 비율(%)을 경험적으로 구하거나(투표 등으로 결정), 유사품의 과거실적치에 대한 원가구성비를 구해 이 비율로 원가목표를 세분할당하거나 또는 정책적 감각적인 비율로 세분할당하는 방법이 있다.

어떠한 방법이거나 원가목표가 제품사항을 결정하는 과정에서 개발설계자의 관리지침으로 정해지면 이들 방법 중 어떤 것을 택해도 상관이 없다. 또 구조의 단위가 지나치게 크다고 판단되면 동일한 절차를 거쳐 다시 원가목표를 세분화해서 보다 작은 구조까지 세분할당해 가는 것이다.

3 원가요소별 세분할당

원가요소별 세분할당은 원가목표를 기능별 또는 구조별로 할당한 후, 그 주요한 조립품이나 부품 등에 대해서 그 원가목표를 다시 원가요소별로 분해해서 세분할당하는 방법이다. 원가요소를 어떻게 구성하는가는 기업내부 관리상의 필요성과 종래 관행에 따라 결정되며, 적어도 제품화를 위해 적극적으로 작용을 받는 것과 작용을 하는 것으로 나누어 직접재료원가와 기타원가(예를 들어 가공원가)로 구분하는 것이 필요하다. 또 이 원가요소의 구성에 있어서는 원가견적상의 원가구성과 일관성이 있도록 하는 것이 중요하다. 원가요소별 세분할당이 이루어지면, 이것에 의거해서 중요한 공정·공법의 검토를 실시하고 그 다음에 설계안을 구체화시키는 것이 유익하다.

원가요소별 세분할당은 상세설계단계에서 주로 실시되지만, 제조준비단계에 있어서의 대체안 발상과 공법연구 및 공정설계의 연구를 촉진하고, 생산기술면에 있어서의 원가의식 고양에 도움을 준다. 그리고 제조단계에 있어서 관리지표인 원가표준의 설정에도 공헌하는 등의 이점이 있다. 반면에 설계안의 창조에 있어서 독창성 발휘에는 장애가 될 때가 많다. 그렇지만 현실적으로는 성숙제품(예를 들어, 자동차나 전통적인 가전제품) 등에서는 부품별로 원가목표를 직접재료원가와 가공원가로 구분해서 설정하고, 그 달성상황을 엄격하게 관리하는 경우가 많다.

4 개발설계자별 세분할당

기본설계든지 상세설계든지 개발설계활동은 팀 편성으로 이루어지는 것이 보통이다. 그리고 팀 리더는 각 개발설계자가 어떤 기능분야의 어떤 구조(물)를 분담하는가를 결정해서 관리한다. 이를 위해 작성되는 것이 작업분할(work breakdown structure: WBS)이다. WBS는 특정 프로젝트의 최종 목표를 달성하기 위해 필요한 사항을 체계도 형태로 세분화해서 나타내는 것이다. WBS는 대상 프로젝트의 규모와 복잡성을 고려해서 관리가능한 수준까지 세분화해서 전개하는 것이다. 이 결과 최종 목표를 달성하기 위해 필요한 주요 작업의 전부를 파악할 수 있다. WBS가 작성되면 이것과 관련지워 원가목표가 개발설계자별로 기록되어 개인별로 달성 정도의 측정이 가능하게 된다.

이상과 같은 방법으로 할당된 제 목표는 개발설계자에 대해서 제품컨셉트에 적합한 새로운 기능·디자인·재료·생산방식 등을 개발하기 위한 출발점이 된다. 이런 의미에서 목표원가의 기능별 분해·부품별 분해 등은 목표원가를 단순히 세분화하고 분해하는 작업이 아니라, 후단계에서 실시되는 목표원가 달성활동의 방향성을 명확하게 하는 것이다. 따라서 원가절감을 어떠한 방법으로 실시하고, 곤란에 직면한 경우에 어떻게 대처하면 좋은가를 부품별로 밝혀둘 필요가 있다.

우리 기업의 경우에는 원가기획을 실시하고 있는 업체 중에서 40% 정도만 목표원가를 세분할당하고 있었다(일본의 경우 약 80%). 이것은 원가기획의 도입단계에 있는 기업이 적지 않다는 것을 나타내고 있다. 그리고 원가목표를 할당하는 대상을 보면 상황에 따라 정책적으로 할당한다는 경우가 가장 많고, 구조·기능별로 할당한다가 그 다음이며, 기능별로 할당한다는 업체가 가장 적은 것으로 나타났다. 특히, 개인별로 할당하는 경향이 과거 5년간에 걸쳐 꾸준히 증가하고 있는 일본의 경우와 비교할 때 우리도 세분화를 보다 진전시켜 나가도록 노력해야 할 것이다.

제 5 절 목표원가의 달성방법

설정된 목표원가를 달성하기 위해서는 어떠한 기법이나 사고방식이 이용되고 있는가?

대표적인 접근법들에 대해서 다음에서 차례대로 살펴보도록 하겠다.

1 VE(가치공학)에 의한 목표원가의 달성

가치공학(value engineering: VE)이란 '최저 수명주기원가로 필요한 기능을 확실하게 달성하기 위해 제품과 서비스의 기능분석에 들어가는 조직적 노력'이라고 정의할 수 있다.

이 정의 중에서 VE의 본질을 나타내는 낱말은 기능분석이다. 기능분석이란 VE의 대상이 되는 제품이나 서비스가 기능의 집합체로 구성되어 있다는 사고에 근거해서 제품의 가치(value)를 기능으로부터 얻을 수 있는 효용(utility)/당해 기능실현을 위한 원가(cost)로서 표현된다.

2 설계·검토에 의한 목표원가의 달성

설계·검토(design review)는 NASA(미항공우주국)에서 고안된 기법이다. 설계·검토는 "설계요구사항 및 설계가 그러한 요구사항을 충족하고 있고, 문제를 밝혀서 해결책을 제안하기 위하여 설계내용에 대해 이루어지는 공식적인 문서에 의한 종합적 및 체계적인 조사"라고 정의된다.

보다 구체적으로 말한다면 설계·검토라는 것은 설계의 각 항목별로 시장에서의 정보도 활용하면서 설계를 여러 가지 측면에서 분석, 평가하여 제품의 불량화(고장, 성능, 안정성, 조작성에 관한 문제, 환경에 대한 악영향 등)를 미연에 방지하는 일련의 활동을 말한다.

제품기획에서 폐기까지 제품수명주기를 감안하여 설계·검토를 실시함으로써 수명주기원가의 절감에 공헌할 수 있다.

3 회계학적 접근법에 의한 목표원가의 설정

기존의 제품이나 부품에 치우치게 되면 원가절감 아이디어의 발견이 어렵게 된다. 그것을 극복하기 위해 기능에 착안하는 VE에 의한 방법이 목표원가의 달성방법으로 널리 사용된다. 또 신뢰성에 관한 문제가 현실로 발생한 경우에는 막대한 원가부담이 일어나게 되므로 그것을 사전에 회피하기 위한 설계·검토는 결국 원가절감에 연결된다.

이러한 방법 외에도 원가를 항목별로 상세히 검토함으로써 원가절감의 아이디어가 나타날 가능성이 있다. 또 부문별 제조간접비나 공통비, 본사경비 등의 배부원칙을 연구함으로써 원가절감을 도모할 수 있다. 이러한 원가절감 방법을 총칭하여 회계학적 접근법이라고 한다.

제 6 절 목표원가계산의 적용례

목표원가의 설정 및 전개과정을 닛산자동차의 예를 가지고 살펴보도록 하겠다. 닛산자동차에서의 원가기획은 〈그림 16-3〉과 같은 흐름으로 구성되어 있다.

1 현행제품과 경합제품의 철저한 분석

닛산자동차의 경우, 특정 차계(車系: 닛산에서는 차종을 차계라 부르고 있다)의 개발에서 판매에 이르기까지의 포괄적인 책임을 갖는 제품담당자(product manager)가 지명되기 전에 이미 장기 차계열 이익계획 및 중기 차계열 이익계획을 고려한 3년의 중기 경영계획이 작성되어 있고, 해당 차종에서 어느

그림 16-3 닛산자동차의 원가기획 체계도

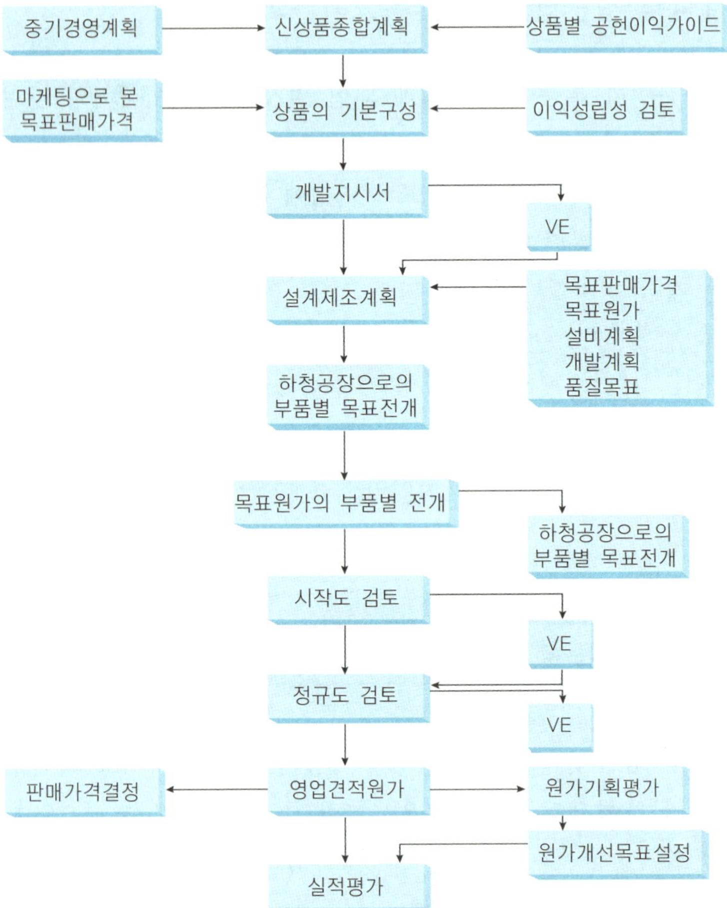

정도의 이익획득을 기대하고 있는가, 즉 제품담당자가 달성해야 하는 원가 및 이익목표가 확정 완료된다.

제품담당자는 담당하는 차종의 수명주기 전체에 대해서 판매대수, 모델혼성, 매출액, 재료비, 직접경비, 설비투자액, 개발비 전부에 포괄적인 책임을 지고 있다.

그림 16-4 닛산자동차에서의 상품별 공헌이익의 산정식

매출액
−재료비

재료비한계이익
−직접경비
−직접노무비
−감가상각비(모델주기정액)
−개발비(모델주기정액)

상품공헌이익

※ 모델주기(model cycle)정액이란 각 상품프로젝트에 들어가는 각각의 비용을 정액법으로 상각한 것이다.

제품담당자(product manager)는 차량 전체에 부과된 수익성을 확보할 책임이 있다. '중기 차계열 이익계획'에서 지시된 담당 차종이 획득해야 하는 이익을 달성할 책임이다. 제품담당자에 부여되는 이익책임은 〈그림 16-4〉에 나타나 있는 바와 같이 공헌이익이다.

제품담당자는 제품개념을 만들자마자 이익·원가의 기획활동을 실시한다. 이 작업의 출발점은 현행차종의 분석이다. 현행차 분석은 경합 타사차와의 경쟁력 비교(즉 상품력 비교), 현행차에 대한 이익·원가구조의 철저분석, 그리고 현행차의 개발에서부터 생산준비단계까지의 과정에서 발생한 문제점의 철저한 정리라는 세 가지 요소로 구성된다.

상품력 비교는 경합이라는 타사의 경합 차종과의 제품개념, 사양, 성능, 품질, 원가 등의 철저한 비교이다. 상품성을 나타내는 항목은 다수의 요소로 구성되어 있다. 따라서 분석은 대단히 상세한 것이 된다. 타사의 경합 차종에 대한 원가·이익분석에서는 어느 정도의 추정이 필요하게 되지만 자사의 현행차에 대해서는 상세한 내부자료가 이용가능하다. 차종별 공헌이익이나 영업이익의 분석은 당해 차종만이 아니라 당해 차종에 인접한 차종(한 등급 위 또는 아래 차종)에 대해서도 실시된다.

또 차종을 구성하는 다양한 차의 대당 원가, 판매가격, 원가율, 기능별 원가(내장, 섀시, 차체, 엔진, 트랜스미션 등), 그리고 원가절감률 등의 항목에 대

해서, 현행차종에 대해서 당초 설정된 목표원가, 영업견적원가(목표원가 달성활동 실시 후의 달성원가액), 실제원가를 개발의 과정을 따라가면서 검토한다.

이와 같은 분석을 통해서 현행차에 대한 원가기획활동에서, 개발에서 생산준비에 이르는 과정마다에 어떠한 문제가 있는가가 밝혀지게 된다. 그와 더불어 현행차에 대한 VE활동에서 파악된 후의 개선점이나 새로운 제안 등도 정리된다.

〈표 16-1〉 **이익·원가기획 방침서에 기재되는 사항**

- 이익기회·원가기획의 사고방식
- 판매가격 및 계획판매대수
- 목표이익(상품공헌이익으로 산정)
- 원가절감률(필요원가절감률)
- 원가관리대상차(기준차, 관련차)
- 목표이익달성을 위한 방책
- 목표원가분할 주관의 구상안(기준차를 대상으로 한다)

고객의 욕구와 크게 유리된 제품개발 원인 중의 하나가 개발부문 주도의 개발체제에 있다는 인식에서, 설계부는 제품담당자가 제시하는 제품개념과 현행차 분석의 결과를 정리한 '이익·원가기획 방침서'에 근거해서 작업에 들어가는 체제로 변경되었다. 설계부는 다음과 같은 내용으로 되는 '이익·원가기획 방침서'를 차량구상을 추진하기 위한 출발점으로 하지 않으면 안 된다.

이러한 체제의 도입에 의해 설계부에서는 주관의 구상안의 결정체인 제품개념을 염두에 두고 제품의 원가와 수익성을 고려한 설계작업에 종사하게 되었다. 설계부의 검토결과는 설계구상서에 정리되고 그것은 '신형차개발 기본구상서'의 일부가 된다.

'이익·원가기획 방침서'는 주로 현행차 분석에 근거한 기준차 및 관련차 개발의 기준을 설계부에 제시하는 것이 목적이다. 제품담당자의 관점에서 보면, 이 과정은 목표이익 및 목표원가를 설계부서에 강하게 인식시키고 그 목표달성을 지향하는 것이다.

2 차계열의 목표이익과 원가절감률(액)의 설정

(1) 목표이익의 설정

어떠한 자동차를 만들고 싶은가. 상품기획부터 판매까지 제품수명주기의 총괄책임자인 제품담당자가 담당하고 있는 차에 대한 '구상'을 정리한 것이 '신형차개발 기본구상서'이다. 그리고 '개발지시서'는 개발차의 명세나 제품의 수익성, 전사이익계획에서 당해 차종의 역할 등에 대해서도 상세하게 언급한 서류로서, 개발의 여부를 최고경영의사결정기관인 경영회의에 올릴 때에 제출된다.

'개발지시서'가 승인된 후에 제품담당자는 '개발선언'을 하게 된다. '개발선언'은 제품담당자에 의한 실질적인 개발작업 개시를 알리는 출발신호이다. 제품담당자는 선언 직후에 제품개념이 구체적인 형태로 들어간 '차량계획도'를 작성하기 위한 조직인 기획센터(planning center)를 설치한다. 기획센터는 제품담당자가 총괄하는 프로젝트이다.

'개발지시서'에는 대상고객, 제품개념, 제품특성을 나타내는 핵심용어, 어떠한 자동차를 만들고 싶은가를 밝히고자 하는 제품개념의 배후에 있는 의도나, 구상, 제품개념 실현을 위한 명세서의 기록과 채용되는 신기술·신공법, 변형에 대한 사고방식, 자사제품 포트폴리오에서의 당해 차종의 위치부여 등의 내용이 함께 들어 있다. 이러한 방식이 채택된 이후의 개발지시서는 이전의 개발지시서와 비교하면, '제품 이미지가 전면적으로 표출되고' 있다고 한다.

'개발지시서'에는 개발차종의 목표이익률과 판매예정대수의 데이터가 기재되어 있다. 이러한 데이터는 3년을 전망하는 중기 경영계획과 차종별·부위별 활용기술에 대한 장래까지 고려하면서 개별차종의 수익성 확보에 중점을 둔 7~8년의 장기차종별 이익계획에서 도출된다.

'개발지시서'의 목표이익·판매대수는 모두 차종별·지역별(국내, 북미, 유럽, 일반수출)로 세분화되어 설정되고, 이익액은 차량과 부품판매별로 구분되어 산정된다. 차종별 목표이익의 적정성을 평가하는 방법에는 몇 가지가 있는데, 판매가격과 목표이익률을 양축으로 한 좌표를 이용하는 방법이 그 한 가지이다.

(2) 원가절감률(액)의 설정

목표이익률이 설정되고, 마케팅에서의 분석을 거친 목표판매가격을 전제로 하면, 목표원가액은 다음과 같은 계산식으로 쉽게 구할 수 있다.

$$\text{목표원가액} = (1 - \text{목표이익률}) \times \text{목표판매가격}$$

이 수치와 현행차의 원가실적차의 비교를 통해서 원가절감목표율을 구한다.

$$\text{원가절감목표율} = \frac{\text{현행차 실제계산가격} - \text{목표원가액}}{\text{현행차 실제계산가격}}$$

다만 한 차종에서도 많은 변형과 등급이 존재한다. 따라서 그 전부에 대해서 목표원가의 설정과 그 달성활동이 이루어지는 것은 아니다. 현실적으로는 특정한 모델을 원가기준차로 선정해서 그것을 대상으로 목표원가의 설정과 달성활동이 실시된다. 이전에는 한 차종에 1원가 기준차였으나, 현재는 복수의 원가기준차와 관련차를 선정해서 보다 섬세한 목표원가 달성활동이 이루어지고 있다.

제품담당자(product manager)는 차량 전체의 원가·이익범위를 모은 후, 원가기획활동 전반에 관한 스태프부문인 원가기획실의 기능별 담당원가기획 스태프로부터 지원을 받으면서, 목표원가를 각 기능·부품별로 나눈 데이터를 준비해서 '설계공청회'라 불리는 설계부문과의 규합작업에 치중한다. 공청회(hearing)에서는 요구기능을 일정한 목표원가 내에서 실현할 수 있는가의 여부에 대해서 열띤 토의가 이루어진다. 공청회에서 조정과 달성목표의 확인은 실시한 결과가 '이익·원가기획서'가 된다.

'이익·원가기획서'는 '개발지시서'의 일부이며, 여기에는 모든 등급, 판매지역(국외도 포함), 차형(세단인가 하드톱인가, 도어수, 미션 및 이것들의 조합)의 각각에 대해서 판매가격, 매매성립가격, 제조원가, 영업비, 상품별 공헌이익, 영업이익 등을 밝혀줌으로써, 차종 전체로 세워진 '중기 차계열 이익계획'에서 담당 차종의 기대이익을 어떻게 달성하는가에 대한 구상이 작성된다.

이상의 설명에서도 알 수 있는 것처럼 원가·이익에 관한 검토는 개발지시서 작성과정에서, 즉 자동차의 설계도면이 나오기 훨씬 이전의 단계에서 상세한 수준으로 실시되고 있는 것이다. 원가의 조성은 목표원가 달성활동의 단계에서만이 아니라 목표원가를 산정하는 과정에서도 이미 개시되고 있다.

3 제품단위당 목표원가의 산정과 기능별 분해

제품단위당 목표원가의 산정과 기능분해에서는 신중히 고려해야 할 사항이 상당히 많다. 그것은 크게 나누어서 상품성 평가, 공정순서결정, 그리고 원가구성별 원가범위의 세 가지이다.

(1) 상품성 평가

상품성 평가에는 현행차와 차기차종의 상품성 차이를 명확히 파악하는 것이 특히 중요하다. 동일한 명칭이라도 양자간에 차이가 없는 것은 아니다. 대상고객층이 동일하다고 해도 현행차 고객의 일부는 신형차 발표의 경우에는 조정된 대상범위에서 벗어나 있다. 대상범위에서 떨어져 나가는 층에 대신해서 새로운 생활양식을 가진 고객이 새로운 대상범위에 들어오게 된다.

이와 같이 대상이 되는 모집단은 현행차와 차기차종에서는 전혀 달라지게 된다. 대상고객의 인구통계는 변화하고 있으며 환경변화나 소비자 기호의 변화추세에도 주의를 기울이지 않으면 안 된다. 이러한 차이점을 정확히 파악한 다음이 아니면 현행차와 차기차종의 원가비교는 단순한 수치의 검토에 그치고, 원가기획의 실효도 확보할 수 없다.

기능별로 원가를 파악하는 경우에는, 동일기능은 동일원가로 간주된다. 차기차종에 추가하려는 신기능이나 기능향상, 예를 들면 4단 자동변속기에서 5

단 자동변속기로의 변경, 통상도장에서 왁스레스도장, 통상브레이크에서 ABS로의 변경 등에 대해서는 각 부위마다에 부품원가의 증감이 비교된다.

상품성 평가에서는 경제성, 승차감, 품질, 안정성 등 큰 항목의 각각에 대해서 극히 다수의 평가항목을 설정해서 그 각각의 목표치가 부여된다. 목표치의 설정의 기본은 각각의 평가항목에 대해서 기대되는 기능이 개발 기본개념을 실현하는 제품에 도입되어 있는가의 여부를 검토하는 것에 있다. 예를 들면 품질에 관해서는 '당연히 품질'의 사고방식이 철저히 이행되고 있으며, 능동·수동 양면에서의 안정성은 물론 재생플라스틱의 이용, 차량폐기시의 재생기능 재료와 분해의 용이성, 녹의 발생, 지구 온난화대책 등의 환경보호에 관련된 사항 등도 상품성 평가의 대상이 된다.

(2) 공정순서(工順) 설정

공정순서 설정에서는 차량, UNIT, 기능부품 각각에 대해 개발일정의 대강이 결정된다. 공순(工順) 설정을 하기 위해서는 당연한 일이지만, 어느 공장에서 신형차를 제조하는가, 또 부품에 대해서는 무엇을 내부에서 제작하고 무엇을 외부에서 구입하는가가 사전에 확정되지 않으면 안 된다.

(3) 원가구성별 원가범위

현행차종의 원가실산액을 기준으로 해서 신제품의 상품성과 이미 구해진 원가절감률을 고려해서 목표원가를 산정한다. 그리고 목표원가의 구입품, 내부제작비, 영업비, 예비비의 각 구성별로 원가범위를 설정한다. 개발비는 과거의 실적을 기초로 산정하여 개발부문에 관리운용이 일임된다.

원류단계에서의 검토가 충분하면 충분할수록 총원가가 인하되어 고객요구에 가까운 개발이 가능하게 된다는 경험에 비추어 볼 때 개발비의 경우는 증가하는 경향이 있다. 다만 어느 정도까지의 개발비가 제품수명주기 원가를 최소화시키는가를 아는 것은 그리 쉬운 일이 아니다. 예비비는 제조원가에 일정률이 계상되며, 그 사용용도 결정과 철회의 권한은 상품주관에게 위임되어 있다.

다만, 원칙을 어기고 예비비의 지출이 이루어지는 경우는 드물며, 개발후기에 장비품을 변경하는 경우 등에 사용되는 정도이고, 상품성을 구성하는 기본기능을 변경하기 위해 지출되는 일은 거의 없다. 또 이 단계에서 금형이나 설비투자 등 단일항목으로 다액의 현금지출을 필요로 하는 부문의 계산이 이루어지고 있다.

4 부품별 목표원가의 설정 및 제조계획의 입안

모델결정 전후부터 개시되는 부품별 목표원가의 설정과 제조계획의 입안과정은 다음에 표시한 대로이며, 원가의 기능별 분해와 부품별 목표원가 설정의 과정이 대폭적인 원가절감이 기대되는 단계이다.

부품별 목표원가의 설정과 제조계획의 입안과정은 자동차제작 관점에서 보면 개발자의 스타일링이 최종 승인되고, 선행 설계시작차나 공장시작차(양산시작차)가 직접 다루어지는 기간에 해당한다. 또 점토모형(clay model)이 만들어지면 대상고객층에 속하는 사원과 그 가족들을 초청하여 복수의 스타일링에 관해 청취하고 제품개념이 지향하는 대로 구현되어 있는가의 여부가 검토된다.

목표원가는 우선 구입품원가와 내제품원가로 양분되고, 그 후 세부적으로 나눈다. 구입품원가에 대해서는 기능별·구성별 원가범위를 분할한다. 한편, 내제품 목표원가는 구성원가 범위를 공장공통비, 직접재료비, 기존 직접고정비, 직접노무비, 신규 직접고정비로 분할한 후 다시 공장별·작업장별로 나눈다.

이 단계에서 주목해야 하는 것은 여기에서의 작업이 단순한 목표원가의 세분, 분해의 작업이 결코 아니라는 것이다. 이후에 실시되는 목표원가 달성활동의 방향성이 명확히 제시되고 "원가절감을 어떠한 방법으로 실시하고 어려움에 직면할 경우에는 어떻게 대처하면 좋은가"에 대한 정보가 나눠진 부품별 원가치수와 한 쌍으로 준비된다. 이러한 배려가 없으면 부품별 원가절감목표는 목표달성활동에 종사하는 관련부서로부터의 실행을 얻을 수 없다.

판매가격, 매매성립가격 및 영업비는 상품성 평가, 경합 타사 비교 그리고 판매방침을 설정한 뒤에 산정한다. 그렇게 하지 않으면 판매가격 등을 합리적으로 산정했다고 할 수 없다.

모든 원가항목에 대한 개략적인 산정이 이루어진 후 차량 전체의 이익구조를 밝히기 위해 전체 등급의 가격구성표가 이용되고 있다. 당초 예정된 이익을 확보할 수 없다는 것이 밝혀진 경우에는 다시 검토가 추가된다.

이러한 분석결과는 제1차 제품계획에 종합 정리된다. 제1차 제품계획은 기술계 임원, 영업계 임원 및 관련부서의 부장으로 구성되는 제품전개검토회의 #1에서 승인된 후 세부 마무리를 제품전개검토회의 #2에서 실시하고, 상무회의 승인을 얻어 본격적으로 시작된다. 제1차 제품계획의 작성단계에서부터 제2차 제품계획 확정 직전까지의 기간에 대략 모든 원가절감작업이 이루어지므로 이 기간 중의 활동이 목표원가의 달성에 있어서 가장 중요하다.

제 7 절 제품수명주기원가계산

기존의 원가계산방법은 제조단계에서의 정확한 원가측정을 강조해 왔고, 그 이전 단계나 그 이후 단계에서 발생되는 원가나 활동들을 무시하는 경향이 있었다. 이에 비해 수명주기원가계산(life cycle costing)은 한 제품의 전체 수명주기 동안 모든 원가를 측정하는 데 그 목적이 있다. CIM(computer integrated manufacturing)이나 FMS(flexible manufacturing system) 등으로 표현되는 현대의 제조환경하에서는 상대적으로 제품수명주기가 점차 짧아지고 있는 관계로 생산이전단계인 제품기획 및 설계단계에서 이미 생산단계나 그 이후 단계에서 발생될 원가가 거의 확정된다.

따라서 생산이전단계에서의 원가통제는 매우 중요하다. 뿐만 아니라 짧은 수명주기를 지니고 있는 제품에서는 자산으로 처리되는 제품원가와 단기비용으로 처리되는 기간비용의 엄격한 구분보다는 제품수명주기 동안에 발생된 모든 원가에 대한 집계가 더 유용한 정보가 될 수 있다. 수명주기원가계산에서는 이러한 정보를 경영자에게 제공해 줄 수 있다.

1 제품수명주기원가(PLCC)의 개념

제품수명주기원가는 미 국방성(DOD)이 1960년대 초에 정부조달의 효과를 증대시키기 위해 발전시킨 개념으로, 거기에는 두 가지의 관련목적이 있다.

첫째, 운영(operating) 및 지원원가(support cost)를 포함할 것과, 둘째, 설계와 개발단계에서 지출을 증가시킴으로써 운영 및 지원원가에서 원가절감을 증대시키는 보다 장기계획을 세우도록 하기 위한 것이었다.

그림 16-5 제품수명주기원가의 계산

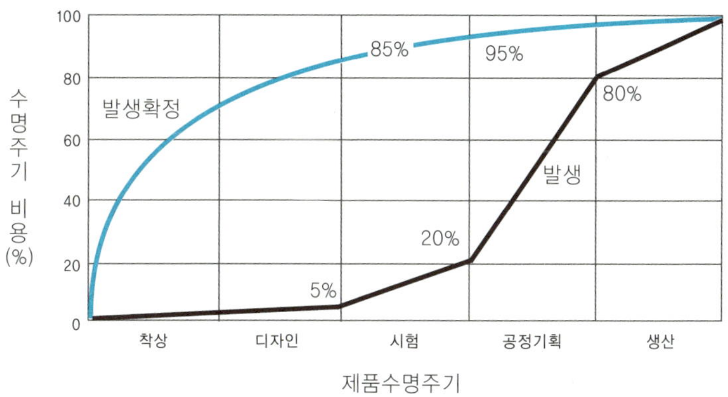

중요한 점은 제품 총수명주기원가의 대부분(일반적으로 80~85%라고 함. 〈그림 16-5〉 참조)이 제품수명주기의 초기단계에서 결정된다는 것이다. 그러므로 경영의 중점 또는 제품 총수명주기원가의 절감은 초기의 의사결정에 주의와 노력을 기울여야 한다. 지금까지 연구되어 온 바에 의하면, 제조이전에 발생하는 활동(예를 들면, 시장과 소비자분석, 제품개념(product conception), 제품설계, 제품검사 등)들에 한 단위를 추가하는 것은 제조와 그 이후의 활동에서 적어도 8～10단위를 절감할 수 있다는 것이다.

먼저 제품수명주기원가와 총수명원가 사이의 개념 차이를 알아보면,

① 수명주기원가(LCC)는 생산자가 설계, 제조, 마케팅, 물류, 서비스 등의 제품수명주기에 걸쳐 발생되는 모든 원가를 말하고,

② 제품 총수명원가(whole life cost of product)는 위의 수명주기원가뿐만 아니라 제품의 설치, 운영, 유지, 재생, 폐기원가와 같은 소비자가 발생시키는 원가를 포함하는 것으로 보다 광의의 개념이다.

소비자가 제품구매 후에 발생하는 원가에 대하여 보다 민감하기 때문에 총수명원가가 중요한 요소가 된다.

2 제품수명주기원가계산의 의의

기업들은 지금까지 설비나 제품의 취득원가에는 관심을 가지고 있었으나, 자산을 취득한 이후에 발생하는 원가에 대해서는 관심을 거의 갖지 않았다. 그러나 컴퓨터산업을 비롯하여 자산취득 이후에 발생하는 운용, 보수, 폐기처분에 관련된 원가가 매우 빠르게 증대되면서 제조원가뿐만 아니라 운용, 보수, 처분 등에 관련되어 발생하는 사용자원가를 포함한 총수명주기원가를 측정하고 분석하는 것이 필요하게 되었다. 원가계산의 대상은 제품이 완성될 때까지 발생한 제조원가와 그 이후에 발생될 것으로 예상되는 모든 원가 및 처분가치, 기타 계산가능한 효익 등을 포함하는 원가계산방법을 말한다. 그러므로 수명주기원가계산을 "요람에서 무덤까지의 원가계산"(cradle to grave costing)이라고도 한다. 수명주기원가계산이 필요한 대표적인 산업으로는 컴퓨터, 전자, 자동차산업 등을 들 수 있다.

수명주기원가계산에 포함되는 원가항목으로는 크게 3가지로 분류될 수 있는데, 초기자본 투자액으로 연구개발원가·설계원가·제조원가 등이 있고, 운영 및 보수비용으로는 재료비·노무비·제조간접비·소모품비·수리비 등이 포함되고, 처분원가로는 철거 및 처분비 등이 있다.

3 제품수명주기원가의 추정

제품수명주기원가를 추정하는 방법으로는 다음의 세 가지가 상용되고 있으며, 기업은 다음의 한 가지 또는 세 가지 방법을 혼용하여 추정할 수 있다.

(1) 분석기법(analogy)

분석기법에 의한 PLCC의 추정은 유사한 제품 또는 구성성분과 동일하게 놓고, 유사제품과 목표제품 사이의 차이를 원가로 조정하는 것이다.

(2) 모수모형(parametric model)

모수모형에 의한 PLCC의 추정은 하나 또는 그 이상의 비선형 회귀모형에 의해 전체 또는 다양한 활동(예를 들면, 설계 또는 제조)들을 위한 제품원가를 예측하는 데 바탕을 두고 있다. 이러한 모형을 사용함에 있어서 추정원가는 종속변수가 되고, 독립변수는 대개 다음과 같은 것들을 포함한다.

- 제조의 복잡성, 설계 유사성, 가중치, 성능, 스케줄의 간결성

많은 기업들은 실제원가와 독립변수들의 값이 이전의 제품에서 사용될 때, 분산을 최소화하는 독립변수의 모수(베타)를 사용함으로써 모수모형을 추정한다.

(3) 산업공학모형 또는 원가회계모형

산업공학 또는 원가회계방법(industrial engineering model or cost accounting model)은 제품의 직접원가를 추정하기 위한 노무시간 및 비율, 재료량 및 가격을 추정하는 데 사용한다. 이때 사용할 배부율은 간접원가(제조간접비)를 고려하여야 한다.

제 8 절 제품수명주기관리

현대적 의미로 제품수명주기는 제품기획에서 제조·판매에 이르는 전통적인 수명주기에 유지·보수·폐기처분에 이르기까지의 기간을 모두 포함하는 것을 말한다.

일반적으로 제품의 수명은 도입기, 성장기, 성숙기, 쇠퇴기라는 4단계를 거쳐 시장에서 사라지는 것으로 구분하는데, 이러한 제품수명 전과정에서 이익을 최대화하려는 것을 제품수명주기관리라고 한다. 대개 첨단 제품은 성숙기와 쇠퇴기가 도입기와 성장기에 비해 매우 짧은 편이므로, 기업은 각 제품의 수명주기를 감안하여 이익 최적화를 검토할 필요가 있으며 이러한 관점에서 제품수명주기관리가 매우 중요하다고 하겠다.

그림 16-6 제품수명주기관리와 각 관점과의 관계

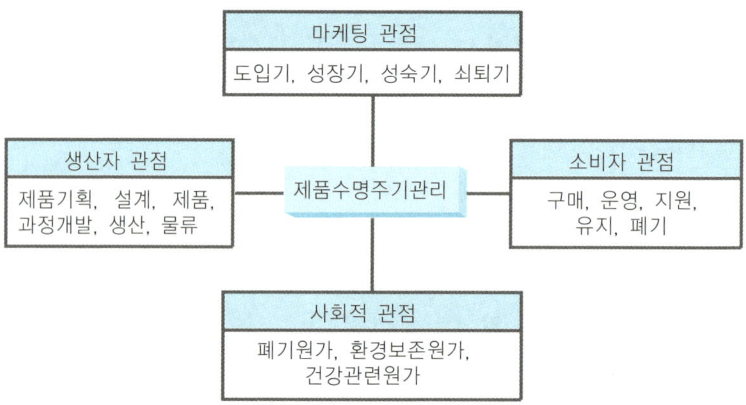

최근 들어 연구개발비, 기획·설계비, 사후관리비 등이 증대됨에 따라 제조원가를 중심으로 과거의 원가관리에서 수명주기관리로 이행되면서 제품수명주기관리의 필요성이 크게 부각되고 있는데, 이는 공장자동화로 인해 제조단

계의 원가가 감소하고, 제품의 기획 및 설계단계의 원가가 증대됨으로써 제품수명 전과정에서의 수명주기관리가 필요하게 되었다. 또한 컴퓨터 제품 등 첨단기술 제품이 증가함으로써 제품판매 이후의 보수 및 유지관리원가와 폐기처분원가가 크게 증가되어 그 필요성이 증대되었다.

제품수명주기관리는 제품수명주기의 다양한 단계에서 경영과 판매방법에 관련되는데, 여기에서는 마케팅, 생산자 및 소비자 그리고 사회적 관점에서 제품수명관리가 어떻게 이루어지는지를 살펴보기로 한다.

1 마케팅 관점에서의 제품수명주기관리

마케팅 관점에서의 제품수명주기관리는 시간이 지나면서 매출액이 증가함에 따라 제품에 대한 소비자욕구가 어떻게 변하고 있는지에 대해 초점을 맞추고 있다. 따라서 마케팅관점에서는 제품수명주기의 개념을 매출액을 예측하고 마케팅전략을 계획하는 데 오랫동안 이용하여 왔다.

전통적인 제품수명주기곡선은 〈그림 16-7〉에서 보는 바와 같이 모두 4개의 단계로 구분된다.

그림 16-7 제품수명주기곡선

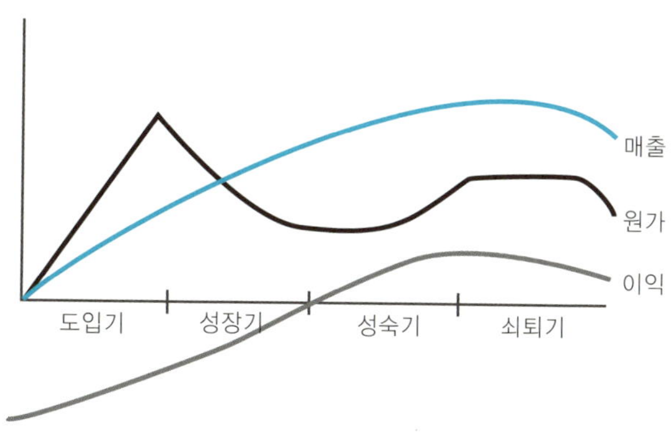

각 단계별 특징을 설명하면 다음과 같다.

(1) 도입단계(start-up)

도입단계에서는 매출이 없거나 매우 낮은 수준이다. 동시에 시장조사, 제품개발 및 자본적 지출에 막대한 자금이 소요된다. 이 단계에서는 현금흐름의 부족현상이 나타나고 부채수준이 증가한다. 이익은 매출이 이루어진 후에야 실현되므로 낮은 수준의 이익을 나타내며 자산에 대한 수익률도 낮은 수준이다. 그러나 이 단계에서 제품이 성공적으로 시장에 진입한다면 곧 성장단계로 진입하게 된다.

(2) 성장단계(growth)

성장단계는 시장성 있는 제품의 개발로부터 시작된다. 이 단계에서의 예산은 매출증가를 반영하여야 하나 이러한 매출의 증가는 판매촉진비용 및 생산원가와 관련지어야 한다. 성장단계에서는 기술적 효율성 및 제품개량과 관련된 원가가 상승하며, 회계정보시스템 및 조직개발비용도 증가한다. 한편, 주문의 단계적 증가로 인해서 생산설비자산의 취득 및 생산조업도의 증가를 수반한다. 성장단계에서의 이익은 증가하나 재투자로 인해서 현금유입의 수준은 낮거나 오히려 순현금유출이 지속된다.

(3) 성숙단계(maturity)

성숙단계에서는 예산에 표준치가 설정될 수 있다. 과거자료를 토대로 미래의 원가를 예측할 수 있으며, 대부분의 예산금액은 안정된 수치를 보인다. 보상수준도 일정해지며 원가절감에 초점이 맞추어진다. 성숙단계의 이익은 장기적으로 증가하며 초과현금흐름이 실현된다.

(4) 쇠퇴단계(harvest)

쇠퇴단계에서는 인건비가 감소하고 새로운 투자가 요구되지 않기 때문에 이익은 증가한다. 변동비를 상회할 수 있는 주문은 모두 받아들여진다. 그러나 점차 매출이 감소하여 이익도 감소추세를 보인다. 자산에 대한 수익률은 높은 수준인데 이는 단지 자산의 장부가액이 감소되기 때문이다.

2 생산자 및 소비자 관점에서의 제품수명주기관리

마케팅 관점에서의 제품수명주기관리의 개념을 확장하여 생산 또는 생산자 관점에서의 제품수명주기관리의 중요성이 대두되고 있다. 생산 관점에서는 각 단계별로 매출액을 증가시키기 위한 전략수립에 초점을 두고 이러한 원가를 어떻게 통제하고 관리하는가를 주요 목표로 삼는다.

이때 제품수명주기원가는 제품의 수명주기 전반에 걸쳐 발생하는 총원가를 의미하는 단순한 수명주기원가(life cycle costs)가 아닌 이러한 단순한 수명주기원가뿐만 아니라 소비자에게 발생하는 원가도 포함하는 총수명주기원가(whole life costs)에 초점을 맞추어야 한다. 왜냐하면 소비자는 제품을 구매한 후에 사용하면서 발생하는 비용의 증가에 더 민감하기 때문이다.

(1) 생산자 수명주기원가와 소비자 수명주기원가

앞에서 설명한 단순한 수명주기원가와 총수명주기원가는 생산자 수명주기원가와 소비자 수명주기원가로 표현할 수 있다.

소비자의 입장에서 고려해야 할 원가는 제품의 취득원가와 사용원가이다. 즉 제품을 구매함에 있어서 저가의 제품을 선택하는 의사결정을 한다면 총수명주기원가의 관점에서 잘못된 의사결정이 될 수 있다. 왜냐하면 수명주기 전 기간을 통해서 많은 사용원가가 발생되기 때문이다. 따라서 소비자는 미래의 사용원가가 증가함에도 불구하고 저가의 제품을 구매할 것인가, 아니면 사용원가를 감소시키기 위해서 고가의 제품을 구매할 것인가에 대한 의사결정을 해야 한다. 이러한 선택의 의사결정이 〈그림 16-8〉에 나타나 있다.

한편, 이러한 의사결정은 생산자의 입장에서도 고려되어야 한다. 매출증가에 치중하는 전략을 수립하게 되면 판매가격을 낮추기 위해서 생산원가가 낮은 제품에 의존할 수밖에 없으며, 이 경우 소비자의 구매원가는 낮아지나 당

그림 16-8 소비자관점에서의 제품선택 의사결정시 상충관계

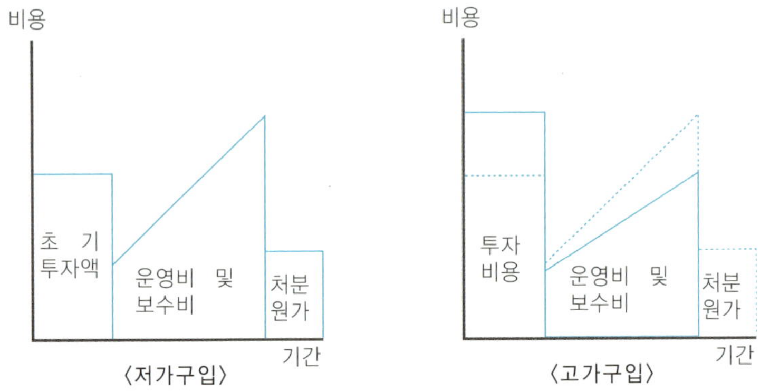

해 제품의 신뢰성의 저하로 인하여 소비자의 사용원가는 증가하고, 결국 총 수명주기원가는 최적수준에서 벗어날 가능성이 있다. 즉 생산자는 미래의 사용원가가 증가하더라도 생산원가를 줄일 것인가, 아니면 미래의 사용원가를 줄이기 위해서 현재의 생산원가를 증가시킬 것이가에 대한 의사결정을 해야 한다.

생산자는 생산원가가 증가하더라도 총수명주기원가가 감소한다면 이러한 의사결정은 정당화될 수 있으며, 생산자관점에서의 제품수명관리는 바로 이러한 면에서 전개되는 것이다.

(2) 제품·공정개발과 수명주기

생산자관점에서의 제품수명관리는 제품의 개념화, 설계, 생산 및 공정개발, 생산, 그리고 물류단계를 포함하는 관리이다. 이 중 가장 중요한 단계는 생산 및 공정개발에 있는데, 그 이유는 생산효율성은 제조공정과 제품구조를 수명주기에 따라 조화시킬 때 최적화되기 때문이다.

제품·공정개발은 Hayes와 Wheelright가 제시한 제품·공정 수명주기의 구조에 따라 전략적으로 수립되어야 한다.

그림 16-9 제품구조와 공정구조

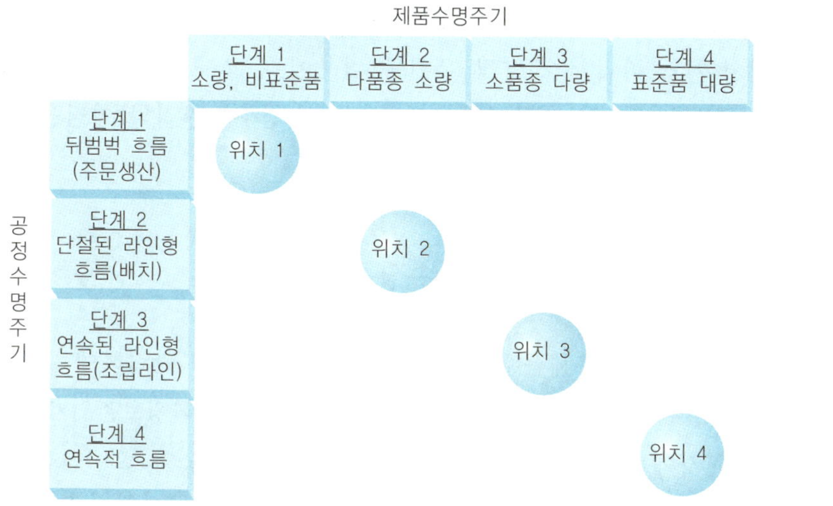

제품구조와 공정구조는 〈그림 16-9〉에서 보는 바와 같이 대각선상에 있는 기업의 경우에 달성된다.

① **위치 1의 기업:** 일정한 이동라인을 따라 생산을 하는 것이 아니라, 이 경우에는 주문생산공정을 갖는 기업이 효율적으로 제품을 생산할 수 있다. 잦은 설계변경이나 소량생산의 환경에서는 적합하나 비효율적이고 자재운반비용이 많이 소요된다.

② **위치 2의 기업:** 위치 1의 기업에 비하여 규모의 경제를 통한 이점이 있다. 생산라인 전체가 연결되어 있지 않고 단속적인 다품종 소량생산의 형태에 적합하다.

③ **위치 3의 기업:** 자동차 조립의 경우처럼 단일품목의 대량생산에 적합하다. 규모의 경제를 통한 이익을 획득하기 위해 연결라인 흐름을 채택한다.

④ **위치 4의 기업:** 장치산업에 적합하다. 가장 이상적인 공정의 흐름과 고도의 기술이 활용되나 투자규모가 크고 융통성이 부족하다.

위와 같이 제품과 공정의 수명주기를 함께 고려함으로써 정태적 측면에서 제품구조와 제품공정을 균형화시킴으로써 제조비용을 최소화할 수 있는 이

점이 있다. 즉 대각선의 위치에서 이탈한 기업은 단위당 생산비용을 최소화하기 어렵다. 또한 동태적 관점에서 볼 때 산업의 발전이 대각선을 따라 이행해 간다는 것이다. 즉 도입기, 성장기, 성숙기는 제품구조의 첫 세 개의 단계와 일치한다. 따라서 전략적 우위를 비용에 두고자 하는 기업은 공정구조와 산업발전의 단계를 조화시킴으로써 제품수명주기관리의 이점을 극대화할 수 있다.

3 사회적 관점에서의 제품수명주기관리

사회적 관점에서의 제품수명주기관리는 제품폐기와 관련하여 발생하는 폐기원가, 생산관련 공해로부터 발생하는 외적인 원가(환경보존원가)까지 제품수명주기원가에 포함하는 관점이다. 예를 들면, 제품오염으로 인한 건강관련 원가 등이 있다. 미래에 효과적인 제품수명주기원가관리를 위해서는 이러한 사회적 원가가 반드시 고려되어야 한다.

4 의사결정의 상충관계

제품수명주기관리에 있어서의 의사결정은 서로 상충관계(trade-off)에 있다. Gerald Susman은 매출증대와 관련된 의사결정 및 생산원가절감과 관련된 의사결정으로 구분하고 각 부분에서의 의사결정시 상충이 일어난다고 지적하였다. 매출증대관련 의사결정에는 제품차별화 및 가격결정이 포함되는데, 이들은 제품수명주기의 여러 단계에서 시장점유율, 가격, 투자수익률, 생산량, 제품의 질, 이익, 광고비 등과 상충을 일으킨다. 한편, 생산원가절감에 대한 의사결정시에도 어떤 원가절감방법을 선택할 것인가에 대해서 각 제품수명주기단계에서 상충이 발생한다.

제 9 절 BCG 매트릭스와 제품수명주기

1 BCG 매트릭스의 의의 및 전략

현재 기업이 가지고 있는 복수의 사업부 또는 제품의 최적 포트폴리오를 분석할 때 의사결정을 단순화시키고자 여러 가지 분석기법이 제시되었으며, 그 중 하나가 BCG 매트릭스이다. BCG 매트릭스는 Boston Consulting Group이 개발한 포트폴리오분석기법으로서 산업의 성장가능성과 해당 기업의 시장점유율에 따라 다음과 같이 제품을 4가지로 구분하여 전략사업단위(strategic business unit: SBU)의 위치를 분석한다.

시장성장률 \ 상대적 시장점유율	높다	낮다
높다	Star	Question mark
낮다	Cash cows	Dogs

위의 각 매트릭스 내의 4분면의 의미와 전략을 요약하면 다음과 같다.

구분	상황	전략
Question mark	• 성장성은 있으나 시장점유율이 낮다. 신규사업에 대한 성공의 확신이 낮다. • 낮은 시장점유율로 현금창출보다는 급성장 결과로 현금요구량이 크다.	BUILD • 기업자원의 일부를 지원하여 Star로 이전할 수 있는지(잠재력)의 여부를 규명 • 많은 자본이 소요되기 때문에 최고경영자의 신중한 의사결정이 요구
Star	• 높은 성장성과 시장점유율을 가진다.	HOLD • 성장시장에서 자신의 지배력을 유지하기 위한 추가투자 필요 • 획득 수익이 크나, 가장 많은 자금 소요 • 장기적으로는 시장점유율이 하락하면서 Cash cows로 전환

Cash cows	• 시장성장성은 낮으나 시장점유율은 상대적으로 높다. • 타기업에 비해서 경쟁우위에 있으나 시장확장의 기회가 적어 위험이 수반	HARVEST • 성장률 하락으로 시장확장은 하지 않으나 시장점유율은 높아 적정규모 이익을 실현 • Star 또는 Question mark에 속한 SBU를 지원할 수 있는 자금의 원천 제공
Dog	• 저성장시장에 시장점유율도 낮다. • 경쟁적 위치도 약하고 산업의 매력도 없다. • 자금수요는 없으나 수익은 저조	WITHDRAWAL • 시장이 다시 확장되거나 시장의 리더가 될 가능성이 없으면 철수 • 파격적인 원가절감을 통하여 단기간 내에 현금회수

2 BCG 매트릭스와 제품수명주기의 결합

BCG 매트릭스에서 상대적 시장점유율은 현금창출(cash generation)을 나타내고, 시장성장률은 현금사용(cash use)을 의미한다. 따라서 상대적 시장점유율과 시장성장률의 조합을 이용하여 제품수명주기의 각 단계를 다음과 같이 표시할 수 있다.

시장성장률 \ 상대적 시장점유율	높다	낮다
높다	Star (성장기)	Question mark (도입기)
낮다	Cash cows (성숙기)	Dogs (쇠퇴기)

따라서 기업은 복수의 제품이나 사업부가 BCG 매트릭스의 4분면 중 어느 위치에 있는지 파악하고, 향후 어느 위치로 이동할 것인지에 대한 전략은 각 제품이 현재 어느 수명주기에 해당되는지와 관련지어 수립되어야 할 것이다.

제 10 절 제품수명주기원가관리(PLCCM)모형

여기서 제품수명주기원가관리(product life cycle cost management: PLCCM)는 제품수명주기원가(product life cycle cost: PLCC)의 발생과 관리를 포함한 광의의 개념으로서, 관련문헌과 미국과 유럽의 첨단기술 기업들을 현지방문하여 얻은 정보를 기초로 하여 제품수명주기원가 프로그램의 설계와 수행을 위한 지침을 포함한 PLCCM의 조직적인 모형을 소개하고자 한다.

이 모형은 제조기업들이 효과적인 PLCCM제도를 설계하고 수행하는 데 필요한 기준을 제공하고자 하는 것으로 하나의 목표, 두 가지 원칙과 10개의 지침을 제공한다.

PLCCM은 짧은 리드타임(lead time)과 짧은 배달시간(delivery time)을 요구하는 혁신적인 고품질 제품으로 경쟁시장에서 장기적인 성공을 이루기 위해 모든 종업원들의 주의를 집중시키려고 하는 제품을 기준으로 한 조직적인 전략이다. 〈그림 16-10〉에서 보는 바와 같이 PLCCM은 한 조직에 있어서 폭넓고 다양한 기능특성들의 조정과 협력이 요구된다.

그림 16-10 PLCCM에 포함되는 종업원과 활동들

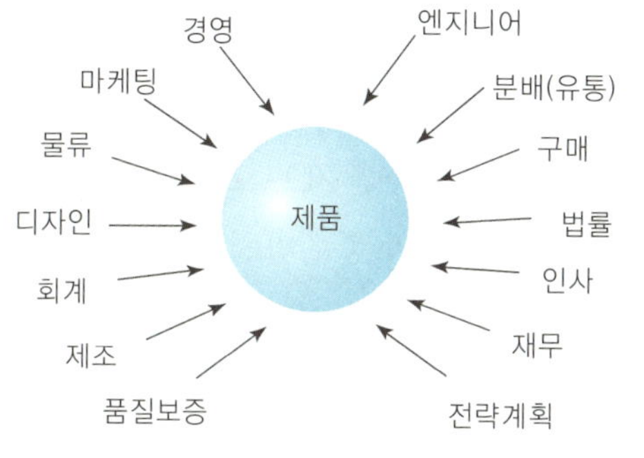

1 제품수명주기원가관리(PLCCM)의 목표

PLCCM시스템의 목표는 기업의 장기적인 경쟁우위를 창조하고 증가시키기 위한 것으로, 종업원들이 제품을 설계, 제조, 판매, 분배, 운영, 유지, 서비스와 폐기가 되는 데 있어서 의사결정을 하고 활동을 수행할 수 있도록 하는 데 있다. 이것은 총수명원가, 배달방법, 혁신과 품질 등이 포함된 주요 제품특성들의 균형을 적절하게 잡아줌으로써 달성할 수 있다. 품질의 측면으로는 성능, 특징, 신뢰성, 적합성, 내구성, 편리성(유용성), 미적, 품질 인지도 등이 있다.

2 제품수명주기원가관리제도를 위한 원칙

PLCCM제도를 위한 원칙에는 중요한 것이 두 가지가 있다.

(1) 원칙 1

PLCCM제도의 가장 중요한 성공의 결정요소는 PLCCM제도의 목표를 달성하기 위해 요구되는 모든 종업원들과 활동들의 통합, 그리고 밝은 전망을 최대화할 수 있도록 기업의 구조와 과정을 조직하는 것이다.

(2) 원칙 2

PLCCM 성공의 가장 중요한 행동변수는 잘 관리된 지속적인 개선이다. 지속적인 개선의 문화는 강한 믿음, 가치, 그리고 장기적인 성공을 성취하기 위해 모든 종업원에게 나누어진 목표를 한 세트로 제공하는 것이 바람직하다. 바꾸어 말하면 혁신, 품질향상, 그리고 총수명원가와 시간의 감소가 요구된다.

3 제품수명주기원가관리제도를 위한 지침

PLCCM제도를 설계하고, 수행하며 관리하는 데에는 아래와 같이 10가지의 중요한 지침이 있다.

(1) 지침 1

인간을 통합한 기업(the human integrated enterprise): 기업의 구조와 공정은 반드시 인간을 통합하여 창조되어야 한다. 이것은 기술, 지역 또는 기능영역 중심이 아닌 주로 제품을 중심으로 조직화되는 수평적 구조를 요구한다. 수직구조는 노동자와 최고 경영자 사이의 단계가 거의 없이 평편하여야 한다.

조직의 중심단위는 제품의 수명주기를 통한 모든 활동에 책임을 지는 제품에 초점을 맞춘 팀이다. 제조기업들은 정보시스템과 진보된 제조기술—예를 들면, Computer-Aided Design(CAD), Computer-Aided Manufacturing(CAM), Computer-Aided Engineering(CAE), Flexible Manufacturing Systems(FMS), 그리고 Computer-Integrated Manufacturing(CIM)—의 사용이 점차 증가하기 때문에, 이러한 팀에 있는 종업원들은 다양한 지식, 경력(학력), 기술과 시장정보, 컴퓨터 프로그램 작성, 원가관리, 재무, 엔지니어, 기계조작기술 등을 포함하여 소유하여야 한다.

이러한 팀이 성공하기 위한 핵심은 판매분석, 제품과 공정의 설계와 검사, 진보된 제조기술의 소프트 프로그래밍과 고품질 재료공급시스템을 포함한 제조 이전의 활동들을 최적화시키는 것이다.

(2) 지침 2

총수명원가(whole life costs: WLC): 단지 제품수명주기원가(PLCC)보다는 총수명원가(WLC)가 제품원가의 가장 적절한 개념이다. 소비자가 제품을 구매한 후에 발생하는 원가가 총수명원가에서 차지하는 비중이 점점 커지고 있으므로 구매의사결정에 그 중요성이 증가하고 있다.

소비자에 대한 장기적인 성공은 제품이 보다 낮은 총수명원가를 가지는 것이 요구된다. '총수명원가' 개념은 제품의 장기적인 경제적 우월성을 선전하는 정교한 마케팅전략의 한 부분으로 사용되어야 한다. 유지하고 개선하는 것의 관계는 단기에 있어서 생산자에게 영향을 주는 제품의 특성이 아닌 소비자와 관련된 제품의 모든 특성들을 생산자가 고려하고 있다고 선전함으로써 발생된다.

(3) 지침 3

관련원가(relevant costs): 단지 특정 의사결정과 관련되어 있는 제품의 총수명원가만을 사용한다. 이것은 동일하게 되는 의사결정에 의해 영향을 받는 모든 활동과 의사결정을 하는 데 사용되고 축적된 활동의 원가가 요구된다. 예를 들어 총수명원가는 최초 제품의 설계로부터 시작해서 소비자가 제품을 폐기처분할 때 끝난다.

(4) 지침 4

투자(investment): 원가절감의 실현가능성을 증가시키고, 제품의 품질과 혁신을 증가시키기 위해서는 제조이전의 가치 있는 것(CAD, CAPP 등)과 사람들의 기술(교육, 작업순환 등)에 보다 더 투자하여야 한다. 그런 결과 전체 리드시간(lead time)을 감소시키고 배달시간을 짧게 할 것이다.

(5) 지침 5

초기단계에서 사용수단의 증가(increased resources up front): 제품수명주기의 후반단계(서비스와 보증원가)에서 원가를 줄이기 위해서는 제품수명주기의 초기단계에서 수단(설계시간, 제품검사)을 더 사용하라.

제조이전단계가 원가절감을 위한 가장 좋은 기회이므로, 기업의 제품판매분석, 제품기획, 제품 및 과정의 설계와 검사에서 제품 팀(product team)의 기술과 노력을 집중시켜야 한다.

(6) 지침 6

목표원가(target costing): 표준원가계산이 아니라 목표원가계산이 제품에 대한 원가목표를 세우는 데 핵심이다. 세계적인 시장에서 성공하기 위해서는 매년(또는 최소한 제품의 다음 판이 나올 때) 제품원가를 줄이는 것이다.

목표원가는 시장지향적 개념이며, 제품의사결정을 위한 하나의 훌륭한 기초이다. 목표원가계산의 논리는 원하는 시장점유율과 가격을 기획하는 것으로 제품 총수명원가의 목표가 된다. 그러므로 프로세스 설계팀에 요구되는 제품의 품질, 배달 그리고 혁신의 특성이 포함된다.

표준원가계산이 지니고 있는 문제점은 생산에 사용된 직접노무와 재료에 치우쳐 있다는 것이다.

장기적인 성공의 핵심은 계속적으로 개선하는 것으로, 이것은 바로 원가절감을 의미한다. 표준원가제도는 개선율을 자극하고 평가하기 위해 표준을 계속해서 변경해야 하기 때문에 지속적인 개선전략을 운영하기 어렵다. 지속적인 개선율을 평가하는 보다 효과적인 기본은 과거의 실제원가를 이동평균시키는 것이다. 짧은 제품수명주기에 추가하여, 심지어 제조수명주기, 개발과 표준의 수정이 짧아지는 것이 문제이다.

(7) 지침 7

원가통제가 아닌 원가절감(cost reduction, not cost control): 의사결정과 행동의 초점은 원가를 통제하는 것이 아니라 원가를 줄이는 것이어야 한다. 목표전략을 달성하고 지속적인 개선을 하기 위해서는 계속적으로 원가를 절감하여야 한다.

(8) 지침 8

성과평가(performance evalution): 성과평가와 보상제도는 총수명원가 측면을 강화할 수 있어야 한다. 이것은 개인의 평가와 보상이 제품수명주기 전체를 통한 성과와 매우 강하게 연계되어야 한다는 것을 의미한다. 그러므로 설계엔지니어는 제품에 실현된 제조원가와 이익을 기초로 하여 평가되고 보상되어야 한다.

보상제도는 팀구성원으로 하여금 원가와 관련된 문화를 받아들이고 계속적으로 제품과 활동에 대한 개선이 이루어지도록 하기 위하여 팀구성원들을 동기유발하고 보상하기 위해서 변경되어야 한다. 보상은 화폐와 비화폐적 보상(승진과 표창) 모두를 포함하여 광범위하게 고려되어야 한다.

지속적인 개선, 양적인 성과평가와 화폐보상이 개인에게 격려와 보상이 되기 위해서는 다음과 같은 것들이 고려되어 구성되어야 한다.

① 혁신에 대한 위험감수의 정도
② 기술의 개발(깊이와 폭에 있어서)
③ 제품과 공정설계에 대한 팀에서의 개인 및 단체성과
④ 공정이 수행되는 동안의 개인 및 단체성과

그리고 보상은 다음에 의거하여 계산되어야 한다.

① **고정급여**(fixed salary)··혁신을 유도하기 위해 위험을 받아들이도록 격려하기 위한 보상
② **기술상여금**(skill bonus)··새로운 기술의 습득을 포함한 개인기술의 폭과 깊이에 기초한 보상
③ **설계상여금**(design bonus)··개인에게 예상되는 전체 총수명원가를 최소화하도록 하고, 총수명원가가 목표원가보다 낮게 유지되도록 동기부여하기 위한 보상

ⓔ $DB = P \times [E(TTC) - E(WLS)]$

여기에서, DB: 설계상여금
P: 비율
$E(TTC)$: 예상되는 총목표원가
$E(WLS)$: 예상되는 총수명원가

④ **이행상여금**(implementation bonus)··개인에게 실제 총수명원가를 최소화하도록 동기부여하기 위한 보상

ⓔ $IB = P \times [E(WLS) - TAC]$

여기에서, IB: 이행상여금
P: 비율
$E(WLS)$: 예상되는 총수명원가
TAC: 실제 총원가

PLCCM제도의 수행은 기업의 경쟁전략(예를 들어, 총수명원가, 품질, 배달, 소비자 만족도와 혁신을 최대화시키는)의 달성에 도움이 되도록 종업원을 동기유발하는 성과측정이 사용되어야 한다. 이러한 성과측정은 측정되는 팀, 제품, 공정과 활동들을 포함하고 있는 경쟁전략, 회사 내에서의 수직단계와 사업기능에 맞게 조심스럽게 선택되어야 한다.

(9) 지침 9

종업원 저항을 감소시키는 것(reducing employee resistance): 위에 제안되어 있는 것과 같이 조직을 변화시키기 위한 노력에는 종업원들의 저항이 발생하기가 쉽다. 왜냐하면 이러한 변화는 기업문화, 조직구조, 작업책임, 종업원들의 기술 프로필과 종업원에게 지불되는 보상 등을 다시 정의해야 하기 때문이다. PLCCM에 대한 두 가지의 공통적인 저항의 원천은 다음과 같다.

① 많은 경우에 있어서 자신의 직업훈련과 경험에 상반되는 시각으로 받아들이는 종업원들
② 기능 측면을 포기해야 하고 제품 측면을 받아들여야 하는 종업원들

그리고 구성원들의 저항의 예는 다음과 같은 것들이 있다.

① **원가회계담당자**(cost accountants)··원가회계모델이 효과적이지 못하다고 받아들이고 있음에도 불구하고, 제품수명주기원가 추정에 모수모형 사용을 꺼려하는 원가회계담당자들
② **설계엔지니어**(design engineer)··원가에 대한 지각이 부족한 사람으로 그들은 종종 제품의 원가와 판매가능성에 부적절한 고려사항을 주게 되는 품질과 업적에 대한 좋지 않은 문화를 만들고 있다.
③ **엔지니어**(engineer)··원가회계담당자에 의해 운영되고 있는 부적절한 시스템을 믿음으로써 사적 원가시스템을 개발하는 엔지니어들
④ **최고경영자**(top manager)··정확한 총수명원가와 수명주기원가가 보고되는 제품원가제도(예를 들어, 활동기준원가제도)에 대한 투자를 꺼리는 최고경영자들
⑤ **최고경영자와 판매자**(top managers and marketers)··제품의 총수명원가와 수명주기원가보다는 판매가격에만 지나치게 초점을 맞추는 최고경영자와 판매자들

이러한 PLCCM에 대한 모든 저항의 근원은 원가의식과 지속적인 개선문화를 수행하는 데 있어서 반드시 다루어져야 한다. 효과적인 치료법으로는 모든 종업원이 PLCCM시스템 설계와 수행에 포함될 수 있도록 하여야 한다.

첫 번째 단계로는 고품질과 낮은 가격의 제품에 의해 좌우되는 빠르고, 혁신적인 세계시장에서 성공하기 위해서는 무엇이 필요한 것인지에 대해 공개

적으로 의사소통을 하여야 한다.

그 다음으로, 다른 종업원들이 따르도록 하기 위한 본보기를 만드는 데 있어서 매우 중요한 최고경영자의 지휘력과 행동이 있어야 한다.

마지막으로, 통제, 보상과 계속적인 교육을 효과적으로 사용하기 위해서는 종업원들의 행동을 변화시키기 위해 독려하고, 자극을 주고, 보상해 주는 것이 필요하다.

(10) 지침 10

계속적인 교육(continuous education): 모든 팀 구성원들에 대한 계속적인 교육은 다른 9가지 지침의 효과를 증대시키고 강화하며, 다중의 기술과 폭넓은 생산특성을 가진 종업원들을 만들어낸다. 장기간에 있어서 성공가능성은 고품질과 혁신적인 제품을 신속히 개발하는 데 기여할 수 있는 종업원을 보유하게 되면 증가할 것이다.

제 11 절 품질원가

1 품질원가의 도입배경 및 정의

현대의 제조 및 서비스기업에 있어서 품질이라는 단어는 기업의 이익에 막대한 영향을 미치고 또한 가장 중요한 요소가 되었다. 이는 소비자들의 품질에 대한 기대가 그 어느 때보다도 높고, 이와 아울러 ISO 9000[1]제도의 실시 등에서 그 이유를 찾을 수 있게 되었다. 한때 국내 모 정유회사에서 ‘시그마

1 ISO 9000시리즈는 ‘품질경영과 품질보증에 관한 국제규격’으로서 1987년에 제정한 품질경영 및 품질보증 규격으로 기존의 JIS나 KS표시제도에서의 품질보증이 아닌 기업의 품질보증시스템에 대한 요구사항을 규정한 국제규격이다. ISO 9000시리즈는 외부고객인 구매자를 위한 품질보증규격(ISO 9001, 9002, 9003)과 내부고객인 공급자 자신을 위한 품질경영규격(ISO 9004), 그리고 이들 규격을 선택하고 사용하는 지침을 총괄적으로 규정하고 있는 ISO 9000을 합하여 모두 5가지 기본규격으로 되어 있다.

6'라는 품질의 우월성을 강조한 광고를 한 바 있다. 즉 불량률이 거의 제로에 가까운 품질을 통해 고객만족을 기한다는 것이다. 그리고 품질관리는 생산성 향상을 통해 이익창출에 결정적인 역할을 하게 되어 기업은 종전에 비해 훨씬 높은 관심을 품질에 쏟게 되고, 이와 함께 품질원가(cost of quality)의 측정에 관심을 높이고 있다.

품질원가를 정의하기 전에 품질을 정의하면, 해당 제품 또는 서비스가 그 기능, 배달시간, 고장률, 가동특성 등의 면에서 '고객의 기대를 충족시키는 정도'라 할 수 있다. 기업에 의해서 생산된 제품이나 서비스가 소비자에게 제공된 경우, 실제성능과 고객의 기대가 일치하지 않는 것이 일반적이다. 이는 그 제품 또는 서비스의 품질 때문이며, 이를 품질실패라 한다. 품질실패는 다음과 같이 두 가지로 나뉜다.

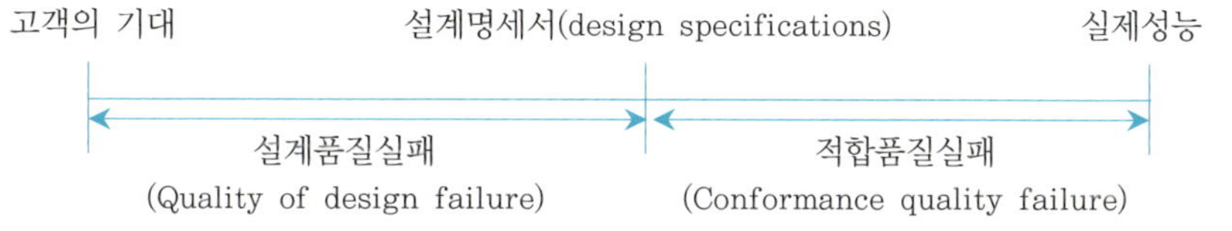

설계품질실패란 제품 또는 서비스의 설계가 고객이 원하는 기대를 충족시키지 못할 때 발생한다. 적합품질실패란 실제 생산 또는 제공된 제품 또는 서비스가 원래 설계된 것과 다름으로 인하여 고객의 기대를 충족시키지 못함을 나타낸다. 일반적으로 품질실패는 재무적 비용과 비재무적 비용 모두를 유발하나, 비재무적 비용은 화폐액으로 측정하기 어렵기 때문에 신고건수 또는 불량품수 등의 내용으로 측정되며, 이러한 비재무적 비용도 관리상 고려하여야만 보다 유용한 품질원가에 대한 정보를 얻을 수 있다. 따라서 이러한 품질실패와 관련된 재무적, 비재무적 비용을 고려한다면 품질원가의 정의를 쉽게 내릴 수 있다. 품질원가는 '소비자가 요구하는 품질을 실현시키기 위해 발생되는 모든 원가'라고 정의한다. 혹은 '처음부터 목표품질수준을 만족시키지 못하거나 또는 그러한 가능성으로부터 발생되는 추가비용'을 품질원가라고 정의할 수도 있다. 즉 품질원가는 당초부터 제품이 올바로 생산된다면,

불량품생산, 재작업, 검사 및 고객으로부터의 불만처리 등과 관련된 비용이 제외될 수 있다는 사고에서 나온 개념이다.

2 품질원가의 분류

품질원가는 다음의 4가지 원가로 분류할 수 있다. 이러한 분류는 품질원가의 범위를 어떻게 규정하는가라는 전제로 이루어진다. 처음으로 품질원가를 분류한 Masser는 예방원가(prevention cost), 평가원가(appraisal cost), 실패원가(failure cost)로 품질원가를 분류하였다. 그 후 관리회계분야에서는 실패원가를 내부실패원가(internal failure cost)와 외부실패원가(external failure cost)로 나누어서 4가지의 품질원가를 관리에 사용한다.

예방·평가원가를 통제원가(costs of control) 또는 적합원가(conformance costs)라고 하며, 내부·외부 실패원가를 실패원가 또는 불일치원가(nonconformance costs)라고 한다. 통제원가는 품질수준을 높이는 데 들어가는 원가로 품질수준과 정의 관계를 가지며, 실패원가는 품질수준과 역의 관계를 가진다.

3 최적품질수준

(1) 품질이 수익과 비용에 미치는 영향

품질이 좋으면 가격도 잘 받을 수 있으며 판매량도 늘게 되어 매출액이 상승한다. 아울러 시장점유율도 높아지고 경쟁면에서도 유리하게 되며 결국 수익성이 향상된다. 이는 품질의 가치가 높을 때, 즉 소비자가 요구하는 품질수준에 이르렀을 경우에 가능하다. 또한 날로 발전하는 기술혁신으로 제품이 더욱 복잡해짐에 따라 제품의 신뢰성 내지 제품책임문제가 증대되고 있는데, 제품의 품질이 나쁘면 제품소송의 기회가 증대되고 제품책임보험료도 높아진다. 단기간의 비용을 줄이기 위해 품질에 대해 불성실하다면 품질불량으로 인한 비용은 다른 비용을 유발시켜 최악의 경우에는 파산에 이르거나 ROI를 크게 저하시킨다. 즉 기업의 경제성은 품질의 경제성과 깊은 관련을 맺고 있다. 품질의 경제성은 품질가치와 품질원가의 관계, 즉 (품질가치/품질비용)으로 나타낼 수 있다. 따라서 생산기업의 입장에서 품질의 경제성을 높이려면 품질가치를 높여서 기업수익을 높이고 품질원가를 낮추어 수익과 비용의 차를 크게 하여야 한다.

(2) 최적품질수준

품질수준이 높을수록 통제원가(예방·평가원가)는 증가하지만 내부·외부실패원가는 감소하게 된다. 현재 품질수준이 낮은 기업의 경우, 품질수준의 상승은 상대적으로 통제원가의 증가에 비해 실패원가는 큰 폭으로 감소하게 되어 총품질원가는 감소하게 되는 한계효과를 가져온다. 그러나 품질수준을 계속 증가시킬 때 특정시점이 지난 후에는 통제원가의 상승폭이 실패원가의 하락폭을 앞지르게 된다. 따라서 통제원가와 실패원가의 합인 총품질원가를 품질수준의 함수로 나타내면 〈그림 16-11〉과 같이 나타낼 수 있다. 따라서 기업은 품질원가가 최소화되는 최적의 품질수준을 찾고 이를 달성하는 것이 품질관리의 목표이다. 이는 최적품질수준이 100% 무결점수준보다 낮은 U자 형태 곡선의 최저점을 의미하는데, 이는 불량품을 완전히 제거하기 위한 비용이 효익에 비해 너무 크다는 생각을 반영하고 있다. 그러나 〈그림 16-11〉에

그림 16-11 품질수준과 품질원가의 관계

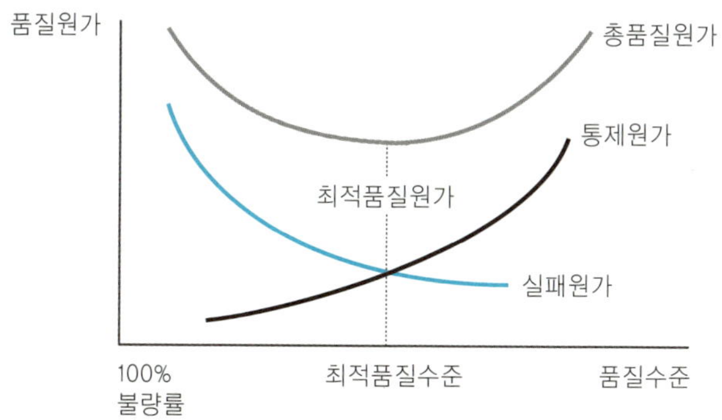

서 U자 형태 곡선의 최저점이 무결점 품질에서 달성된다는 견해가 늘어가고 있다.

4 품질원가의 한계점 및 새로운 시각

(1) 품질원가의 한계점

품질에 대해서는 날로 그 중요성이 증가하고 있고 품질원가의 필요성이 강조되고 있음에도 불구하고 그 보급이 부진한 것은 품질원가의 적용상의 문제와 관련이 많다. 이러한 이유로 다음의 것들이 있다.

① 품질불량원인에 대한 개선대책의 마련 없이 문제제시에 그치고 있다.
② 분석결과가 책임추궁이나 책임전가에 이용되어 관련자의 소극적인 참여로 원인과 대책이 충분히 제시되지 못한다.
③ 수치상의 완전무결주의 추구는 성과보다 희생이 클 수 있다.
④ 회사 전체의 입장에서 품질원가의 산정기간 및 비용이 클 수 있다.

대부분의 품질비용프로그램은 품질비용이 산정·제시되면 관리자들이 품질비용을 줄일 방책을 추구할 것이라 보고 착수되지만 이러한 가정은 대개 실행되지 못한다. 그것은 품질문제에 대한 조직적인 접근, 즉 그것의 원인규명과 대책이 없이 진행되기 때문이다. 이 경우 품질원가의 분석결과는 품질개선용이 아닌 현황파악용 자료로 이용됨으로써 품질원가가 그 이상 나빠지지 않는 한 관리자나 경영자들은 현상유지에 만족하게 된다.

품질원가의 절감을 위한 방편으로 책임의 이전이 강조되는데, 이는 담당부서의 관리자들을 자극시켜서 품질개선 내지 비용절감을 모색케 한다는 가설에 입각한 것이다. 품질향상의 결정적인 요인은 불량원인을 찾아서 그 개선책을 마련하기 위한 조직적인 접근에 있는 것으로 그 원인의 규명과 대책의 마련 없이 단순한 책임의 이전만으로는 품질개선을 위한 조직적인 접근을 이룰 수 없다.

품질원가를 완전히 파악하자면 많은 비용과 시간이 소요된다. 사실 품질원가는 전통적인 회계제도로는 정확히 파악하기 힘들기 때문에 어느 정도의 정확을 기하는 것이 가장 경제적인가를 가늠할 필요가 있다. 그리고 품질원가의 배분비율, 즉 예방·평가·실패원가의 적정배분율은 산업별, 기간별, 공장별, 라이프사이클 등에 따라서 다르기 때문에 이를 일률적으로 적용하는 것은 곤란하다.

(2) 새로운 시각

품질을 측정하는 데 있어서 전통적으로는 엔지니어링 규격을 만족하는 제품을 합격품으로, 규격에서 벗어나는 것을 불량품으로 하는 2분법적 분류법을 사용해왔다. 이러한 2분법적 분류는 제품규격의 상한선과 하한선 사이에 들어가는 제품들을 모두 동일한 합격품으로 보기 때문에 비록 규격에는 맞지만 제품들 간에 발생하는 품질의 차이, 즉 이상적인 품질치에서 제품들마다 벗어나는 정도를 나타내는 제품 간의 편차를 무시하고 있다. 합격품으로 분류되어 고객의 손에 들어갔지만, 이들 제품의 편차가 고객의 불만족을 초래하고 기업의 품질원가에 영향을 미친다는 인식을 바탕으로 품질원가계산, 특히 실패원가측정에 대한 새로운 시각이 대두되고 있다.

16 연습문제

16-1. 목표원가계산의 의의와 목표원가계산이 표준원가계산에 비해서 보다 포괄적인 원가프로그램인 이유를 설명하시오.

16-2. 목표원가를 계산하는 방법에는 누적법과 공제법이 있는데 각 방법을 간략히 설명하고 장·단점을 논하시오.

16-3. 목표원가를 달성하기 위한 방법을 세 가지만 들고 간략히 설명하시오.

16-4. 안암 회사는 생산설비를 제작하는 회사로서 지금까지 직접기계시간을 기준으로 제조간접비를 배부하는 원가계산방법을 채택하여 사용하였으나, 2001년도 회계연도부터 활동기준원가계산(ABC)을 적용하려고 한다. 안암회사는 2001년에 일반형 제품과 고급형 제품을 각각 400개, 100개 생산할 예정이며, 이 제품의 원가계산을 위한 자료는 다음과 같다.

	일반형	고급형
예상생산량	400개	100개
단위당 직접재료비	₩24,000	₩36,000
단위당 직접노무비	₩48,000	₩56,000
총기계시간	100시간	150시간
단위당 필요부품수	25개	40개
총조립시간	150시간	250시간
단위당 검사횟수	2회	2회

한편, 각 활동별 자료는 다음과 같다.

활동	원가동인 및 총수		총원가
① 재료기초가공	부품수	11,500개	₩138,000,000
② 절삭작업	기계시간	250시간	75,000,000
③ 부품조립작업	조립시간	400시간	30,250,000
④ 완성품검사	검사횟수	1,000회	375,000,000
			₩618,250,000

안암 회사는 이 제품의 시장가격이 일반형인 경우에는 ₩1,100,000, 고급형인 경우에는 ₩4,400,000으로 형성되어 있음을 감안하여 각 제품의 경제성을 판단하려고 한다. 안암 회사의 목표이익은 원가의 10%이다.

요구사항 (KICPA 기출문제)

1. 기존의 원가계산방법에 따라 각 제품의 단위당 원가를 계산하고 각 제품의 경제성을 목표원가와 비교 평가하시오.
2. 활동기준원가계산방법에 따라 각 제품의 단위당 원가를 계산하고 각 제품의 경제성을 목표원가와 비교 평가하시오.

16-5. 품질원가를 분류하고 각각에 대해 설명하시오.

16-6. 품질수준과 품질원가와의 관계와 최적품질수준에 대해 설명하시오.

찾 • 아 • 보 • 기

ㅁ

ㅂ

ㅅ

ㅇ

ㅈ

ㅊ

ㅋ

ㅌ

ㅍ

ㅎ

A

B

D

J

T

| 저자약력 |

서울대학교 경영학과 졸업
미국 Indiana University 경영학석사
미국 Indiana University 경영학박사
미국 University of South Carolina 회계학과 조교수
미국 공인회계사
한양대학교 회계학과 부교수
공인회계사시험출제위원
회계기준심의위원회 위원
금융감독위원회 증권선물위원회 비상임위원
대우증권(주), 유진투자증권(주), 코리안리(주), (주)홈앤쇼핑 사외이사 역임
한국중소기업학회장, 한국경영학회장 역임
대통령직속 국가경쟁력강화위원회 위원 역임
(현재) 고려대학교 경영대학 교수
　　우리은행(주) 사외이사
　　에스원(주) 사외이사

| 저 서 |

회계원리
회계정보시스템
관리회계
세계금융전쟁과 한국의 대응
전략경영을 위한 원가관리회계
회계학 리스타트 1, 2

제3판 원가관리회계

2000년 8월 30일 제1판 발행
2005년 7월 20일 제2판 발행
2013년 8월 30일 제3판 발행

著 者 柳 寬 熙
發行人 林 勸 圭
發行處 弘 文 社

121-090 서울시 마포구 염리동 36-249
등록 1993. 6. 24. 제1-1543호
TEL. 712-5311(代) FAX. 716-5311

값 29,000원

ISBN 978-89-7770-326-1 93320